ITINÉRAIRES PRO

2022-2023

CAP
Accompagnant éducatif Petite enfance

ÉPREUVES PROFESSIONNELLES

Tout-en-un

EP1 • EP2 • EP3

Virginie Chateaureynaud – enseignante en CAP AEPE, jury des épreuves EP1, EP3, auteure de sujets EP2, membre de jury VAE et formatrice pour les assistants maternels.
Françoise Mosser – Nutritionniste à l'hôpital Necker-Enfants malades (Paris)

4e édition

Vuibert

Pour accéder aux ressources numériques en ligne, retrouvez nos codes à flasher tout au long du livre

+ de QCM d'auto-évaluation

+ d'activités d'animation complémentaires

Les vidéos des techniques professionnelles

Les schémas muets à remplir

et sur www.Vuibert.fr/site/210064

+ 1 sujet d'annales corrigé

+ 1 fiche spéciale Covid-19

+ 1 fiche spéciale sur la loi ASAP

+ lexique

ISBN : 978-2-311-21006-4

Conception couverture : Les PAOistes / Conception intérieure : BleuT / Réalisation intérieure : Grafatom

Illustrations : Céline Penot / Infographies : Marie-Christine Liennard, Valérie Goncalves et Christel Parolini

Sommaire

B. Exercer son activité en école maternelle

B.1. Assurer une assistance pédagogique au personnel enseignant

B.2. Assurer des activités de remise en état des matériels et locaux en école maternelle

C. Exercer son activité en EAJE et en ACM

Épreuve 3

Exercer son activité en accueil individuel

A. Exercer son activité à son domicile, celui des parents ou en maison d'assistants maternels

A.1. Organiser son action

A.2. Négocier le cadre de l'accueil

A.3. Assurer les opérations d'entretien du logement et des espaces réservés à l'enfant

Sommaire ressources numériques (liens minis)

+ de QCM d'auto-évaluation

+ d'activités d'animation complémentaires

Les vidéos des techniques professionnelles

Les schémas muets à remplir

Une formation, un métier

Le CAP Accompagnant éducatif petite enfance (AEPE) répond à trois objectifs principaux : définir un cadre commun à l'accueil des jeunes enfants, promouvoir le développement d'un accueil de qualité, ouvert, réflexif, pluridisciplinaire et sans stéréotypes, permettre une formation de professionnels mieux adaptée aux enjeux de notre société.

À savoir

Chaque candidat précise au moment de son inscription s'il se présente à l'examen sous la **forme globale ou progressive**, conformément aux dispositions de l'article D 337-10 du Code de l'éducation.

Dans le cas de la forme progressive, il précise les épreuves qu'il souhaite présenter à la session pour laquelle il s'inscrit. Il précise également s'il souhaite se présenter à l'épreuve facultative (article 5 de l'arrêté du 22 février 2017).

La **première session** de la spécialité « Accompagnant éducatif Petite enfance » de certificat d'aptitude professionnelle, organisée conformément aux dispositions du présent arrêté, **a eu lieu en juin 2019** (article 6).

A Les activités professionnelles

Généralités

Le CAP AEPE est le premier niveau de qualification du secteur de la petite enfance.

Le public avec lequel le titulaire du CAP AEPE travaille :
– Les enfants de moins de 6 ans
Les attitudes professionnelles à adopter :
– Respecter les besoins de l'enfant – Respecter les droits de l'enfant – Respecter l'individualité – Respecter le choix des parents – Établir une relation de confiance entre professionnels, parents et enfants – Créer des conditions nécessaires à un accueil et un accompagnement de qualité

Les secteurs dans lesquels le titulaire du CAP AEPE peut exercer :
– En EAJE (établissement d'accueil du jeune enfant) – En école maternelle – En ACM (accueil collectif de mineurs) – À son domicile – En MAM (maison d'assistant maternel) – Au domicile des parents

Les activités professionnelles communes

Quelles sont les activités professionnelles communes liées aux trois contextes (domicile, structures multi accueil et école) ?

– Des activités d'**animation** et d'**éveil** qui contribuent à la socialisation de l'enfant, à son autonomie et à l'acquisition du langage.

– Des activités de **soins du quotidien** qui contribuent à répondre aux besoins physiologiques de l'enfant et à assurer sa sécurité physique et affective.

– Des activités liées à la **collaboration avec les parents et les autres professionnels** prenant en compte une dimension éthique qui permet un positionnement professionnel adapté.

Les activités professionnelles spécifiques

– **En école maternelle** : des activités d'aide pédagogique et des activités d'entretien des espaces de vie.

– **En établissement d'accueil pour jeunes enfants et en accueil collectif pour mineurs** : la participation à la mise en œuvre du projet d'établissement et du projet pédagogique.

– **À son domicile ou celui des parents, en MAM** : la relation de travail avec le parent employeur, l'entretien du logement et l'élaboration des repas.

Les périodes de formation en milieu professionnel (PFMP)

Les périodes de formation en milieu professionnel sont des phases déterminantes de la formation car elles permettent :

– d'appréhender concrètement l'organisation des établissements et des services de la petite enfance, leurs personnels et leurs usagers ;

– d'apprendre à travailler en situation réelle, en présence d'usagers, avec les ressources et les contraintes du milieu professionnel ;

– de s'insérer dans une équipe de professionnels ;

– de mettre en œuvre ou d'acquérir, sous la responsabilité d'une personne qualifiée, tout ou partie des compétences définies dans le référentiel du diplôme.

Les candidats doivent effectuer 16 semaines de PFMP.

B Les modalités d'évaluation

Les différentes épreuves

Les épreuves du CAP AEPE sont composées :

→ d'épreuves générales :
- Français, histoire-géographie et enseignement moral et physique (coefficient 3) ;
- Mathématiques, sciences physiques et chimiques (coefficient 2) ;
- Éducation physique et sportive (coefficient 1) ;
- Épreuve facultative de langue vivante.

→ d'épreuves professionnelles :
- EP1 : accompagner le développement du jeune enfant (coefficient 7, dont 1 pour la Prévention Santé Environnement -PSE-)
- EP2 : exercer son activité en accueil collectif (coefficient 4)
- EP3 : exercer son activité en accueil individuel (coefficient 4).

Les épreuves professionnelles

EP1 : ACCOMPAGNER LE DÉVELOPPEMENT DU JEUNE ENFANT

(Coefficient 7, dont 1 pour la PSE)

Scolaires (établissements publics et privés sous contrat) **Apprentis** (CFA et sections d'apprentissage habilités) **Formation professionnelle continue** (établissements publics)	**Candidats libres** **Enseignement à distance** **Scolaires** (établissements privés hors contrat) **Apprentis** (CFA et sections d'apprentissage non habilités) **Formation professionnelle continue** (établissements privés)
CCF (deux situations d'évaluation d'égale valeur)	Épreuve ponctuelle orale Durée : 25 minutes (+ 1 heure PSE)
Situation d'évaluation N°1 L'épreuve prend appui sur une PFMP d'au moins 4 semaines en EAJE, auprès d'AMA, en service d'aide à domicile, offrant des prestations de garde d'enfant(s) de moins de 3 ans. Le candidat présente une fiche relative à l'accompagnement de l'enfant dans ses découvertes et ses apprentissages. Le contenu de la fiche comprend : – la présentation du contexte d'intervention ; – la description de l'activité menée.	L'épreuve prend appui sur : – une PFMP d'au moins 4 semaines consécutives (EAJE, AMA, service d'aide à domicile) offrant des prestations de garde d'enfant(s) de moins de 3 ans, OU – une expérience professionnelle d'au moins 12 semaines en EAJE sur les 3 dernières années ou dans le contexte d'intervention professionnel du domicile.
Situation d'évaluation N°2 Le candidat est évalué au cours de l'une ou de l'autre PFMP de la dernière année de formation d'une durée minimum de quatre semaines en EAJE. L'évaluation est réalisée uniquement en milieu professionnel. La PFMP fait l'objet d'une évaluation conduite par le tuteur. Un bilan est effectué en fin de PFMP et donne lieu à une proposition de note établie conjointement par le tuteur et un professeur d'enseignement professionnel.	**Le candidat présente deux fiches :** – l'une relative à la réalisation d'un soin du quotidien ; – l'autre relative à l'accompagnement de l'enfant dans ses découvertes et ses apprentissages. Contenu des fiches : – présentation du contexte d'intervention ; – description des activités.

Cette épreuve repose sur les activités suivantes :
- Accompagner l'enfant dans ses découvertes et ses apprentissages.
  - Recueillir les informations, s'informer sur les éléments du contexte.
  - Adopter une posture professionnelle adaptée.
  - Mettre en œuvre les conditions favorables à l'activité libre et à l'expérimentation dans un contexcte donné.
- Prendre soin et accompagner l'enfant dans les activités de la vie quotidienne.
  - Réaliser des soins du quotidien et accompagner l'enfant dans ses apprentissages.
  - Appliquer les protocoles liés à la santé de l'enfant.

En l'absence de l'ensemble des fiches, le candidat se verra attribuer la note zéro à l'épreuve.

➲ EP2 : EXERCER SON ACTIVITÉ EN ACCUEIL COLLECTIF
(coefficient 4)

Scolaires (établissements publics et privés sous contrat) **Apprentis** (CFA et sections d'apprentissage habilités) **Formation professionnelle continue** (établissements publics)	**Candidats libres** **Enseignement à distance** **Scolaires** (établissements privés hors contrat) **Apprentis** (CFA et sections d'apprentissage non habilités) **Formation professionnelle continue** (établissements privés)
CCF (deux situations d'évaluation d'égale valeur)	Contrôle ponctuel écrit Épreuve écrite d'une durée de 1h30
Situation d'évaluation N°1 : au centre de formation L'épreuve comporte des questions écrites qui évaluent tout ou partie des compétences et des savoirs ciblés. Le travail demandé et le degré d'exigence sont ceux du référentiel au niveau terminal. **Situation d'évaluation N°2 : au cours d'une PFMP** Le candidat est évalué au cours de l'une ou de l'autre PFMP de la dernière année de formation d'une durée minimum de quatre semaines en EAJE ou ACM (moins de 6 ans). L'évaluation est réalisée uniquement en milieu professionnel. La PFMP fait l'objet d'une évaluation conduite par le tuteur. Un bilan est effectué en fin de PFMP et donne lieu à une proposition de note établie conjointement par le tuteur et un professeur d'enseignement professionnel.	Une PFMP d'au moins 4 semaines ou une expérience professionnelle d'au moins 12 semaines en école maternelle ou en EAJE ou en ACM (moins de 6 ans) est exigée pour présenter l'épreuve EP2. Les candidats qui n'ont aucune expérience professionnelle au sein des structures indiquées pour s'inscrire en EP1 ou en EP2 doivent réaliser les 16 semaines de PFMP prévues par l'annexe PFMP. **L'épreuve comporte des questions qui évaluent tout ou partie des compétences et des savoirs du bloc « exercer son activité en accueil collectif ».** Le travail demandé et le degré d'exigence sont ceux du référentiel au niveau terminal.

Cette épreuve repose sur les activités suivantes :
- Inscrire son action dans le réseau des relations enfant-parents-professionnels.

- Coopérer avec l'ensemble des acteurs concernés dans un but de cohérence d'adaptation et de continuité dans l'accompagnement.

– Exercer son activité en école maternelle.
- Assurer une assistance pédagogique au personnel enseignant.
- Assurer des activités de remise en état des matériels et locaux en école maternelle.

– Exercer son activité en EAJE et en ACM.

➲ EP3 : EXERCER SON ACTIVITÉ EN ACCUEIL INDIVIDUEL

(coefficient 4)

Scolaires (établissements publics et privés sous contrat) **Apprentis** (CFA et sections d'apprentissage habilités) **Formation professionnelle continue** (établissements publics)	**Candidats libres** **Enseignement à distance** **Scolaires** (établissements privés hors contrat) **Apprentis** (CFA et sections d'apprentissage non habilités) **Formation professionnelle continue** (établissements privés)
CCF	Contrôle ponctuel pratique et oral
Épreuve orale : exposé du candidat, puis entretien d'une durée totale de 25 minutes Temps de préparation éventuel : 1h30	
Le candidat présente un projet d'accueil élaboré à partir d'un ensemble documentaire. Les AMA et les employés à domicile ont la possibilité de présenter un projet d'accueil réel qui prend appui sur leur contexte d'intervention professionnel du domicile. L'AMA ou l'employé à domicile qui fait ce choix au moment de l'inscription au diplôme dépose un dossier présentant le projet d'accueil à la date fixée par le Recteur (5 pages maximum). En l'absence du dépôt du projet d'accueil à la date fixée par le Recteur, le candidat n'est pas autorisé à passer l'épreuve.	

Cette épreuve repose sur les activités suivantes :

– Exercer son activité à son domicile, celui des parents ou en maison d'assistants maternels.
- Organiser son action.
- Négocier le cadre de l'accueil.
- Assurer les opérations d'entretien du logement et des espaces réservés à l'enfant.
- Élaborer les repas.

Test d'auto-évaluation

Testez vos connaissances ! Après une lecture attentive de chaque question, complétez ou entourez la réponse qui vous semble adaptée. Corrigé p. 333.

1. Donner la signification du sigle RAM.

2. La fonction de nutrition comprend :

☐ **a.** l'appareil digestif.

☐ **b.** des organes des sens.

☐ **c.** l'appareil locomoteur.

3. Les trois couches de la peau de l'extérieur vers l'intérieur sont :

☐ **a.** l'épiderme, le derme, l'hypoderme.

☐ **b.** l'hypoderme, l'épiderme, le derme.

☐ **c.** le derme, l'épiderme, l'hypoderme.

4. Le muguet :

☐ **a.** est une affection non contagieuse.

☐ **b.** se localise sur les mains.

☐ **c.** peut entraîner des complications telles qu'un érythème fessier.

5. L'oreille interne comprend :

☐ **a.** la chaîne des osselets.

☐ **b.** la cochlée.

☐ **c.** la trompe d'Eustache.

6. Une personne qui voit mal de loin, mais bien de près est atteinte de :

☐ **a.** myopie.

☐ **b.** hypermétropie.

☐ **c.** astigmatisme.

7. L'encéphale comprend :

☐ **a.** la moelle épinière.

☐ **b.** les nerfs rachidiens.

☐ **c.** le cerveau.

8. L'activité réflexe :

☐ **a.** est une réponse volontaire.

☐ **b.** est une réponse involontaire.

☐ **c.** est une réponse consciente.

9. Le membre supérieur est constitué de l'os suivant :

☐ **a.** de l'ulna.

☐ **b.** de la scapula.

☐ **c.** des tarses.

10. Une articulation synoviale est :

☐ **a.** une articulation mobile.

☐ **b.** une articulation semi-mobile.

☐ **c.** une articulation immobile.

11. Le poids de naissance d'un enfant est d'environ :

☐ **a.** 2 500 grammes.

☐ **b.** 3 250 grammes.

☐ **c.** 4 800 grammes.

12. La scoliose est :

☐ **a.** un creux lombaire très prononcé.

☐ **b.** une courbure exagérée du haut du dos.

☐ **c.** une déviation de la colonne vertébrale en forme de « S ».

13. À quel type d'hygiène des mains pouvez-vous procéder avant la préparation d'un biberon ?

☐ **a.** Un lavage simple des mains

☐ **b.** Un lavage antiseptique des mains

☐ **c.** Une friction des mains

14. L'eau peut être remplacée par du jus de fruits au quotidien pour hydrater l'enfant en cas de fortes chaleurs.

☐ Vrai

☐ Faux

15. Le foie sécrète :

☐ **a.** le suc pancréatique.

☐ **b.** la bile.

☐ **c.** la salive.

16. Dans l'appareil digestif les aliments traversent :

☐ **a.** l'œsophage.

☐ **b.** l'uretère.

☐ **c.** la trachée.

17. L'unité fonctionnelle du rein s'appelle :

☐ **a.** corpuscule de Malpighi.

☐ **b.** capsule de Bowman.

☐ **c.** néphron.

18. La flore résidente :

☐ **a.** est pathogène.

☐ **b.** se trouve uniquement sur la couche superficielle de la peau.

☐ **c.** ne s'élimine jamais en totalité par le lavage des mains.

19. Un détergent est :

☐ **a.** Un produit qui décolle les salissures.

☐ **b.** Un produit anti-bactérien.

☐ **c.** Un produit qui décolle les salissures et est anti-bactérien.

20. Comment est appelé le « doudou » de l'enfant ?

☐ **a.** Lien affectif

☐ **b.** Objet transitionnel

☐ **c.** Nid à bactéries

21. Le sommeil permet :

☐ **a.** la récupération physique.

☐ **b.** la sécrétion de l'hormone thyroïdienne.

☐ **c.** la sécrétion d'adrénaline.

22. Un enfant de 12 mois dort environ :

☐ **a.** 16 à 18 heures par jour.

☐ **b.** 13 à 14 heures par jour.

☐ **c.** 8 à 10 heures par jour.

23. Cocher les vaccins obligatoires pour un enfant entrant en collectivité

☐ **a.** Les oreillons.

☐ **b.** Le tétanos.

☐ **c.** La coqueluche.

☐ **d.** La poliomyélite.

☐ **e.** La diphtérie.

24. Une famille nucléaire est constituée :

☐ **a.** d'un parent avec un ou plusieurs enfants.

☐ **b.** de deux parents avec un ou des enfants.

☐ **c.** d'un couple avec au moins un enfant d'une union précédente.

25. Le sigle PACS signifie :

☐ **a.** pacte administratif civique et solidaire.

☐ **b.** personnes associées civilement et solidairement.

☐ **c.** pacte civil de solidarité.

26. L'adoption plénière implique que :

☐ **a.** l'enfant n'ait pas de lien avec sa famille d'originė.

☐ **b.** l'enfant ait des liens avec sa famille d'origine.

☐ **c.** l'enfant garde son état civil.

27. Le sigle PMI signifie :

☐ **a.** protection maternelle et infantile.

☐ **b.** protection de la mère et des infanticides.

☐ **c.** prévention maternelle des infanticides.

28. Le personnel de crèche est obligé d'être vacciné contre :

☐ **a.** La diphtérie.

☐ **b.** La grippe.

☐ **c.** La rougeole.

29. Quelle technique n'est pas appropriée pour le lavage des sols ?

☐ **a.** La godille

☐ **b.** Le poussé

☐ **c.** La levée

30. La transmission d'informations préoccupantes :

☐ **a.** est soumise au secret professionnel.

☐ **b.** ne peut se faire que sous certaines conditions.

☐ **c.** est obligatoire.

31. Dans la communication, l'émetteur est :

☐ **a.** celui qui envoie le message.

☐ **b.** celui qui reçoit le message.

☐ **c.** celui qui interprète le message.

32. Le secret professionnel :

☐ **a.** est l'interdiction de révéler une information indiscrète sur la vie de l'établissement où on est employé.

☐ **b.** est l'interdiction, pour un professionnel, de divulguer une information dont il a eu connaissance dans l'exercice de sa profession.

☐ **c.** ne peut jamais être levé.

33. Un enfant tient assis sans appui vers :

☐ **a.** 6 mois.

☐ **b.** 8 mois.

☐ **c.** 12 mois.

34. Un enfant est propre le jour en moyenne vers :

☐ **a.** 2 ans.

☐ **b.** 3 ans.

☐ **c.** 4 ans.

35. Le sigle ATSEM signifie :

☐ **a.** aide dans le travail spécialisé en école maternelle.

☐ **b.** agent territorial spécialisé des écoles maternelles.

☐ **c.** accompagnement dans tous les secteurs en école maternelle.

36. Un handicap congénital signifie que :

☐ **a.** le handicap n'est pas présent à la naissance.

☐ **b.** le handicap est d'origine accidentel.

☐ **c.** l'individu naît avec le handicap.

37. Le germe de la maladie infectieuse en cause est une bactérie. C'est le cas de :

☐ **a.** la coqueluche.

☐ **b.** la varicelle.

☐ **c.** les oreillons.

38. Quelle maladie est non éruptive ?

☐ **a.** La roséole.

☐ **b.** La scarlatine.

☐ **c.** Les oreillons.

39. Le sigle ALAE signifie :

☐ **a.** accueil de loisirs associés à l'école.

☐ **b.** association pour les loisirs associés à l'établissement.

☐ **c.** aide dans les loisirs avec l'accompagnement de l'école.

40. Une crèche familiale :

☐ **a.** est gérée par les parents.

☐ **b.** est un lieu où les assistantes maternelles sont encadrées par une équipe qualifiée.

☐ **c.** peut accueillir dix enfants maximum.

41. Le développement du langage se fait dans l'ordre suivant :

☐ **a.** babillage – monosyllabes – mots-phrases.

☐ **b.** monosyllabes – babillage – mots-phrases.

☐ **c.** mots-phrases – monosyllabes – babillage.

42. Le besoin de se récréer c'est :

☐ **a.** la capacité d'une personne à connaître et promouvoir ses croyances.

☐ **b.** la capacité d'une personne à avoir des activités ludiques.

☐ **c.** la capacité d'une personne à se détendre et à se cultiver.

43. Les acides aminés sont :

☐ **a.** des acides que l'on trouve dans les fruits.

☐ **b.** des produits de dégradation des corps gras.

☐ **c.** des éléments de constitution des protéines.

44. Les lipides :

☐ **a.** sont des constituants des membranes cellulaires.

☐ **b.** ne sont pas indispensables dans l'alimentation et peuvent être remplacés.

☐ **c.** représentent 100 % de l'apport énergétique du lait maternel.

45. La température axillaire se prend :

☐ **a.** À la tempe.

☐ **b.** Au niveau des aisselles.

☐ **c.** Au front.

46. À la naissance, un enfant à terme reste immature au niveau de certains organes. Lesquels ?

☐ **a.** Le foie et la vésicule biliaire.

☐ **b.** L'estomac et les reins.

☐ **c.** Le nez et les poumons.

47. Est-il utile de proposer de l'eau à un nourrisson ?

☐ **a.** Oui s'il a faim.

☐ **b.** Non car le lait est déjà liquide et le volume ingurgité serait trop grand.

☐ **c.** Oui s'il fait chaud et qu'il a de la fièvre.

48. Respecter les gestes barrières, c'est :

☐ **a.** Serrer la main pour se dire bonjour

☐ **b.** Éviter d'aérer les pièces

☐ **c.** Se laver les mains dès que nécessaire.

49. La cuillère pubienne est :

☐ **a.** Une maladie infectieuse.

☐ **a.** Une parasitose.

☐ **c.** Une façon de prendre l'enfant.

50. Le sigle DLC signifie :

☐ **a.** durée de longue conservation.

☐ **b.** durée limite de consommation.

☐ **c.** durée limite de cuisson.

51. Le lait 1er âge pour nourrisson contient de nombreux éléments mais pas :

☐ **a.** les anticorps maternels.

☐ **b.** la vitamine D.

☐ **c.** le fer.

52. Que faut-il penser des laits d'amande ou de noisette donnés aux nourrissons ?

☐ **a.** C'est une possibilité végétarienne intéressante.

☐ **b.** C'est dangereux et peut entraîner des carences qui laisseront des séquelles.

☐ **c.** Ça ne regarde pas le professionnel de la petite enfance si ce sont les parents qui le donnent.

53. Il est souhaitable que la diversification alimentaire débute :

☐ **a.** entre 3 et 4 mois.

☐ **b.** entre 4 et 6 mois.

☐ **c.** entre 6 et 7 mois.

54. Au moment de la diversification, il est nécessaire d'ajouter 1 cuillère à café d'huile pour 100 g de purée pour :

☐ **a.** faciliter la digestion.

☐ **b.** que l'enfant grossisse plus vite.

☐ **c.** compenser la diminution du gras qui était dans le lait.

55. L'intolérance au gluten :

☐ **a.** exclut le riz de l'alimentation.

☐ **b.** se révèle dès la naissance.

☐ **c.** s'appelle aussi maladie cœliaque.

56. Le sigle PAI signifie :

☐ **a.** projet d'accueil individualisé.

☐ **b.** plan pour une alimentation industrielle.

☐ **c.** plan pour s'alimenter individuellement.

57. En cas de diarrhée, on doit réhydrater un enfant :

☐ **a.** avec de la soupe de carottes.

☐ **b.** avec un soluté de réhydratation.

☐ **c.** avec un soda à base de cola.

58. La néophobie c'est :

☐ **a.** la peur de la lumière vive.

☐ **b.** une maladie qui survient avant 3 mois.

☐ **c.** le refus de tout aliment nouveau vers 2 ans.

59. Donner la signification des pictogrammes suivants :

a.	**b.**	**c.**

60. La constipation à partir de 2 ans peut se résoudre :

☐ **a.** en faisant boire d'avantage d'eau.

☐ **b.** en faisant systématiquement faire la sieste.

☐ **c.** en transportant l'enfant en poussette le plus souvent possible.

61. Pour éviter une parasitose alimentaire, le plus important est de :

☐ **a.** vérifier la provenance des aliments.

☐ **b.** s'assurer des moyens de conservation adaptés.

☐ **c.** cuire les aliments à cœur.

62. La date de durabilité minimale (DDM) sur une étiquette signifie que :

☐ **a.** au-delà de cette date, l'aliment est impropre à la consommation.

☐ **b.** il faut attendre au moins cette date pour consommer l'aliment.

☐ **c.** l'aliment peut être consommé sans risque mais il a perdu de ses qualités nutritionnelles.

63. Le lait de croissance :

☐ **a.** convient pour les enfants de 3 à 6 ans.

☐ **b.** contient du fer.

☐ **c.** ne doit pas être chauffé.

64. Une bonne aération du logement permet :

☐ **a.** de lutter contre les allergies respiratoires.

☐ **b.** de faire rentrer l'air pollué.

☐ **c.** d'apporter de la fraîcheur.

65. Lors d'une activité d'expression corporelle, l'enfant se blesse au genou. Vous devez transmettre les informations à ses parents le soir. Compléter le schéma de base de la communication verbale correspondant à cette situation.

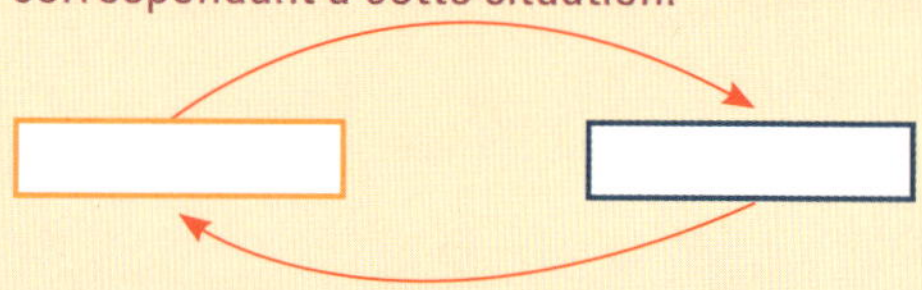

66. Parmi ces objectifs, lequel ne concerne pas une activité d'expression corporelle.

☐ **a.** Développer ses capacités sensorielles.

☐ **b.** Apprendre à se concentrer.

☐ **c.** Maîtriser des mouvements.

67. Les accidents domestiques concernant les moins de 18 mois et qui ont lieu dans la salle de bain sont :

☐ **a.** les chutes, les noyades et les brûlures.

☐ **b.** l'asphyxie, l'intoxication et les chutes.

☐ **c.** l'étouffement, les brûlures et l'asphyxie.

68. Une personne est électrisée quand :

☐ **a.** un courant électrique lui traverse le corps et provoque des blessures.

☐ **b.** un courant électrique traverse son corps et entraîne sa mort.

☐ **c.** elle est touchée par la foudre sous un arbre.

69. Les médicaments doivent :

☐ **a.** être placés hors de portée des enfants, en hauteur, dans un placard fermé à clé.

☐ **b.** être cachés sous un évier.

☐ **c.** être rangés avec soin par catégories.

70. Dans une collectivité, les espaces de vie sont souvent divisés en trois parties :

☐ **a.** en fonction du genre des enfants.

☐ **b.** en fonction de l'âge des enfants.

☐ **c.** en fonction des heures d'arrivée des enfants.

71. Quel type de cuisson correspond à ce principe : faire coaguler l'aliment sous l'effet de la chaleur.

☐ **a.** Cuisson vapeur.

☐ **b.** Cuisson au four.

☐ **c.** Cuisson à l'eau froide.

72. Si un enfant refuse de manger un nouvel aliment, lui reproposer :

☐ **a.** 2 à 3 fois.

☐ **b.** 5 à 6 fois.

☐ **c.** 8 à 10 fois.

73. Pour assurer une position totalement verticale, quel mode de portage de l'enfant faites-vous ?

☐ **a.** Position dos à soi.

☐ **b.** Portage sur la hanche.

☐ **c.** Le contre-soi ventral.

74. Un transat ne doit jamais :

☐ **a.** être utilisé avec un enfant qui régurgite souvent.

☐ **b.** être posé en hauteur.

☐ **c.** avoir de sangles de sécurité.

75. Le planning est :

☐ **a.** un outil d'organisation du temps de travail.

☐ **b.** un document qui permet de suivre la croissance d'un enfant.

☐ **c.** un outil de communication avec les parents.

76. Citer trois interdits concernant la tenue du professionnel.

a. ....

b. ....

c. ....

77. Les plats cuisinés frais sous vides sont conservés :

☐ **a.** dans la partie haute du réfrigérateur, entre 0 °C et 4 °C.

☐ **b.** dans un placard, à température ambiante.

☐ **c.** dans le bac du réfrigérateur pendant plusieurs semaines.

78. L'une de ces mentions n'est pas obligatoire sur un étiquetage alimentaire. Laquelle ?

☐ **a.** La quantité nette du produit.

☐ **b.** Les conditions de conservation du produit.

☐ **c.** La mention d'une origine contrôlée (AOC, AOP...).

79. Sur l'emballage des laits pour enfants, le fabricant est obligé d'indiquer :

☐ **a.** l'âge des enfants auquel le lait est destiné.

☐ **b.** l'adresse de l'usine de fabrication.

☐ **c.** la date de mise en vente.

80. Un produit décongelé :

☐ **a.** ne doit pas être donné à des enfants de moins de 3 ans.

☐ **b.** n'a pas de date de péremption.

☐ **c.** ne doit jamais être recongelé.

81. Avant d'utiliser un produit d'entretien des surfaces, il faut :

☐ **a.** le secouer.

☐ **b.** lire attentivement son étiquetage.

☐ **c.** mettre une charlotte.

82. Il ne faut jamais :

☐ **a.** transvaser un produit d'entretien dans un flacon sans étiquette.

☐ **b.** mettre des conserves dans un placard situé au-dessus d'un évier.

☐ **c.** ouvrir les fenêtres d'une pièce lorsqu'on est en train de la nettoyer.

Épreuve 1

Accompagner le développement du jeune enfant

FICHE 1

Le rôle, les règles et les lois de l'État et des services territoriaux dans le secteur de la famille et de l'enfance

QCM d'auto-évaluation Fiches 1 à 19
www.lienmini.fr/21006-1

L'État joue un rôle important à plusieurs niveaux concernant le secteur de la famille et de l'enfance. C'est lui qui va être à l'initiative des grandes orientations en matière de politique de la petite enfance par l'intermédiaire des différentes lois.

1 Le rôle de l'État et des services territoriaux

État	**Éducation nationale** Rémunération des professeurs des écoles. Programmes scolaires. Lois, règlements pour encadrer le secteur de l'enfance.
Région	Pas d'implication directe dans le secteur de la petite enfance.
Département	**PMI (sous l'autorité du président du Conseil départemental)** – Agrément des AMA + surveillance et contrôle. – Surveillance et contrôle des EAJE. – Dépistage des handicaps des moins de 6 ans. – Suivi des femmes enceintes.
Commune	Rémunération des ATSEM. Entretien, dotation des équipements et des supports et gestion des écoles publiques. Gestion et prise en charge de certaines ALAE, EAJE. Service petite enfance. Gestion et prise en charge des activités périscolaires et extrascolaires.

Tous les ALAE (accueil de loisirs associés à l'école), EAJE (établissements d'accueil du jeune enfant) ne sont pas administrés par une commune. Ce sont parfois des associations, des communautés de communes ou des sociétés privées qui les gèrent.

2 Ne pas confondre la loi, le règlement, la charte

– **La loi** est un texte adopté par le Parlement et promulgué par le président de la République. Elle s'impose à tous dès lors qu'elle est promulguée et publiée au *Journal officiel*. Elle n'est cependant applicable que dans la mesure où des textes d'application sont adoptés et publiés.
– **Le règlement** englobe l'ensemble des décisions du pouvoir exécutif et des autorités administratives. Cette notion regroupe différentes sortes de textes qui se situent, les uns par rapport aux autres, dans un ordre hiérarchique. Au premier rang de ces textes figurent les décrets puis les arrêtés réglementaires (exemple : arrêté ministériel, préfectoral, municipal).
– **La charte** est un texte juridique solennel ou une règle fondamentale, censée s'appliquer à tous, ayant pour but de garantir des libertés, des droits ou des devoirs.

JE RETIENS

1) Cocher la bonne réponse concernant les propositions suivantes :

	Rôle de :			
	L'État	La région	Le département	La commune
Rémunération des professeurs des écoles				
Rémunération des ATSEM				
Agrément des assistants maternels				

2) Relier chaque mot à sa définition :

Loi ●	● Comprend des textes tels que les décrets ou les arrêtés règlementaires.
Règlement ●	● Texte adopté par le Parlement et promulgué par le président de la République.
Charte ●	● Texte ayant pour but de garantir des libertés, des droits, des devoirs.

→ ***Vous trouverez tous les éléments de réponses à ces questions p. 194***

FICHE 2

Les différents modes d'accueil

QCM d'auto-évaluation Fiches 1 à 19
www.lienmini.fr/21006-1

Très tôt les parents se posent la question d'un mode de garde adapté pour leur enfant. Il n'est pas simple pour eux de se décider entre un mode de garde collectif ou individuel. Il n'est pas toujours évident d'avoir le choix car, malgré la volonté gouvernementale d'augmenter le nombre de places pour la petite enfance, la demande reste supérieure à l'offre.

1 L'accueil collectif

La réglementation actuelle (décret du 7 juin 2010)

Le décret n°2010-613 du 7 juin 2010 relatif aux établissements et services d'accueil des enfants de moins de six ans, définit ainsi :
« Les établissements et les services d'accueil non permanent d'enfants veillent à la santé, à la sécurité, au bien-être et au développement des enfants qui leur sont confiés. Dans le respect de l'autorité parentale, ils contribuent à leur éducation. Ils concourent à l'intégration des enfants présentant un handicap ou atteints d'une maladie chronique qu'ils accueillent. Ils apportent leur aide aux parents pour favoriser la conciliation de leur vie professionnelle et de leur vie familiale. »
Les établissements d'accueil collectif regroupent les **crèches collectives**, les **multi-accueils**, les **haltes-garderies**, les **crèches parentales**, les **micro-crèches**, les **crèches familiales** et les **jardins d'enfants**.
Les établissements d'accueil du jeune enfant (EAJE) accueillent collectivement des enfants de moins de 6 ans. Ces structures doivent être agréées par la PMI. Les tarifs sont établis à l'heure à partir d'une grille nationale qui permet aux familles de participer financièrement en fonction de leurs ressources.

Les spécificités des différentes structures

Les structures qui accueillent les enfants de moins de 6 ans sont très variées et répondent aux besoins spécifiques des familles.

Structures et âges d'accueil	Caractéristiques	Personnels et encadrement
Multi-accueil *De 2 mois ½ à 6 ans*	– Il associe différentes formules au sein d'une même structure : collectif/régulier/occasionnel. Il permet une grande souplesse et une réponse aux horaires atypiques. – Il permet aux familles de passer d'un type d'accueil à un autre (crèche à halte-garderie par exemple) sans rupture.	**Direction** : – puéricultrice ou EJE (éducateurs de jeunes enfants) si moins de 40 places ; – médecin ou puéricultrice (ayant 3 ans d'expérience) ou EJE (ayant 3 ans d'expérience) si plus de 40 places.

<table>
<tr><td>Multi-accueil
(suite)</td><td>– Il est limité à 100 places.</td><td rowspan="2">Adjoint : puériculteur, EJE ou infirmier (justifiant d'un an auprès de jeunes enfants).
Personnel :
– 40 % de professionnels qualifiés
– 60 % (au plus) d'autres professionnels : CAP Accompagnant éducatif Petite enfance, BEATEP, assistant maternel ayant 5 ans d'expérience…
Encadrement : un adulte pour cinq enfants qui ne marchent pas, et un adulte pour huit enfants qui marchent.
La loi ASAP permettra d'opter pour un taux d'encadrement unique d'un professionnel pour 6 enfants.</td></tr>
<tr><td>Crèche parentale
De 2 mois ½ à 4 ans</td><td>– Crèche créée et gérée par les parents qui participent également à l'encadrement, aidés par des professionnels de la petite enfance.
– Elle est limitée à 20 places.</td></tr>
<tr><td>Crèche familiale ou service d'accueil familial
De 2 mois ½ à 4 ans</td><td>Formule intermédiaire entre l'accueil collectif et l'accueil individuel (150 places maximum). Des assistants maternels agréés accueillent de un à quatre enfants à leur domicile. Ils sont encadrés par une équipe de professionnels qualifiés.</td><td>La crèche familiale est placée sous la direction d'un puériculteur, d'un médecin ou d'un EJE qui organisent 1 à 2 fois par semaine des temps de regroupement.</td></tr>
<tr><td>Micro-crèche
De 2 mois ½ à 6 ans</td><td>Autorisée depuis le décret du 7 juin 2010, cette structure accueille au maximum 10 enfants.
La loi ASAP prévoit d'augmenter la capacité d'accueil à 12 enfants.</td><td>Direction : il n'y a pas de direction mais un référent technique (puériculteur ou EJE).
Personnel : personnes qualifiées (CAP Accompagnant éducatif Petite enfance…) ayant 2 ans d'expérience ou assistant maternel (ayant plus de 3 ans d'expérience).
Encadrement : deux adultes s'il y a plus de trois enfants.</td></tr>
<tr><td>Crèche collective
De 2 mois ½ à 4 ans</td><td>– Accueil régulier pour les enfants de moins de 4 ans.
– Capacité d'accueil : 60 places maximum.</td><td>Idem que pour les multi-accueils, les crèches parentales et les haltes-garderies.</td></tr>
<tr><td>Jardin d'enfants
De 2 à 6 ans</td><td>Entre la crèche et l'école maternelle, les jardins d'enfants accueillent les enfants non scolarisés ou scolarisés à temps partiel (80 places maximum) en vue de faciliter leur intégration dans l'enseignement du premier degré.</td><td>Direction : EJE.
Personnel : au moins 50 % du personnel est composé de puériculteurs, EJE, auxiliaires de puériculture ou psychomotriciens. L'autre moitié doit détenir une qualification ou justifier d'une expérience dans le domaine de la petite enfance.
Encadrement : un professionnel pour huit enfants de moins de 3 ans et un professionnel pour quinze enfants de 3 ans à 6 ans.</td></tr>
<tr><td>Halte-garderie
De 2 mois ½ à 6 ans</td><td>Cette structure répond à des besoins ponctuels d'accueil (temps partiel ou occasionnel).</td><td>Idem que pour les multi-accueils, les crèches parentales et les haltes-garderies.</td></tr>
</table>

établissement d'accueil régulier
établissement d'accueil régulier/occasionnel
établissement d'accueil occasionnel

Le rôle des parents

Les parents ont une place reconnue par la loi dans les structures d'accueil collectif. Leur place est importante à différents moments clés de l'accueil de leur enfant.

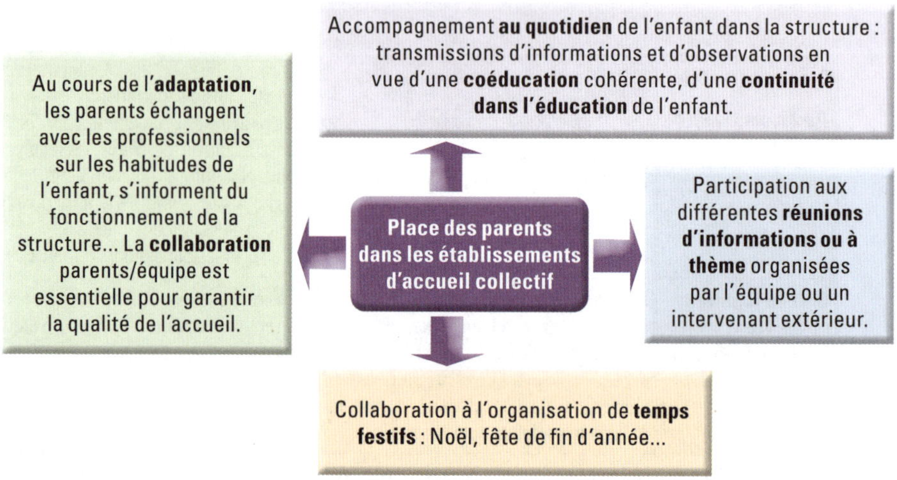

2 L'accueil individuel

Les parents peuvent avoir recours à un mode d'accueil individuel par choix (souplesse des horaires, rythme de l'enfant plus facile à respecter…) ou par défaut (manque de place en crèche).

L'assistant maternel agréé

En dehors des parents, l'accueil principal des enfants de moins de 3 ans se fait le plus fréquemment chez l'assistant maternel. Ce sont les parents ou la crèche familiale qui sont les employeurs.

L'agrément de l'assistant maternel est délivré par le président du Conseil départemental après avis des services de la PMI. Depuis le 1er septembre 2012, un référentiel national précise les conditions d'agrément de l'assistant maternel. Pour obtenir l'agrément, l'assistant maternel doit :

- effectuer un examen médical ;
- présenter les garanties, les capacités et les qualités nécessaires pour accueillir un enfant afin d'assurer son développement physique, intellectuel et affectif ;
- garantir des conditions d'accueil favorisant la sécurité, la santé et l'épanouissement de l'enfant ;
- disposer d'un logement adapté (taille, sécurité, hygiène).

L'agrément précise le nombre d'enfants (quatre au maximum) ainsi que leurs âges (de 2 mois ½ à 6 ans) pouvant être accueillis simultanément.

Par l'agrément, l'assistant maternel s'engage à suivre une formation de 120 heures.

Il trouvera des ressources auprès de la PMI (obtention et renouvellement de l'agrément, conseils...), du RPE (Relais Petite Enfance), mais aussi des ludothèques, médiathèques et autres lieux d'accueil parents-enfants. Les assistants maternels peuvent s'organiser en MAM (maison d'assistants maternels). Les MAM permettent à quatre assistants maternels au plus, d'accueillir au maximum quatre enfants simultanément. La loi ASAP prévoit que six assistants maternels pourront exercer dans une MAM, dont au maximum 4 simultanément. Le nombre d'enfants simultanément accueillis ne pourra excéder 20.

La garde à domicile

Dans ce cas de figure, les parents emploient une personne qui garde leur enfant à leur domicile. Ils peuvent aussi avoir recours à une formule de garde partagée : il s'agit de partager avec une autre famille l'emploi d'une personne à domicile. Cette personne s'occupe des enfants respectifs en alternant les domiciles des familles.

3 Les ALAE et ALSH

Les ALAE (accueils de loisirs associés à l'école) et les ALSH (accueils de loisirs sans hébergement) accueillent les enfants à partir de 3 ans en dehors du temps scolaire.

	ALAE	ALSH
Accueil	– Avant et après la classe. – Lors de la pause méridienne.	– Les mercredis. – Lors des vacances scolaires.
Personnel	Équipe d'animation qualifiée à 50 % minimum (BAFA) avec 50 % maximum d'agents stagiaires et 20 % maximum d'agents non qualifiés.	
Taux d'encadrement	Un animateur pour dix enfants de moins de 6 ans.	Un animateur pour huit enfants de moins de 6 ans.

AZ

BAFA : Brevet d'aptitudes aux fonctions d'animateur.
BEATEP : Brevet d'État d'animateur technicien de l'éducation populaire et de la jeunesse.
EJE : Éducateur de jeunes enfants.

JE RETIENS

1) Répondre par vrai ou faux aux affirmations suivantes.

- La crèche familiale est créée et gérée par les parents. ❑ Vrai ❑ Faux
- Le jardin d'enfants accueille des enfants de 2 mois ½ à 6 ans. ❑ Vrai ❑ Faux
- Le multi-accueil permet des accueils réguliers et occasionnels. ❑ Vrai ❑ Faux

2) Citer les sept modes de garde collectifs.

3) Citer un mode de garde individuel.

→ ***Vous trouverez tous les éléments de réponses à ces questions p. 194***

FICHE 3

L'enfant en situation de handicap

QCM d'auto-évaluation Fiches 1 à 19
www.lienmini.fr/21006-1

Chaque enfant en situation de handicap est unique. L'histoire de sa famille, la gravité du handicap, l'âge auquel il a été diagnostiqué vont en faire un événement singulier pour lui et son entourage.

1 Définition

La loi du 11 février 2005 - article L.114 - définit ainsi le handicap :
« Constitue un handicap toute limitation d'activité ou restriction de participation à la vie en société subie dans son environnement par une personne en raison d'une altération substantielle, durable ou définitive d'une ou plusieurs fonctions physiques, sensorielles, mentales, cognitives ou psychiques, d'un polyhandicap ou d'un trouble de santé invalidant. »

2 La classification des handicaps

La classification des handicaps est établie à l'aide de cinq catégories.

Types de handicap	Caractéristiques	Exemples
Handicap moteur	Capacité limitée pour un individu de se déplacer, de réaliser des gestes ou de bouger certains membres. L'atteinte peut être partielle ou totale, temporaire ou incurable selon son origine.	Paralysie, infirmité motrice cérébrale, myopathie...
Handicap sensoriel	Difficultés liées aux organes des sens avec : – le handicap visuel ; – le handicap auditif (perte partielle ou totale de l'audition).	**Visuel** : cécité, malvoyance, amblyopie... **Auditif** : malentendant, surdité qui peut entraîner des troubles de la parole.
Handicap psychique	Pathologie mentale entraînant des troubles mentaux, affectifs ou émotionnels se traduisant par une perturbation de la personnalité sans pour autant avoir des conséquences sur les fonctions intellectuelles.	Schizophrénie, maladie bipolaire...
Handicap mental	Déficience des fonctions mentales et intellectuelles qui entraîne des difficultés de réflexion, de compréhension et de conceptualisation, conduisant à des problèmes d'expression et de communication chez la personne atteinte.	Autisme, trisomie 21, polyhandicap...
Maladies invalidantes	Maladies qui, de par leurs effets sur l'organisme, peuvent générer un handicap et évoluer dans le temps.	Épilepsie, sclérose en plaque...

Les causes du handicap sont :
- **acquises** : s'il s'agit d'un handicap non présent à la naissance et d'origine accidentelle ou pathologique (par exemple un handicap suite à un accident de la route) ;
- **congénitales** : s'il s'agit d'un handicap avec lequel l'individu naît (par exemple la trisomie 21).

AZ
Cognitif : qui se rapporte à la faculté de connaissance.
Polyhandicap : handicap grave à expressions multiples associant une déficience motrice et une déficience intellectuelle sévère ou profonde. Les personnes polyhandicapées sont dépendantes et ont besoin de l'assistance constante d'une tierce personne, voire d'une assistance matérielle.

3 Les comportements face au handicap

Les réactions possibles de la famille et des proches

L'annonce du handicap est un choc qui entraîne un véritable état de sidération. Les réactions qui s'en suivent seront très différentes en fonction de l'âge auquel le handicap a été décelé, de son origine et de son importance.

Il sera possible d'observer plusieurs types d'attitudes.

➲ **L'acceptation** : elle se traduit par une aide apportée à l'enfant en situation de handicap afin de l'aider à surmonter ses difficultés et à s'intégrer dans la société.

➲ **La culpabilité** : lorsque le handicap est génétique ou survient dans la petite enfance les parents se sentent parfois coupables de la situation (« Je n'aurais pas dû faire telle activité, prendre tel médicament... »).

➲ **La surprotection, l'infantilisation, une permissivité excessive** : ces attitudes, liées à l'anxiété des parents, ne permettent pas à l'individu d'atteindre son développement maximum.

➲ **La peur de l'avenir, un abattement, une inquiétude** : l'enfant est loin de l'enfant idéal fantasmé par la famille. La désillusion est grande lors de l'annonce du handicap. Cela se traduit par des modifications de projets de la famille, des questionnements (« Que deviendra-t-il quand nous ne serons plus là ? »)

➲ **Le rejet** : il est trop difficile pour les parents d'avoir un enfant différent des autres. Ils font donc le choix de le confier à un établissement spécialisé ou de l'abandonner (« Je n'en veux pas, je ne le supporte pas... »).

Dans leur désarroi, les parents ont besoin d'un environnement chaleureux et d'un accueil bienveillant, respectueux et tolérant de la part des professionnels qui les accompagnent.

Les réactions de l'enfant

Plus l'enfant est jeune, plus sa maladie est anxiogène pour ses parents, et plus il sera désarmé pour y faire face.
L'enfant aura à lutter contre des souffrances physiques (soins…) mais également psychologiques (ruptures et séparations imposées par les hospitalisations, réduction des activités, inaptitudes…).
Enfin, le handicap peut bouleverser les rapports que l'enfant entretient avec son propre corps et être source d'une mauvaise image de soi (corps déformé, endommagé, douloureux, abîmé…). Ce corps peut être objet de honte, rejeté par les autres ce qui amène souvent l'enfant à s'isoler et/ou à être agressif.

Remarque

Handicap et fratrie

Souvent l'un des parents se consacre à la prise en charge de l'enfant en situation de handicap (consultations, hospitalisations, soins…). Les autres enfants sont davantage responsabilisés et peuvent se sentir délaissés : tout le souci des parents va à l'enfant malade. L'enfant en bonne santé peut culpabiliser d'avoir des soucis et ne pas oser en parler (« Ce n'est pas important comparé au handicap de mon frère »). Enfin, des sentiments de jalousie, d'agressivité, d'angoisse ou d'abandon peuvent se manifester.

La société et le handicap

Notre société est très tournée vers le paraître, la santé, la performance, si bien que le handicap physique (ou mental) peut faire peur et susciter des réactions d'agressivité, de rejet voire de pitié. Heureusement, des professionnels et des bénévoles vont faire preuve de solidarité pour accompagner la personne en situation de handicap et son entourage avec bienveillance.

4 La prise en charge de l'enfant handicapé

La loi du 11 février 2005

La loi du 11 février 2005, relative à l'égalité des droits et des chances, la participation et la citoyenneté des personnes handicapées, apporte de nombreuses avancées pour la personne en situation de handicap dans plusieurs domaines.

➲ **Droit à la compensation** : prestation qui prend en compte les besoins et le projet de vie de la personne handicapée (aide humaine, aide technique, aménagement du logement, du véhicule…).

➲ **Scolarité** : se traduit comme le droit de chaque enfant à une scolarisation en milieu ordinaire, au plus près de son domicile, et l'accessibilité à un parcours scolaire continu et adapté.

➲ **Accessibilité** : des lieux recevant du public, des logements, mais aussi de la voirie, des espaces publics…

La MDPH et la CDAPH

C'est au niveau de chaque département que sont accordées les principales aides destinées aux personnes en situation de handicap et à leurs proches.
La maison départemental des personnes handicapées (MDPH) leur permet d'avoir un guichet unique d'information aux principaux droits et prestations auxquels ils peuvent prétendre. Au sein de chaque MDPH se trouve la commission des droits et de l'autonomie des personnes handicapées (CDAPH).

CDAPH

– Se prononce sur l'orientation et assure l'insertion scolaire, professionnelle et sociale de la personne handicapée.
– Désigne les établissements ou services selon les besoins de l'enfant pour son accueil, sa rééducation, son reclassement.
– Apprécie l'état et le taux d'incapacité justifiant l'attribution de l'AEEH ou des compléments d'allocations et de la carte d'invalidité.

MDPH

Mise en œuvre des décisions prises par le CDAPH.

Les modalités de scolarisation et l'accueil d'un enfant en situation de handicap à l'école

La loi du 11 février 2005 pour l'égalité des droits et des chances, la citoyenneté et la participation des personnes handicapées et de programmation pour la refondation de l'École de la République du 8 juillet 2013 ont permis des avancées majeures dans la politique de scolarisation des élèves en situation de handicap.

Scolarisation individuelle

- Sans aide particulière, ou avec des aménagements si les besoins de l'élève l'exigent.

Scolarisation collective

- Les ULIS-école (unités localisées pour l'inclusion scolaire) : enseignement adapté au sein de l'ULIS + temps d'inclusion dans une classe de l'école.

Scolarisation en établissement médico-social (EMS)

- Prise en charge scolaire, éducative et thérapeutique.
- À temps plein ou à temps partiel.
- Diverses modalités de scolarisation possibles (dans un EMS ou dans un établissement scolaire ordinaire).

FICHE 3

Dès l'âge de 2 ans, si leur famille en fait la demande, les enfants en situation de handicap peuvent être scolarisés à l'école maternelle. Chaque école a vocation à accueillir tous les enfants, quels que soient leurs besoins. Pour répondre aux besoins particuliers des élèves en situation de handicap, un projet personnalisé de scolarisation (PPS) organise la scolarité de l'élève, assorti des mesures d'accompagnement décidées par la Commission des droits et de l'autonomie des personnes handicapées (CDAPH). La scolarisation peut être individuelle ou collective, en milieu ordinaire ou en établissement médico-social.

Le projet personnalisé de scolarisation (PPS)

Le PPS est un document écrit qui définit et coordonne les modalités de scolarisation et les actions pédagogiques, psychologiques, éducatives, médicales et paramédicales adéquates à mettre en place pour faciliter la scolarisation de l'élève handicapé.

Inscription scolaire de l'enfant dans l'école la plus proche.

Les parents présentent une demande de reconnaissance de handicap à la MDPH et fournissent un rapport de la situation scolaire + le dossier médical.

La MDPH (Maison départementale des personnes handicapées) via la CDAPH (Commission des droits et de l'autonomie des personnes handicapées) évalue les besoins de compensation de l'enfant par une équipe pluridisciplinaire.

Un Projet Personnalisé de Scolarité (PPS) en concertation avec la famille est proposé et précise :

- L'orientation dans un établissement scolaire et/ou médico- éducatif.
- La nécessité d'un accompagnement d'un auxiliaire de vie scolaire (AVS).
- Les aménagements nécessaires (matériel pédagogique, accessibilité...).

Pour mieux répondre aux besoins et évolutions de l'élève, le contenu du PPS ainsi que sa mise en œuvre est évalué au moins une fois par an par l'équipe de suivi de la scolarisation (composée de l'enseignant référent, les enseignants de l'élève handicapé, les professionnels de santé et des services sociaux). Participent à cette évaluation l'enfant handicapé et ses parents.

Le projet ou plan d'accompagnement personnalisé (PAP)

Il concerne une personne en particulier. Il prend en compte ses habitudes, son environnement, son autonomie… et vise à l'accompagner au mieux afin de la faire progresser.

Il s'adresse aux élèves du premier comme du second degré qui connaissent des difficultés scolaires durables ayant pour origine un ou plusieurs troubles des apprentissages et pour lesquels des aménagements et adaptations de nature pédagogique sont nécessaires, afin qu'ils puissent poursuivre leur parcours scolaire dans les meilleures conditions, en référence aux objectifs du cycle. La loi ASAP prévoit de favoriser l'accueil en crèche ou par des assistants maternels des enfants en situation de handicap ou atteints de maladies chroniques et nécessitant des soins réguliers, en reconnaissant aux professionnels la possibilité d'administrer certains médicaments et traitements.

QUESTION À UN PRO

Les missions d'accompagnement des élèves en situation de handicap sont confiées à des personnels qui relèvent de deux statuts différents : les AESH et les AVS/CUI. Ils accomplissent les mêmes tâches, mais leur recrutement et leur statut sont différents.
Les AESH (Accompagnants des Élèves en Situation de Handicap) bénéficient d'un contrat de droit public passé avec l'Éducation nationale. Trois voies de recrutement sont possibles. Pour être embauché comme AESH, le candidat doit :
– soit être titulaire du DEAES (Diplôme d'État d'Accompagnant Éducatif et Social) ;
– soit avoir exercé pendant au moins 9 mois des fonctions d'accompagnement de personnes en situation de handicap. Il s'agit notamment des AVS en CUI ;
– soit justifier d'un titre ou diplôme classé au moins au niveau IV (= baccalauréat), ou d'une qualification reconnue au moins équivalente.
Les AVS doivent être d'abord reconnus éligibles à un Contrat Unique d'Insertion (CUI) par Pôle emploi. Ils sont recrutés par l'Éducation nationale en tant qu'agents contractuels sous contrat de droit privé régi par le code du travail.

JE RETIENS

1) Retrouver dans les cas suivants la cause et le type de handicap dont il est question.
Tristan est trisomique. Ce handicap se caractérise par une déficience intellectuelle.
Cause : Type :

Jonathan est paraplégique (paralysie des membres inférieurs) suite à un accident en scooter.
Cause : Type :

2) Donner la signification des sigles suivants :
– MDPH :
– CDAPH :
– PAP :

→ ***Vous trouverez tous les éléments de réponses à ces questions p. 194***

FICHE 4 Les différents types de projets

QCM d'auto-évaluation Fiches 1 à 19
www.lienmini.fr/21006-1

Le projet quel qu'il soit est le but que l'on se propose d'atteindre. Il regroupe l'ensemble des actions à réaliser pour satisfaire un objectif défini dans le cadre d'une mission précise. C'est une œuvre commune qui est discutée en équipe et/ou avec les parents. Dans certains cas, il peut évoluer dans le temps.

1 Les différents types de projets

Il existe plusieurs sortes de projets en fonction du lieu d'exercice.

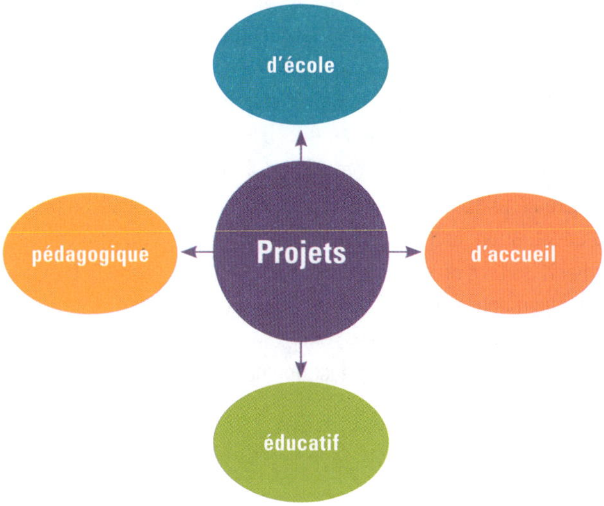

2 Les caractéristiques de chaque projet

Projets	Modes de garde concerné	Contenus du projet
Le projet éducatif	. EAJE . École maternelle . ALAE . ALSH	Le projet éducatif est la base du fonctionnement : il définit les axes, les orientations et les influences éducatives voulues par la structure tout en tenant compte des besoins spécifiques du public concerné.

Le projet pédagogique	. EAJE . École maternelle . ALSH . ALAE	Le projet pédagogique est un outil obligatoire mais aussi indispensable. Il est l'application directe du projet éducatif de la structure et traduit l'engagement d'une équipe pédagogique, dans un temps et un cadre donné. Il est donc réajusté régulièrement. Il définit les modalités de fonctionnement de la structure et sert de référence, permettant de donner du sens aux activités proposées et aux actes de la vie quotidienne.
Le projet d'école	. École maternelle	Il met en relation les objectifs nationaux et la situation locale. Il définit les stratégies qui paraissent les plus appropriées pour atteindre les objectifs en tenant compte du contexte. Le projet d'école concerne avant tout l'action des maîtres dans leur classe.
Le projet d'accueil	. Assistant maternel	C'est un document écrit qui précise les modalités d'accueil de l'enfant au domicile de l'assistant maternel (horaires d'accueil, alimentation, présence d'animaux...).

AZ

ALAE : Accueil de loisirs associé à l'école.
ALSH : Accueil de loisirs sans hébergement.
EAJE : Établissement d'accueil du jeune enfant.

JE RETIENS

Compléter la phrase en inscrivant le type de projet dont il s'agit :

Ce projet est établi entre l'assistant maternel et le parent de l'enfant. Il permet de mieux connaître les habitudes de l'enfant et de s'entendre sur un certain nombre de points.
Il s'agit du projet

Ce projet permet de s'accorder sur les principes de base du fonctionnement de la structure (axes, orientations, influences pédagogiques...).
Il s'agit du projet

Ce projet permet de s'approprier les objectifs nationaux (de l'Éducation nationale) au niveau local.
Il s'agit du projet

→ ***Vous trouverez tous les éléments de réponses à ces questions p. 194***

FICHE 5

Le développement psychomoteur de l'enfant : acquis et aptitudes

QCM d'auto-évaluation Fiches 1 à 19
www.lienmini.fr/21006-1

Le développement de l'enfant comprend le développement somatique (poids, taille, proportion des segments du corps, maturation des os et des dents) et le développement psychomoteur (développement moteur, sensoriel, social, affectif, ainsi que l'intelligence, la préhension et le langage).
L'évolution du développement psychomoteur est progressive ; elle n'est ni uniforme, ni continue. Elle se déroule avec des phases de progressions rapides mais également des stagnations, des arrêts, voire même des régressions.
Il est important de rappeler que chaque enfant se développe à son rythme et que les âges des acquisitions donnés sont approximatifs.

Développement moteur — Développement social, affectif et intellectuel — Graphisme
Préhension — Développement sensoriel — Langage

1 De 0 à 2 mois : les découvertes sensorielles

Ne tient pas sa tête et a les membres fléchis.

Réflexe d'agrippement

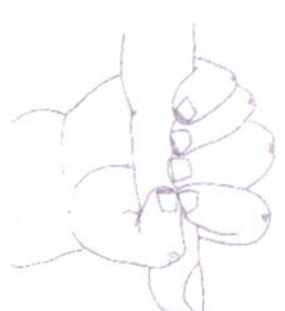

Vision : sensible aux contrastes, reconnaît le visage rapproché de sa mère, champ visuel limité à 30 cm.
À 2 mois, il suit du regard les objets déplacés.

Audition : sensible aux sons aigus, reconnaît la voix de ses parents.

Odorat : réagit aux odeurs (peau maternelle, lait).

Goût : apparaît dès la vie intra-utérine. Perçoit les 4 saveurs. Préférence pour le sucré.

Toucher : besoin d'être câliné. Zones sensibles (bouche, puis main et peau de tout le corps).

Vers 3-4 jours : fixe les yeux et la bouche de l'adulte qui parle.

Vers 1 mois : vagissements (sons rauques).

Vers 2 mois : vocalises (sons plus légers riches en voyelles « a » et « e »).
Le bébé va utiliser la communication non verbale pour s'exprimer : pleurs (lors d'un inconfort, de la faim, d'une douleur), regards et mimiques.

À savoir

Le nouveau-né n'a pas conscience de son propre corps ni du monde qui l'entoure. Il a besoin de stimulations extérieures pour réaliser progressivement la conscience de son corps.

2 De 3 à 6 mois : la découverte du corps

De 3 à 4 mois

- Tient la tête.
- Flexion extension des membres (bébé nageur).
- En position ventrale, se soulève sur les avant-bras.

Préhension palmaire involontaire (de contact).

Vision
- À partir de 3 mois, voit au-delà de 2,50 mètres.
- Voit précisément les visages, les objets, et distingue les couleurs.
- Mouvements de poursuite oculaire (suit un objet du regard).

Audition : localise la source sonore.

Stade oral : porte tout à la bouche et y prend plaisir.

- Sourires réponses, mimiques, sourire sélectif.
- Rit aux éclats.
- Prend conscience des sons qu'il émet et les répète.
- Stade du miroir : perçoit son image dans le miroir comme celle d'un autre enfant qui fait les mêmes gestes. Il faudra attendre ses 12 mois pour qu'il reconnaisse sa propre image.

À partir de 4 mois, il vocalise.
- Produit des bruits avec sa bouche.
- Utilise la communication non verbale pour s'exprimer.

De 5 à 6 mois

- Se retourne sur le dos et sur le ventre.
- Relève le buste en se tenant sur les mains (fait le phoque).

Préhension palmaire volontaire, porte les objets à la bouche.

Attention

Strabisme, torticolis, désintérêt aux stimuli visuels, absence de poursuite oculaire après 4 mois… Tous ces signes doivent alerter et conduire à un examen ophtalmologique. Plus tard, vers 2 ans, il faudra être vigilant aux chutes fréquentes, à une lenteur d'exécution ou un retard de langage qui peuvent être dus à un déficit visuel.

3 De 7 à 12 mois : une période de grande activité motrice

À savoir

Entre 6 mois et 3 ans, un enfant peut brusquement cesser de respirer lors d'une crise de larmes puis perdre connaissance. Ce phénomène, appelé « spasme du sanglot », apparaît avec une personne en particulier, avec qui l'enfant a un lien affectif fort, souvent suite à une frustration. La situation ne présente pas de risque pour l'enfant, malgré le côté spectaculaire et l'angoisse que cela peut générer chez l'adulte.

De 7 à 8 mois		
– Tient la position assise sans soutien. – Rampe pour se déplacer. Pince inférieure (pouce/annulaire, auriculaire) et relâchement volontaire. 	– Tend les bras. – Est inquiet face à un visage étranger (angoisse du 8e mois). – Comprend qu'il est distinct de sa mère. – Comprend le sens du « non ». – Comprend des ordres simples.	Babillages : prononce des « reu, peu, beu ».
De 9 à 10 mois		
Marche à 4 pattes. Pince supérieure (pouce/index). 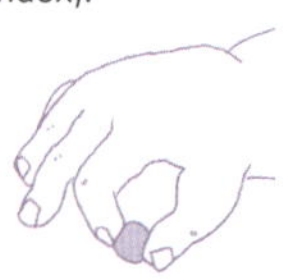	– Pointe du doigt ce qui l'intéresse. – Comprend les interdits, les expressions du visage de l'adulte et les ordres simples. – Est capable de retrouver un objet caché. – Actions intentionnelles. – Réfléchit et reproduit ce qu'il a déjà expérimenté.	Monosyllabes : « ma, pa, da ».
De 11 à 12 mois		
Se met debout avec appui.		Doubles syllabes : « ma… ma, pa… pa ».

Remarque

À cette période, l'enfant va vers l'autonomie et reconnaît que l'autre est différent de lui. Certains enfants vont alors trouver un réconfort auprès d'un « doudou », ou objet transitionnel, qui sera un lien entre la maison et l'extérieur et qui aidera à supporter cette séparation.

4 De 13 mois à 3 ans : l'exploration du monde

C'est une période durant laquelle une étape essentielle du développement de l'enfant intervient : l'**acquisition de la marche**. Elle nécessite la maturation du système nerveux, du squelette et des muscles.

Pour encourager l'enfant à marcher, il faut le laisser découvrir seul son environnement et son équilibre, de façon à ce qu'il ne soit pas dépendant. L'adulte peut l'accompagner dans cet apprentissage en proposant du matériel qui lui permettra de se déplacer avec appui (tables basses, porteur…).

C'est aussi la période où l'enfant va faire l'apprentissage de la **propreté** qui nécessite :

- une maturité du système nerveux pour contrôler ses sphincters : on repère pour cela la capacité qu'a un enfant à monter et descendre les escaliers (maturation physiologique) ;
- une maturité intellectuelle pour que l'enfant comprenne ce qu'on lui demande ;
- une maturité affective : envie de devenir grand.

Les enfants arrivent à maîtriser leurs selles avant les urines, vers 18-24 mois. Ils sont propres le jour (vers 2 ans) avant la nuit (vers 3-4 ans).

L'adulte devra être patient, compréhensif et à l'écoute. Il est important de prendre le temps nécessaire, d'encourager et de respecter le rythme de l'enfant sans le gronder, le punir, l'humilier ou le forcer. Il n'est pas rare d'observer des régressions dues à des facteurs environnementaux ou affectifs modifiés (naissance d'un frère ou d'une sœur, déménagement, séparation des parents…).

Au-delà de 4-5 ans, si l'enfant ne maîtrise toujours pas le contrôle de ses sphincters, il s'agit de troubles du contrôle des sphincters. On parle alors :

- d'énurésie : perte urinaire répétée et involontaire le plus souvent nocturne après 5 ans ;
- d'encoprésie : défécation involontaire chez un enfant de plus de 4 ans.

Question à un pro

Annabelle, puéricultrice en multi-accueil, demande : Faut-il s'inquiéter lorsqu'un enfant a un retard de développement moteur ?

Réponse : Il est important de rappeler que chaque enfant se développe à son rythme et que les variations individuelles peuvent être importantes. Il faut cependant savoir que l'acquisition d'une fonction motrice dépend de la maturation du système nerveux, mais aussi de l'environnement dans lequel se trouve l'enfant (stimulation, hérédité…). L'individu suspecté de retard de développement devra être observé et, si le retard persiste, une consultation s'impose afin de déterminer s'il y a ou non une cause médicale.

De 13 à 18 mois		
– Marche seul. – Monte l'escalier à quatre pattes. – Participe à son déshabillage. – Tourne les pages d'un livre. – Découvre le contenant et le contenu.	– Aime les jeux d'échanges avec l'adulte. – Reconnaît les personnes de son entourage. – Est méfiant vis-à-vis des inconnus. – Commence à s'intéresser aux autres. – Entre en opposition avec l'adulte (colères, début de la période du « non »).	Mot-phrase significatif (« bobo » pour dire qu'il s'est fait mal).
De 18 à 24 mois		
– Court, grimpe et monte seul un escalier. – Participe à son déshabillage et à son habillage. Fait des gribouillis.	– Est dans la période d'autonomie (veut faire seul) et d'opposition (« non »). – Apprécie la compagnie des autres.	Langage global significatif, association de deux mots : « papa pati… ».

Attention

Entre 13 et 18 mois, si l'enfant ne fait pas de tentative pour dire des mots et ne pointe pas du doigt, il faut suspecter une surdité, un retard de langage, une déficience intellectuelle…

Entre 18 et 24 mois, si l'enfant ne comprend pas le langage simple, dispose de moins de 50 mots, hésite quand il parle ou n'est pas compris par son entourage, il faut suspecter une éventuelle surdité, un retard de langage, une déficience intellectuelle ou un bégaiement (trouble affectant le rythme de la parole en présence d'un interlocuteur).

De 2 à 3 ans		
Danse, monte et descend l'escalier seul, tape dans un ballon avec précision, fait du tricycle, saute sur un pied… Acquisition d'une précision dans les gestes, mange seul… Représente les personnages sous forme de « bonhomme têtard » vers 2 ans ½ puis perfectionne son dessin (selon le stade de son schéma corporel).	– Est attentif à l'autre. – Phase œdipienne. – Sait s'il est un garçon ou une fille (c'est l'âge de l'identité sexuelle). – Trouve plaisir à dire « non ». – Sait compter jusqu'à 6 ou 8. – Apprentissage de la propreté. – Schéma corporel élaboré (a de plus en plus conscience de son corps).	– Explosion du langage : utilise le verbe. – Construit des phrases. – Aime poser des questions.

Remarque

Avec l'entrée en maternelle, des signes tels que l'agitation, l'impulsivité ou le manque d'attention peuvent être repérés chez l'enfant. Si ces signes persistent (consignes non suivies, difficultés à se canaliser, agitation des mains et des pieds constante…) il est peut-être question d'un problème d'hyperactivité. Il faut inviter la famille à consulter.

À partir de 2-4 ans, l'enfant comprend les notions de spatialité comme : près, loin, derrière, devant, haut, bas…
À partir de 3-4 ans, il commence à montrer un début de préférence latérale. Il est cependant normal qu'il change de côté jusqu'à 6-7 ans, âges auxquels la latéralité est réellement acquise.
La notion de temps proche (avant, tout de suite…) commence à être comprise vers 4 ans.

AZ

Latéralisation : processus au cours duquel les hémisphères du cerveau se spécialisent durant la petite enfance. Il détermine une latéralité droite (pour les droitiers) ou gauche (pour les gauchers).
Schéma corporel : représentation mentale que se fait chaque individu de son corps.

JE RETIENS

1) Classer dans l'ordre chronologique d'apparition les différentes étapes du langage.

vocalises – vagissements – mot-phrase – babillages

2) Relier les stades clés du développement psychomoteur aux âges auxquels ils apparaissent.

Marche à quatre pattes •	• 5 mois
Tourne sur le dos/ventre •	• 8 mois
Monte et descend les escaliers seul •	• 10 mois
Tient assis sans appui •	• 13 mois
Marche •	• 2 ans

3) Préciser pour chaque étape du développement de l'enfant, l'âge auquel elle correspond.

a. Distingue la droite de la gauche.	
b. Apprend des comptines.	
c. Commence à écrire quelques lettres.	
d. Dessine les premiers bonhommes têtards.	

➜ ***Vous trouverez tous les éléments de réponses à ces questions p. 194***

FICHE 6

Les besoins de l'enfant

QCM d'auto-évaluation Fiches 1 à 19
www.lienmini.fr/21006-1

Il est important de connaître les besoins fondamentaux de l'enfant afin d'y répondre au mieux. Ces besoins varient d'un individu à l'autre et en fonction de l'âge. Ainsi, chez le nourrisson, le besoin de boire et manger est particulièrement important. Plus tard, le besoin d'apprendre sera essentiel pour les uns alors que pour les autres il s'agira plutôt du besoin de se mouvoir.

1 Les besoins fondamentaux selon Virginia Henderson

Virginia Henderson (infirmière américaine) a répertorié quatorze besoins fondamentaux interdépendants chez l'être humain. Si l'un de ces besoins n'est pas satisfait, la personne éprouve une difficulté, un déséquilibre, au niveau de son organisme ou de son intégration sociale.

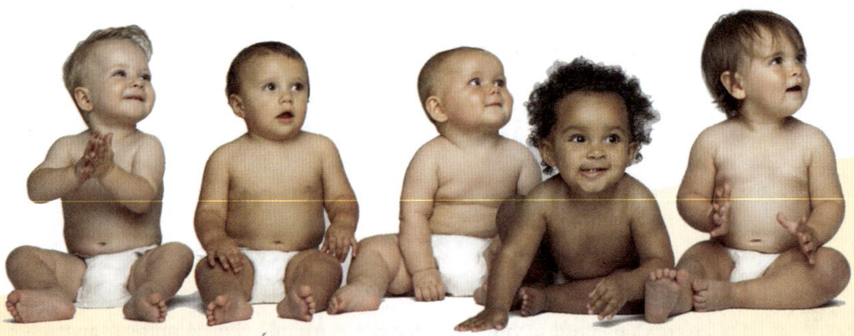

Respirer   Boire et manger   Éliminer   Apprendre   Se recréer   S'occuper en vue de se réaliser
Agir selon ses croyances et ses valeurs   Communiquer avec ses semblables   Éviter les dangers
Se mouvoir et maintenir une bonne posture   Dormir et se reposer   Se vêtir et se devêtir   Maintenir la température de son corps dans les limites de la normale   Être propre, soigné et protéger ses téguments

AZ

Agir selon ses croyances et ses valeurs : capacité d'une personne à connaître et promouvoir ses propres principes, croyances et valeurs transmises par les parents.

Se recréer : capacité d'une personne à se détendre et à se cultiver.

S'occuper en vue de se réaliser : capacité d'une personne à avoir des activités ludiques ou créatrices, à s'auto-réaliser et à conserver son estime d'elle-même. Chez l'enfant, cela se traduit par le jeu qui lui permet de se développer et de se réaliser.

2 Les besoins spécifiques de l'enfant

L'enfant a des besoins spécifiques (affectifs, de communication et de stimulation) auxquels l'adulte doit répondre de façons différentes en fonction de l'âge et de l'individu.

	Développements affectif et social de l'enfant	Rôles de l'adulte vis-à-vis de l'enfant
De 1 à 2 mois	– Réceptif à la voix et la présence de l'adulte. – S'apaise quand on lui parle. – S'apaise quand on le prend dans les bras.	– Apporter de l'affection au nourrisson : contact corporel (toucher, caresses, portage, massages…) et bain de langage (parler régulièrement à l'enfant pour qu'il se développe harmonieusement). – Procurer de la sécurité : même adulte référent lors des soins. Il doit être consolé, bercé…
De 3 à 4 mois	– Aime la compagnie des adultes. – Explore du regard. – Sourit (premier sourire intentionnel). – Exprime ses besoins par son corps.	– Mettre en place un environnement qui va permettre l'épanouissement de l'enfant (couleurs, jouets...) sans le surstimuler pour autant. – Lui parler souvent, chanter, le regarder. – L'observer pour comprendre et décoder ses besoins.
De 5 à 8 mois	– S'intéresse à la manipulation des objets. – Explore l'autre de façon tactile. – Angoisse du 8e mois (peur de l'étranger).	– Varier les jeux et les situations (ne pas le laisser tout le temps dans la même position). – Permettre aux bébés de se toucher entre eux, proposer des jeux tactiles. – Rassurer l'enfant, éviter les séparations, verbaliser ce qui se passe pour lui. – Laisser l'objet transitionnel à disposition.
De 9 à 12 mois	– Découvre le déplacement à quatre pattes. – Aime jeter les objets loin et qu'on lui ramasse (maîtrise des absences et présences de la mère). – Remarque les détails de l'environnement et apprécie de retrouver les objets familiers. – Est fasciné par son image dans le miroir.	– Prévenir les risques d'accidents. – Savoir fixer les limites. – Jouer à « coucou » (jeu de cache-cache qui permet de prendre conscience de l'absence/présence). – Veiller à maintenir un environnement familier (sécurisant pour l'enfant). – Installer des miroirs et jouer avec l'enfant devant.
De 1 à 2 ans	– Explore et découvre le monde qui l'entoure (grimpe, prend des risques…). – Sentiments de frustration liés aux interdits (colères) et aux mots insuffisants pour s'exprimer. – Période égocentrique.	– Sécuriser l'espace qui doit être suffisamment grand pour que l'enfant explore. – Mettre des mots sur les émotions de l'enfant (« Je vois que tu es en colère »). – Ne pas répondre à l'enfant agresseur par le même code (« Tu tapes, je te tape ») : l'enfant ne peut pas comprendre que l'adulte fasse ce qu'il lui interdit de faire. – Sécuriser l'enfant par la voix. – Féliciter l'enfant quand il réussit quelque chose.
De 2 à 3 ans	– Se sent distinct d'autrui (utilise le « moi » et le « je »). – Phase d'opposition : c'est l'âge du « non ». – Développement de l'autonomie. – S'ouvre aux autres.	– Expliquer à l'enfant les règles de vie. – Prendre du recul : la période du « non » permet à l'enfant de grandir. – L'inciter à tenir compte de l'autre : jeux collectifs, jeux de société, partages d'un jouet (« chacun son tour »)… – Valoriser ses progrès en matière d'autonomie et lui proposer des situations d'apprentissage (mettre le pantalon seul, enfiler ses chaussures…).
De 3 à 6 ans	– Entrée à l'école maternelle. – Insertion dans un groupe d'enfants. – Aime se mesurer à autrui.	– Favoriser le passage d'un mode de garde à l'autre de façon progressive. – Déceler les éventuels troubles d'adaptation scolaire. – Favoriser les jeux collectifs (en groupes réduits), les jeux de rôles.

L'adulte qui accompagne l'enfant dans son développement aura une attitude sécurisante mais non étouffante ou laxiste. Il guidera l'enfant dans ses explorations afin qu'il prenne confiance en lui et qu'il découvre le monde qui l'entoure en prenant des risques mesurés.

À savoir

Du milieu socioculturel dans lequel l'enfant est né, va dépendre sa prise en charge. Par exemple, dans des cultures africaines traditionnelles, l'enfant et la mère ont une relation fusionnelle jusqu'au sevrage. Après cette période, l'enfant est élevé par la communauté dans laquelle il vit et appelle « papa » ou « maman » de manière indifférente ses parents ou ses oncles et tantes. L'attachement se vit d'une autre façon que dans la culture occidentale classique.

3 Les besoins ou les désirs : quelle différence ?

Les besoins doivent absolument être satisfaits (en particulier les besoins physiologiques tels que boire et manger, dormir, se vêtir...) car ils sont garants de notre équilibre. Il est donc nécessaire de répondre aux besoins de l'enfant, sans quoi cela pourrait entraîner des troubles ou des dommages.

Les désirs quant à eux ne sont pas nécessaires pour vivre, ils ne sont pas toujours un besoin. Désirer un animal, un jouet, des bonbons... n'est pas indispensable.

Nous pouvons répondre à certains désirs pour apporter du plaisir, mais tous les désirs ne doivent pas être nécessairement comblés. Dans le cas contraire, l'enfant perdrait le sentiment de limites.

Ne pas satisfaire un désir va provoquer un sentiment de frustration chez l'enfant qu'il peut exprimer sous forme de colère, tristesse... Ces émotions naturelles de frustration seront accueillies avec bienveillance et verbalisées : « je vois que tu es très en colère. Tu avais envoie de ce jouet et tu aurais aimé l'avoir maintenant. »

4 Les troubles induits par un manque de stimulation

Les enfants ont besoin d'affection, de stimulation et d'attention pour se développer de façon harmonieuse. Ils doivent être encouragés à jouer, explorer (en sécurité) afin de s'enrichir et de se développer sur les plans physiques, sociaux, affectifs et intellectuels.

L'absence ou le manque de stimulation, qui se traduit souvent par un milieu socio-économique pauvre, un manque de reconnaissance ou d'écoute de l'enfant, une relation adulte/enfant pas assez riche, peut avoir des répercussions sur le développement physique et mental de l'enfant. Des retards dans l'acquisition du langage et des retards moteurs peuvent ainsi être notés. Les enfants peu stimulés peuvent se renfermer sur eux-mêmes, voire ne pas exprimer leurs besoins (cris faibles, mimiques peu expressives, attitude passive, évitement du contact physique et visuel…).

À l'inverse, certains enfants sont surstimulés. Là aussi leur rythme n'est pas respecté. On leur demande d'acquérir des compétences de façon trop précoce (s'asseoir à 4 mois, marcher avant 10 mois, être propre de bonne heure…). Ces enfants sont en surtension corporelle mais s'adaptent pourtant au désir de l'adulte, au détriment du respect de leur propre rythme. Ces enfants surstimulés sont bien souvent dépendants de l'adulte, en attente de son approbation. Cela entraîne le risque qu'ils mettent en veille leurs propres sentiments pour faire plaisir à l'adulte…

Question à un pro

Adèle, élève en CAP Acompagnant éducatif Petite enfance s'interroge :
Comment trouver un juste milieu entre trop ou pas assez de stimulation ?

Réponse : Tout est question de dosage ! À certains moments de la journée, l'enfant peut être invité à explorer seul des jeux, son corps, l'espace… Dans ces temps-là, la posture de l'adulte est importante : il met à disposition le matériel, aménage l'espace et laisse l'enfant à ses découvertes. Sa présence bienveillante et sécurisante (mais non interventionniste) rassure l'enfant qui peut se concentrer sereinement sur ses explorations. Il n'est, par exemple, pas rare de voir de jeunes enfants essayer de comprendre un mécanisme et relever régulièrement la tête pour s'assurer de la présence de l'adulte. Ces situations permettent aux enfants de prendre confiance en eux. À l'inverse, à d'autres moments, l'adulte peut proposer (sans imposer) des activités qui permettent à l'enfant de développer des capacités spécifiques (parcours moteurs, lecture d'un livre, activité pâte à sel…). Ici, l'adulte accompagne l'enfant en verbalisant les situations, en l'encourageant et en le félicitant.

Je retiens

1) Lister les besoins fondamentaux dont il est question dans la situation suivante.

Il est 10 h 30. Tom, 4 mois, se réveille de la sieste. L'auxiliaire de puériculture lui change sa couche puis l'installe confortablement dans le transat pour qu'il joue. Dans un moment, elle lui préparera son biberon.

2) Citer une conséquence d'une surstimulation de l'enfant.

3) Préciser l'attitude que doit avoir le professionnel dans la situation suivante :

Sophia, 8 mois, pleure dès qu'elle voit un visage nouveau et a du mal à laisser partir sa mère le matin.

→ ***Vous trouverez tous les éléments de réponses à ces questions p. 194***

FICHE 7

L'organisation générale du corps humain

QCM d'auto-évaluation Fiches 1 à 19
www.lienmini.fr/21006-1

Le corps humain est organisé en quatre niveaux d'organisation structurale. Les différents appareils ou systèmes qui le constituent ont chacun des rôles spécifiques mais participent tous au maintien de la vie.

1 Les différents niveaux d'organisation

Dans l'ordre décroissant (du plus grand au plus petit) les niveaux s'organisent de la façon suivante :

• Les **systèmes ou appareils**, composés d'organes, qui sont en relation pour assurer une même fonction (exemple : l'appareil digestif).

• Les **organes**, composés de différents tissus (exemples : les intestins, l'estomac, le foie...).

• Les **tissus**, composés de cellules identiques remplissant la même fonction (exemple : l'épithélium des villosités intestinales).

• La **cellule** qui est l'unité de base de l'être vivant (exemple : l'entérocyte, unité de base des intestins).

AZ **Épithélium** : tissu formé de cellules juxtaposées.
Organisation structurale : manière dont le corps est organisé en ce qui concerne ses différents éléments.

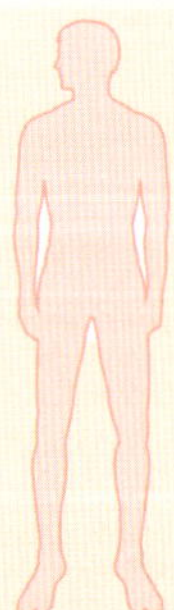

Organisme
unité fonctionnelle permettant le maintien de la vie

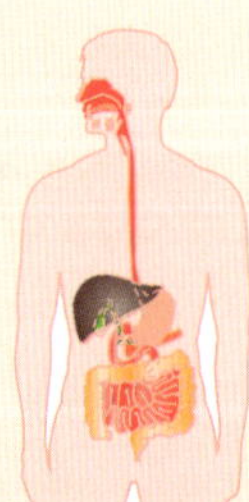

Système ou appareil
comprend plusieurs organes travaillant ensemble pour assurer une même fonction

Organe
structure bien identifiée, comportant au moins deux tissus

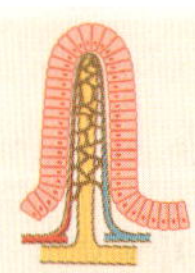

Tissu
composé de cellules semblables remplissant une même fonction

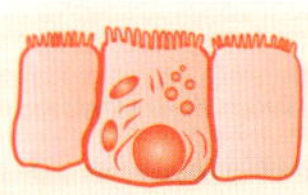

Cellule
plus petite unité vivante

2 Les fonctions du corps humain

Les appareils ou systèmes de l'organisme sont regroupés pour assurer quatre grandes fonctions vitales et essentielles à l'organisme.

- La **fonction de relation** qui permet à l'organisme d'interagir avec son environnement (appareil locomoteur, organes des sens, système nerveux).
- La **fonction de nutrition** qui permet d'apporter aux cellules l'oxygène et les nutriments nécessaires ainsi que de les débarrasser des déchets (appareil digestif, appareil circulatoire, appareil respiratoire, appareil urinaire).
- La **fonction de reproduction** qui permet la transmission de la vie.
- La **fonction de maintien de l'intégrité** qui permet le maintien de l'équilibre intérieur (système immunitaire, système endocrinien).

Remarque

Bien que remplissant des rôles spécifiques, chacune de ces fonctions dépend des autres.

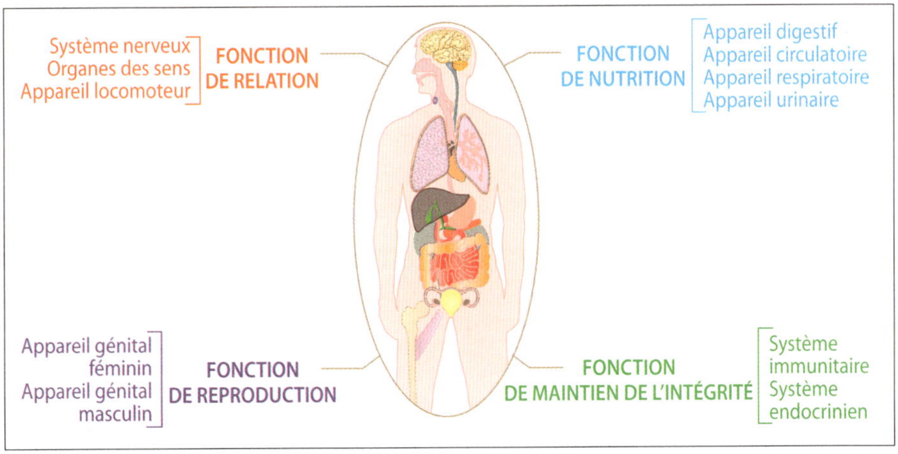

Les différentes fonctions du corps humain.

JE RETIENS

1) Repérer dans les cas suivants le (ou les) appareil(s) ou système(s) et la fonction à laquelle il(s) appartien(nen)t.

- **Cas 1 :** Pierre, malentendant, arrive ce matin au multi-accueil. Il tousse.
- **Cas 2 :** Sophie, en petite section, a chuté dans la cour et s'est fait une entorse à la cheville.

2) Nommer les différents niveaux d'organisation du corps humain dans l'ordre croissant.

→ ***Vous trouverez tous les éléments de réponses à ces questions p. 194***

FICHE 8

La peau

Schéma muet Coupe de la peau
www.lienmini.fr/21006-2

La peau, organe du toucher, recouvre l'ensemble du corps. Elle le protège contre les agressions extérieures.

1 La structure de la peau

La peau se compose de trois épaisseurs.

• L'**épiderme**, couche la plus superficielle, qui se divise elle-même en trois sous-couches :
– la cornée, située à la surface et formée de cellules mortes remplies de kératine ;
– la couche germinative, couche intermédiaire, constituée de cellules produisant la kératine, qui meurent et remontent à la surface pour former la cornée ;
– la couche basale, partie la plus profonde, produisant des cellules cutanées qui, en progressant vers la surface de la peau, perdent leur vitalité. C'est dans cette zone qu'est produite la mélanine (pigment qui colore et protège la peau).

• Le **derme**, placé sous l'épiderme, qui comporte :
– des vaisseaux sanguins ;
– des terminaisons nerveuses qui informent sur la sensibilité thermique, tactile et la douleur ;
– du collagène et de l'élastine qui donnent à la peau sa souplesse et son élasticité ;
– des glandes sudoripares qui sécrètent la sueur ;
– des glandes sébacées qui sécrètent le sébum ;
– des poils et leur muscle arrecteur (ou horripilateur).

• L'**hypoderme**, qui se trouve sous le derme et contient les cellules adipeuses qui servent de réserve nutritive.

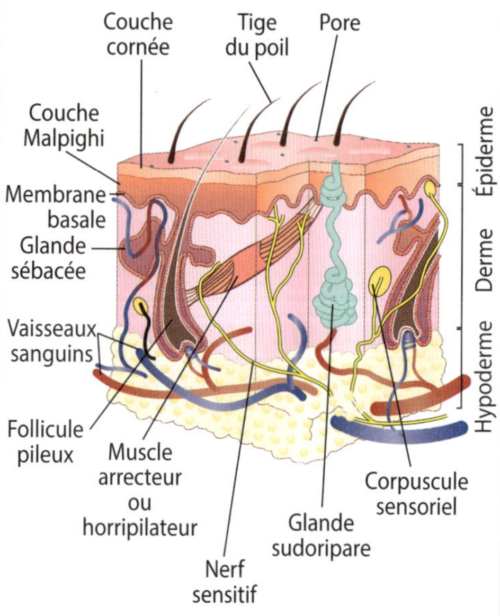

Coupe de la peau

AZ **Muscle arrecteur** : situé à la base des poils, il agit sur leurs mouvements. Sous l'effet du froid ou de la peur il se contracte et entraîne leur redressement (ex. : la chair de poule).

Sébum : substance grasse sécrétée par les glandes sébacées qui protège et lubrifie la peau.

2 Les différents rôles de la peau

Fonctions de la peau	Explications
Perception de l'environnement extérieur (ou perception sensorielle)	Grâce aux nerfs sensitifs, les sensations perçues sont : – la **sensation tactile** qui informe sur la nature des objets ; – la **sensation thermique** qui informe sur la température ; – la **sensation douloureuse** qui informe sur l'intensité d'un choc, d'une brûlure (▸ FICHE 60), d'une piqûre.
Protection	Résistante, la peau assure la protection de l'organisme vis-à-vis du milieu extérieur en le préservant des agressions de toutes sortes.
Échanges gazeux	La peau respire : elle absorbe de l'O_2 et rejette du CO_2.
Excrétion de déchets	Les glandes sudoripares sécrètent la sueur qui permet l'épuration de l'organisme.
Production de vitamine D	Sous l'effet des rayons solaires, des cellules de l'épiderme transforment le cholestérol en vitamine D, indispensable pour assimiler le calcium.
Thermorégulation	Afin de s'adapter aux variations de températures, la peau sécrète la sueur qui, en s'évaporant, permet son refroidissement.

3 Les caractéristiques de la peau de l'enfant

La peau de l'enfant, bien qu'ayant la même structure que celle de l'adulte, reste immature car elle n'a pas encore acquis toutes ses qualités et ses fonctions.

Peu de production de mélanine
▸ peau peu protégée du soleil.

Glandes sébacées peu actives
▸ peau sèche, sujette aux irritations.

Épiderme mince
▸ peau fragile, sensible aux agressions (chimiques, physiques, microbiennes...).

Glandes sudoripares peu actives
▸ températures élevées mal compensées.

4 Les affections de la peau et des muqueuses

Les affections de la peau et des muqueuses sont très fréquentes chez le jeune enfant. Elles peuvent être contagieuses (impétigo, muguet) ou non (eczéma), et disparaissent souvent quand l'enfant grandit.

Affections	Localisations, signes et complications	Prévention et traitement
Eczéma 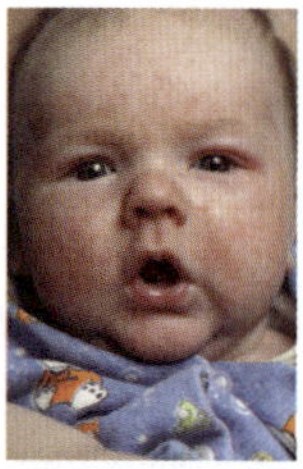 *Dermatose prurigineuse non contagieuse.*	**Localisation** : visage, paupières, oreilles, siège, plis des coudes et des genoux. **Signes** : – Apparition de plaques rouges, puis de vésicules et de croûtes. – Prurit toujours associé et qui peut entraîner des perturbations du sommeil, de la nervosité. – Évolution par poussées. **Complications** : surinfection des lésions par grattage.	**Prévention** : – Éliminer les facteurs favorisants (acariens, poils d'animaux...). – Hydrater la peau (la peau sèche favorise le prurit et la surinfection) avec du savon gras et des crèmes émollientes. – Couper les ongles à ras pour éviter d'aggraver les lésions au grattage. – Préférer des vêtements en coton. **Traitement** : – Application d'antiseptique pour éviter la surinfection et de corticoïdes locaux pour limiter l'inflammation. – Antihistaminique par voie orale pour calmer le prurit.
Impétigo 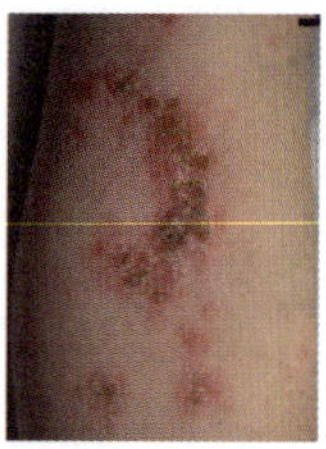 *Dermatose infectieuse très contagieuse.*	**Localisation** : visage (lèvres et joues). **Signes :** – Éruption cutanée. – Au début, apparition d'une vésicule sur tâche érythémateuse, puis d'une pustule et d'une croûte jaunâtre. **Complications :** – Risque d'étendue sur d'autres parties du corps. – Atteinte rénale.	**Prévention** : – Éviter les contacts avec une personne infectée. – Respecter les mesures d'hygiène (se laver les mains s'il y a contact avec une personne infectée, éviter les échanges de vêtements, d'objets familiers...). – Éviction de la collectivité s'il y a un traitement antibiotique oral. **Traitement :** – Général (si important) : antibiotiques. – Local : désinfection des croûtes, assèchement à l'éosine et application d'une pommade antibiotique si besoin.
Muguet 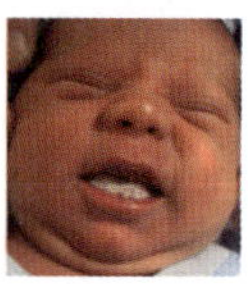 *Affection contagieuse due à un champignon microscopique.*	**Localisation** : à l'intérieur des joues et sur la langue. **Signes :** – Apparition de points blancs. – Pleurs lors des tétées. **Complications** : le muguet peut contaminer tout le système digestif et provoquer diarrhées et érythème fessier.	**Prévention :** – Lavage et désinfection réguliers des objets que le bébé met dans la bouche (tétine, sucette, jouets). – Se laver les mains après s'être occupé d'un enfant ayant le muguet. **Traitement :** – Local : nettoyage de la bouche avant le repas avec une solution bicarbonatée à l'aide d'une compresse stérile. – Application d'un antifongique après le repas, de la même façon.

AZ

Dermatose : maladie de la peau.
Érythémateux : qui est rouge.
Prurigineux : qui provoque des sensations de démangeaison.

5 Les parasitoses et les infections

Les parasitoses cutanées les plus fréquentes sont représentées par la gale et les infections par les poux (la pédiculose).

Parasitoses et infections	Localisations et signes	Prévention et traitement
Gale 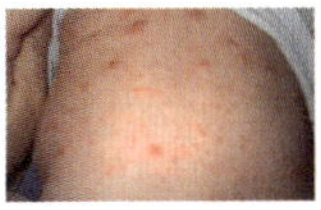 **Parasite** : sarcopte. *Parasitose contagieuse transmise par contact cutané ou par vêtements, literie… infectés.*	**Localisation** : espaces interdigitaux, avant du poignet, coudes, avant-bras, nombril, intérieur des cuisses, organes génitaux et fesses. **Signes :** – Prurit (démangeaisons), surtout nocturne. – Lésions de grattage avec risque de surinfection.	**Prévention :** – Éviter tout contact avec une personne ayant la gale. – Informer la structure d'accueil (crèche, école...). **Traitement :** – Général : administration de médicaments par voie orale. – Local : application d'un produit sur l'ensemble du corps. – Environnement : lavage de la literie et des vêtements à 60 °C.
Pédiculose  **Parasite** : poux. *Parasitose contagieuse qui se transmet de cheveux à cheveux ou de vêtements (ou literie) à cheveux.*	**Localisation** : derrière les oreilles et au niveau de la nuque. **Signes :** – Prurit. – Grattage important qui entraîne des lésions de la peau. – Risque de surinfection dû au grattage.	**Prévention :** – Surveiller la chevelure de façon régulière. – Ne pas échanger écharpes, foulards et bonnets entre enfants. **Traitement :** – Traitement local du cuir chevelu. – Lavages des taies d'oreillers, des bonnets, des écharpes... à plus de 50 °C.

JE RETIENS

1) Citer les trois couches de la peau.

2) Entourer l'affection de la peau non contagieuse parmi les propositions suivantes :

muguet – impétigo – eczéma

3) Nommer la parasitose due au pou.

➜ ***Vous trouverez tous les éléments de réponses à ces questions p. 195***

FICHE 9

L'organisation de l'appareil locomoteur

Schéma muet Le squelette de l'homme
www.lienmini.fr/21006-3

L'appareil locomoteur est constitué d'os qui forment le squelette, d'articulations qui correspondent à la jonction entre deux ou plusieurs os, et de muscles qui permettent les mouvements.

1 Le squelette et les os

Le squelette

Le squelette humain comprend 206 os qui composent la tête, le tronc ainsi que les membres inférieurs et supérieurs.

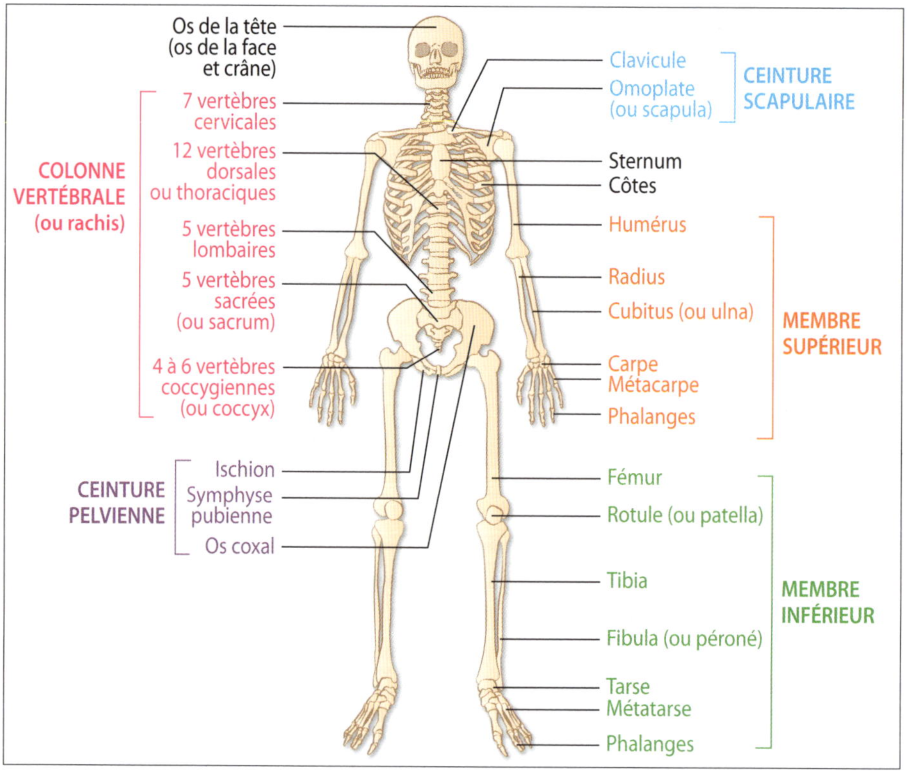

Le squelette de l'homme

La structure de l'os

Les os de notre squelette sont formés de tissu osseux (os compact et os spongieux) et de tissu cartilagineux comme le cartilage articulaire aux extrémités des os ou le cartilage de conjugaison responsable de la croissance osseuse.
Au niveau de la diaphyse se trouve la moelle jaune qui loge dans le canal médullaire. Enfin, dans les épiphyses se trouve la moelle rouge responsable de la production des cellules sanguines.

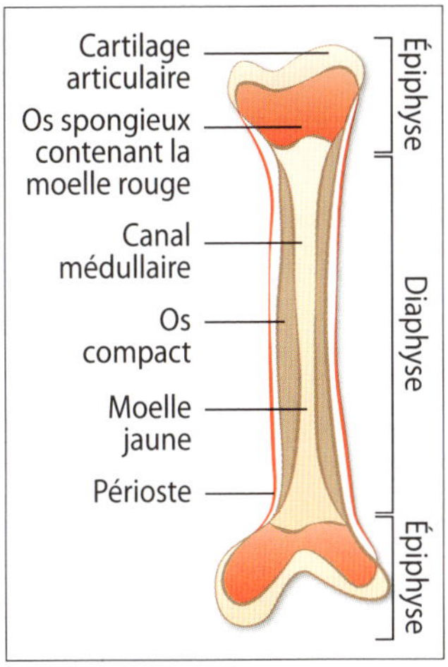

Schéma d'un os long

2 Les muscles

L'activité des muscles est volontaire ou involontaire. Il existe donc deux sortes de muscles :
– les muscles striés (ou muscles squelettiques) qui sont des muscles rouges responsables de mouvements volontaires au niveau de l'appareil locomoteur en particulier ;
– les muscles lisses (ou viscéraux) qui permettent le travail involontaire des viscères.

L'organisation générale du muscle strié

Le muscle strié est attaché à l'os par le tendon. Il est recouvert par une gaine fibreuse appelée aponévrose. Des cloisons divisent le muscle en faisceaux. Les faisceaux sont constitués de fibres musculaires.

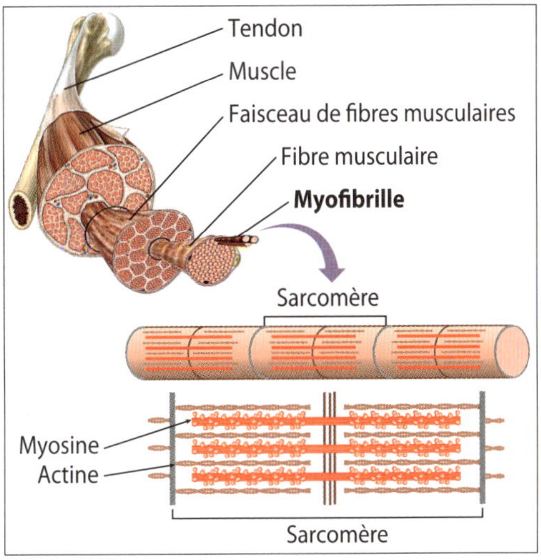

Coupe du muscle strié

La fibre musculaire

Chaque fibre musculaire du muscle contient de fins filaments : les myofibrilles. Celles-ci sont constituées d'actine et de myosine qui apparaissent en bandes alternées, claires et foncées.

Lors de la contraction musculaire, la fibre musculaire se racourcit par diminution des bandes claires et, dans l'allongement du muscle, se produit le phénomène inverse.

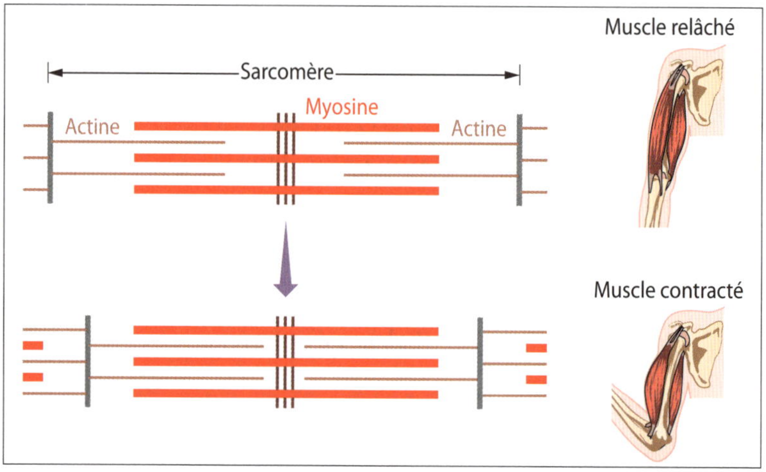

Variation du sarcomère lors de la contraction-extension

Les propriétés du muscle

➲ **Excitabilité** : il réagit en se contractant suite à une excitation mécanique, thermique, chimique ou électrique.
➲ **Contractibilité** : il s'agit de la faculté que possède le muscle de se raccourcir suite à une excitation et, ainsi, de mobiliser les os sur lesquels il est fixé.
➲ **Élasticité** : il reprend sa longueur initiale après avoir été étiré.
➲ **Tonicité** : les muscles sont légèrement contractés au repos, c'est le tonus musculaire.

3 Les articulations

Les articulations sont classées en fonction de leur mobilité.

Type d'articulation	Articulation synoviale	Articulation cartilagineuse	Articulation fibreuse
Mobilité	**Mobile** : permet des mouvements amples.	**Semi-mobile** : permet des mouvements de faible amplitude.	**Immobile** : ne permet aucun mouvement entre les os.
Exemple d'articulation	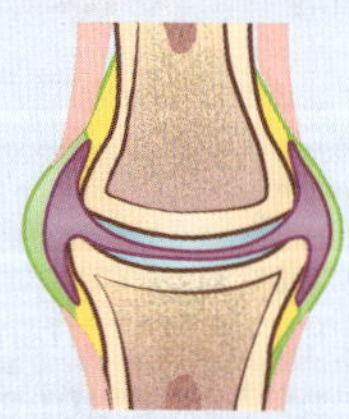 Articulation du genou	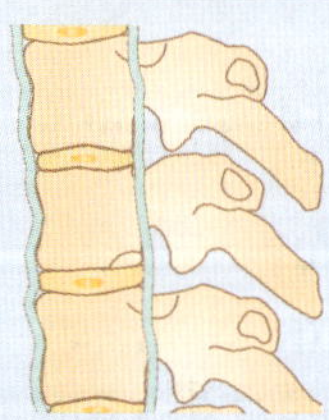 Articulation des vertèbres	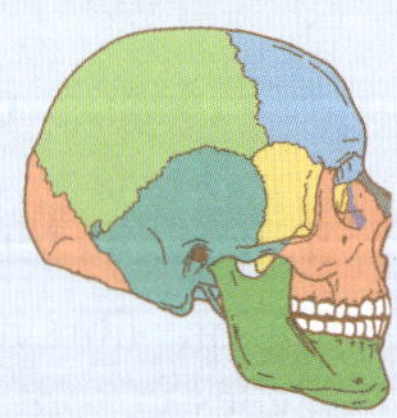 Suture des os du crâne

4 L'étude de la marche

L'étude des mouvements et de la marche en particulier est complexe. Le système nerveux central (▶ FICHE 15) y joue un grand rôle et intervient de la façon suivante :

➲ **Étape 1** : réception des influx nerveux sensitifs.

➲ **Étape 2** : traitement des influx nerveux sensitifs traduits en moteurs.

➲ **Étape 3** : les influx moteurs prennent le relais vers les muscles en permettant la réponse (contraction du muscle).

Le mouvement est possible grâce à une suite de contractions de certains muscles (éléments actifs de la contraction) et au relâchement d'autres muscles (éléments passifs de la contraction).
L'étude de la marche permet de décomposer les mouvements en cinq temps.

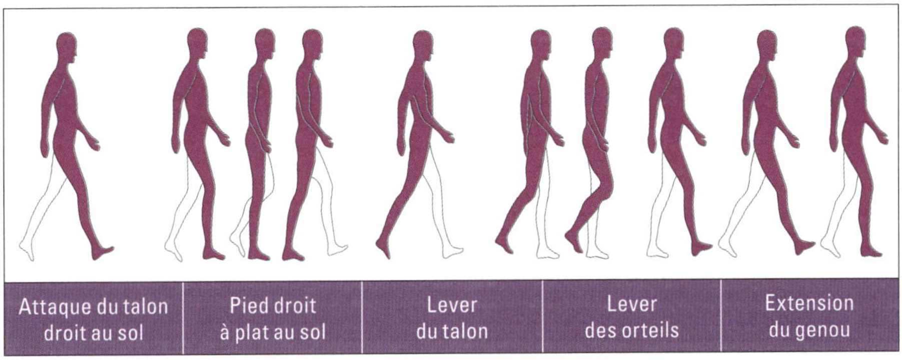

JE RETIENS

1) Citer les os qui composent la ceinture scapulaire et le membre inférieur.

2) Classer dans l'ordre décroissant (du plus grand au plus petit) les différentes parties du muscle.

myofibrille – muscle – faisceau – fibre musculaire

3) Cocher la bonne réponse et justifier.
L'articulation de la hanche est une articulation cartilagineuse.
❑ Vrai ❑ Faux

➜ ***Vous trouverez tous les éléments de réponses à ces questions p. 195***

FICHE 10 La croissance et l'hygiène de l'appareil locomoteur

Schéma muet Les os longs
www.lienmini.fr/21006-A

1 La croissance de l'appareil locomoteur

Le développement de l'enfant et sa croissance en particulier, entraînent de nombreux changements de la naissance à l'âge adulte. La maturation de l'appareil locomoteur s'effectue par stades.

L'ossification

Les os de l'enfant sont tout d'abord à l'état de cartilage avant de devenir osseux. Ils seront complètement ossifiés à l'âge adulte.

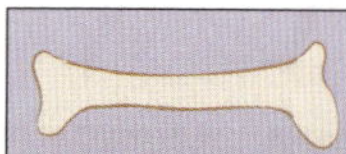	Ébauche cartilagineuse.
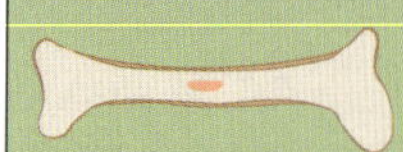	Point d'ossification et formation d'une gaine osseuse à partir du périoste.
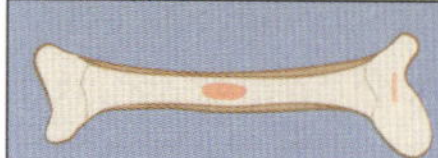	Point d'ossification secondaire au niveau des épiphyses.
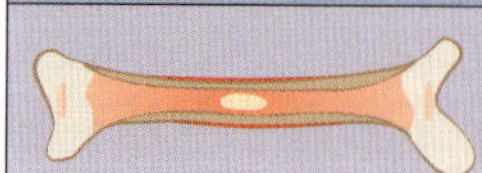	Formation du canal médullaire.
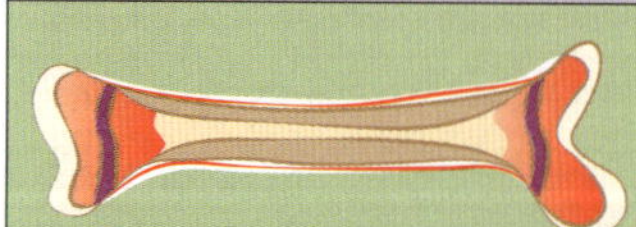	Les épiphyses sont recouverts par le cartilage articulaire. Le cartilage de conjugaison apparaît pour permettre la croissance en longueur de l'os alors que le périoste permet la croissance en largeur.
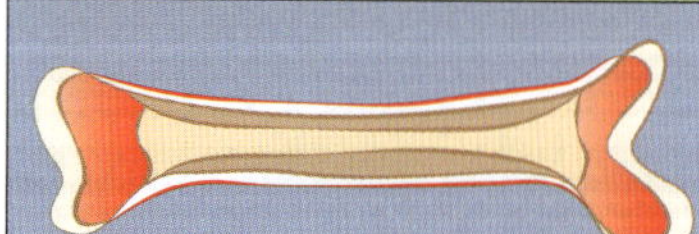	Os adulte.

Les fontanelles

Le crâne du nouveau-né présente des espaces membraneux appelés fontanelles.

▶ FICHE 5

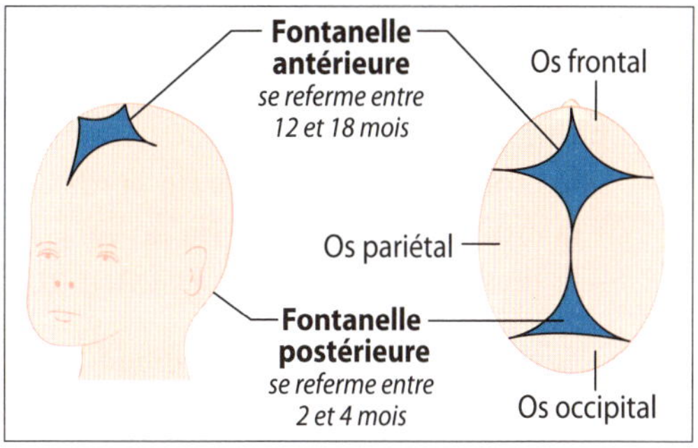

QUESTION À UN PRO

Fabien, élève en CAP Accompagnant éducatif Petite enfance assiste à une visite médicale dans un multi-accueil et demande : Pourquoi est-il si important de suivre l'évolution de la fermeture des fontanelles ?

Réponse : Les fontanelles jouent un rôle essentiel dans l'adaptation de la croissance entre le crâne et le cerveau. C'est pour cette raison que le médecin les palpe. Il recherche des fontanelles qui se refermeraient tardivement et peuvent être significatives de mauvaise calcification, des fontanelles déprimées qui doivent alerter sur une déshydratation, ou bien des fontanelles bombées qui peuvent être un symptôme de méningite.

L'aspect morphologique

En observant les modifications que subit la morphologie de l'enfant à différents âges, il est aisé de repérer que les parties du corps évoluent de façon inégale.

Il existe deux segments à prendre en compte : le **segment inférieur**, du pubis aux pieds, et le **segment supérieur**, du pubis au sommet du crâne.

Les proportions du corps évoluent de la façon suivante :

– la tête représente un quart du corps du nouveau-né et seulement 1/6e du corps de l'enfant de 6 ans (puis environ 1/8e à l'âge adulte) ;

– chez le nouveau-né, le segment inférieur est bien plus court que le segment supérieur.

Ce rapport entre les deux segments va évoluer pour arriver à une équivalence entre les deux à l'âge adulte.

Évolution des proportions du corps de 0 à 6 ans

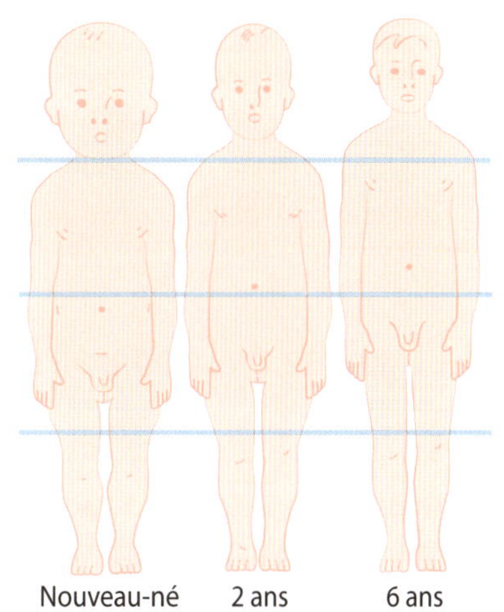

La surveillance de la croissance de l'enfant

La croissance de l'enfant est surveillée grâce aux indicateurs de croissance qui permettent de suivre son développement. Il s'agit de :
- la croissance pondérale (le poids) ;
- la croissance staturale (la taille) ;
- la mesure du périmètre crânien (tour de tête).

Âge	Poids	Taille	Périmètre crânien
Naissance	3 250 g (+/- 250 g)	50 cm	35 cm
6 mois	6,5 kg (PN* x 2)	66 cm	44 cm
12 mois	10 kg (PN x 3)	73 cm	46 cm
2 ans	13 kg (PN x 4)	85 cm	48 cm
3 ans	de 14,5 kg à 15 kg	93 cm	48,5 cm
4 ans	17 kg (PN x 5)	1 m (TN** x 2)	49 cm

*PN : poids de naissance.
**TN : taille de naissance.

Les courbes établies suite aux différentes mensurations permettent de déceler d'éventuels troubles de la croissance. Le report de ces mensurations sur le carnet de santé permet de suivre l'évolution de la courbe.

Question à un pro

Naïma, auxiliaire de puériculture en halte-garderie, demande : Quelles doivent être les caractéristiques d'une courbe de croissance dite « normale » ?

Réponse : Il convient d'attacher plus d'importance à l'allure générale de la courbe de l'enfant plutôt qu'à son poids. Une courbe de croissance « normale » doit être ascendante, régulière, et comprise entre les références inférieures et supérieures. Une courbe de croissance ne s'étudie en général pas seule, elle se lit en parallèle avec la courbe staturale.

2 L'hygiène de l'appareil locomoteur

Les facteurs de croissance

Il existe de nombreux facteurs favorables et indispensables pour que la croissance de l'enfant soit harmonieuse.

➲ **Facteurs externes :** qualité de l'environnement (affectif...), suivi médical, alimentation (calcium, phosphore, vitamines A et D), hygiène de vie : sommeil (sécrétion de l'hormone de croissance) et activité physique (stimulation de la croissance osseuse).

➲ **Facteurs internes :** facteurs génétiques et facteurs hormonaux.

Les atteintes du squelette

➲ **Le rachitisme** : c'est une insuffisance de minéralisation des os due à un déficit en calcium. Cela se traduit par des os mous, un retard de la fermeture des fontanelles, des déformations du squelette ainsi que des perturbations de la formation des dents. La prévention du rachitisme passe par une exposition régulière au soleil et nécessite une alimentation riche en calcium et en vitamine D qui permet l'absorption du calcium au niveau intestinal et sa fixation sur les os.

➲ **Les principales déformations du squelette** : il est important d'être attentif aux postures de l'enfant (en particulier à l'âge scolaire). S'il adopte de mauvaises postures cela peut entraîner une déviation de sa colonne vertébrale.

Type de déformation	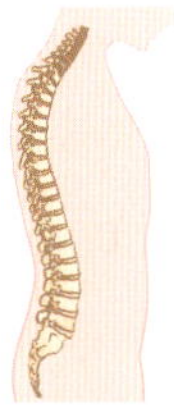 Cyphose	 Lordose	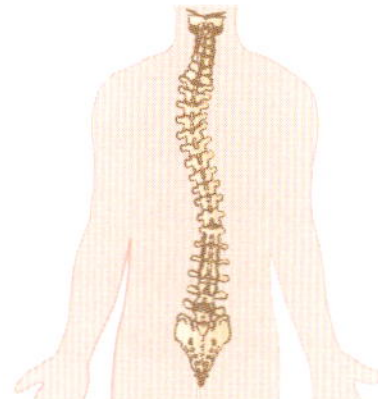 Scoliose
Description	La cyphose est caractérisée par un haut du dos en forme de « C » et une tête projetée en avant des épaules.	La lordose est caractérisée par un creux lombaire très prononcé.	La scoliose est une déviation de la colonne vertébrale souvent innée qui est caractérisée par une courbure en forme de « S ».
Prévention	La prévention de ces déformations du squelette repose essentiellement sur les principes d'ergonomie à respecter. Ces principes doivent être enseignés aux enfants dès le plus jeune âge, de façon à leur apprendre à protéger leur dos. ► FICHE 26		

JE RETIENS

1) Citer la partie de l'os long qui lui permet de croître en longueur et en largeur.

2) Préciser les mensurations moyennes d'un enfant à la naissance, à 1 an et à 4 ans.

	Naissance	1 an	4 ans
Poids			
Taille			
Périmètre crânien			

3) Citer les trois types de déformation du squelette.

➜ ***Vous trouverez tous les éléments de réponses à ces questions p. 195***

FICHE 11

L'appareil urinaire

Schéma muet L'appareil urinaire
www.lienmini.fr/21006-B

L'appareil urinaire est un ensemble d'organes qui participent à la production, au stockage et à l'élimination de l'urine, des déchets et des toxines.

1 L'anatomie de l'appareil urinaire

L'appareil urinaire est constitué :
- de deux reins qui produisent l'urine ;
- des bassinets et des uretères qui drainent l'urine vers la vessie ;
- de la vessie dans laquelle l'urine s'accumule ;
- de l'urètre qui évacue l'urine accumulée dans la vessie. Le sphincter de l'urètre (muscle) permet le contrôle volontaire de la miction (expulsion de l'urine accumulée dans la vessie).

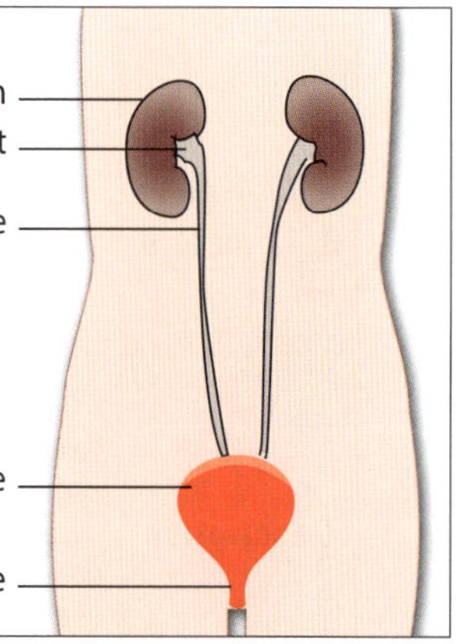

Appareil urinaire

À savoir

L'urètre de la femme est très court (3,5 cm environ), alors que celui de l'homme mesure 15 cm environ et a, en plus, une fonction reproductrice.

Les reins ont deux attributions essentielles :
- une fonction d'excrétion des déchets (grâce à leur rôle de filtration) ;
- une fonction de régulation de la composition du sang.

Question à un pro

Pascale, auxiliaire de puériculture en multi-accueil, s'interroge : Louisa a trois ans, elle n'est toujours pas propre. Peut-on parler d'incontinence ?

Réponse : L'incontinence se définit comme des pertes involontaires d'urines. On ne peut parler d'incontinence chez l'enfant qu'au-delà de 5 ans. Appareil urinaire et système nerveux doivent être matures pour que l'enfant puisse maîtriser ses sphincters. ► FICHE 5

2 Le néphron

Lorsque l'on observe le rein au microscope, on peut constater qu'il est constitué de plus d'un million de néphrons (unité fonctionnelle du rein). Le rôle du néphron est la production d'urine. Il comporte plusieurs parties :
- le corpuscule de Malpighi formé du glomérule de Malpighi (réseau de ca-

pillaires sanguins) et de la capsule de Bowman (qui entoure le glomérule) ;
– le tube contourné distal ;
– l'anse de Henlé ;
– le tube contourné proximal ;
– le canal collecteur.
L'urine ainsi formée se jette ensuite dans l'uretère.

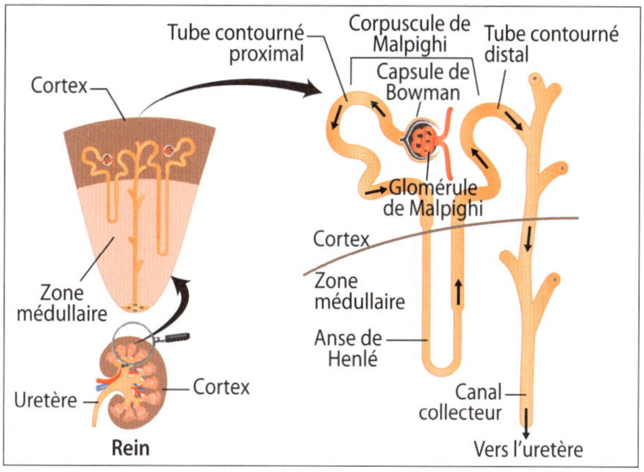

Fonction du néphron

3 La formation de l'urine

Elle est assurée par les néphrons et s'effectue en trois temps : la **filtration** du sang, la **réabsorption** d'éléments, puis la **sécrétion** de déchets. Enfin, l'urine définitive passe par l'uretère pour être stockée dans la vessie.

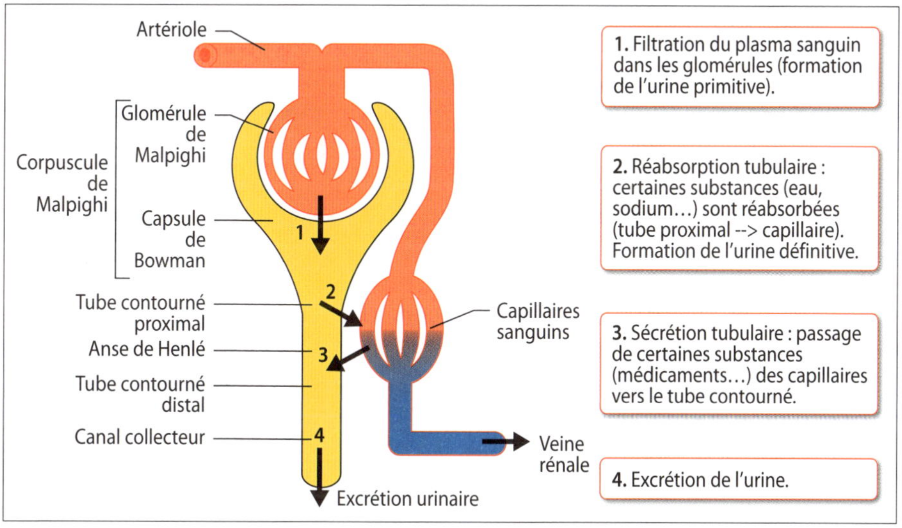

JE RETIENS

1) Numéroter les organes de l'appareil urinaire de 1 à 5 pour les replacer dans l'ordre de la formation de l'urine.

… vessie … uretère … urètre … bassinet … rein

2) Citer les quatre étapes du processus de formation de l'urine.

→ ***Vous trouverez tous les éléments de réponses à ces questions p. 195***

FICHE 12

L'appareil digestif

Schéma muet L'appareil digestif
www.lienmini.fr/21006-C

Afin d'être assimilés par l'organisme, les aliments sont transformés en nutriments. Ils subissent un ensemble de modifications physiques et chimiques appelées **digestion**.

1 Les organes de l'appareil digestif

Le tube digestif est un tube creux fait de muscles qui s'ouvre à l'extérieur par la bouche et l'anus. Il se divise en six zones distinctes :
- **la bouche** : cavité qui contient la langue et les dents ;
- **le pharynx** : carrefour aéro-digestif où le bol alimentaire est dégluti pour passer dans l'œsophage ;
- **l'œsophage** : conduit qui fait communiquer le pharynx et l'estomac ;
- **l'estomac** : poche digestive où le bol alimentaire est stocké provisoirement, brassé et prédigéré avant d'être envoyé dans l'intestin (l'orifice supérieur est le **cardia**, l'orifice inférieur est le **pylore**) ;
- **l'intestin grêle** : organe principal de la digestion composé de trois parties (le duodénum, le jéjunum et l'iléon). La presque totalité de l'absorption se fait ici ;
- **le côlon** (ou gros intestin) : faisant suite à l'intestin grêle, il est composé du **caecum**, du **côlon**, du **rectum** et se termine par l'**anus**.

2 Les glandes annexes

L'appareil digestif dispose de plusieurs glandes annexes qui sécrètent des enzymes ayant un rôle essentiel dans la digestion : les **glandes salivaires** (production de salive dans la cavité buccale), l'**estomac** (suc gastrique), le **foie** (sécrétion de bile recueillie dans la vésicule biliaire), le **pancréas** (suc pancréatique) et l'**intestin grêle** (suc intestinal).

3 Les phénomènes mécaniques et chimiques

Ces phénomènes permettent aux constituants alimentaires d'être transformés en molécules assimilables par le sang. Les molécules complexes sont simplifiées en molécules simples (nutriments) sous l'action des enzymes digestives. Eau, sels minéraux, vitamines et cellulose ne subissent pas de transformations.

glucides	Salive + suc pancréatique + suc intestinal →	oses simples
protides	Suc gastrique + suc pancréatique + suc intestinal →	acides aminés
lipides	Bile + suc pancréatique + suc intestinal →	acide gras + glycérol

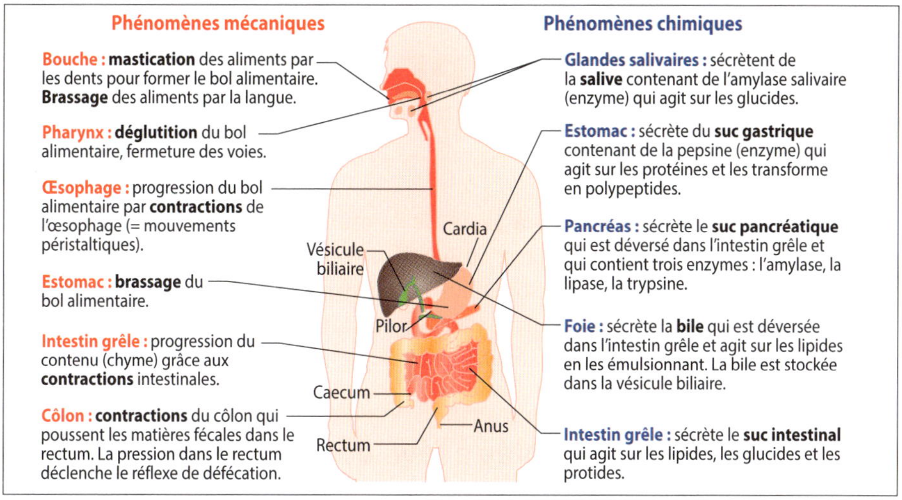

Lorsque la digestion est achevée, nutriments, eau, minéraux et vitamines sont prêts à être absorbés au niveau de la paroi de l'intestin grêle pour passer dans le sang et la lymphe grâce aux villosités intestinales. Les résidus de la digestion sont évacués sous forme de selles.

4 La dentition

Il existe deux sortes de dentition : la dentition temporaire de l'enfant ❶ (20 dents, avec les dents de lait) et la dentition définitive de l'adulte ❷ (32 dents). L'hygiène bucco-dentaire est importante dès le plus jeune âge. ► FICHE 27

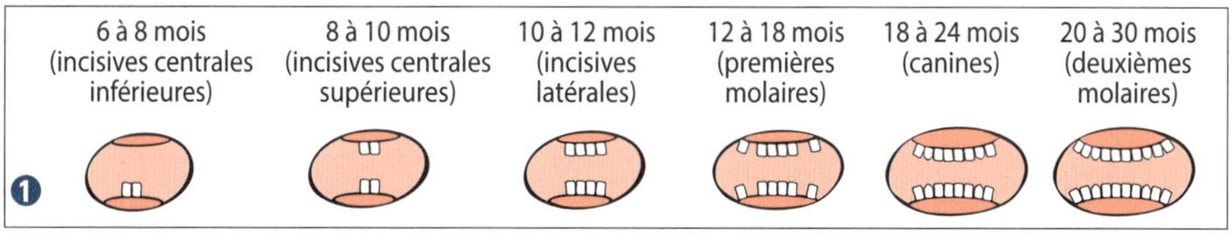

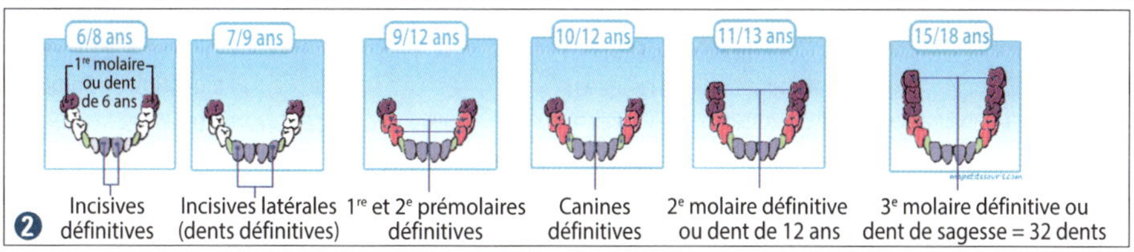

JE RETIENS

1) Citer les organes de l'appareil digestif dans l'ordre de la digestion.

2) Préciser le nombre de dents que comporte la dentition temporaire ainsi que celui de la dentition définitive.

➜ ***Vous trouverez tous les éléments de réponses à ces questions p. 195***

FICHE 13 L'appareil digestif du jeune enfant

Une alimentation adaptée à l'âge de l'enfant tient compte de l'évolution de son système neuromusculaire, digestif et rénal. La préoccupation de l'adulte en charge de l'enfant est son bien être immédiat (rassasiement, absences de troubles digestifs…) et la préservation de son capital santé (croissance harmonieuse, dents saines…).

1 Une alimentation adaptée à l'évolution de la physiologie

La période qui se situe entre la naissance et les 3 ans de l'enfant se caractérise par une croissance rapide et, simultanément, par l'immaturité d'un certain nombre de fonctions vitales, en particulier digestives et rénales.
Les réserves de l'organisme sont faibles à la naissance, c'est pourquoi les éléments nécessaires à l'accroissement de la masse corporelle doivent être fournis par l'alimentation, fréquemment au cours des 24 heures. Durant cette phase de grande évolution, l'alimentation doit également tenir compte du développement neuromusculaire et psychomoteur de l'enfant ainsi que de sa dentition.

Le développement neuromusculaire et psychomoteur

Âges	Développement neuromusculaire	Texture de l'alimentation	Évolution de l'appareil digestif
Naissance	Réflexes archaïques présents.	Liquide (tétée).	Pas de dents, seul existe le réflexe de succion.
Vers 2 mois	Repousse avec sa langue.		
Vers 3 mois	– La partie antérieure de la langue commence à être utilisée pour avaler. – L'enfant tient sa tête. – Diminution des réflexes archaïques.	Liquide.	L'estomac de petit volume nécessite un apport alimentaire fréquent. L'œsophage est court et la digestion de l'amidon est limitée.
4 mois	– Découvre sa bouche avec ses mains. – Explore le monde, tape, palpe. – Commence à attraper.		
De 5 à 8 mois	– Mouvement de mastication ébauché. – Attrape volontairement les objets.	Semi-liquide à épaisse (essai cuillère).	Apparition des premières incisives.
6 mois	– Tout objet est sucé. – Tient assis avec un support. – Méfiance vis-à-vis des étrangers.		

Âges	Développement neuromusculaire	Texture de l'alimentation	Évolution de l'appareil digestif
7 mois	Peut manger seul un crouton.	Moins lisse, un peu grumeleuse.	« Machouille » et imprègne de salive. La capacité de l'estomac permet quatre repas.
Vers 8 mois	– Passage d'une main à l'autre. – Tape ses objets sur la table. – Peut tenir son biberon.	Petits morceaux.	
De 8 à 11 mois	– Porte la nourriture à sa bouche avec ses doigts. – Veut tenir sa cuillère. – Commence à vouloir s'alimenter seul. – Se tient debout avec appui. – Préhension avec pouce et index.	Aliments moulinés.	Les enzymes de la digestion sont à maturité.
12 mois	Marche seul (10 à 18 mois).	– Légumes tendres et fruits cuits, ou bien mûrs en morceaux. – Aliments écrasés.	
De 15 à 18 mois	– Dit quelques mots. – Boit seul au verre.		
De 18 à 24 mois	– Gribouille. – Parle son jargon. – Mange seul et réussit. – Se cherche derrière un miroir. – Tourne les pages d'un livre.	Aliments en morceaux et ajout de viande, de poisson et d'œuf en morceaux ainsi que de légumes secs en purée.	Apparition des prémolaires puis des canines. Les aliments crus peuvent entraîner une accélération du transit s'ils sont insuffisamment mâchés.
24 mois	– Propre le jour et parfois la nuit. – Grimpe. – Refuse les aliments inconnus	Au plan digestif, l'enfant peut s'alimenter comme un adulte (sauf la viande de 2e catégorie qui est encore difficile à mastiquer).	Le système digestif est à maturité.
30 mois	– Peut utiliser une fourchette. – Verse.		
36 mois	Mange en imitant les autres.		

L'immaturité rénale

Les reins ont un rôle de filtre. Ils permettent l'excrétion de l'eau, de déchets azotés (urée, acide urique…) et de minéraux (sodium, potassium, phosphore…) présents dans l'urine. Ils ont un pouvoir de concentration de ces déchets.

Pendant les premiers mois de vie, le nourrisson possède un pouvoir de concentration urinaire inférieur à celui de l'adulte. De ce fait, son alimentation ne doit pas être trop riche en protides, en minéraux (en particulier le sodium) et fournir suffisamment d'eau. De plus, un nourrisson est sensible à la déshydratation, surtout en cas d'augmentation des pertes (diarrhée et vomissements) ou en cas de fortes chaleurs (fièvre, chaleur ambiante).

Conseil

Veiller à proposer de l'eau sans forcer, surtout en cas de pertes ou d'augmentation des dépenses.

L'immaturité du système digestif

L'œsophage est proportionnellement plus court que celui de l'adulte. Le sphincter inférieur de l'œsophage est parfois trop souple ce qui provoque une remontée du contenu de l'estomac (régurgitations). Plus l'enfant grandit, moins le sphincter devient souple et, ainsi, assure mieux son rôle de clapet.

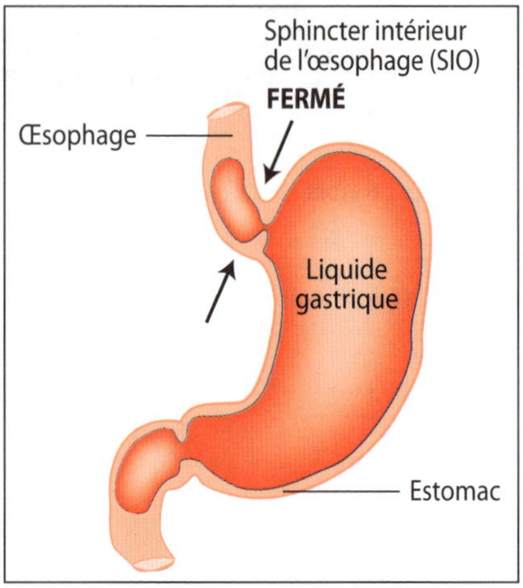

Mécanisme du système anti-reflux de l'estomac

Le volume de l'estomac, faible à la naissance, croît rapidement avec le temps.

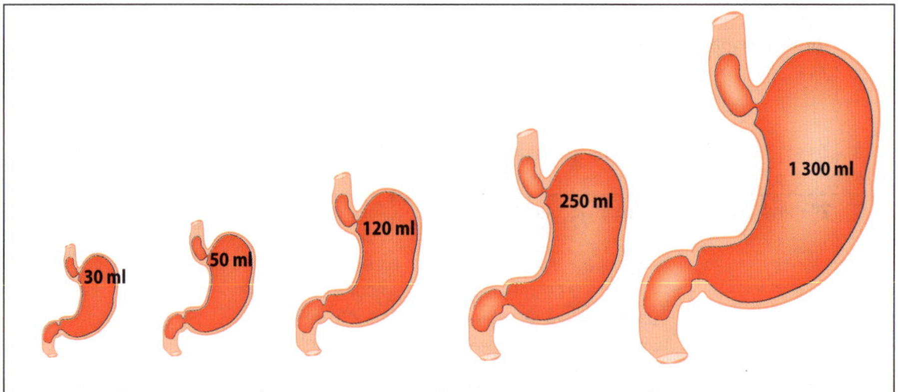

Évolution du volume de l'estomac

Conseil

Fractionner l'alimentation pour garder de petits volumes et ne pas diminuer trop rapidement le nombre de biberons.

2 L'hygiène de la digestion

L'éducation à l'hygiène bucco-dentaire

Les dents sont la première étape de la digestion lorsque l'enfant mastique. Les incisives permettent de découper les aliments, les canines de les déchiqueter, alors que les molaires et prémolaires servent à les broyer.

La plaque dentaire se forme dès l'apparition des dents. C'est une substance blanchâtre constituée de protéines salivaires de sucres, d'acides alimentaires de bactéries et de toxines bactériennes. Elle favorise l'arrivée des caries (attaque de l'émail et de la dentine). Pour éviter son apparition :

– on propose, dès l'apparition des premières dents, un brossage de 2 minutes matin et soir avec une petite brosse à dents et un dentifrice dont le dosage de fluor est adapté à l'âge de l'enfant ;
– on prévoit une première visite chez le dentiste dès 1 an, puis une fois par an ;
– on limite, à titre préventif, la consommation d'aliments sucrés et collants (bonbons, chocolats…) ;
– on ne laisse pas un enfant téter un biberon de lait, de jus ou d'eau sucrée dans la journée ou dans son lit (mieux vaut lui proposer un biberon d'eau).

Les conditions d'une bonne digestion

Au niveau de l'estomac, les régurgitations sont le reflux du contenu gastrique acide dans l'œsophage. Elles peuvent être à l'origine de douleurs (l'enfant pleure quand on le met en position horizontale par exemple). Dans une telle situation, il convient de :
– veiller à garder des biberons moins volumineux et plus fréquents ;
– suggérer que le médecin prescrive un lait « anti-régurgitations » ;
– ne pas oublier de faire faire un rot en cours et en fin de tétée pour privilégier l'expulsion de l'air de l'estomac.
Au niveau de l'intestin, une consommation inappropriée de fibres peut entraîner des troubles douloureux. Ainsi, l'ingestion excessive de fibres peut provoquer des ballonnements et de la diarrhée. Il faudra alors proposer la consommation de pain blanc et des fruits et légumes cuits.
À l'inverse, une consommation insuffisante de fibres peut être la cause de constipation ou de petites fissures anales douloureuses qui amènent l'enfant à retenir ses selles.

À savoir

Le nombre de selles d'un nourrisson allaité au lait maternel peut être d'une selle par tétée, soit 7 à 8 par jour en début de vie. Il est très variable d'un enfant à l'autre et diminue au moment de la diversification. L'essentiel est que l'enfant ne montre pas de signes de souffrance.

JE RETIENS

1) Citer deux raisons physiologiques pour donner des biberons de lait à 3 mois et non un repas mixé.

2) Cocher la bonne réponse et justifier par une phrase.

Le lait est un aliment liquide qui couvre largement les besoins hydriques à 5 mois. Il n'est pas utile de donner de l'eau en supplément l'hiver quand l'enfant reste à l'intérieur.

❑ Vrai ❑ Faux

➜ ***Vous trouverez tous les éléments de réponses à ces questions p. 195***

FICHE 14

Les organes des sens

Schéma muet Le globe oculaire
www.lienmini.fr/21006-4

L'homme est pourvu de cinq sens qui lui permettent d'appréhender le monde qui l'entoure. Il s'agit du goût, de l'odorat, de la vue, de l'ouïe et du toucher (voir fiche 8 sur la peau).

1 L'oreille et l'audition

L'oreille est un organe paire et symétrique qui assure deux fonctions : l'ouïe (ou audition) et l'équilibre. Elle se divise en trois parties : **oreille externe**, **oreille moyenne** et **oreille interne**.

	Composition	Rôle
Oreille externe	**Pavillon de l'oreille** : en grande partie cartilagineux.	**Transmission aérienne** : le pavillon dirige les sons vers le conduit auditif externe. Les sons, en frappant le tympan, le font vibrer.
	Conduit auditif externe : il contient des glandes sébacées qui sécrètent le cérumen.	
	Tympan : membrane mince qui sépare l'oreille externe de l'oreille moyenne.	
Oreille moyenne	**Chaîne des osselets** : elle est composée du marteau, de l'enclume et de l'étrier.	**Transmission mécanique** : transmission et amplification des vibrations entre le tympan et l'oreille interne.
	Trompe d'Eustache : elle communique avec le pharynx et permet d'équilibrer les pressions de part et d'autre du tympan.	
Oreille interne	**Cochlée** : elle contient des fluides et des cellules ciliées très sensibles. Ces minuscules structures ressemblent à des poils et bougent lorsqu'elles sont stimulées par les vibrations sonores.	**Transmission liquidienne et nerveuse** : transformation des vibrations en message nerveux. Cette zone a aussi une **fonction d'équilibration** grâce aux canaux semi-circulaires.
	Système vestibulaire (canaux semi-circulaires, saccule et utricule) : il contient des cellules qui contrôlent l'équilibre.	
	Nerf auditif : il transmet les informations de la cochlée au cerveau.	

Question à un pro

Sandrine, assistante maternelle, s'interroge : Comment repérer un problème d'audition chez un jeune enfant ?

Réponse : Un enfant qui produit moins de sons qu'avant entre 4 et 6 mois, qui ne réagit pas ou ne se réveille pas lorsqu'il y a un bruit fort, qui ne tourne pas sa tête en direction d'une voix ou d'un bruit, ou encore, qui a un problème de langage, a sans doute un problème d'audition.

Les causes de cette anomalie peuvent être multiples : bouchon de cérumen, lésion du tympan, otite ou bien surdité. Il faudra dans tous les cas suggérer aux parents de consulter un médecin.

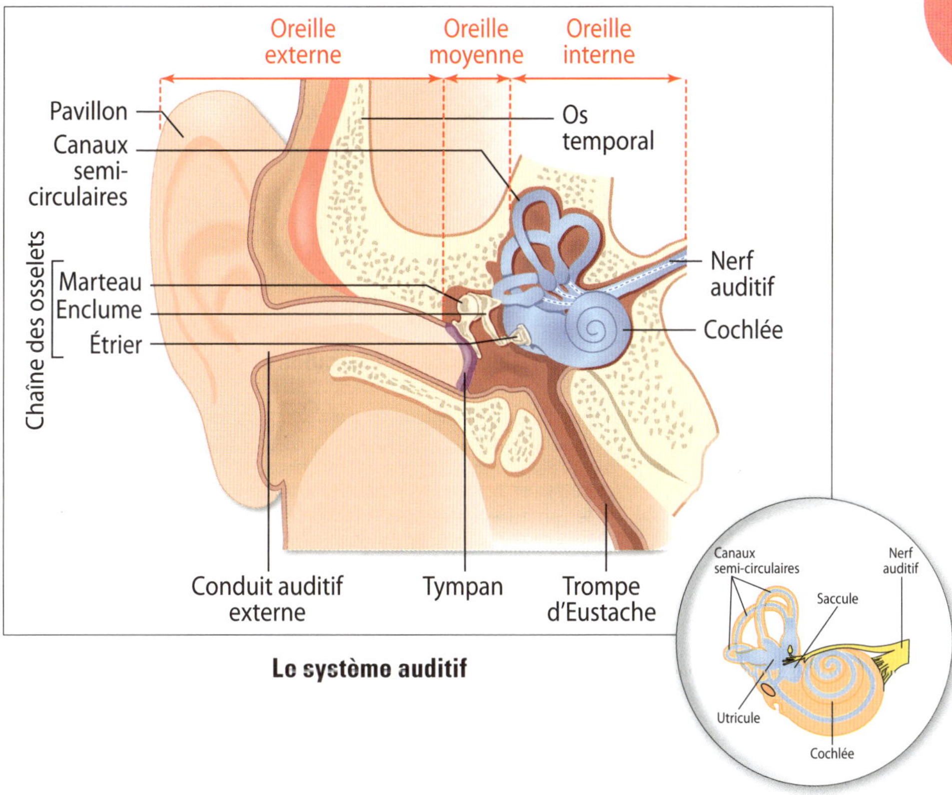

Le système auditif

2 L'œil et la vue

L'œil, organe de la vue, nous donne des repères sur le monde extérieur, et nous permet de reconnaître les objets à distance. Il est situé dans l'orbite, et la paupière le protège des poussières.

Le fonctionnement de l'œil

Le rôle de l'œil est de former une image sur la rétine qui sera ensuite transmise au niveau du cerveau.

➲ **Étape 1** : les rayons lumineux traversent les milieux transparents de l'œil (la cornée, l'humeur aqueuse, le cristallin et, enfin, l'humeur vitrée). Les rayons lumineux rencontrent ensuite la rétine où se forme l'image.
➲ **Étape 2** : les cellules de la rétine (cônes et bâtonnets) captent les rayons lumineux et les convertissent en influx nerveux.
➲ **Étape 3** : l'influx nerveux suit le nerf optique. Les informations sont transmises au niveau du cerveau où l'image est interprétée.

Le globe oculaire

Le globe oculaire est une sphère imparfaite composée de trois membranes et de quatre milieux transparents.

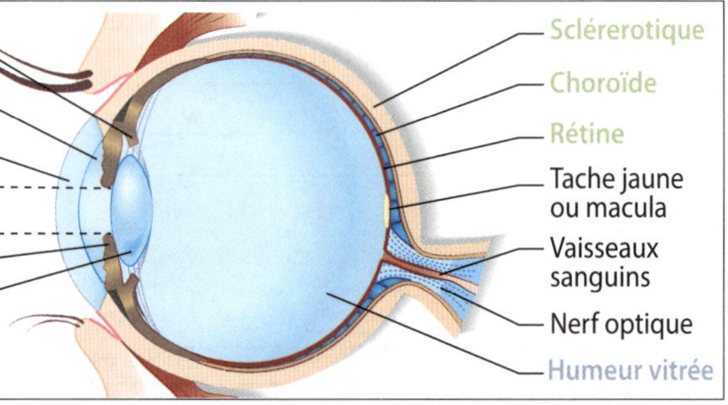

Coupe du globe oculaire

Membranes	**Sclérotique**	Couche externe qui forme une enveloppe de **protection** s'arrêtant au niveau de la cornée. Elle donne à l'œil sa couleur blanche et sa rigidité.
	Choroïde	Cette membrane intermédiaire est riche en vaisseaux sanguins afin de **nourrir les photorécepteurs** (cellules nerveuses de la rétine) de l'œil. Vers l'avant, elle est en continuité avec l'iris et le corps ciliaire.
	Rétine	Membrane interne très fragile sur laquelle se forme l'image. Elle comporte deux sortes de photorécepteurs (bâtonnets et cônes) concentrés dans une zone appelée tache jaune ou macula.
Milieux transparents	**Cornée**	Membrane transparente au travers de laquelle la lumière pénètre dans l'œil.
	Humeur aqueuse	Liquide transparent jouant le rôle d'une lentille.
	Cristallin	Corps solide qui est capable de modifier sa courbure afin d'obtenir une image nette. C'est ce qu'on appelle l'**accommodation**.
	Humeur vitrée	Constituée de gelée, elle donne à l'œil sa consistance.

Les anomalies de l'œil et de la vision

Le dépistage des troubles visuels, dès les premiers mois de vie, est très important car plus le traitement et la rééducation sont mis en place précocement, plus il y a de chances qu'ils réussissent.

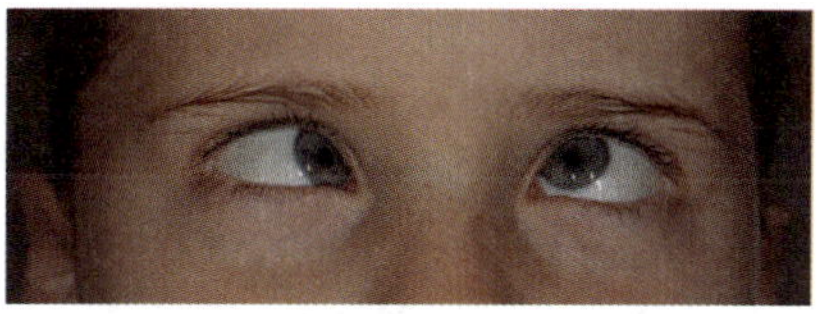

➲ **Strabisme** : affection visuelle qui se caractérise par une anomalie de l'alignement des yeux dont l'axe se dirige dans des directions différentes.

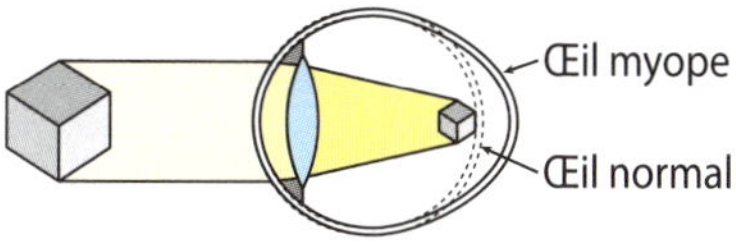

➲ **Myopie** : le myope voit mal de loin, mais bien de près. Son globe oculaire est trop allongé, l'image se forme en avant de la rétine et le cerveau voit une image floue.

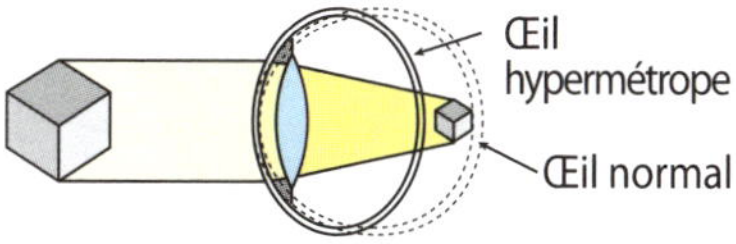

➲ **Hypermétropie** : l'hypermétrope voit en principe mieux de loin que de près. Son globe oculaire est trop court. L'image se forme derrière la rétine et le cerveau reçoit une image floue.

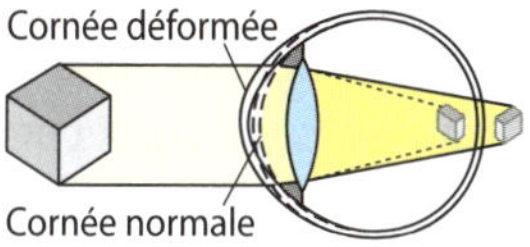

➲ **Astigmatisme** : l'astigmate a une vision imprécise de près comme de loin. Il ne perçoit pas nettement les contrastes entre les lignes verticales, horizontales ou obliques. C'est souvent la courbure de la cornée qui est en cause.

QUESTIONS À UN PRO

Agnès, CAP Accompagnant éducatif Petite enfance, employée en multi-accueil demande : Est-ce que les bébés voient bien dès la naissance ?

Réponse : Oui, les bébés voient bien à la naissance mais leur système visuel n'est pas encore mature et ne le sera totalement qu'à l'âge de 10 ans.

Agnès : Comment peut-on repérer qu'un enfant voit mal ?

Réponse : Chez le tout jeune enfant, il faudra être attentif à des signes tels que le retard d'acquisition de la préhension des objets, l'errance du regard, ou encore l'absence de la poursuite oculaire. Plus tard, un enfant qui tombe souvent, se cogne, butte, plisse les yeux ou est indifférent à l'entourage doit interpeller l'adulte.

AZ

Bâtonnets : cellules de forme allongée qui permettent la vision de nuit mais peu de perception des détails.

Cônes : cellules qui permettent une grande perception des détails et la vision de jour.

Corps ciliaire : muscle qui maintient le cristallin.

Iris : disque coloré dont l'ouverture (pupille) laisse plus ou moins passer la lumière.

3 La langue et le goût

La distinction des saveurs se fait très tôt chez l'enfant. Dès la 13e semaine de gestation, le fœtus est capable d'expérimenter un ensemble de goûts par le liquide amniotique.

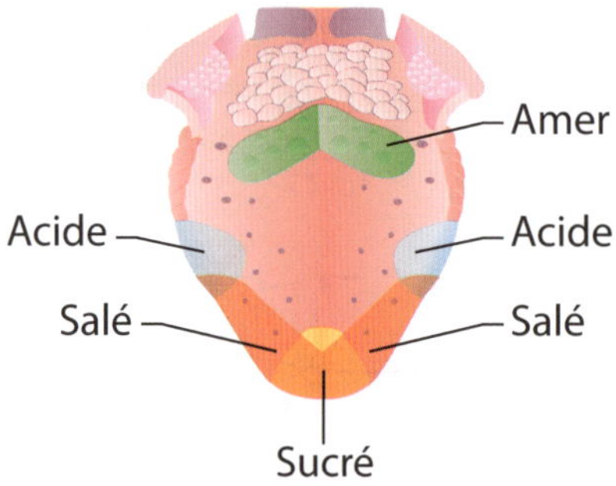

La langue permet d'analyser les saveurs des aliments mis en bouche. En général, on sent la nourriture avant de la goûter. Cela provoque la salivation, qui nous aide à déguster et à digérer. Nous distinguons quatre types d'arômes : l'amer, l'acide, le sucré et le salé.

Dès la naissance, le bébé continue de se familiariser avec les saveurs de l'alimentation par le lait maternel.

Depuis peu, une nouvelle saveur a été identifiée : « l'umami ». Ce nom, d'origine japonaise, signifie « délicieux ». La saveur de l'umami est un goût plaisant que l'on retrouve avec les sauces, par exemple les fonds de viande, le lait maternel...

Vers 2 ans, l'enfant rentre dans sa phase du « non ». L'alimentation est l'un des domaines où l'enfant va chercher à avoir le contrôle.

À savoir

Il est important de familiariser l'enfant à une gamme étendue de saveurs dès le 6e mois (âge du début de la diversification alimentaire). Les préférences alimentaires installées à 2 ans se retrouvent en grande partie maintenues jusqu'à 20 ans.

4 Le nez et l'odorat

L'enfant distingue dès sa naissance l'odeur de sa mère, de son lait. Ces odeurs sont séduisantes pour lui.

L'olfaction est le résultat d'un apprentissage. C'est pourquoi, lors des activités quotidiennes (jeux, promenades…) il est intéressant d'amener l'enfant à utiliser son odorat et à apprécier les odeurs des végétaux et d'objets de son environnement (savon…).

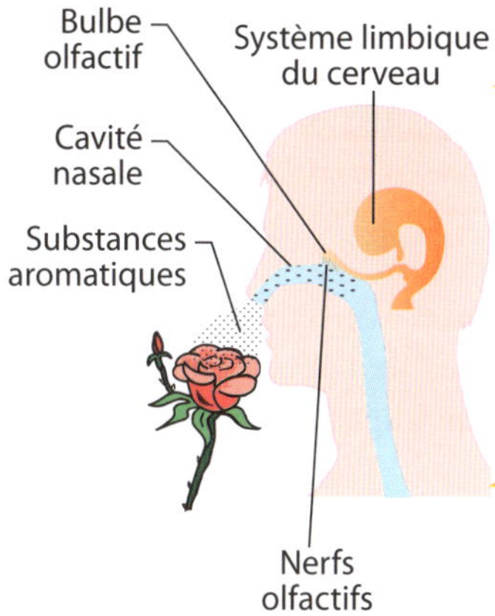

L'olfaction (perception des odeurs) est un sens chimique qui permet d'apprécier la qualité de notre alimentation ou d'éveiller des comportements associant des odeurs à des souvenirs.
Ce sens se développe tout au long de la vie et offre une capacité d'apprentissage infinie.

La rencontre des molécules odorantes avec les cellules sensorielles de l'épithélium nasal est le point de départ de l'activation de l'odorat qui transmet l'information à la région du cerveau qui analyse les odeurs. Il en est de même pour les papilles gustatives qui acheminent les goûts vers le cerveau.

JE RETIENS

1) Classer les organes suivants dans le tableau : *tympan, marteau, cochlée, nerf auditif, pavillon de l'oreille, trompe d'Eustache.*

oreille externe	oreille moyenne	oreille interne
....	....	....
....	....	....
....	....	....

2) Citer les trois membranes et les quatre milieux transparents de l'œil.

3) Citer les quatre saveurs reconnues par la langue et classer les aliments suivants dans chacune d'elle : café, cornichon, fromage, pêche.

➜ ***Vous trouverez tous les éléments de réponses à ces questions p. 195***

FICHE 15

Le système nerveux

Schéma muet Le neurone
www.lienmini.fr/21006-5

Le système nerveux est un système très complexe. Il permet d'analyser et de contrôler en permanence les informations venues de l'extérieur et de réguler différentes fonctions automatiques de l'organisme (digestion, respiration...).

Le système nerveux est constitué :

– du système nerveux cérébro-spinal qui agit sous l'influence de notre volonté ;

– du système nerveux végétatif qui n'est pas soumis au contrôle de la volonté et est dit « autonome ». Il régule les fonctions vitales de l'appareil cardiovasculaire, pulmonaire, ou encore digestif.

1 Le système nerveux cérébro-spinal

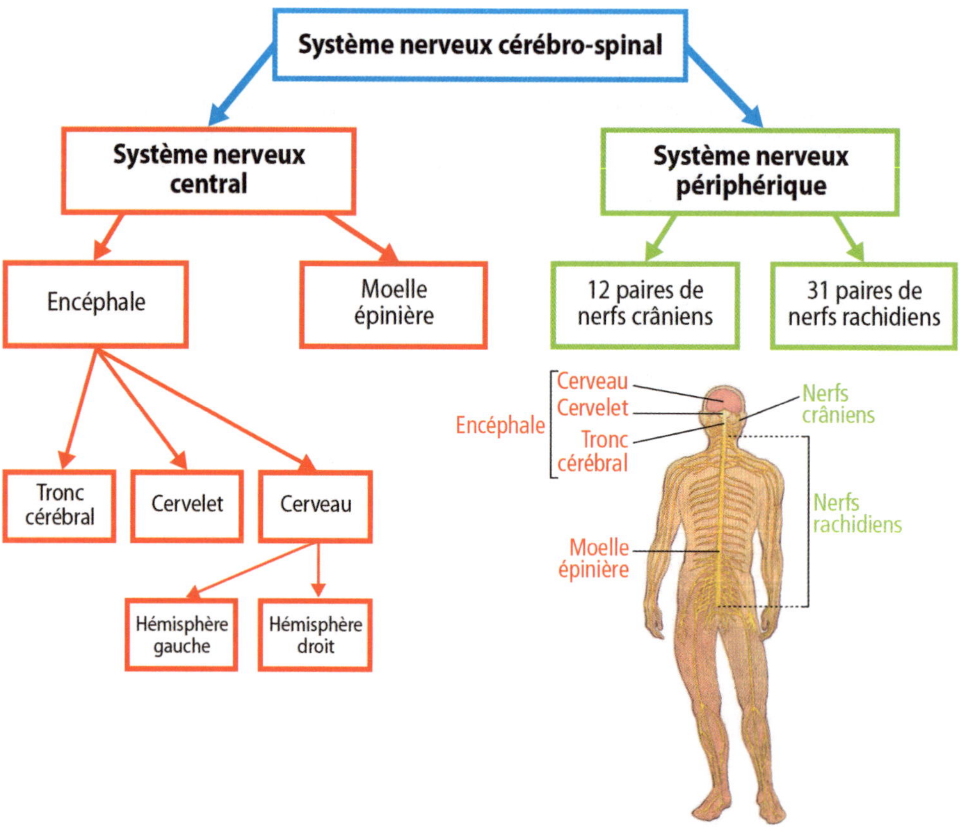

2 La structure du nerf

Le neurone

La cellule nerveuse (ou neurone) est l'unité de base du système nerveux.

Le cerveau renferme près de 100 milliards de neurones, reliés au reste du corps par un réseau de fibres nerveuses. Le neurone est composé :
- d'un **corps cellulaire** comprenant le **noyau**, le **cytoplasme** et les **dendrites** ;
- d'un **axone** qui se finit par une **arborisation terminale**.

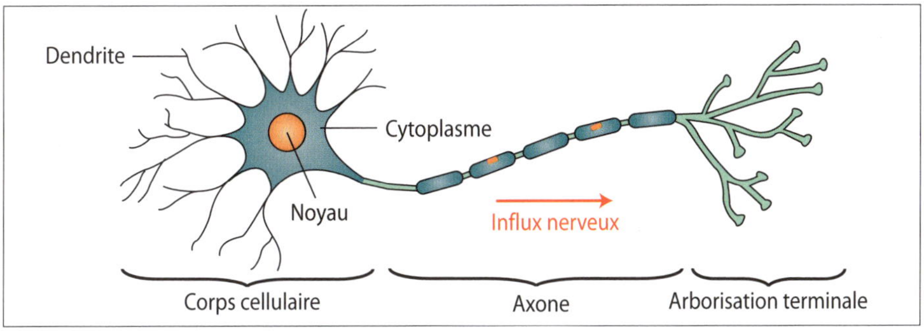

Un neurone

Il existe deux principaux types de neurones :
- les **neurones sensitifs** qui transmettent les informations des organes vers le système nerveux central ;
- les **neurones moteurs** qui transmettent les signaux du système nerveux central vers les organes.

Remarque

L'axone ne peut conduire l'influx nerveux que dans un seul sens : du corps du neurone vers les arborisations terminales de l'axone.

Cette cellule nerveuse a deux propriétés :
- l'**excitabilité** (convertit une excitation en influx nerveux) ;
- la **conductibilité** (conduit l'influx nerveux).

Les nerfs

Composés de faisceaux de fibres nerveuses (axones des neurones), les nerfs parcourent le corps et se terminent dans tous les organes et tissus du corps.

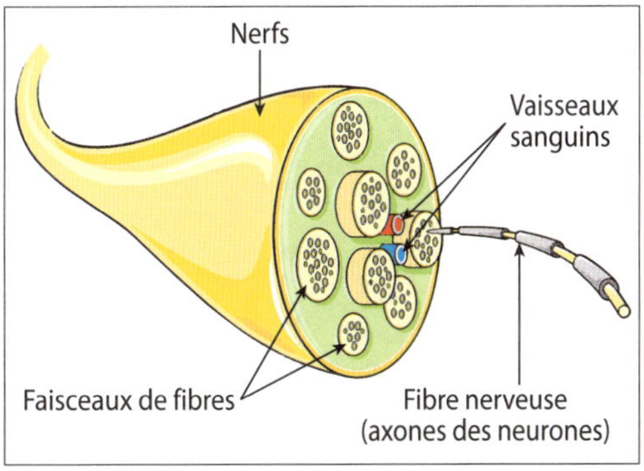

Coupe d'un nerf

3 Les activités réflexe et volontaire du système nerveux

L'activité réflexe (ou involontaire)

L'activité réflexe est une réponse motrice involontaire, automatique et très rapide à un stimulus. Par exemple, si un enfant touche une théière encore chaude ①, il retirera immédiatement la main de celle-ci ②.

Ce circuit emprunté par l'influx nerveux s'appelle l'**arc réflexe**. Il se décompose en cinq phases :

1. Stimulation des terminaisons nerveuses de la peau due à la chaleur.

2. Information traduite en influx nerveux qui est transmise par le **nerf sensitif** jusqu'à la moelle épinière.

3. Le **neurone d'association** transmet l'influx du nerf moteur au nerf sensitif.

4. L'influx nerveux parcours le **nerf moteur**.

5. Réaction : contraction des muscles, la main se retire.

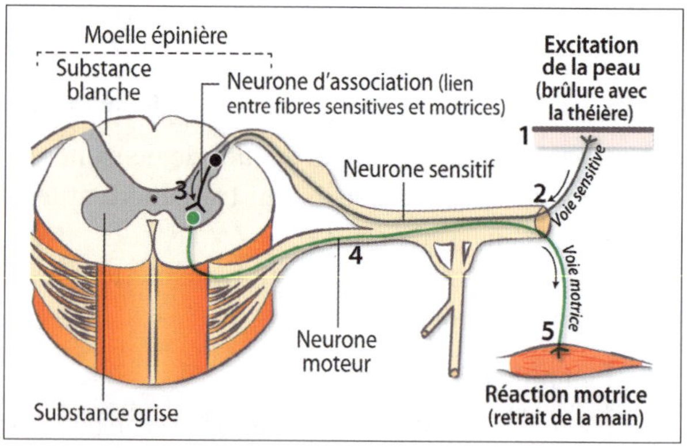

Arc réflexe

À savoir

Deux autres réflexes font partie de l'activité réflexe : les réflexes innés et les réflexes conditionnés.
Les réflexes innés sont des réactions automatiques comme par exemple le clignement des yeux, la déglutition, ou encore les réflexes archaïques qui concernent les nouveaux-nés (réflexe de succion par exemple).
Les réflexes conditionnés sont des réactions immédiates et mécaniques précédant toute réflexion (la pratique du vélo par exemple).

AZ

Influx nerveux : activité électrique qui se propage dans le système nerveux.
Stimulus : facteur susceptible de déclencher une réaction.

L'activité volontaire (ou consciente)

L'activité volontaire est un acte voulu et conscient qui met en jeu le cerveau. Elle se décompose en cinq phases :

1. Stimulation : Thomas voit une voiture.

2. Transmission de l'information par le nerf sensitif jusqu'au cerveau.

3. Prise de conscience au niveau du cerveau.

4. Transmission de la décision au niveau du nerf moteur.

5. Action : Thomas prend la voiture.

Comparatif des types d'activités du système nerveux

ACTIVITÉ RÉFLEXE (involontaire)	**ACTIVITÉ VOLONTAIRE (consciente)**
Stimulation	Stimulation
↓	↓
Nerf sensitif	Nerf sensitif
↓	↓
Nerf associatif	Cerveau
↓	↓
Nerf moteur	Nerf moteur
↓	↓
Réaction	Action

JE RETIENS

1) Identifier le système nerveux central en barrant le ou les organes qui ne lui appartiennent pas.

encéphale – nerfs crâniens – cerveau – tronc cérébral – moelle épinière

2) Citer les deux propriétés du neurone.

3) Numéroter l'ordre dans lequel l'influx nerveux circule dans le cas de l'arc réflexe.

nerf moteur	**nerf associatif**	**nerf sensitif**
n°	n°	n° ....

→ ***Vous trouverez tous les éléments de réponses à ces questions p. 195***

FICHE 16

Les normes et la sécurité des aires de jeux et des équipements éducatifs

QCM d'auto-évaluation Fiches 1 à 19
www.lienmini.fr/21006-1

Les aires collectives de jeux sont des lieux d'épanouissement pour les enfants. Mais ce sont aussi des lieux à risques... Si tous les risques ne sont pas évitables, beaucoup le sont néanmoins.

1 La sécurité des aires collectives de jeux

La réglementation sur les aires de jeux concerne toutes les zones aménagées et équipées pour être utilisées par des enfants à des fins de jeux. Les aires de jeux des écoles (privées ou publiques), des colonies de vacances, des parcs aquatiques, des parcs d'attraction et toutes les aires municipales, départementales ou privées (crèche, micro-crèche, halte-garderie ...) sont concernées.

Le marquage d'informations

Depuis le 1er janvier 1995, les équipements installés doivent être accompagnés d'informations obligatoires sous forme de marquages directement apposés sur l'équipement et sur l'emballage.

D'autres informations doivent être fournies dans la notice qui accompagne l'équipement.

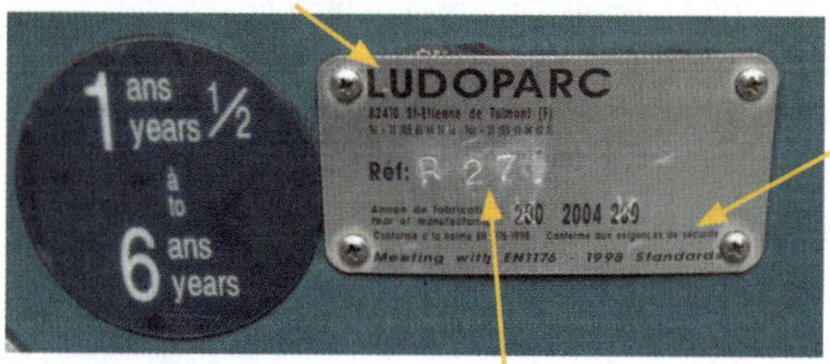

Ces marquages doivent être apposés de manière visible, lisible et indélébile.

À savoir

Le décret n° 96-1136 du 18 décembre 1996 (Annexe I. - Principes généraux) fixant les prescriptions de sécurité relatives aux aires collectives de jeux, met à la charge du gestionnaire ou de l'exploitant, l'obligation d'indiquer sur l'équipement ou à sa proximité, la tranche d'âge à laquelle l'équipement est destiné. Cette information peut être apportée sous la forme de pictogrammes ce qui en facilite la compréhension et la mémorisation par les enfants.

Les exigences de sécurité en termes de résistance et stabilité

Le décret n° 94-699 du 10 août 1994 notifie que l'équipement doit résister dès sa mise en service et pendant tout le temps où il sera utilisé à toutes les contraintes raisonnablement prévisibles : la fatigue, le vieillissement, la corrosion et l'usure. (…) Il appartient au fabricant d'apporter, dans la notice d'accompagnement, tous les conseils nécessaires à l'entretien et à la maintenance des équipements. Ces derniers doivent résister à un usage intensif et pouvoir supporter de manière prolongée et répétitive le poids cumulé de nombreux enfants. Les équipements doivent aussi résister aux variations climatiques et saisonnières (gel, pluie, vent).

Les espacements/les angles

Le décret n° 94-699 du 10 août 1994 précise les dispositions communes à tous les équipements, plusieurs règles sont à respecter :
- Aucun risque de coincement de tête, doigts, corps, membres, vêtements.
- Dimensions des espaces, ouvertures, angles réglementés.
- Tous les espaces (fixes, mobiles, verticaux, horizontaux) doivent soit empêcher le passage du corps, soit permettre le passage entier du corps (y compris la tête).

Les matériaux

Les matériaux utilisés pour la fabrication des équipements et les substances employées pour les traiter ne doivent pas être toxiques. C'est particulièrement le cas des équipements qui utilisent le bois. Depuis l'arrêté du 7 août 1997, certains traitements sont interdits pour les équipements d'aires collectives de jeux.

L'accessibilité aux adultes

Les équipements doivent être conçus de manière que, quelles que soient les circonstances, les adultes puissent accéder à tous les endroits où les enfants sont susceptibles de se trouver.

Le cas particulier des jeux utilisant de l'eau ou du sable

Sur les aires de jeux, on trouve parfois des équipements qui tirent leurs caractéristiques ludiques de l'utilisation de l'eau ou du sable. Les équipements utilisant de l'eau doivent être conçus de manière à éviter tout risque de noyade et doivent donc être de petite taille et de faible profondeur. Ils doivent aussi se trouver à une hauteur suffisante pour que l'enfant ne tombe pas dedans par inadvertance. L'eau utilisée dans les équipements doit être potable car il est raisonnablement prévisible que les enfants en absorberont pendant le jeu.

Le sable utilisé dans les équipements doit être adapté au jeu des enfants. Il doit être régulièrement entretenu et renouvelé pour en éliminer les souillures éventuelles.

2 La sécurité d'un matériel éducatif très apprécié

Les toboggans

Les toboggans sont des équipements qui présentent une ou plusieurs surfaces inclinées sur lesquelles l'enfant se laisse glisser tout en bénéficiant d'un guidage.

Les règles de sécurité :

– La zone de départ doit être horizontale pour permettre à l'enfant d'attaquer la glissière en situation d'équilibre, avec une bonne aisance et sans risque de chute. Elle doit comporter des protections latérales.
– La glissière : la partie glissante du toboggan doit être d'accès facile et ne laisser passer aisément qu'un seul enfant à la fois ou permettre le passage aisé de plusieurs enfants de manière parallèle. La courbure de la glissière, les éventuels rebondissements doivent être adaptés et limités.
– Les protections latérales de la glissière : afin d'éviter les risques de chute des enfants à partir de la zone de glissade, celle-ci doit comporter des protections latérales. Ces protections doivent être pleines pour éviter tout risque de coincement et tout risque d'accrochage. Leurs dimensions doivent tenir compte de la hauteur de chute libre et de la largeur de la zone de glissade.
– La zone de sortie : la glissière doit être conçue de manière à réduire la vitesse de la descente en fin de trajectoire afin d'éviter une arrivée brutale sur l'aire de réception. La pente de la dernière partie de la glissière doit donc être adoucie. La zone de sortie doit être abaissée et arrondie. Sa hauteur par rapport au sol doit permettre d'éviter que les enfants ne se heurtent la nuque s'ils finissent leur glissade assis par terre.

Recommandations COVID : Le matériel et les structures de jeux extérieurs doivent être nettoyés régulièrement (tous les deux jours par exemple).

3 La sécurité des jouets

La directive 2009/48/CE du 18 juin 2009 reprise dans le décret du 22 février 2011 fixe le cadre juridique de tous « les produits conçus ou destinés à être utilisés à des fins de jeux par des enfants de moins de quatorze ans ».

Des exigences de sécurité spécifiques ont été prévues pour tous les jouets destinés aux enfants de moins de trente-six mois :

– les jouets de premier âge ne doivent plus être constitués de pièces détachables et leur dimension doit empêcher l'ingestion ou l'inhalation du jouet.
– Les jouets doivent être conçus et fabriqués pour pouvoir être nettoyés.
– Les jouets avec une partie en tissu doivent être lavables (sauf s'ils contiennent un mécanisme susceptible d'être endommagé au lavage).
L'accent est mis sur la prévention des risques en particulier sur le plan chimique (règlementation de l'utilisation de certains allergènes, de certaines substances cancérogènes, mutagènes ou toxiques...).

• **Le marquage CE** est une mention obligatoire : ce symbole visuel atteste que le produit a subi des contrôles pour assurer sa conformité à des exigences essentielles telles que la santé ou la sécurité définies par des textes européens.

• **La norme NF « petite enfance »** certifie que le produit répond à des exigences de sécurité et des critères de qualité.

• **L'ISO 8124 :** une norme internationale pour les jouets qui est facultative mais qui a pour objectif de limiter les risques d'accidents en cas d'usage normal du jouet mais aussi de mauvais usage prévisible.

Recommandations COVID : les jouets difficiles à nettoyer correctement seront mis de côté le temps de la pandémie. Une rotation des jouets sera à envisager de façon à les désinfecter régulièrement.

À savoir

Quelques conseils de sécurité en matière de jouets :

- Lire et respecter l'âge indiqué sur l'emballage du jouet.
- Lire et respecter les avertissements de mise en garde du fabricant.
- Respecter les consignes d'assemblage du jouet.
- Rechercher la présence obligatoire de la norme CE (et NF si possible).

JE RETIENS

Les toboggans des aires de jeux doivent répondre à des normes de sécurité strictes. Citer quatre normes.

→ *Vous trouverez tous les éléments de réponses à ces questions p. 195*

FICHE 17

Les matériels et les produits liés aux soins d'hygiène et au confort

QCM d'auto-évaluation Fiches 1 à 19
www.lienmini.fr/21006-1

1 Les matériels d'hygiène et de confort

Le matériel d'hygiène corporelle

Matériels	Caractéristiques et intérêts	Précautions et modalités d'utilisation
Baignoire d'enfant	Permet de faire prendre un bain en sécurisant l'enfant.	À utiliser jusqu'à 18 mois environ.
Siège de bain pour enfants	Permet de laver l'enfant qui se tient assis seul lors du bain.	À utiliser à partir de 6-7 mois.
Thermomètre	Permet de déterminer la température exacte de l'eau du bain.	L'eau doit avoir une température de 37 °C.
Table à langer	Offre un espace sécurisé et confortable pour réaliser les soins.	Ne jamais laisser l'enfant seul, ne jamais le lâcher.
Brosse à dents	Permet de retirer les restes de nourriture coincés entre les dents.	Choisir une brosse souple qui ne blesse pas les gencives sensibles de l'enfant.

Le matériel de confort

Matériels	Caractéristiques et intérêts	Précautions et modalités d'utilisation
Lits (berceaux, lits à barreaux,...)	Offre à l'enfant un espace sécurisé et confortable pour se reposer.	Choisir le type de lit en fonction du lieu d'accueil et de l'âge de l'enfant.
Transat ► FICHE 47	Permet de faire manger l'enfant de moins de 6 mois à la cuillère, de jouer.	À poser systématiquement par terre, jamais en hauteur.
Chaise haute ► FICHE 47	Permet de faire manger l'enfant à hauteur de table d'adulte, de proposer un jeu.	À utiliser chez l'enfant de plus de 8 mois sous surveillance, munie de trois à cinq points d'attache.
Siège-auto	Permet de transporter le bébé et l'enfant en limitant les risques en cas d'accident.	Penser à attacher systématiquement l'enfant dans le siège-auto, même pour de très petits parcours.
Poussettes (landau, poussette-canne)	Permet de déplacer l'enfant de façon confortable. Mise à l'abri de l'enfant avec le landau.	Choisir le type de poussette en fonction de l'âge de l'enfant : landau jusqu'à 6 mois, puis poussette ou poussette-canne.

Recommandations COVID : le matériel d'hygiène et de confort sera désinfecté au moins une fois par jour.

2 Les produits d'hygiène et de confort

Les produits d'hygiène corporelle

Produits	Caractéristiques et intérêts	Précautions et modalités d'utilisation
Savon doux liquide (= détergent)	Permet de nettoyer, c'est-à-dire de décoller les salissures. S'utilise pour le lavage des mains, le nettoyage du siège, une plaie.	Bien rincer à l'eau claire et sécher pour éviter un dessèchement de la peau. Préférer du savon liquide (plus hygiénique que le savon en pain).
Liniment (eau de chaux + huile d'olive)	Hydrate la peau. Adapté pour les enfants allergiques, lors d'érythèmes fessiers ou en prévention de ces derniers.	S'applique directement sur la peau ou à l'aide d'un coton. S'utilise en prévention de l'érythème fessier (ne traite pas)
Lait de toilette	Adoucit la peau et limite sa sécheresse. Peut provoquer des allergies mais reste pratique en l'absence de point d'eau.	Rincer à l'eau. Bien refermer le flacon après utilisation. À utiliser occasionnellement
Shampooing	Lave le cuir chevelu et les cheveux (enlève les graisses et les saletés).	Choisir un shampooing adapté à l'âge et au type de cheveux. Lire la composition pour éviter toute réaction allergique. Bien rincer à l'eau claire. Éviter le contact avec les yeux.
Dentifrice	Permet de nettoyer les dents et de limiter l'apparition de la plaque dentaire et des caries.	À utiliser dès l'apparition des premières dents. Choisir un dentifrice adapté à l'âge.
Lingettes	Permet d'enlever le plus gros des selles avant un nettoyage à l'eau et au savon du siège. En dépannage lors des sorties.	À n'utiliser que très occasionnellement (risques d'allergie sur la peau du bébé).
Sérum physiologique	Permet de laver efficacement les yeux et le nez.	Utiliser des unidoses. Ne pas conserver des dosettes ouvertes au-delà de 24h.

Attention, les SHA ou GHA ne sont pas à utiliser par l'enfant, les réserver à l'adulte.

À savoir

Lorsqu'il utilise les produits de soins courants, le professionnel doit veiller à respecter des règles strictes. Il doit avant tout vérifier les conditions d'utilisation et les précautions d'emploi du produit, vérifier les dates de péremption (toujours indiquer la date d'ouverture sur le flacon), le conserver hors de portée des enfants, à l'abri de la chaleur et de l'humidité, et le refermer soigneusement après utilisation.

JE RETIENS

1) Citer un produit utilisé pour prévenir et limiter les irritations de la peau.

2) Cocher la ou les bonnes réponses.
❑ Les lingettes peuvent s'utiliser tous les jours.
❑ Le savon doux peut s'utiliser pour une plaie.
❑ L'utilisation d'une dosette de sérum physiologique peut se faire plusieurs jours d'affilé (jusqu'à ce qu'elle soit vide).

→ ***Vous trouverez tous les éléments de réponses à ces questions p. 195***

FICHE 18

Les produits d'entretien

QCM d'auto-évaluation Fiches 1 à 19
www.lienmini.fr/21006-1

L'entretien du domicile de l'assistant maternel ou des locaux de multi accueil ou d'école maternelle est une activité quotidienne qui comporte des enjeux en matière d'efficacité, de sécurité, d'écologie et d'économie.

1 Un enjeu d'efficacité

Définir son besoin

En fonction du besoin repéré, le produit adapté sera défini. Pour cela, il faut tenir compte :
- de la dureté de l'eau utilisée (degré de calcaire qu'elle contient) ;
- du type de salissure ;
- des locaux à entretenir (l'entretien varie en fonction des zones à traiter).

	Zone 1	**Zone 2**	**Zone 3**
Scolaire	Salle de classe / salle de jeux / couloirs	Salle de restauration / office tisanerie	Cuisine / sanitaires
Petite enfance	Dortoir et chambres	Salle de jeux / salle d'activités / salle de restauration / circulations	Cuisine / sanitaires / salle de change
	Nettoyage ou bionettoyage des éléments à portée de mains : tous les jours. Balayage humide des sols : tous les jours.		
	Lavage des sols une fois par semaine	Lavage des sols : tous les jours	
	Désinfection : aucune	Désinfection : 1 fois par semaine.	Désinfection : tous les jours.

AZ

Balayage humide : opération de récupération des salissures non adhérentes sur les sols secs et lissés.

Bionettoyage : opération qui consiste à réduire la contamination d'une surface. Trois actions sont nécessaires : le nettoyage, le rinçage (pour évacuer les salissures et les produits utilisés) et l'application d'un désinfectant.

Désinfection : opération au résultat momentané permettant d'éliminer ou de tuer les micro-organismes sur des milieux inertes.

Lavage des sols : actions chimique et mécanique permettant d'éliminer les salissures adhérentes sur les sols.

Nettoyage : opération qui consiste à décoller et à éliminer les salissures afin d'assurer la propreté, l'hygiène et l'esthétique du lieu.

Connaître les produits

➲ **Les détergents** ont pour fonction le nettoyage des surfaces. Ils permettent de retirer les salissures en les décollant.

Détartrant	Permet de retirer le tartre des sanitaires (ex : gel détartrant des WC...).
Désincrustant	Permet de retirer le voile calcaire des revêtements (ex : vinaigre...).
Dégraissant	Permet d'enlever la graisse (lessive, produit lave-vaisselle...).
Décapant	Permet de retrouver l'état initial d'un revêtement (décapant four...).

➲ Les désinfectants

Le nettoyage au moyen d'un détergent élimine 80 % des micro-organismes présents. Un désinfectant est donc nécessaire pour détruire les 20 % restants. Les produits désinfectants doivent répondre aux normes européennes (EN).

À savoir

Les micro-organismes comprennent plusieurs familles :

– Les bactéries (le streptocoque est, par exemple, la bactérie qui cause la scarlatine).

– Les champignons microscopiques ou mycètes qui comprennent des levures (exemple : le *candida albican* à l'origine du muguet) ou des moisissures (qui se développent en particulier dans un milieu humide).

– Les virus (exemple : le VRS – virus respiratoire syncytial – est responsable de la bronchiolite).

– Les protozoaires qui sont des parasites responsables de certaines maladies (exemple : les parasites intestinaux).

Un désinfectant peut avoir une ou plusieurs des caractéristiques suivantes :
- bactéricide : élimination des bactéries ;
- fongicide : élimination des champignons microscopiques ;
- virucide : élimination des virus ;
- lévuricide : élimination des levures ;
- sporicide : élimination des spores (lorsque les conditions de vie sont défavorables, la bactérie se transforme en spore).

Il est important de respecter le dosage et le temps d'action ainsi que les normes en fonction des zones à risque.

À savoir

La désinfection est l'action de détruire les micro-organismes d'un milieu inerte (sols, objets…). Elle n'est efficace que sur une surface propre.
La désinfection doit impérativement être précédée d'un nettoyage.
L'avantage d'un détergent-désinfectant est d'effectuer ce nettoyage puis de désinfecter en une seule action.

2 Un enjeu de sécurité

Le repérage des dangers

Les produits d'entretien sont des produits chimiques. Ils ne sont pas inoffensifs (risques d'eczéma, d'allergies, d'atteintes respiratoires…). Pour reconnaître une substance dangereuse, on peut se reporter à l'étiquette, à la fiche technique, et/ou à la fiche de données de sécurité du produit.

Étiquette

Fiche technique : Fournit des informations complémentaires de l'étiquette. Donne des informations sur les conditions d'utilisation du produit (dosage, dilution…) et sur son mode d'emploi.

Fiche de données de sécurité : Informe sur les risques pour la santé et l'environnement liés à l'utilisation du produit, donne des indications sur les moyens de protection et les mesures à prendre en cas d'urgence.

Les pictogrammes de danger

Ils figurent sur les étiquettes et sont importants à connaître.

Pictogrammes	Risques	Actions	Exemples de produits
	Danger	Altère la santé	Eau de Javel, produit détergent pour vaisselle, lave-vitre à base de méthanol, essence de térébenthine, pesticide, amiante,…
	Toxique	Tue	Méthanol pur, certains herbicides, naphtaline
	CMR (Cancérigène, mutagène, toxique pour la reproduction)	Nuit gravement à la santé	Cadmium et dérivés, chlorures et dérivés, éthers de glycol, plomb et dérivés,…

	Corrosif	Ronge les métaux ou la peau	Soude caustique, déboucheur de canalisation, détartrant, eau de Javel concentrée, acides chlorhydrique, nitrique, sulfurique,...
	Inflammable	Flambe	Acétone, alcool à brûler, white spirit, trichloréthylène
	Comburant	Fait flamber	Pastilles d'eau de Javel effervescentes, oxygène, chlorate de sodium,...
	Explosif	Explose	Gaz butane, propane, gaz naturel, acide picrique, TNT,...
	Gaz sous pression	Est sous pression	Gaz comprimés, liquéfiés, gaz dissous, gaz réfrigérés,...
	Néfaste pour l'environnement	Pollue l'environnement	Composés de métaux lourds

Les risques liés à l'utilisation des produits : évaluer et prévenir

Les dangers liés aux produits chimiques résultent de la nature des substances qui les composent, mais aussi des conditions de leur utilisation.

Plusieurs règles permettent de prévenir ces risques :
- limiter l'achat de produits chimiques dangereux ;
- réduire le risque à la source, en remplaçant les produits dangereux par des produits moins dangereux, voire inoffensifs ;
- se renseigner auprès du fournisseur sur les évolutions techniques permettant de réduire les risques professionnels et la pénibilité (automatisations, ...) ;
- fournir des équipements de protection individuelle : gants, lunettes... ;
- respecter les règles de rangement : premier entré, premier sorti.

JE RETIENS

Identifier les pictogrammes suivants.

Pictogrammes	Significations

→ *Vous trouverez tous les éléments de réponses à ces questions p. 195*

FICHE 19 L'organisation spatiale des locaux

QCM d'auto-évaluation Fiches 1 à 19
www.lienmini.fr/21006-1

Que ce soit chez un assistant maternel, au sein d'un multi-accueil, ou d'une école maternelle, l'organisation spatiale doit être réfléchie et doit répondre à des normes. Certains espaces destinés aux enfants (salle de vie, dortoirs, espace change et propreté) seront pensés pour le bien-être et la sécurité des tout-petits. D'autres seront réservés aux professionnels (bureau, vestiaire, salle de pause) et à des locaux techniques fonctionnels (cuisine, réserve, buanderie).

1 Le hall d'entrée ou « sas » d'accueil

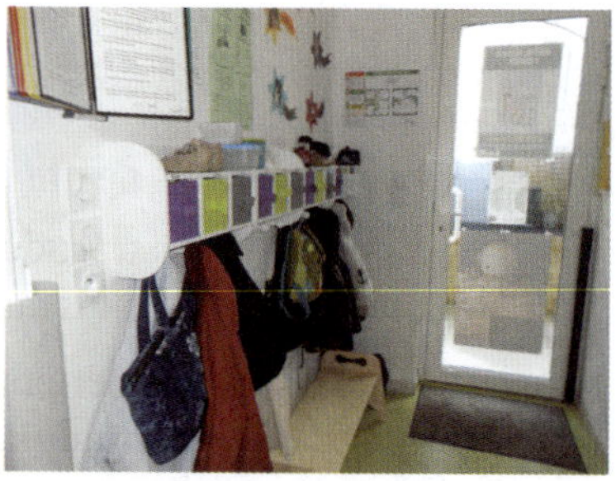

Cet espace, premier contact des parents et enfants avec la structure, a pour objectifs de recevoir et communiquer. Il est mis à disposition des parents avec des casiers enfants, des porte-manteaux (avec logos individuels en école maternelle) et éventuellement une table de change permettant de faciliter l'habillage et le déshabillage des enfants. L'espace d'accueil est séparé de la salle de vie. Il peut être également équipé d'un local à poussettes. Un cahier ou classeur de transmissions peut y être installé. La présence d'un téléphone est obligatoire pour l'appel des secours.

2 L'espace « repas »

Cet espace est essentiellement dédié à la prise des repas, aux collations et à l'hydratation des enfants. Pour que cet espace soit opérationnel et sécurisant, il faut prévoir des chaises et une table à la hauteur des enfants, ou des chaises hautes (chez l'AMA ou en multi-accueil). L'idéal est d'avoir également un lavabo à proximité afin de faciliter le lavage des mains et le nettoyage avant et après chaque repas ou collation.

La préparation du repas et la biberonnerie	La prise du repas

La cuisine permet de préparer les biberons, et de réchauffer les repas des enfants (livrés chaque jour par un prestataire, donnés par les familles, ou préparés sur place).	Dans la cuisine, dans un réfectoire…

3 L'espace sommeil

Cet espace de calme et de quiétude est dédié au repos et aux phases de sommeil et de sieste. Il est très important d'utiliser du matériel de puériculture homologué (norme européenne CE). Le coin repos doit favoriser le sommeil, la détente. Un rideau permettant de tamiser la lumière sera très pratique pour aider les enfants à s'endormir.

Chaque enfant a son lit pour avoir un repère dans l'espace. Pour les bébés, des lits à barreaux en bois sont proposés, pour les plus grands, des barquettes en mousse ou des lits de camp permettant à l'enfant de sortir de son lit tout seul quand il a fini sa sieste.

4 L'espace de soins d'hygiène

Cet espace est consacré à l'hygiène des enfants sous toutes ses formes. Il permet de garder les enfants propres et soignés.

Cet espace comprend : un plan de change, un toilette pour les plus grands et un lave-mains pour les enfants, et éventuellement des marchepieds. L'espace est pensé pour accompagner l'apprentissage de la propreté en respectant la pudeur. Il est aussi un lieu de communication et d'échange avec l'enfant.

5 L'espace de jeux intérieurs

Cet espace doit favoriser l'autonomie et la découverte. Il est un espace destiné à se récréer, à favoriser le jeu de l'enfant en autonomie, en groupe ou en accompagnement et un lieu d'apprentissage et d'éveil. Si possible, il est utile de réserver un coin à chaque catégorie d'activités (activités artistiques, musicales, corporelles, de lecture...).

Coin imitation	**Coin Bébé**
Dinette, poupées, voitures, ... pour faire comme les grands.	Coussins, tapis, portiques, transats, jouets en tissus.

Coin motricité	**Coin lecture**
Tunnel de motricité, structure de type petit toboggan...	Feuilleter les livres ou s'installer au calme pour écouter une histoire lue par un professionnel.

6 L'espace de jeux extérieurs

Cet espace dédié à la récréation, au jeu, au défoulement et à l'apprentissage des enfants doit être sécurisé et clôturé. Il peut être aménagé avec un revêtement spécial pour les collectivités, un bac à sable répondant aux normes d'hygiène, un portique (balançoire, toboggan…).

Un coin ombragé est à prévoir pour les journées chaudes. L'installation d'une table extérieure à la hauteur des enfants vous permettra de manger à l'extérieur, mais aussi de réaliser des activités telles que des activités manuelles.

Pour les dispositifs à grimper, le sol de ces structures doivent être amortissants car les risques de chutes sont importants. Ceux utilisant des cordes doivent faire l'objet de vérifications (usure) et d'une attention particulière pour éviter les risques d'accrochage (cordons de vêtements).

JE RETIENS

Identifier chacun de ces espaces.

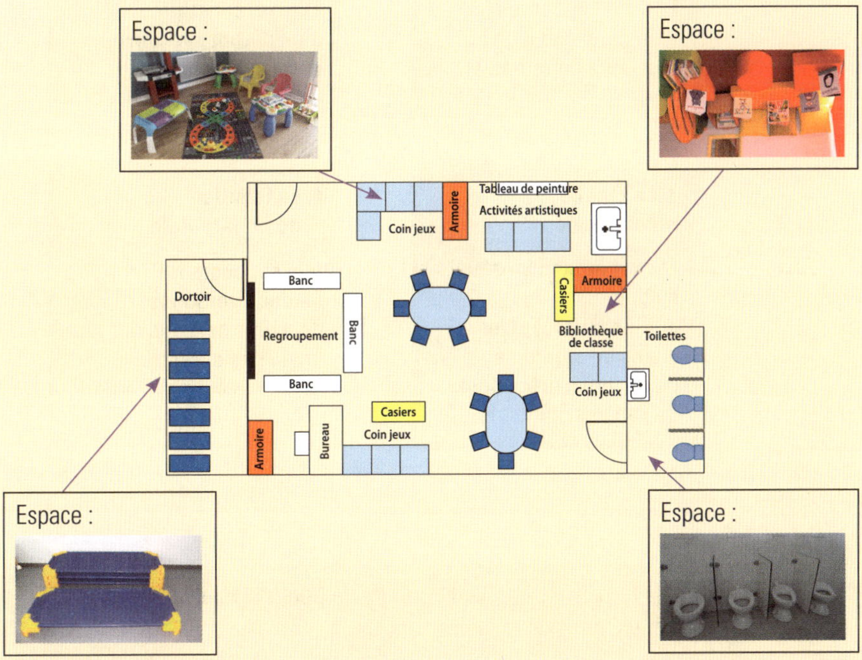

→ *Vous trouverez tous les éléments de réponses à ces questions p. 195*

FICHE 20

La structure familiale et les droits de l'enfant

QCM d'auto-évaluation Fiches 20 à 27
www.lienmini.fr/21006-6

À l'heure actuelle, la cellule familiale est en constante mutation. Sa composition évolue à tel point que certains ne parlent plus de « la famille » mais « des familles ». Au cœur de la structure familiale se trouve l'enfant dont le statut juridique a progressé : sa place est reconnue et son statut protégé.

1 Les différentes structures familiales

On distingue quatre formes de familles.

1. La famille nucléaire ou traditionnelle

Elle est constituée d'un couple et d'un ou plusieurs enfant(s).

2. La famille monoparentale

Elle est constituée d'un parent avec un ou plusieurs enfant(s).

3. La famille recomposée

Elle comprend un couple d'adultes, mariés ou non, et au moins un enfant né d'une union précédente de l'un des conjoints.

4. La famille homoparentale

Elle est composée de deux personnes de même sexe qui ont un ou des enfant(s).

À savoir

Le terme « famille » désigne un groupe de personnes ayant des liens de parenté et vivant sous le même toit.

2 Les différentes formes d'union

Un couple peut avoir différents statuts selon le type d'union qui lie ses deux membres.

Formes d'union	Caractéristiques
Mariage	Acte juridique passé devant un officier d'état civil. Les époux (majeurs) s'engagent à cohabiter, être fidèles et se porter assistance et secours. **À savoir** Depuis l'adoption de la loi du 18 mai 2013 sur le mariage pour tous, le mariage homosexuel est aujourd'hui autorisé.
PACS (pacte civil de solidarité)	Contrat enregistré par le greffier du tribunal. Il a pour but d'organiser les modalités de la vie commune du couple. Cette union civile lie deux personnes majeures, quel que soit leur sexe.
Union libre ou concubinage	Union libre entre deux personnes, quel que soit leur sexe, vivant sous le même toit. Il n'y a pas de devoirs réciproques entre les partenaires, sauf en matière de logement.

3 La filiation

La filiation est le lien juridique qui existe entre les parents et leur(s) enfant(s). Il est établi par un acte d'état civil. Il y a deux types de filiations :

Filiation
Lien juridique qui unit un enfant à son père et à sa mère.

- **Par effet de la loi**
  Les parents sont mariés.
  Pas de démarche à faire, la déclaration de naissance sur les registres de l'état civil établit la filiation automatiquement pour les deux parents.
- **Par reconnaissance**
  Les parents ne sont pas mariés.
  La filiation maternelle est automatique. Le père doit faire établir volontairement un acte de reconnaissance de son enfant, devant l'officier d'état civil (avant, au moment ou après la naissance).

Filiation adoptive
Lien établi par une décision juridique entre un enfant et des parents qui ne sont pas du même sang.

- **Adoption plénière**
  L'enfant a un nouvel état civil (nom des parents adoptants) et une nouvelle filiation (rupture totale des liens avec la famille d'origine).
- **Adoption simple**
  Cela permet d'adopter un enfant sans pour autant que les liens juridiques soient rompus avec sa famille d'origine.

4 L'autorité parentale

L'autorité parentale se définit comme l'ensemble des droits et devoirs des parents envers leur enfant, ayant pour finalité l'intérêt de l'enfant jusqu'à sa majorité (18 ans) ou son émancipation.

L'exercice de l'autorité parentale

Les deux parents exercent en commun l'autorité parentale quel que soit leur statut, qu'ils soient mariés ou non, dès lors que la filiation de l'enfant est établie. La séparation des parents est sans incidence sur l'exercice de l'autorité parentale. Elle reste une obligation même si les personnes ne vivent plus ensemble. Dans le cas où les deux parents sont décédés, un tuteur est nommé.

Question à un pro

Nadège, élève de CAP Accompagnant éducatif Petite enfance, s'interroge :
Nous avons, au multi-accueil, un enfant qui n'a pas été reconnu par son père. Est-ce que celui-ci bénéficie quand même de l'autorité parentale ?

Réponse : Si les parents ne sont pas mariés, la mère bénéficie automatiquement de l'exercice de l'autorité parentale. Le père, quant à lui, n'a de droits à l'égard de l'enfant que s'il l'a reconnu. Dans le cas de parents mariés, ils exercent en commun l'autorité parentale.

Les objectifs de l'autorité parentale

L'autorité parentale appartient aux parents jusqu'à la majorité ou l'émancipation de l'enfant. Ils ont pour obligation de :
- protéger l'enfant dans sa sécurité, sa santé et sa moralité ;
- veiller aux besoins matériels et moraux de l'enfant (le nourrir, l'héberger, prendre des décisions médicales, surveiller ses relations, ses déplacements...) ;
- assurer l'éducation intellectuelle, professionnelle et civique de l'enfant. Les parents qui n'assurent pas l'instruction obligatoire de leur enfant (de 6 à 16 ans) s'exposent à des sanctions pénales ;
- gérer les biens de l'enfant.

À savoir

Les parents ont l'obligation de fournir une aide matérielle (hébergement, nourriture, pension...) à leur enfant majeur qui n'est pas en mesure d'assurer sa subsistance (poursuite d'études, recherche d'emploi, handicap...).
Le montant de cette aide varie en fonction des ressources du parent qui la verse et des besoins de l'enfant.

La fin ou la suppression de l'autorité parentale

L'autorité parentale prend fin soit :
- à la majorité de l'enfant ;
- par émancipation de l'enfant ;
- lorsque les parents se voient retirer leurs droits suite à un jugement.

À savoir

L'émancipation d'un mineur est l'acte qui met fin à l'autorité exercée par ses parents et qui lui confère la liberté d'accomplir, au même titre qu'un majeur, une grande partie des actes de la vie civile qui requièrent la majorité légale. En contrepartie, les parents ne sont plus responsables des dommages commis par leur enfant après son émancipation. Certains droits réservés aux majeurs ne pourront toutefois pas être exercés par un mineur émancipé (par exemple le droit de vote).

5 Les droits de l'enfant

La Convention internationale des droits de l'enfant (CIDE) est un texte rédigé par l'ONU en 1989. Elle contient les principes fondateurs sur lesquels reposent les droits des enfants, énoncés dans ses 54 articles. Cette convention a été ratifiée par 191 États. Seuls la Somalie et les États-Unis ne l'ont pas signée.

En France, le Défenseur des enfants est une autorité administrative indépendante mise en place en 2000 et destinée à défendre et promouvoir les droits de l'enfant contenus dans le droit français et dans la CIDE.

JE RETIENS

1) Nommer les structures familiales pour chaque exemple.

- *Yvon élève seul ses deux enfants.* Famille ....
- *Patricia et Paul sont mariés et ont un enfant.* Famille ....
- *Pierre vit avec Solange qui a eu deux enfants d'une première union.* Famille ....

2) Caractériser les différentes unions en les reliant à la bonne définition.

Mariage •	• Union entre deux personnes.
PACS •	• Acte juridique passé devant un officier d'état civil.
Union libre •	• Contrat enregistré par le greffier du tribunal.

→ ***Vous trouverez tous les éléments de réponses à ces questions p. 195***

FICHE 21 Le principe de laïcité pour la petite enfance

QCM d'auto-évaluation Fiches 20 à 27
www.lienmini.fr/21006-6

La loi sur la laïcité et la petite enfance votée en mai 2015 a été jugée nécessaire en raison du retour du fait religieux, parfois sous des formes extrêmes. Cette loi porte sur la neutralité dans les structures accueillant la petite enfance.

1 Le principe de laïcité

En France, la République laïque respecte toutes les croyances. Elle garantit le libre exercice des cultes, mais elle n'en reconnaît aucun. C'est précisément cette neutralité de l'État entre les diverses religions qui permet leur coexistence harmonieuse dans la même nation. Cette éthique gagne donc à s'appliquer dès le jeune âge.

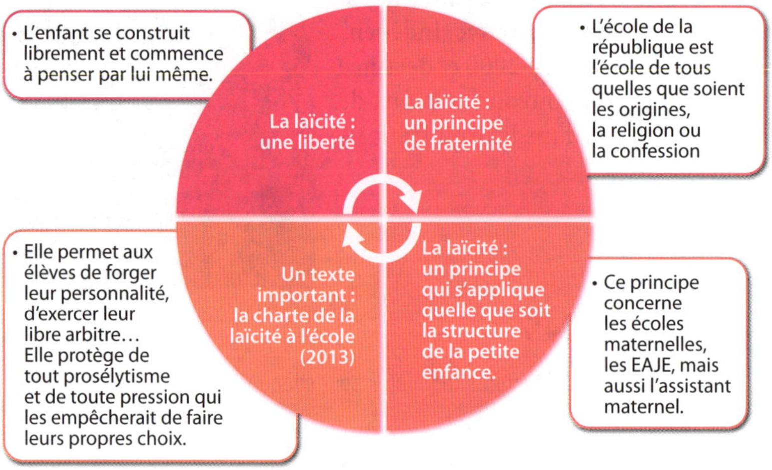

2 Le cas délicat des structures de la petite enfance

Les structures publiques

Dans l'ensemble des structures publiques, les professionnels sont soumis à un « devoir de stricte neutralité ». Ce devoir fait obstacle à ce qu'ils manifestent dans l'exercice de leurs fonctions leurs croyances religieuses, notamment en portant un signe destiné à marquer leur appartenance à une religion ». Tout agent public se doit donc d'agir avec neutralité, c'est-à-dire sans implication de ses convictions politiques ou confessionnelles y compris par des signes extérieurs en particulier vestimentaires.

Les applications du principe de neutralité

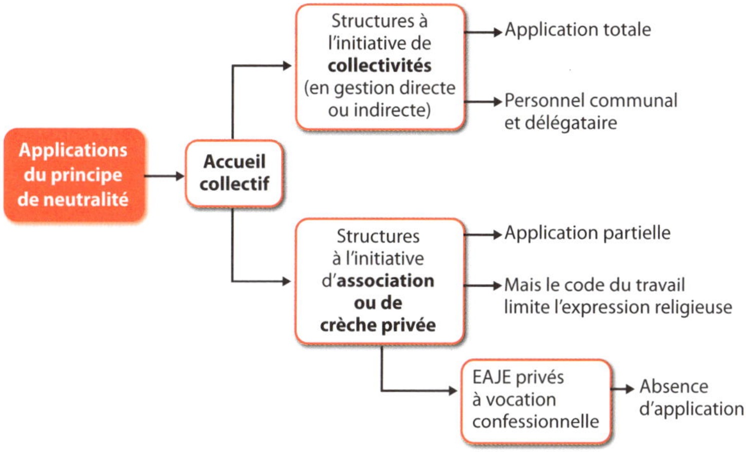

Les autres structures non publiques

Jusqu'à présent, les structures privées ne bénéficiant pas d'aide publique ne sont pas soumises à une obligation générale de neutralité religieuse, mais elles peuvent imposer des restrictions à la liberté du personnel de manifester ses convictions religieuses, en particulier par le port de tenues ou de signes.

À savoir

Le cas de la crèche « Baby Loup »

Un conflit a opposé en 2013-2014 une éducatrice de cette crèche qui entendait porter le voile dans l'exercice de ses fonctions, et la directrice de l'établissement, s'appuyant sur le règlement intérieur, qui se référait au « respect des principes de laïcité et de neutralité ». L'Assemblée plénière a finalement donné gain de cause à « Baby Loup », en admettant que « la restriction à la liberté de manifester sa religion soit édictée par le règlement intérieur » de cette crèche privée. »

JE RETIENS

Cocher la ou les bonnes réponses :

La laïcité est un principe qui concerne :

❑ seulement les écoles maternelles

❑ les structures publiques de la petite enfance.

→ ***Vous trouverez tous les éléments de réponses à ces questions p. 196***

FICHE 22 Les secrets professionnel et partagé et la discrétion professionnelle

QCM d'auto-évaluation Fiches 20 à 27
www.lienmini.fr/21006-6

Les actions menées auprès des enfants et de leurs familles, mais aussi les relations avec les autres professionnels du secteur de la petite enfance prennent en compte l'éthique professionnelle. Cela veut dire que ces actions et relations s'appuient sur des valeurs et des règles de morale qui motivent les conduites professionnelles. La diffusion d'informations dans le cadre de l'activité professionnelle doit répondre à certaines règles comme le secret ou la discrétion professionnelle. Dans certains cas bien précis, elles peuvent être partagées.

1 Le secret professionnel et la discrétion professionnelle

Qu'il s'agisse d'un mode garde et de prise en charge de l'enfant au domicile ou en structures multi-accueil, le secret professionnel s'impose.

Le secret professionnel concerne toute personne qui, par son état, dans l'exercice de sa profession ou en raison d'une fonction ou d'une mission temporaire, a reçu des informations (vues, entendues ou comprises) auxquelles la loi accorde le caractère secret.

Loi du 4 mars 2002

En cas de non respect du secret professionnel :
La loi prévoit un an d'emprisonnement et 15 000 € d'amende

Art. 226-13 du Code pénal

MAIS levée du secret professionnel
Le secret professionnel est levé lorsque des sévices, ou privations ont été infligés à un mineur ou à une personne qui n'est pas en mesure de se protéger.
Le professionnel qui en a eu connaissance doit en informer les autorités judiciaires.

Art. 226-14 du Code pénal

La discrétion professionnelle est une obligation qui concerne l'ordre interne de l'établissement et interdit la révélation de toute information indiscrète sur sa vie interne (par exemple, le projet de restructuration de l'établissement...).
« La discrétion professionnelle est de règle pour les faits, informations ou documents dont les agents ont connaissance dans le cadre de leurs fonctions » (article 26 de la loi du 13/7/83)

« L'indiscrétion professionnelle est une faute disciplinaire susceptible d'entraîner une sanction disciplinaire. » (Décret 89.822 du 7/11/89).

Si par exemple un employé CAP AEPE raconte que dans le multi-accueil où il travaille la situation financière de la structure est catastrophique, il risque une sanction disciplinaire car il n'a pas respecté son devoir de discrétion.

2 Le secret partagé

L'article L1110-4 du Code de la santé publique pose le principe du partage d'informations annoncé par les textes législatifs et réglementaires.

La révélation doit être faite sous certaines conditions :
– avec l'assentiment du patient et dans son intérêt ;
– avec d'autres personnes tenues au secret professionnel et amenées à s'occuper directement ou indirectement du patient ;
– seules les informations utiles pour l'intervention d'un autre professionnel devront être communiquées.

À savoir

La loi du 27 janvier 2016 de modernisation de notre système de santé complétée par deux décrets du 20 juillet 2016 a remis en cause ce principe du secret partagé en permettant à d'autres professions (concernant en particulier le champ social et médico-social) de participer à cet échange d'informations couvertes par le secret médical.

L'assistant maternel, dans le cadre de l'exercice de ses fonctions, peut par exemple être confronté à une difficulté et peut éprouver le besoin d'échanger avec des professionnels de la PMI pour obtenir des conseils ou être conforté dans sa pratique. Cette démarche rentre dans le cadre du secret partagé.

JE RETIENS

Identifier dans les situations suivantes les cas de secret professionnel, partagé ou de discrétion professionnelle en cochant la case correspondante.

Situations	Secret professionnel	Secret partagé	Discrétion professionnelle
1. Pendant le change de la couche, Sophie auxiliaire de puériculture s'adresse de manière vulgaire à l'enfant.			
2. À la sortie de la crèche, Sarah, CAP AEPE, rencontre dans le bus une amie à qui elle parle du petit Marius qui a un cancer.			

→ *Vous trouverez tous les éléments de réponses à ces questions p. 196*

FICHE 23 Les responsabilités civile et pénale

QCM d'auto-évaluation Fiches 20 à 27
www.lienmini.fr/21006-6

La responsabilité se définit par l'obligation faite à une personne de répondre de ses actes, du fait du rôle et des charges qu'elle doit assumer et d'en supporter l'ensemble des conséquences. Les professionnels de la petite enfance sont confrontés à de multiples situations qui engagent leur responsabilité directe.

1 Les risques encourus

Que ce soit en accueil individuel ou collectif, il est important que le professionnel identifie l'ensemble des risques encourus pour mieux s'en prémunir. Les plus connus sont les suivants :
- l'administration de médicaments ;
- le défaut de surveillance ;
- les autorisations de soins et d'opérer ;
- les protocoles d'accueil ;
- la publication de photographies ;
- le secret professionnel ;
- la mise en péril de la vie d'autrui.

Ceci étant, les professionnels de la petite enfance sont également confrontés depuis quelques années à d'autres sujets tout aussi sensibles comme la délicate question de l'autorité parentale en cas de divorce, de séparation, de famille recomposée et d'homoparentalité. Certaines situations exceptionnelles lors d'échanges avec des parents excités ou ayant des comportements considérés comme « dangereux » pour l'enfant ou le professionnel comportent aussi des risques.

2 La responsabilité civile

La responsabilité civile est liée aux obligations de sécurité et de surveillance. Elle est attachée à l'obligation de réparer les dommages causés à autrui. Elle est mise en jeu en cas de dommages causés aux enfants gardés et de dommages causés à un tiers par les enfants accueillis.

Par exemple, le contrat qui lie l'assistant maternel au parent-employeur permet d'appliquer les règles de la responsabilité contractuelle. L'AMA est soumis à :
- une obligation de résultat en matière de sécurité et de surveillance. L'assistant maternel doit donc respecter les règles de sécurité nécessaires à l'accueil des enfants en fonction de leur âge et de leur développement et une vigilance adaptée en toutes circonstances ;
- une obligation de moyens en matière de santé.

Pour ces différentes raisons, il est conseillé au professionnel de prendre une assurance spécifique le couvrant lors de son activité professionnelle.

À savoir

Le droit applicable pour les assistants maternels employés par un particulier ou une personne de droit privé (association, entreprise) relève des règles du Code civil et des juridictions de l'ordre judiciaire.

En revanche, le professionnel employé par une personne morale de droit public (service d'accueil familial géré par une collectivité…) est soumis au droit public et à la juridiction de l'ordre public.

3 La responsabilité pénale

La responsabilité pénale intervient en cas d'infraction à la législation. Par exemple, toutes les infractions liées à la « garde de mineurs » qu'elles soient intentionnelles (coups, privation de soins, non-assistance à personne en danger etc.) ou dues à une imprudence ou une négligence tombent bien évidemment sous le coup de la loi. La responsabilité pénale fait donc référence à l'obligation de répondre de ses actes délictueux en subissant une sanction pénale selon les formes prévues par la loi. Les infractions à la loi sont classées selon 3 niveaux :
- les crimes, qui relèvent de la cour d'assises ;
- les délits, qui relèvent du tribunal correctionnel ;
- les contraventions, qui relèvent du tribunal de police.

À savoir

En cas d'infraction à la législation, un assistant maternel encourt des peines. Ainsi sa responsabilité pénale peut être mise en jeu en cas de garde d'enfant sans agrément. Cette infraction est passible d'une peine de 3 mois de prison maximum et/ou d'une amende de 3 750 €. Et en cas de récidive, ces peines peuvent être doublées et avec une interdiction temporaire ou définitive de recevoir des enfants.

JE RETIENS

Compléter le schéma suivant à l'aide des faits ou mots suivants.
Case 1 : Réparation d'un dommage causé à autrui - Sanction à une infraction.
Case 2 : Protection de l'individu - Protection de la société.
Case 3 : Assurable – Non assurable

➜ ***Vous trouverez tous les éléments de réponses à ces questions p. 196***

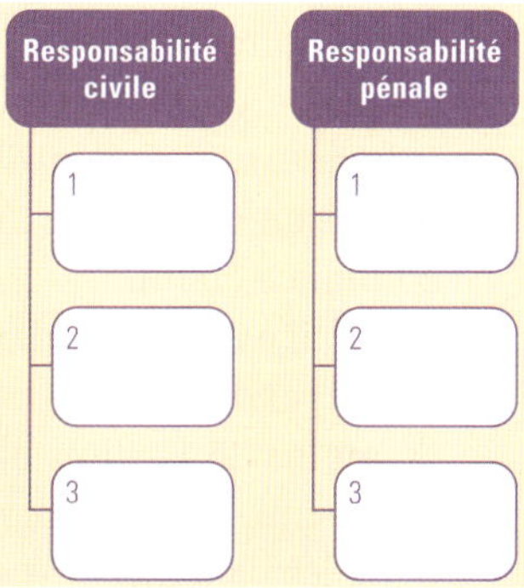

FICHE 24

La prévention des accidents domestiques

QCM d'auto-évaluation Fiches 20 à 27
www.lienmini.fr/21006-6

Les accidents domestiques (se produisant à la maison et dans ses environnements immédiats) font chaque année de nombreuses victimes. En France, toutes causes et tranches d'âges confondues, ces accidents touchent plus de 11 millions de personnes chaque année, dont 4,5 millions font l'objet d'un recours aux urgences.
Leurs causes sont très variées et ils restent difficiles à quantifier avec exactitude car ils ne sont pas comptabilisés de façon exhaustive. Pour autant, ils sont à l'origine de décès (19 000 par an), de handicaps et de séquelles. Les principales victimes sont les enfants et les personnes âgées.

1 Les risques en fonction de l'âge

Les enfants n'ayant pas pleinement conscience des dangers, sont particulièrement vulnérables face aux accidents de la vie courante.
À chaque étape de leur développement psychomoteur, leurs compétences s'affinent, leur territoire s'agrandit et de nouveaux risques apparaissent. Les enfants veulent découvrir et explorer le monde qui les entoure en prenant parfois des risques non mesurés.
Dans les premiers mois, l'adulte sera particulièrement attentif à sécuriser l'environnement de l'enfant. Ainsi, celui-ci sera systématiquement attaché dans son transat, les plantes toxiques seront éloignées, l'accès aux escaliers sera protégé par des barrières...
Plus tard, des interdits seront posés (« Il est interdit de monter sur la table ») et expliqués. L'interdiction prendra tout son sens si elle est posée systématiquement et qu'elle est constante.
Par la suite, l'enfant pourra comprendre les conséquences de ses actions et les risques qu'il prend si cela est expliqué avec des mots simples. L'adulte devra trouver un juste équilibre entre laisser faire et tout interdire. C'est en prenant des risques mesurés (et sous surveillance de l'adulte) que l'enfant prendra confiance en lui.
Enfin, il est important de préciser que l'intérieur de la maison représente le lieu principal d'accidents pour les enfants de moins de 6 ans (80 %). Pour les enfants de moins de 12 mois, il s'agit plus particulièrement d'accidents survenant dans la cuisine, la chambre et la salle de bain. Pour les plus grands (de 1 à 4 ans) les lieux les plus incriminés sont la cuisine et la salle de bains.

2 Les accidents domestiques

1 Brûlure. Limiter la durée d'exposition au soleil. Éviter les heures dangereuses (entre 12 et 16 heures). Mettre un chapeau, une paire de lunettes de soleil et des vêtements couvrants. Utiliser une crème solaire. ► FICHE 60

2 Noyade. Clôturer la piscine et surveiller en permanence les enfants.

3 Étouffement. Coucher l'enfant en sécurité (sur le dos, sans oreiller, couette, peluches) sur un matelas adapté au lit. ► FICHE 59

4 Chute. Ne pas placer de meuble sous les fenêtres et les balcons. Bloquer la fenêtre avec un système de sécurité.

5 Chute. Ne jamais laisser l'enfant sans surveillance sur la table de change. Le prendre avec soi s'il est nécessaire de s'éloigner. Préparer le matériel avant d'effectuer le change.

6 Noyade. Ne jamais s'éloigner de la baignoire, même quelques secondes.

7 Brûlure. Vérifier la température de l'eau (37 °C) ou faire installer un dispositif de sécurité avec le robinet. ► FICHE 60

8 Asphyxie. Vérifier que l'installation est en bon état et qu'il y a une aération efficace. Prévoir un ramonage régulier. Fermer le robinet d'alimentation après chaque usage. Vérifier la durée de vie des flexibles. S'assurer du bon état du détecteur de fumée.

9 Intoxication. Placer médicaments, produits ménagers, vétérinaires, phytosanitaires en hauteur, dans un placard fermé à clé ou ayant une fermeture de sécurité. Ne pas transvaser les produits dans une autre bouteille. Préférer les produits munis de bouchons de sécurité.

10 Brûlure. Ne pas laisser l'enfant seul et l'éloigner des objets brûlants (bouilloire, four…). Équiper le four d'une « porte froide ». Tourner les queues de casserole vers l'intérieur de la plaque de cuisson. Attention aux brûlures avec le biberon. ► FICHE 60

11 Étouffement. Ne pas laisser à la portée de l'enfant de petits objets (olives, piles, pièces…). Le surveiller pendant les repas, les jeux… ► FICHE 59

12 Électrocution. Équiper les prises de dispositifs de sécurité. Ne pas laisser de rallonge électrique branchée. Ne pas surcharger les prises avec des multiprises. Ne jamais ouvrir l'eau du robinet à proximité d'un appareil électrique en marche.

13 Chute. Utiliser une sangle d'entrejambe et boucler les attaches. Ne jamais laisser un enfant sans surveillance. S'il y a un escalier, installer des barrières de sécurité en haut et en bas des marches.

À savoir

Il est important de retenir trois numéros en cas d'urgence : les pompiers (18), le SAMU (15 ou 112) et le centre anti-poison (numéros en fonction des régions).

3 Les risques liés à l'alimentation en électricité

Afin de limiter les risques liés à l'électricité, il faut sécuriser les installations électriques. Ainsi, en cas de danger, le disjoncteur permet de couper le courant, la mise à la terre réduit les risques d'électrocution et le disjoncteur divisionnaire protège l'installation électrique de tout court-circuit (NF).

À savoir

Les risques liés à l'électricité sont l'électrisation ou l'électrocution. Une personne est électrisée lorsqu'un courant électrique traverse son corps et provoque des blessures plus ou moins graves. On parle d'électrocution, par contact direct ou indirect, lorsque le courant électrique provoque la mort de la personne. Il faut alors couper le courant sans toucher la victime, afin d'éviter le sur-accident, et prévenir les secours.

4 Les accidents de la voie publique

Lors des sorties sur la voie publique, il est important d'être particulièrement vigilant et de surveiller le jeune enfant qui n'a pas encore conscience de tous les dangers :

- l'enfant ne peut pas se concentrer longtemps ;
- son balayage visuel est deux fois plus étroit que celui de l'adulte ;
- les mouvements et les distances sont mal perçus (un enfant ne peut pas évaluer la vitesse d'un véhicule) ;
- l'enfant entend bien mais ne peut repérer d'où vient le son ;
- la petite taille de l'enfant le gêne pour voir la circulation.

Pour toutes ces raisons, il faut être particulièrement attentif à la sécurité de l'enfant et respecter les règles suivantes.

Modes de transport	**Consignes à respecter**
À pieds	– Marcher toujours sur le trottoir. – Traverser sur le passage pour piétons et regarder de chaque côté avant de traverser. – Attendre que le feu pour piéton soit au vert pour traverser. – Faire donner la main à l'adulte.
À vélo	– Vérifier que le vélo soit en bon état (freins, feux, avertisseur sonore). – Porter un gilet rétroréfléchissant. – Prévoir un casque normalisé pour l'enfant et le conducteur (obligatoire depuis le 22 mars 2017 pour les enfants de moins de 12 ans) de la bonne taille et bien vérifier les attaches. – Vérifier que le siège vélo soit adapté à l'âge de l'enfant. – Respecter les règles élémentaires de sécurité (respect du code de la route...)
En voiture	– Installer l'enfant dans un siège portant le marquage « E », adapté à son âge et son poids. Bien respecter la notice d'utilisation. – Veiller à ce que l'enfant soit toujours attaché, même sur de courts trajets. – Ne jamais laisser seul un enfant dans la voiture, même un court instant. – Faire toujours sortir l'enfant de la voiture du côté du trottoir.

5 L'attitude de l'adulte

Il ne s'agit pas de tout interdire à l'enfant sous prétexte de le protéger et de lui éviter tous les dangers. Le risque « 0 accident » n'existe pas mais l'adulte doit maintenir une surveillance continue. De même, il ne serait pas cohérent de tout laisser faire à l'enfant sous prétexte qu'il doit faire ses expériences pour comprendre les dangers.

Il faut en réalité éduquer l'enfant en fonction de son âge pour lui apprendre les dangers qui l'entourent, le laisser prendre des risques mesurés en l'accompagnant dans ses explorations, en verbalisant ce qu'il est en train d'expérimenter.

De plus, si l'adulte veut être crédible aux yeux de l'enfant, il doit montrer l'exemple car l'enfant aime mimer, copier l'adulte.

JE RETIENS

Compléter le mot croisé suivant à l'aide des définitions.

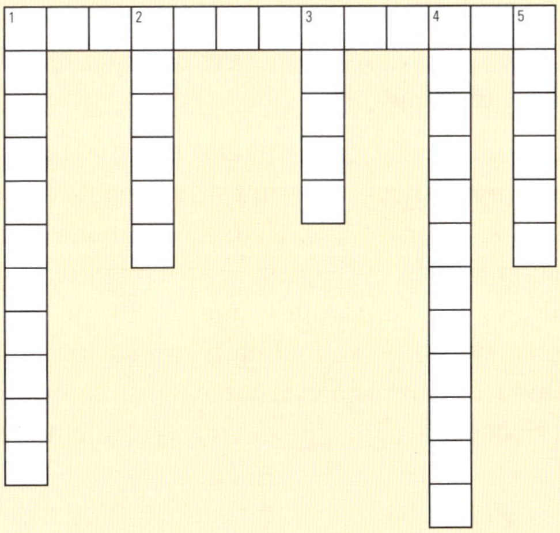

Horizontal

1. Pour l'éviter il faut équiper les prises électriques d'un dispositif de sécurité.

Vertical

1. Il est indispensable de ne pas laisser traîner de petits jouets pour l'éviter.
2. Il est indispensable pour les enfants de moins de 12 ans qui prennent le vélo.
3. Accident que risque un enfant non maintenu sur la table de change.
4. Cela peut arriver si l'enfant a accès à des médicaments qui ne seraient pas rangés dans un placard fermé à clé.
5. Risque encouru par un enfant laissé seul dans son bain.

➜ ***Vous trouverez tous les éléments de réponses à ces questions p. 196***

FICHE 25

Les maladies professionnelles et les accidents du travail

QCM d'auto-évaluation Fiches 20 à 27
www.lienmini.fr/21006-6

Dans ce secteur, le travail exige une forte résistance tant physique que psychologique. En effet, le professionnel soulève des charges en permanence. De plus, il enchaîne des postures répétitives (se lever, se baisser….) ce qui l'expose fortement à des accidents de travail et des maladies professionnelles.

1 Les maladies professionnelles

La notion de « maladie professionnelle »

Une maladie professionnelle est la conséquence de l'exposition plus ou moins prolongée à un risque qui existe lors de l'exercice habituel de la profession. Pour les personnes travaillant dans les métiers de la petite enfance, ces maladies professionnelles sont multiples.

En effet, les professionnels sont le plus souvent exposés à des troubles musculo-squelettiques (lombalgies, tendinites de l'épaule et du coude, douleurs sciatiques, mal de dos, arthrose, …). Ceux-ci résultent du port et de la manipulation répétés des enfants. Les risques d'ordre psychologique et psychosocial sont principalement liés aux contraintes organisationnelles, aux nuisances sonores, au surinvestissement du personnel dans sa mission et aux possibles difficultés relationnelles avec les parents. Les troubles circulatoires, les contaminations biologiques et les risques psychologiques sont également observés dans ces métiers.

Les étapes de la reconnaissance d'une maladie professionnelle

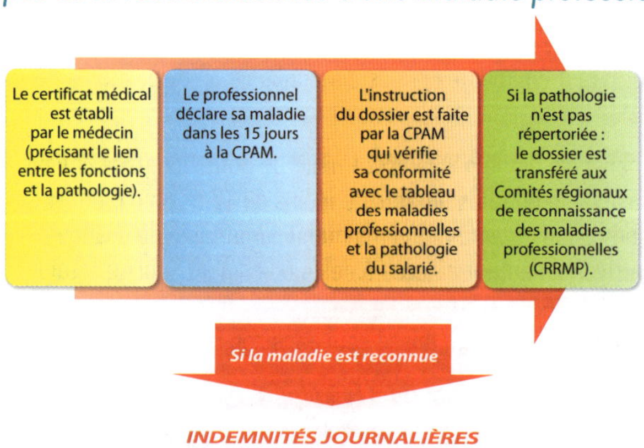

À savoir

La maladie peut être d'origine professionnelle si elle figure au tableau des maladies professionnelles (Code de la Sécurité Sociale et de ses articles L.461-1 et suivants).

2 Les accidents du travail

La notion d'accident du travail

Un accident survenu, quelle qu'en soit la cause, par le fait ou à l'occasion du travail est considéré comme accident du travail. ... Il y a un fait accidentel à l'origine d'une lésion certaine, corporelle ou psychique. Depuis 2003, les lésions psychiques sont assimilées à des lésions corporelles.

Question à un pro

Quelles sont les démarches en cas d'accident du travail ?

Lors de la survenue d'un accident sur le lieu et durant le temps du travail, le travailleur doit informer ou faire informer l'employeur dans les 24 heures et lui préciser le lieu, les circonstances de l'accident et l'identité du ou des témoins. Cette déclaration doit être envoyée par lettre recommandée dans les cas où elle ne peut être faite sur le lieu de l'accident.

Le processus d'indemnisation

La Caisse primaire d'assurance maladie - CPAM - traite les demandes de prise en charge au titre des accidents du travail. Lorsque le caractère professionnel de l'accident est reconnu, le travailleur bénéficie d'une prise en charge de ses soins, d'une indemnité journalière et le cas échéant d'une rente.

La loi ASAP prévoit que les assistants maternels puissent bénéficier de la médecine du travail.

JE RETIENS

Cocher la proposition juste.

- ❑ Lorsqu'un employé est victime d'un accident du travail, il n'est pas obligé d'en informer l'employeur. S'il prévient le médecin du travail, c'est suffisant.
- ❑ Une maladie professionnelle ouvre droit à des indemnités journalières.
- ❑ Un accident de travail n'ouvre pas de droit à des indemnités journalières.
- ❑ C'est à l'employeur de faire les démarches pour que la maladie professionnelle soit reconnue chez son salarié.

→ ***Vous trouverez tous les éléments de réponses à ces questions p. 196***

FICHE 26

Les principes d'ergonomie

QCM d'auto-évaluation Fiches 20 à 27
www.lienmini.fr/21006-6

Le travail auprès des jeunes enfants nécessite de nombreuses manutentions au cours de la journée. Les douleurs lombaires sont fréquentes et, pourtant, souvent évitables en respectant les principes d'ergonomie.

1 Les facteurs de risque

Les facteurs de risque dans les professions de la petite enfance sont multiples :
- mouvements insuffisants (position assise ou position statique prolongée) ;
- postures inadaptées (tronc penché en avant, bras levés au-dessus des épaules ou tendus au loin, torsion de la colonne vertébrale…) ;
- enfant ou objet manutentionné lourd, volumineux, encombrant, difficile à saisir… ;
- sol encombré, glissant, avec des différences de niveau ;
- organisation de travail avec des répétitions de tâches, des efforts prolongés, une absence de périodes de repos, des tâches réalisées en urgence ou encore du stress.

2 Les principes d'ergonomie

Les principaux buts de l'ergonomie sont de préserver la santé de l'opérateur et d'assurer son confort. Cela permet de diminuer les accidents de travail et l'absentéisme mais aussi d'augmenter la qualité et la quantité du travail ainsi que la motivation.

L'ergonomie repose sur plusieurs principes qui sont à appliquer pour chaque manutention d'enfant ou d'objet.

Principes et justifications	Principes et justifications
Se rapprocher le plus possible de la charge Plus la charge est éloignée, plus la force nécessaire pour la soulever est importante. 	**Rechercher le bon équilibre** La position des pieds écartés et légèrement décalés permet un meilleur équilibre. 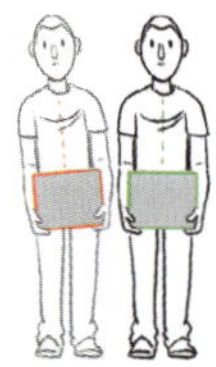
Fixer la colonne vertébrale Respecter les courbures de la colonne vertébrale pour que les disques inter-vertébraux ne soient pas pincés. 	**Assurer les prises** Pour permettre la bonne tenue de la charge. Utiliser si nécessaire des EPI (équipements de protection individuelle) : gants, chaussures de sécurité… 

Principes et justifications	Principes et justifications
Utiliser la force des jambes Pour éviter de forcer sur la colonne vertébrale. Fléchis, les quadriceps sont plus puissants. 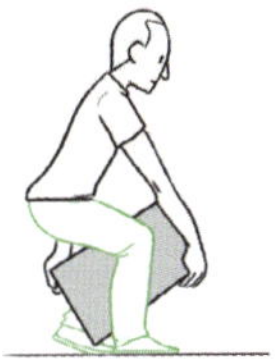	**Limiter les efforts : bras tendus, appui sur la cuisse et aide de la cuisse** Afin de faire une économie d'effort. 

3 L'aménagement de l'espace

L'espace peut être aménagé afin de préserver la santé du professionnel et limiter ses efforts.

Situations	Conduites à tenir
Réaliser le change à la table à langer ▸ FICHE 45	– Prendre appui avec le bassin sur la table à langer. – Aménager la table pour avoir le matériel à portée de main. – Ménager un espace pour les pieds à la base de la table pour permettre un rapprochement du corps de l'opérateur. – Faire utiliser dès que possible les escaliers à l'enfant.
Effectuer la mise au lit	– Enfiler et fermer la turbulette avant la mise au lit. – Pour les bébés, préférer les lits en hauteur dont la partie supérieure du matelas se situe à 1 mètre environ. – Privilégier les lits au sol pour les plus grands (l'enfant s'y glisse seul).
Aider au lavage des mains	– Placer l'évier à la hauteur de l'adulte en position debout. L'enfant y a accès par un escalier ou un marche-pieds. – Si l'évier est à la hauteur de l'enfant, s'asseoir pour l'aider à se laver.
Donner le biberon	– Utiliser un fauteuil dont la hauteur d'assise permet au bassin d'être placé plus haut que les genoux (ou prévoir un repose-pieds) et surélever l'enfant par des coussins. – Prévoir un appui au niveau du coude et un soutien au creux du dos.
Animer des activités, donner un repas installé sur le « petit mobilier »	– Utiliser une chaise avec une assise pouvant descendre jusqu'au niveau de l'enfant. – Ne pas utiliser les petites chaises des enfants qui sont inadaptées à la morphologie des adultes. – Utiliser de préférence des tables en demi-cercle qui permettent d'être face aux enfants et de s'en rapprocher. – Privilégier les repas donnés aux enfants assis sur des chaises hautes.
Travailler assis ou au niveau du sol	– Maintenir les courbures naturelles du dos en utilisant des socles inclinés en avant et/ou en privilégiant la position à genoux. – Éviter la position assise jambes tendues. – Éviter la position assise sur un siège pour s'occuper d'un enfant installé dans un transat au sol.

JE RETIENS

À l'aide des principes d'ergonomie, faire deux propositions pour préserver son dos lors des travaux d'entretien (balayage par exemple).

→ ***Vous trouverez tous les éléments de réponses à ces questions p. 196***

FICHE 27 Les contaminations

QCM d'auto-évaluation Fiches 20 à 27
www.lienmini.fr/21006-6

Les risques de contaminations sont multiples car notre environnement offre de nombreuses occasions d'être en contact avec des organismes pathogènes. Il est donc important de connaître les différents modes de transmission et les voies de pénétration, ainsi que les moyens de prévention pour lutter contre ces contaminations.

1 Les différentes flores

Le milieu qui nous entoure n'est pas stérile, il est envahi de micro-organismes pathogènes, ou pas. Certains peuvent être vecteurs de contamination de notre environnement : on parle alors de bio-contamination. Ils peuvent provenir de différents milieux : air, sol, eau, aliments, animaux, matériel…
Il faut savoir que les bactéries sont normalement présentes sur la peau et les muqueuses du sujet sain. Elles constituent les flores commensales qui participent activement au maintien de la santé de l'individu et se répartissent en quatre flores principales.

➲ **La flore cutanée** qui comprend :
- **la flore résidente** : non pathogène elle se trouve dans la couche profonde et superficielle de la peau. Elle joue un rôle de barrière vis-à-vis des autres agents infectieux en créant un milieu défavorable. C'est une flore qui ne pourra jamais être éliminée en totalité ;
- **la flore transitoire** : elle provient de l'environnement (autre personne, air, eau, sol, matériel…) et se dépose ou pénètre dans l'organisme de façon passagère. Cette flore s'élimine facilement par le lavage des mains.

➲ **La flore respiratoire** qui protège l'appareil respiratoire des infections.

➲ **La flore génitale** qui joue un rôle de protection essentiel en particulier chez la femme.

➲ **La flore digestive** qui est la plus abondante et la plus importante.

AZ
Bio-contamination : contamination de surfaces ou de produits par des micro-organismes.
Flore : ensemble de micro-organismes.
Micro-organisme : organisme vivant invisible à l'œil nu, uni ou pluricellulaire. Cette famille comprend les bactéries, les virus, les champignons microscopiques et les protozoaires.
Pathogène : terme désignant tout ce qui est à l'origine d'une maladie.

2 Les modes de contamination

La contamination est la transmission de germes. Elle peut se faire de plusieurs façons.

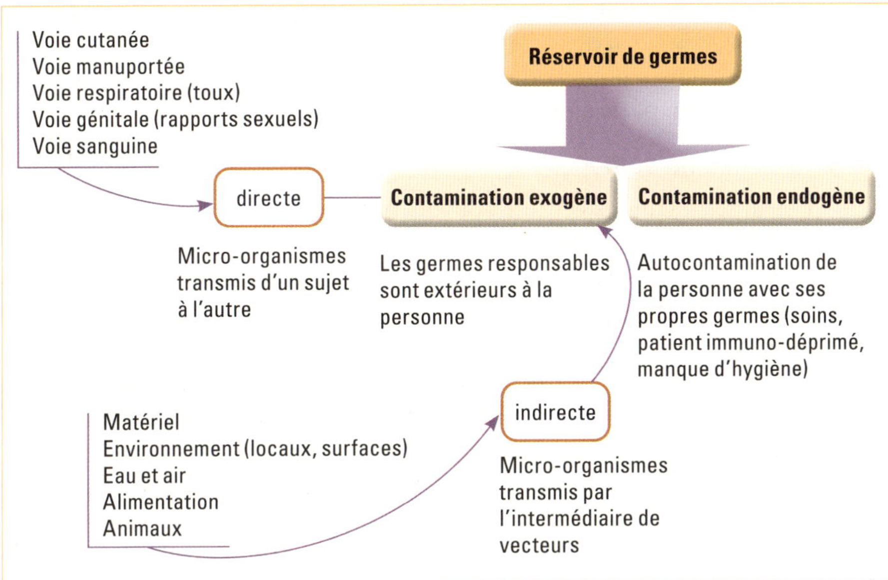

3 Les portes d'entrée des micro-organismes

Il existe cinq voies de pénétration des agents infectieux dans l'organisme :

– la voie respiratoire ;
– la voie digestive ;
– la voie cutanée ;
– la voie génitale ;
– la voie sanguine.

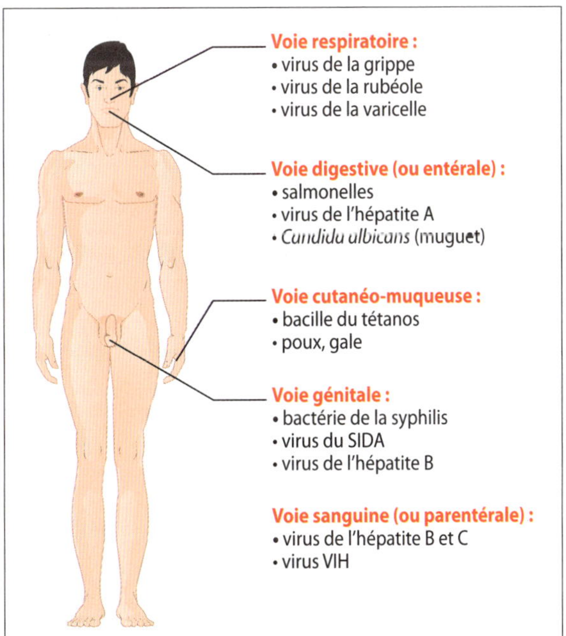

4 Le pouvoir pathogène des germes

Il existe plusieurs types de micro-organismes responsables de pathologies. On les classe par familles qui sont : les virus (responsables de maladies virales ou virose), les champignons microscopiques ou mycètes (responsables de mycoses), les parasites (à l'origine de parasitoses) et les bactéries qui ont la particularité d'être bénéfiques pour l'organisme (elles constituent les différentes flores) ou pathogènes, on parle alors de bactériose.

La bactérie pathogène

– Certaines bactéries ont un pouvoir pathogène plus important que d'autres, c'est-à-dire une capacité plus ou moins importante à provoquer des pathologies. Ce pouvoir pathogène est déterminé par trois éléments variables selon la bactérie et l'état de défense immunitaire de l'individu atteint :
– **le pouvoir invasif** : capacité de la bactérie à envahir les tissus et s'y multiplier ;
– **le pouvoir toxique** : capacité de la bactérie à sécréter une toxine. Il en existe deux sortes : l'**exotoxine**, une substance toxique fabriquée et libérée dans l'organisme par une bactérie toujours en vie (c'est le cas de la diphtérie ou du tétanos) et l'**endotoxine** qui est une toxine libérée uniquement lorsque la bactérie est détruite (si la bactérie passe dans le sang, elle peut occasionner un choc septique). Les endotoxines sont plus virulentes que les exotoxines ;
– **la résistance** que l'organisme va opposer à la bactérie.

À savoir

Il est à noter que certains individus sont dits « porteurs asymptomatiques » ou porteurs sains, c'est-à-dire qu'ils sont porteurs d'un micro-organisme dangereux pour les autres mais ne présentent eux-mêmes aucun signe de la maladie. Dans l'ignorance de cet état, il peut contaminer son entourage. C'est le cas, par exemple, de certaines infections sexuelles transmissibles.

Questions à un pro

Nathalie, apprentie en CAP AEPE, participe au service des repas dans une école maternelle. Elle applique des règles strictes d'hygiène et demande : Pourquoi toutes ces règles d'hygiène sont si importantes en cuisine ?

Réponse : La cuisine est un lieu qui réunit les conditions idéales pour le développement des bactéries : un certain taux d'humidité, une température entre 10 °C et 63 °C et un milieu nutritif important (en particulier légèrement sucré). Si les règles d'hygiène ne sont pas strictement respectées, les bactéries vont se développer et entraîner des toxi-infections par exemple.

Nathalie : Alors, comment combattre les bactéries dangereuses ?

Réponse : En créant des conditions qui leur sont défavorables telles qu'une forte chaleur supérieure à 100 °C (au-delà de 120 °C toutes les bactéries sont tuées), un faible taux d'humidité et l'utilisation de désinfectant.

5 La vaccination, un mode de prévention

Le principe de vaccination consiste à inoculer un agent infectieux dans l'organisme sous une forme inoffensive. Cet agent infectieux stimule la réponse immunitaire. Ainsi, le sujet produit lui-même ses anticorps et est protégé longtemps contre la maladie.

Pour les enfants accueillis en collectivité

En 2018, les vaccinations contre la diphtérie, le tétanos, la poliomyélite, la coqueluche, l'Haemophilus influenzae b, l'hépatite B, le méningocoque C, le pneumocoque, la rougeole, les oreillons et la rubéole sont obligatoires avant l'âge de 2 ans pour les nourrissons nés à partir du 1er janvier 2018. Pour les enfants de plus de 12 mois résidant en Guyane française, la vaccination contre la fièvre jaune est obligatoire. Ces vaccins sont obligatoires et la famille doit en fournir la preuve. La loi ASAP prévoit qu'en cas de non respect de cette obligation vaccinale, la démission de l'assistant maternel sera un motif légitime.

Pour les assistants maternels

Le décret paru au JO du 1er mars 2019 suspend l'obligation à compter du 1er avril 2019 de vaccination au BCG pour les assistants maternels. Cependant, trois vaccins sont fortement conseillés : le vaccin contre la coqueluche ; le vaccin trivalent ROR (contre la rougeole, les oreillons, la rubéole) ; le vaccin contre l'hépatite A. Enfin, trois autres sont recommandés : le DT Polio (vaccin contre la diphtérie, tétanos, poliomyélite) ; le vaccin contre l'hépatite B (en fonction des risques) ; le vaccin contre la varicelle (si l'assistant maternel ne l'a pas eue).

Pour le personnel de crèche, RPE, MAM

Le décret paru au JO du 1er mars 2019 suspend l'obligation à compter du 1er avril 2019 de vaccination au BCG pour le personnel de crèche, de RPE et de MAM. Trois vaccins sont obligatoires : le DT Polio (vaccin contre la diphtérie, tétanos, poliomyélite). D'autres sont recommandés : le vaccin contre la coqueluche ; le vaccin trivalent ROR (contre la rougeole, les oreillons, la rubéole) ; le vaccin contre l'hépatite A. Le vaccin contre l'hépatite B se fait en fonction de l'évaluation du risque par la médecine du travail.

JE RETIENS

1) Nommer la flore qui provient de l'environnement.

2) Citer les quatre flores commensales de l'individu.

3) Préciser le mode de contamination, de transmission et la voie de pénétration dans la situation suivante.

Raphaël, 5 ans, a une gastro-entérite suite à une contamination alimentaire.

→ *Vous trouverez tous les éléments de réponses à ces questions p. 196*

FICHE 28

La préparation des locaux et du matériel avant une activité

Avant de démarrer une activité avec des enfants, un certain nombre de points sont à vérifier de façon à ce que les critères de sécurité, d'hygiène et de confort soient respectés. De cette organisation préalable dépend la réussite de l'activité.

1 Avant l'activité

La préparation des locaux

– Prendre connaissance de la date et de l'heure de l'activité ainsi que du matériel nécessaire afin d'organiser le local.
– S'assurer de la disponibilité du lieu et le réserver si nécessaire.
– En fonction de l'activité, installer la salle avec un nombre de chaises et de tables suffisants ou préparer un « coin » pour les enfants (tapis, coussins).
– Dégager le lieu et prévoir d'organiser l'environnement (protection de table...).
– Se poser la question de la sécurité du lieu.
Les enfants pourront participer à la mise en place de l'activité selon leur âge.

La préparation du matériel

– Choisir du matériel adapté (à l'âge, à l'activité...) répondant aux critères de sécurité.
– Sortir le matériel en quantité suffisante en fonction du nombre d'enfants.
– Vérifier le bon état du matériel (éliminer le matériel cassé ou abimé).
– Recommandation COVID : bien se laver les mains avant la préparation du matériel.

2 Les matériels et matériaux

Le matériel de dessin

Matériels	Caractéristiques	Modalités d'utilisation
Crayons pour colorier, dessiner ou peindre	Crayons de couleur, crayons aquarelle, crayons cire, crayons pastel... Il y en a pour tous les goûts !	Certains crayons sont adaptés pour les gauchers ou ont une forme ergonomique avec une bonne prise en main.
Feutres, marqueurs textiles ou pour tableau blanc	Les feutres peuvent être à pointes fines, larges ou extra larges.	Ils peuvent s'adapter à de nombreux supports. Préférer les modèles à encre lavable.
Craies	Elles peuvent être blanches ou de couleur ou être des « craies de trottoir », plus grosses.	À utiliser sur une ardoise, du goudron, du béton, du carton...

Les outils nécessaires aux activités de peinture

Matériels	Caractéristiques	Modalités d'utilisation
Peinture	Différents types de peinture existent : gouache, acrylique, peinture gonflante...	Prévoir des pots anti-verse pour mettre la peinture sans qu'elle se renverse. Préférer les peintures lavables.
Pochoirs	En plastique résistant ils permettent de reproduire facilement une forme.	Éviter les pochoirs en carton trop fragiles, préférer les grands pochoirs en plastique.
Tampons	Qu'ils soient faits avec une éponge (à placer au bout des doigts) ou en mousse, ils sont faciles d'utilisation.	Veiller à encrer seulement la partie en relief (par tapotage de la forme sur le tampon) et choisir des encres lavables.
Pinceaux	Ils peuvent être à embout en soie ou en caoutchouc, avec un réservoir d'eau, à brosses plates ou rondes, avec une forme ergonomique...	Faire respecter l'utilisation des pinceaux (pas à la bouche) et préférer des petits modèles. Bien les laver et les laisser sécher tête en haut après usage.
Rouleaux	En éponge simple ou à motifs, ils offrent une bonne prise en main.	Bien les laver après usage pour prolonger leur utilisation.

Les arts plastiques

Matériels	Caractéristiques	Modalités d'utilisation
Flocons de maïs	Faciles à utiliser car, une fois humectés, ils se soudent sans colle.	Produits 100 % naturel qui permettent de faire des décorations en 2D ou 3D.
Perles à repasser	Les perles sont repassées jusqu'à ce que leur surface se fonde.	Attention à éloigner les enfants lors du repassage (risques de brûlures).
Plastique magique	Le plastique se rétrécit sept fois et devient sept fois plus épais après cuisson au four.	– Éloigner les enfants du four. – Jolis résultats même avec des enfants qui ne savent pas encore dessiner.
Pâte à modeler	Peuvent s'utiliser seules ou avec des moules, des emporte-pièces ou des outils de modelage (ébauchoirs, mirettes, rouleaux...).	Préférer les pâtes qui ne collent pas aux doigts et ne tachent pas et bien refermer le pot après utilisation.

Recommandations COVID : veiller à ce que les enfants n'échangent pas le matériel entre eux. Le désinfecter après utilisation.

3 Pendant et après l'activité

Le professionnel s'assure que les règles de sécurité sont respectées et que tout le matériel nécessaire est disponible en quantité suffisante. Après l'activité, le professionnel remettra en état les locaux et le matériel. ▸ FICHE 71

JE RETIENS

Choisir les matériels et matériaux en vue d'animer un atelier, en fonction de l'âge.

	1 à 2 ans	2 à 3 ans	Plus de 3 ans
Perles à repasser			
Pâte à modeler			
Découpage			
Peinture au rouleau			

→ *Vous trouverez tous les éléments de réponses à ces questions p. 196*

FICHE 29

La mise en œuvre de conditions favorables au jeu libre

Le jeu structuré, dirigé (atelier, jeu de société…) présente des avantages comme le développement de l'attention, le respect des règles … Cependant, l'enfant a aussi besoin de consacrer du temps aux jeux libres qui sont importants pour son développement.

1 L'importance du jeu

Le rythme des enfants, calqué souvent sur celui de l'adulte, est très soutenu. Il faut aller vite et surtout ne pas perdre de temps, si bien que même la moindre séance de jeu doit être « rentable » et éducative. Or, il est important de laisser l'enfant manipuler les objets à sa guise (il apprend en jouant), de le laisser tâtonner. C'est en jouant librement, que l'enfant va développer ses capacités et apprendre à se connaître à condition que l'adulte lui laisse suffisamment de temps pour jouer.

2 Les avantages du jeu libre

Jouer librement permet à l'enfant de développer plusieurs compétences à son rythme.

Développer sa confiance en soi	L'enfant essaie toutes sortes de choses. Il prend des initiatives (pas de règles). Il contrôle son environnement. Il s'affirme, négocie avec les autres enfants.
Stimuler l'autonomie	L'enfant fait des choix par lui-même (il est moins dépendant des adultes). Il doit trouver des solutions aux problèmes qu'il rencontre. Il apprend à réagir devant certaines situations.
Favoriser la créativité	Le jeu libre permet d'utiliser un objet de multiples façons (par exemple un bout de tissu peut être une nappe, une cape, un foulard ou un tablier…).

3 La place du professionnel dans l'acquisition

Le professionnel joue un rôle important dans le jeu de l'enfant : avant, pendant et après le jeu libre.

Il devra :
- aménager l'espace de façon sécurisante, organisée (si le jeu le demande) et accueillante ;
- prévoir de placer les jouets à la portée de l'enfant (pour permettre son autonomie) ;
- choisir des jouets en fonction de l'âge de l'enfant ;
- mettre suffisamment de jouets à disposition (ni trop, ni trop peu) et les renouveler régulièrement ;
- ne pas intervenir dans les jeux de l'enfant, s'il n'en fait pas la demande. Laisser l'enfant maître de son jeu, le laisser manipuler, explorer, imaginer...
- maintenir un espace prêt à jouer (rangé après le temps de jeux).

L'attitude du professionnel nécessite :
- d'être disponible pour l'enfant afin de le sécuriser. Ainsi, l'enfant pourra explorer en toute quiétude ;
- d'observer pour mieux connaître l'enfant, noter son évolution, communiquer avec les familles, réajuster les espaces et aménagements ;
- de se garder de « montrer » comment utiliser le jeu et laisser faire à l'enfant ses expériences seul ;
- de l'encourager à découvrir ;
- de ne pas se moquer, juger, dire : « non ce n'est pas comme cela qu'il faut utiliser ce jeu... » mais plutôt : « ton utilisation est originale, je n'y avais pas pensé.... ».

JE RETIENS

1) Caractériser le jeu libre en barrant les affirmations qui ne conviennent pas :
- L'adulte doit montrer à l'enfant comment utiliser les jouets et le reprendre si besoin.
- L'enfant peut faire le choix de son jeu et donner libre cours à son imagination.
- Le jeu libre ne nécessite pas la présence de l'adulte qui peut en profiter pour ranger les placards de la structure par exemple.
- Le jeu libre permet à l'enfant d'apprendre.

2) Énoncer deux avantages du jeu libre.

→ ***Vous trouverez tous les éléments de réponses à ces questions p. 196***

FICHE 30

L'expression corporelle

À partir de 2 ans

Les activités d'expression corporelle permettent à l'enfant de découvrir son corps, d'imaginer des mouvements, de s'exprimer autrement que par les mots.

1 Les objectifs pour l'enfant

- Prendre conscience de son corps en sentant et en nommant les différentes parties.
- Exprimer des émotions et développer la confiance en soi.
- Maîtriser des mouvements.
- Apprendre à se concentrer.
- Développer la sociabilité et l'esprit d'équipe (coopération par exemple).
- Développer son imaginaire et ses capacités de création.
- Se sensibiliser aux rythmes.
- Se déplacer et se repérer dans l'espace.

2 L'organisation

- Choisir si l'activité est individuelle, en petit ou en grand groupe.
- S'assurer de la présence du matériel nécessaire.
- Veiller à ce que la tenue vestimentaire de l'enfant soit adaptée pour qu'il soit à l'aise. On peut lui proposer de retirer ses chaussures pour certains ateliers.

3 Les différentes activités proposant de l'expression corporelle

- La danse : activité libre ou chorégraphiée qui permet de s'exprimer seul(e) ou à plusieurs.
- Les rondes : activités sécurisantes (tout le monde fait la même chose) qui permettent de jouer avec le rythme et ouvrent à la socialisation.
- Le jeu du miroir : reproduire des gestes précis.
- Les mimes : imiter un mot, un métier, un animal...
- Le jeu de la statue : bouger en fonction de la musique et s'arrêter lorsqu'elle s'arrête.
- « Faire comme » : voler comme un oiseau, marcher comme un ours…
- Le yoga et la relaxation : favoriser le retour au calme et la détente.

On peut aussi faire jouer sur l'amplitude du mouvement, sur la vitesse d'exécution, sur l'espace, sur le contact avec les partenaires, sur le matériel utilisé...

4 L'attitude professionnelle

En fonction de l'atelier proposé, le professionnel pourra :
- rester en retrait (expression libre) ou donner des consignes (expression dirigée) ;
- animer ou faire animer (par exemple l'échauffement peut être fait par un grand enfant) ;
- accompagner, encourager et valoriser l'enfant ;
- accepter le refus de l'enfant (contact avec les autres ou activité elle-même).

De manière générale, le professionnel devra être garant de la sécurité physique et affective de l'enfant qui ne pourra expérimenter les situations proposées qu'à cette condition.

EXEMPLE D'ACTIVITÉ « Dans la jungle » (atelier psychomoteur en petit groupe)

Âge : à partir de 2 ans.

Durée : variable en fonction du nombre d'obstacles ou de supports proposés tout au long du parcours.

Intérêts de l'activité : développer la motricité de l'enfant, lui faire prendre conscience de son corps et de ses capacités tout comme de ses limites, respecter des consignes.

Matériel : un tapis de sol, un tunnel ou des chaises, un mur d'escalade et des tenues confortables et adaptées aux mouvements, pour les enfants et le professionnel.

Étapes :

1. Installer le matériel.
2. Enfiler la tenue adaptée et se déchausser.
3. Découvrir le lieu en faisant le parcours.
4. Introduire l'activité comme une histoire : « Aujourd'hui, on se promène dans la jungle… ».
5. Introduire l'échauffement en l'insérant dans l'histoire. C'est un rituel qui permet de se préparer physiquement et mentalement à la séance.
6. Commencer le parcours. À partir de l'histoire imaginée, le professionnel raconte l'histoire et les enfants suivent les consignes. Exemples :
   - Le serpent rampe sous la chaise (ou dans un tunnel).
   - La grenouille tropicale fait des bonds pour se déplacer.
   - Le singe grimpe sur le mur d'escalade.
   - Les toucans volent en groupe pour se déplacer.
7. Terminer la séance par une phase d'étirements.
8. Faire un retour au calme (phase de relaxation pour se décontracter).
9. Ranger le matériel.

Variantes : cette activité peut être réalisée à l'intérieur ou à l'extérieur suivant le temps.

FICHE 31

Les instruments de musique et le chant

À partir de 2 ans

Activité d'animation complémentaire
Vive la fête de la musique avec les maracas
www.lienmini.fr/21006-7

Les instruments de musique permettent de nombreuses exploitations. De la conception à l'utilisation, l'enfant peut développer des compétences variées. Il découvrira le plaisir d'être acteur dans la construction de l'instrument ainsi que le plaisir d'en jouer et d'accompagner la musique par un chant ou une comptine chantée.

1 Les objectifs pour l'enfant

- Découvrir les sons (aigus, graves…), les familles d'instruments (à cordes, à vent…) et le rythme (rapide, lent…).
- Développer la motricité fine en manipulant les instruments.
- Respecter les consignes.
- Développer l'ouïe et le langage (chants et comptines).

2 L'organisation

- Constituer des petits groupes.
- Prévoir un temps défini adapté à l'âge des enfants.
- Donner des consignes claires et précises.

3 Les différentes activités autour des instruments et du chant

- Éveil musical : disposer quelques instruments sur un tissu, proposer aux enfants de les manipuler (maracas, tambours, guitare…) et de les écouter.
- Fabriquer un instrument de musique.
- Écouter et commenter *Pierre et le loup*.
- Mettre en place un orchestre pour les plus grands.
- Accompagner un chant, chanter une chanson ou une comptine.

À savoir

Gaie, rythmée et courte, la comptine fait partie du répertoire traditionnel et permet de jouer sur l'intonation, le rythme. Elle est source de plaisir et permet à l'enfant de découvrir son schéma corporel et d'apprendre certaines gestuelles (mimes). Parmi les comptines connues on peut citer : *Une poule sur un mur, Une souris verte, Tourne petit moulin.*

4 L'attitude professionnelle

– Faire respecter le matériel.
– Donner des consignes claires pour l'éveil musical ou laisser l'enfant expérimenter et découvrir tout seul.
– Pour l'éveil musical, prévenir du début et de la fin de l'activité afin d'instaurer un rituel.

EXEMPLE D'ACTIVITÉ

Fabriquer une guitare

Âge : à partir de 2 ans.

Durée : 2 × 15 minutes.

Intérêts de l'activité : fabriquer sa propre guitare permet de jouer avec les sons, les rythmes. L'enfant est valorisé.

Matériel :
– Une boîte de céréales.
– De la peinture et un pinceau.
– Six élastiques.
– Douze attaches parisiennes.
– Un ruban large ou une bande de tissu.
– Une bande de carton de 8 cm × 55 cm.
– Un pistolet à colle et du Scotch.
– Des décorations pour la guitare : gommettes, paillettes, étoiles...
– Un compas et une paire de ciseaux.

Étapes :

1. Tracer un rond de 6 cm de rayon dans le bas de la boîte puis le découper.
2. Coller la bande en carton au dos de la boîte en la laissant dépasser d'environ 35 cm : elle servira de manche (éloigner l'enfant afin qu'il ne se brûle pas).
3. Peindre la boîte et le manche puis laisser sécher la peinture.
4. Créer une mince ouverture sur le côté bas de la boîte pour y glisser le ruban : il sera maintenu par un morceau de Scotch collé à l'intérieur. L'autre extrémité sera fixée au dos du manche par un morceau de Scotch.
5. Insérer six attaches parisiennes à chaque extrémité de la boîte.
6. Couper les élastiques en deux. Attacher chaque bout d'élastique d'une attache parisienne à l'autre.
7. Finir de décorer la boîte en collant les décorations... La guitare est prête !

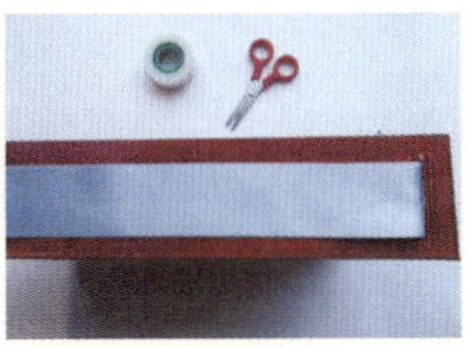
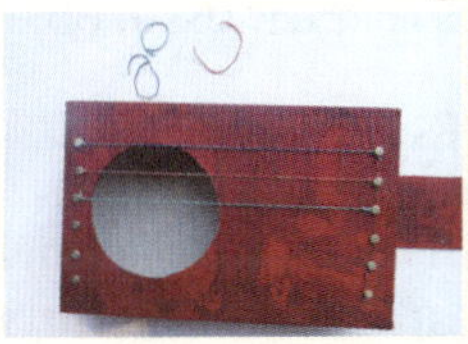

FICHE 32

La peinture

À partir de 18 mois

Activité d'animation complémentaire
Activités créatives autour du thème de Pâques
www.lienmini.fr/21006-8

Par la peinture l'enfant va découvrir la magie de laisser une trace sur le support. Chez les plus jeunes cet atelier est de l'ordre de la découverte et non de l'apprentissage comme il pourra l'être ensuite en école maternelle. Il faudra donc dans un premier temps les laisser faire leurs propres expériences pour ensuite leur demander de respecter certaines consignes.

1 Les objectifs pour l'enfant

– Développer sa motricité fine (utiliser un pinceau, un tampon, un rouleau...).
– Développer son langage (couleurs, formes).
– S'exprimer à travers l'art.
– Développer sa créativité.
– Découvrir les matériaux.
– Se socialiser et communiquer.

2 L'organisation

– Atelier individuel ou collectif (pour réaliser une fresque par exemple).
– Jouer sur la variété des supports avec :
  - les dimensions : feuille de papier A4, format poster... (les grands supports sont particulièrement adaptés aux jeunes enfants entre 18 mois et 2 ans, car ils permettent des mouvements très larges. Or à cet âge-là, l'enfant utilise tout son bras pour dessiner et pas seulement le poignet comme c'est le cas de l'enfant plus grand) ;
  - les textures : papier, carton, bois (boîtes de camembert), tissus... ;
  - l'orientation : verticale (sur un mur, un chevalet...), horizontale (sur une table ou au sol) ;
  - les couleurs des feuilles.

3 Les différentes activités de peinture

– Peinture au doigt, avec les pieds, le coude…
– Peinture au pinceau, avec un tampon, une éponge, une paille, un bouchon de liège, un peigne, un coton-tige, une brosse à dents...
– Supports variés (papier, tissu, objet…).

4 L'attitude professionnelle

Pour les plus jeunes, le professionnel :
– respecte la créativité de l'enfant sans l'inciter à représenter un objet quelconque ;

– invite l'enfant à parler de son dessin en évitant de donner ses propres interprétations.

Pour les plus grands (3-6 ans), le professionnel :
– peut laisser libre cours à l'imagination de l'enfant ;
– peut proposer des ateliers plus dirigés (reproduire des formes, utiliser certaines couleurs, travailler avec certains outils...).

EXEMPLE D'ACTIVITÉ

La peinture à la pomme de terre

Âge : à partir de 18 mois.

Durée : 5 à 10 minutes.

Intérêts de l'activité : cette activité artistique permet à l'enfant de nommer les couleurs et de découvrir les mélanges possibles, tout en développant et affinant sa préhension (poser, lever, appuyer, retirer délicatement, frotter). Le laisser explorer le matériel, son utilisation, l'espace de la feuille donnera libre cours à sa créativité et à son imagination. Ce moment de détente développera sa capacité d'attention.

Matériel :
– Des pommes de terre.
– De la peinture.
– Une grande feuille blanche.
– Un tablier pour protéger l'enfant.
– Une nappe pour protéger l'espace de travail.

Étapes :

1. Le professionnel sculpte différentes formes sur les pommes de terre et met de la peinture dans les assiettes.
2. L'enfant trempe les formes dans les assiettes et tamponne sur sa feuille.

L'expérience du nettoyage des instruments peut être un prolongement de l'activité : les couleurs se mélangent sous l'eau et viennent former une nouvelle combinaison colorée !

Variantes :

– Utiliser d'autres outils de peinture originaux : éponge, fourchette, vaporisateur, billes, bouchon en plastique, culot de bouteille, brosse à dents, papier bulle, petite voiture, bouchon en liège, laine…
– Associer une seule couleur primaire (bleu, rouge, jaune) à un seul tampon, ou plusieurs couleurs pour une seule technique, ou plusieurs techniques pour une seule couleur.

FICHE 33

Les livres

À partir de 6 mois

Si l'enfant a moins de 3 ans, il a besoin d'établir une relation privilégiée avec l'adulte pour accéder au livre : il n'est pas suffisamment autonome pour expérimenter sans accompagnement.

1 Les objectifs pour l'enfant

– Développer ses sens (l'audition avec le bruit des pages, la vue avec les images et le texte…) et la motricité fine en tournant les pages.
– Développer le langage en écoutant l'histoire et en la racontant à son tour.
– Établir une relation privilégiée avec l'adulte.
– Développer son imaginaire.
– Comprendre le monde dans lequel il évolue.
– Intégrer des valeurs et des messages pour s'identifier aux personnages et se rassurer.

2 L'organisation

Aménager un coin lecture douillet et calme où chacun trouvera sa place. Les livres sont à la disposition des enfants et renouvelés régulièrement. Il peut y avoir des temps libres et des temps d'histoires en groupes. Parfois, les enfants peuvent écouter une histoire lue sur CD tout en suivant sur le livre les images.

3 Des livres pour tous les âges

Âges	Types de livre	Développement de l'enfant
Avant 6 mois	Des livres-objets (en bois, mousse, tissu) avec des graphismes simples et pas, ou peu de texte.	L'enfant porte à la bouche, mordille, touche les matières… C'est l'exploration sensorielle.
Vers 8-10 mois	Imagier simple, histoires courtes et livres tactiles (relation adulte/enfant favorisée).	L'enfant est attiré par l'image qu'il montre du doigt. Il prononce ses premières syllabes.
Entre 1 et 2 ans	Des albums avec des histoires simples faisant appel à l'imaginaire ou au quotidien.	L'enfant se construit et se rassure en demandant plusieurs fois la même histoire.
À partir de 2 ans	Des albums aux histoires plus complexes qui abordent la nécessaire séparation pour grandir et des livres à thèmes (les contraires, la nuit et le jour…).	L'enfant essaie d'apprivoiser ses peurs. Il veut être autonome et grandir et est curieux du monde qui l'entoure.
Vers 4 ans	Des livres pour aborder les grandes questions (naissance, vie, mort) et apprendre. Des contes.	L'enfant se pose des questions sur le monde qui l'entoure. C'est la période du « pourquoi ». L'imaginaire se développe.

4 L'attitude professionnelle

– Faire respecter le livre tout en laissant à l'enfant le loisir de le manipuler.
– Accepter de raconter plusieurs fois la même histoire : l'enfant est rassuré par la répétition car il peut se représenter la suite et anticiper les actions.
– Varier la façon de raconter (laisser les enfants s'exprimer librement ou lire).
– Se mettre à la hauteur des enfants pour lire et varier l'intonation.
– Lire le livre avant de le présenter aux enfants afin de se l'approprier.
– Ne pas sauter de passages tristes car cela permet à l'enfant de s'identifier au héros.
– Prendre en compte les envies de l'enfant et accepter qu'il ne veuille pas toujours lire un livre.
– Être disponible tout le long de l'histoire.

EXEMPLE D'ACTIVITÉ

Lecture participative d'un conte, *Boucle d'or et les Trois Ours*

Âge : à partir de 2 ans ½.

Durée : 10 minutes environ.

Intérêt de l'activité : développement du langage (décrire une situation, nommer des objets, commenter une image...).

Préparation :
– Choisir une version du conte adaptée à l'âge des enfants.
– Lire le livre avant de le présenter aux enfants.
– Préparer un coin douillet pour l'installation des enfants et prévoir l'installation du professionnel à leur hauteur.

Étapes :

1. S'installer face aux enfants en leur montrant les images du livre.
2. Demander le silence (ce peut être un rituel comme donner trois coups de bâtons qui signifient que l'histoire va commencer).
3. Lire l'histoire et ne pas hésiter à moduler sa voix (grave pour le papa ours, petite pour le bébé ours...) ou à marquer un silence qui souligne un suspens. Les plus grands peuvent eux-mêmes raconter l'histoire.
4. Inciter les enfants à prendre la parole en questionnant : « Où est le bol du papa ? », « Qui dort dans le lit de petit ours ? », « Que trouve la famille Ours en rentrant chez elle ? »…
5. Laisser les enfants s'exprimer à la suite de la lecture en veillant à ce que chacun puisse prendre la parole et attende son tour.
6. Signifier que l'histoire est terminée par un rituel (par exemple avec une petite phrase : « Et cric et crac, je referme ma boite à histoires ! »)

Variante : investir l'histoire par une activité parallèle à la lecture en créant des marionnettes pour raconter le récit par exemple.

FICHE 34

Les marionnettes

À partir de 15 mois

Activité d'animation complémentaire
Différents modèles de marionnettes à réaliser
www.lienmini.fr/21006-9

Les marionnettes sont des supports de communication intéressants et importants qui permettent à l'enfant de développer son langage, son imaginaire. Leur manipulation lui permet de libérer ses émotions en ne parlant pas directement mais en utilisant un intermédiaire à qui il est plus facile de faire dire des choses. Aisées ou plus complexes à réaliser, les marionnettes sont à la portée des plus jeunes.

1 Les objectifs pour l'enfant

– S'exprimer, enrichir son vocabulaire.
– Développer son imaginaire et sa créativité.
– Mettre en jeu l'objet fabriqué devant un public.
– Apprendre à se structurer par la répétition et la précision de gestes.
– Projeter ses émotions sur les marionnettes.

2 L'organisation

– Par petits groupes pour la manipulation.
– En groupes plus importants pour la participation à un spectacle.

3 Les différentes activités avec les marionnettes

– Utiliser ou créer des marionnettes de toutes sortes, de toutes tailles : à doigts ou à fils, à partir de chaussettes, en papier ou en tissu, à gaine (enfilée sur la main comme un gant avec des trous pour chaque doigt, la tête supportée par la main du manipulateur), à gueules (la bouche du personnage est articulée par les doigts), à marottes (constituée d'une boule et d'un bâton solidaires avec un corps ou un simple tissu qui recouvre le bâton).
– Fabriquer un castelet.
– Créer un théâtre de marionnettes animé par le professionnel.
– Monter un spectacle de marionnettes animé par les enfants.

4 L'attitude professionnelle

– Rester en retrait en laissant l'interaction se faire entre l'enfant et la marionnette.
– Proposer une relation triangulaire : marionnette/enfant/adulte.
– Être dans une animation indirecte adulte/enfant au cours de laquelle l'échange porte sur ce qu'a fait la marionnette, son caractère, ses goûts…

– Proposer plusieurs marionnettes qui permettent une interaction entre les enfants (et éventuellement le professionnel).
– Utiliser la marionnette pour raconter une histoire ou préparer un spectacle.

EXEMPLE D'ACTIVITÉ

Créer une marionnette en bois

Âge : à partir de 15 mois.

Durée : 15 à 20 minutes.

Intérêts de l'activité : l'enfant colle avec un pinceau (cheveux de la marionnette), gribouille, peint, colorie, commence à nommer ce qui l'entoure (explosion du langage), manipule les objets avec précision, compte jusqu'à 6 ou 8, trace des traits, dessine plus précisément (yeux, nez, bouche), découpe aux ciseaux.

Matériel :
– Une cuillère en bois.
– Des chutes de tissu (longueur : 30 cm, largeur : celle du manche en bois).
– Deux feutres (un noir et un rouge).
– Des chutes de laine.
– Un ruban (45 cm environ).
– De la colle à bois et un pinceau.
– Une paire de ciseaux.

Étapes :

1. Dessiner au feutre les yeux, la bouche et le nez sur la cuillère.
2. Couper les morceaux de laine de la longueur désirée pour créer les cheveux.
3. Coller les cheveux autour du visage.
4. Découper le tissu et l'accrocher sous la « tête » de la cuillère grâce au ruban.

Variantes :

– Remplacer la robe de la marionnette par des décorations sur le manche de la cuillère en bois (ruban adhésif coloré, gommettes…).
– Utiliser de la feutrine pour la chevelure afin de varier les coupes.
– Ajouter des accessoires : boutons collés sur la robe, chapeaux, barrettes dans les cheveux…

FICHE 35

Les manipulations

À partir de 15 mois

Les jeunes enfants aiment les manipulations qui leur permettent d'avoir un impact sur la matière. Ils découvrent des textures nouvelles, des sensations différentes.

1 Les objectifs pour l'enfant

- Développer sa motricité fine (remplir, vider...).
- Développer son langage.
- Développer des notions de mathématiques (plus que..., moins que..., autant que..., dedans/dehors).
- Découvrir des matériaux.
- Se socialiser.
- Développer ses fonctions intellectuelles (cause/effet).
- Développer ses fonctions créatives.

2 L'organisation

Petits groupes d'enfants (3 à 5) installés, selon l'activité :
- sur une petite table (pâte à sel, pâte à modeler, cuisine) ;
- au sol (manipulation de graines) ;
- autour ou dans un bac (manipulation d'eau ou de graines).

3 Les différentes activités de manipulation

- Manipulation d'eau (jeux d'eau).
- Manipulation de graines (lentilles, riz, coucous...), de farine, de sable...
- Pâte à sel.
- Pâte à modeler.
- Manipulation de terre.
- Activités en cuisine (création de sablés, réalisation d'un gâteau au yaourt...).

4 L'attitude professionnelle

- Être garant de la sécurité de l'enfant (présence du professionnel obligatoire lors des manipulations).
- Laisser l'enfant manipuler et expérimenter à son rythme en intervenant le moins possible.
- Verbaliser les actions lorsque cela est nécessaire.

EXEMPLE D'ACTIVITÉ

Un hérisson en pâte à sel

Âge : à partir de 15 mois.

Durée : 10 à 15 minutes.

Intérêts de l'activité : l'enfant mélange les ingrédients, malaxe la pâte à sel, découvre la texture, fait une boule, insère des objets dans la pâte à sel, commence à nommer ce qui l'entoure et manipule les objets avec précision.

Matériel :

- Un petit verre en plastique en guise de doseur.
- Une cuillère à soupe.
- Deux verres de farine.
- Un verre de sel fin.
- ¾ de verre d'eau.
- Une bassine.
- Des allumettes.
- Trois lentilles (ou trois grains de café).
- Du papier cuisson.

Étapes :

1. Mélanger dans la bassine la farine et le sel, y ajouter progressivement l'eau jusqu'à ce que la pâte soit homogène.
2. Former une boule pour faire le corps du hérisson, l'étirer pour créer le museau pointu.
3. Créer deux petites boules pour les oreilles, les aplatir et les coller sur la tête.
4. Insérer les lentilles pour représenter les yeux et le museau du hérisson.
5. Terminer en piquant les allumettes dans le corps du hérisson.
6. Déposer le hérisson sur du papier cuisson et le cuire au four à 120 °C pendant 30 minutes (le sortir dès qu'il brunit), ou le laisser sécher près d'un radiateur.

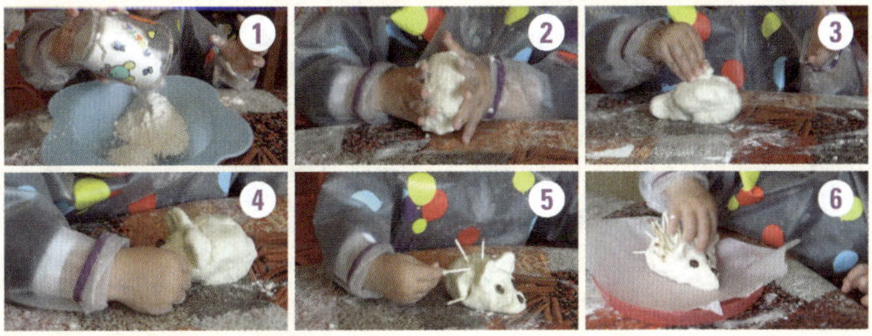

Variantes :

- Utiliser des boutons, pour les yeux ou les yeux amovibles (à coller après cuisson).
- Faire les piquants en spaghettis, en pailles, en pommes de pin, ou encore en cure-dents.

FICHE 36

Les jeux symboliques

À partir de 2 ans

Activité d'animation complémentaire
Réalisation d'un attrape-rêves
www.lienmini.fr/21006-10

Ces jeux permettent à l'enfant d'imiter des personnes adultes, des animaux, des situations ou des événements. Ce sont des occasions privilégiées au cours desquelles l'enfant, acteur, met en scène des moments vécus ou observés, et fait « comme si ». Il invente des situations en fonction de ce qui l'interroge et de son imagination. Il s'approprie ses émotions et apprend à gérer ses frustrations.

1 Les objectifs pour l'enfant

– S'exprimer (échanger, négocier, partager...).
– Manipuler des objets familiers et développer sa coordination (manipulation des moulinettes, des pinces à linge, des outils de bricolage adaptés...).
– Apprendre à organiser son activité par rapport à un but et en fonction des objets à disposition (mettre en place la pause-café, le repas, la sieste...).
– Stimuler son imagination (avec le coin déguisement notamment).
– Améliorer sa capacité à contrôler ses gestes et ses émotions.
– Développer sa capacité à classer et ordonner.

2 L'organisation

La structure collective organise des coins autour desquels l'enfant peut jouer seul ou en petit groupe, endossant le rôle de son choix (papa, maman, maîtresse, docteur...). Idéalement, les coins sont contenus par des paravents ou des meubles afin de préserver l'intimité des enfants.

3 Les zones des jeux symboliques en collectivités

– Le coin cuisine : four, cuisinière, dinette...
– Le coin « bébés » : tapis de change, poussette, poupées, vêtements...
– Le coin du docteur : mallette du docteur pour faire une piqûre, pansements pour soigner...
– Le coin bricolage : boîte à outils avec tournevis, marteau, étau...
– Le coin de la marchande : balance, fruits, légumes, boîtes de conserves...
– Le coin des marionnettes.

4 L'attitude professionnelle

– Veiller à proposer des accessoires en bon état et en nombre suffisant.
– Respecter l'intimité de l'enfant qui a parfois besoin de jouer sans le regard de l'adulte.
– Maintenir le coin jeu prêt à jouer.
– Changer de thème toutes les quatre à six semaines pour éviter la lassitude.
– Encourager l'enfant à participer à l'activité, sans le forcer.
– Rester en retrait tout en surveillant.

EXEMPLE D'ACTIVITÉ

Création de pansements pour une mallette de docteur

Âge : à partir de 2 ans.

Durée : 10 minutes.

Intérêts de l'activité : l'enfant colle avec un pinceau, il découpe la feutrine et le scratch. Grâce à ses pansements il pourra tantôt jouer au médecin pour soigner, rassurer, ausculter, tantôt être le malade pour se faire soigner et dire sa douleur. Des jeux de rôles vont ainsi se créer pour lui permettre de rejouer une scène vécue ou d'imaginer des situations.

Matériel :
– De la colle liquide pour tissus.
– Un pinceau.
– Deux feuilles de feutrine (une blanche et une autre de couleur).
– Une paire de ciseaux.
– Un morceau de scratch.

Étapes :

1. Découper dans la feuille de feutrine de couleur la forme d'un pansement (un rectangle avec les angles arrondis). Astuce : utiliser un pansement de grande taille comme gabarit. Puis découper dans la feuille de feutrine blanche un petit rectangle.
2. Coller le rectangle au centre du pansement.
3. Coller une partie du scratch à une extrémité du pansement.
4. Retourner le pansement et coller l'autre moitié du scratch à l'opposé du premier. Astuce : pour les plus jeunes, coudre les différentes parties (rectangle de feutrine blanche et scratch) afin que cela soit plus solide.

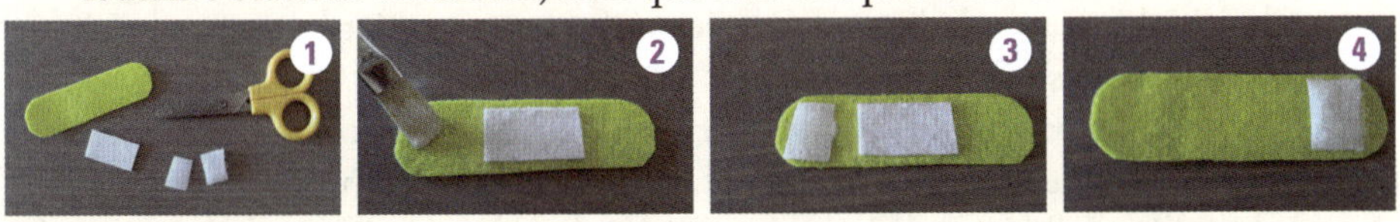

Ça y est ! Tout est prêt pour aller soigner la blessure du doudou, de la poupée ou d'un petit camarade !

FICHE 37

Les jeux de société

À partir de 2 ans

Activité d'animation complémentaire
Le jeu de dominos
www.lienmini.fr/21006-11

Les jeux de société, proposés pour le plaisir, permettent de développer et d'organiser des stratégies, des méthodes et font appel à la mémoire, la réflexion ou, simplement, au bon sens. Ils permettent à l'enfant d'intégrer des règles sociales.

1 Les objectifs

– Apprendre à se concentrer.
– Apprendre à coordonner ses gestes (lancer un dé, avancer un pion, tenir des cartes).
– Apprendre les règles de la vie sociale (attendre son tour, suivre les consignes, aller jusqu'au bout du jeu, accepter les règles, accepter de perdre).
– Apprendre à compter.

2 L'organisation

– Installer le jeu sur une table adaptée aux enfants, ou au sol.
– Sortir les éléments et préparer le jeu avant que les joueurs arrivent.

3 Les différents types de jeux de société

– Les jeux d'observation : l'enfant doit être attentif tout le long de la partie (exemple : *Le Petit lynx*).
– Les jeux de cartes : jeu des 7 familles, le jeu de cartes Mistigri...
– Les jeux de plateau : on y joue avec des pions et/ou des cartes sur un plateau (exemples : les petits chevaux, *Allez les escargots*…).
– Les jeux d'adresse : ils nécessitent patience et habileté (exemples : *SOS Ouistiti*, Mikado).
– Les jeux de coopération : les joueurs jouent ensemble contre un « ennemi » commun (exemple : *Le Verger*).
– Les jeux de hasard : gagner ou perdre ne dépend pas du joueur mais du hasard (exemples : *Le Bourricot*, *Le Cochon qui rit*).

4 L'attitude professionnelle

– Choisir des jeux adaptés à l'âge des enfants en particulier pour la sécurité (éviter les petites pièces pour les plus jeunes).
– Vérifier que le matériel est complet avant de proposer le jeu.
– Veiller à ce que les règles soient comprises avant de commencer la partie.
– Rester disponible tout le long de la partie.
– Proposer des parties plus courtes ou avec des règles simplifiées pour les plus jeunes. Jouer avec eux et veiller au respect des règles.

EXEMPLE D'ACTIVITÉ

Réaliser son jeu de société, *Le jeu des couleurs*

Âge : à partir de 3 ans.

Durée : 15 minutes pour la réalisation du plateau de jeu et 10-15 minutes pour une partie.

Intérêts de l'activité : lors de la création, l'enfant nomme les couleurs, colle les rectangles avec l'aide de l'adulte, peint les galets, découpe, trace des traits… La partie qui suit est l'occasion d'enrichir son vocabulaire, de respecter les règles, d'apprendre à être patient, de compter les cases après avoir lancé le dé (jusqu'à 6) et de favoriser les interactions et la communication.

Matériel :

– Un carton de 43 cm × 65 cm (taille d'un grand calendrier).
– Des feuilles de papier de couleur (rouge, vert, bleu, jaune, noir, blanc).
– De la colle et une paire de ciseaux.
– Un crayon à papier et une règle.
– Autant de galets que de joueurs.
– Autant de peintures différentes que de galets.
– Un pinceau et un dé.

Étapes :

1. Commencer à créer le plateau de jeu en traçant sur les différents papiers des rectangles de 6 cm x 3 cm, puis les découper.
2. Sur les feuilles blanches, écrire : « Départ », « Arrivée », « Recule d'une case », « Avance de deux cases », « Retourne à la case départ » (ou des gages à réaliser, des questions auxquelles il faut répondre pour les enfants plus grands).
3. Coller sur le carton les rectangles en mêlant les couleurs, pour constituer un chemin en forme d'escargot.
4. Placer la carte « Départ » en début de parcours, « Arrivée » en fin de circuit, et répartir les autres cartes blanches.
5. Créer les pions en peignant chaque galet de couleur différente.

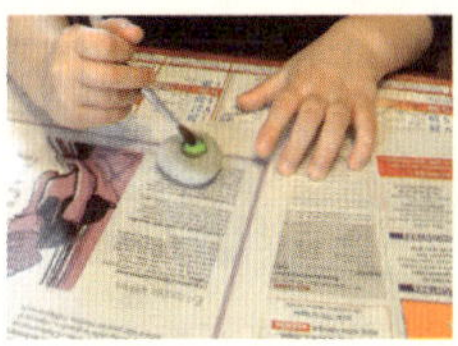

Règles du jeu :

– Les pions sont tous placés sur la case « Départ ».
– Le 1er joueur lance le dé, compte les points et avance son pion sur la case correspondante. S'il tombe sur une case blanche, il fait ce qui est écrit dessus.
– Le 1er joueur sur la case « Arrivée » a gagné.

FICHE 38

La découverte des cinq sens

À partir de 2 ans

Activité d'animation complémentaire
Création d'une suspension de fleurs en boîte à œufs
www.lienmini.fr/21006-12

L'environnement et les conditions de vie ne favorisent pas toujours l'éducation de tous les sens de la même façon. Certains sont plus sollicités que d'autres et, pourtant, c'est grâce à leur usage que l'enfant va comprendre et découvrir le monde qui l'entoure.

1 Les objectifs pour l'enfant

- Développer le langage et nommer ses perceptions.
- Découvrir son corps (le nez sent, les yeux voient, les mains touchent...).
- Développer ses capacités sensorielles.
- Comparer les perceptions (c'est doux /ça pique, ça sent bon /ça sent mauvais...).

2 L'organisation

Constituer un petit groupe de trois à quatre enfants pour les jeux collectifs, puis les installer dans un endroit calme (en particulier pour les jeux sur l'ouïe).
Néanmoins, la plupart des activités proposées peuvent aussi se jouer avec un seul enfant et le professionnel.

3 Les différentes activités autour des sens

Vue	Toucher
– Devinettes : choisir un objet et le faire deviner en donnant trois indices visuels. – Jeux de détail : trouver un objet à partir de la photo d'un détail, trouver un personnage dans la page d'un album... – Trompe-l'œil et illusions d'optique : fabriquer un kaléidoscope, un thaumatrope...	– Pochettes surprises : nommer les objets cachés dans la pochette en les touchant. – Parcours des sensations : faire marcher pieds nus sur différents matériaux (yeux bandés). – Découvrir des dominos par le toucher et associer les semblables.
Ouïe	**Odorat**
– Loto auditif : associer un bruit à l'image qui correspond. – Reconnaître des bruits d'animaux familiers et les nommer. – Aller écouter les bruits de la forêt en petit groupe.	– Loto des odeurs : associer une odeur à l'image qui correspond. – Créer un pot-pourri. – Cultiver les plantes aromatiques. – Cuisiner des épices.
Goût	
– Devinettes gustatives : goûter puis nommer les aliments yeux bandés (varier les saveurs et la chaleur des aliments présentés). – Jeux de saveurs : trier des aliments par catégories (sucré, salé, amer, acide). – Comparaison : goûter du pain sous différentes formes (biscotte, pain frais, pain grillé...).	

4 L'attitude professionnelle

– Laisser à l'enfant le temps de faire ses propres expériences.
– L'inviter à verbaliser ce qu'il ressent et, si nécessaire, enrichir son vocabulaire pour l'aider à être précis dans ses propos.
– Ne pas hésiter à varier les supports en introduisant par exemple de nouveaux objets.

EXEMPLE D'ACTIVITÉ

Un carillon multicolore

Âge : à partir de 2 ans.

Durée : 2 × 20 minutes.

Intérêts de l'activité : la création de cet objet décoratif et mélodieux fait la part belle à la créativité, au toucher de différents matériaux et à l'appréciation auditive.

Matériels :
– Douze capsules de café vides de différentes couleurs.
– Un cure-dents.
– Une pelote de laine.
– Douze perles de grosse taille et vingt-quatre plus petites.
– Du carton épais.
– Une paire de ciseaux.
– Un compas.
– Un pinceau et de la peinture.
– Douze crochets.

Étapes :

1. Tracer sur le carton un cercle ayant un rayon de 8 cm, dessiner à l'intérieur un second cercle avec un rayon de 4 cm en prenant le même centre.
2. Découper la couronne et la peindre des deux côtés. Laisser sécher 10 à 15 minutes.
3. Insérer les douze crochets autour de la couronne, à intervalles réguliers.
4. Trouer le côté bombé des capsules au centre à l'aide du cure-dents.
5. Couper 12 ficelles de laine de 60 cm chacune. Faire un nœud avec une perle à l'une des extrémités. Enfiler la grosse perle, la capsule côté bombé vers le haut, et deux ou trois perles plus petites.
6. Nouer les douze suspensions aux crochets. Il ne reste plus qu'à accrocher le carillon !

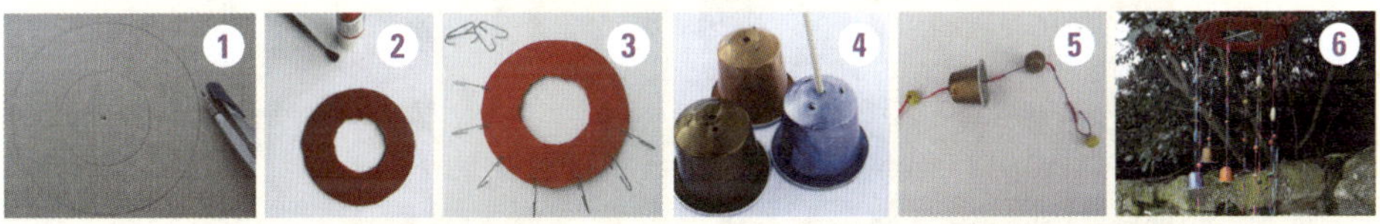

Variante : les capsules peuvent être remplacées par des pots de petits-suisses.

FICHE 39

Les jeux moteurs

Dès 10 mois

C'est par les activités motrices que l'enfant va découvrir et exercer son corps en tentant des expériences et en prenant des risques sous l'œil vigilant du professionnel qui saura poser des limites à bon escient.

1 Les objectifs pour l'enfant

- Développer ses compétences motrices : marcher, sauter, rouler, grimper…
- Exercer son équilibre et prendre conscience de son schéma corporel.
- Muscler certaines parties de son corps et découvrir l'espace.

2 L'organisation

- Prendre des petits groupes de quatre à cinq enfants et leur donner les consignes nécessaires (en particulier au niveau de la sécurité).
- Pour animer il y a ensuite deux solutions : laisser les enfants découvrir par eux-mêmes les ateliers sans les forcer mais en verbalisant ce qu'ils font ou expliquer et montrer aux enfants le parcours avant de les laisser expérimenter.

3 Les différentes activités motrices

- Grimper sur un mur d'escalade.
- S'exercer à enjamber, courir, sauter, ramper, marcher à quatre pattes… lors d'un parcours psychomoteur ou sur une structure.
- Jouer aux quilles.
- Se rouler et sauter dans la piscine à balles.
- Faire du tricycle ou du vélo.
- Sauter avec des ballons sauteurs ou sur des trampolines.

4 L'attitude professionnelle

– Aménager l'espace avant l'arrivée des enfants.
– Respecter le rythme des enfants et ne pas les forcer (risque de blocage).
– Les encourager et les féliciter régulièrement.
– Être présent tout le temps de l'activité pour garantir la sécurité physique et affective des enfants.
– Observer les enfants pour s'assurer de leur évolution.

EXEMPLE D'ACTIVITÉ

Jouer aux quilles

Nombre d'enfants : quatre enfants.

Âge : à partir de 3 ans.

Durée : 10 minutes par partie.

Intérêts de l'activité : développer l'adresse et la précision du geste, acquérir les règles sociales (chacun son tour, respecter les règles...).

Matériel :
– Un jeu de six quilles en plastique.
– Trois balles.

Étapes :

1. Choisir un terrain plat.
2. Déposer les quilles pas trop espacées les unes des autres.
3. Tracer un trait au sol pour matérialiser la limite sur laquelle les enfants doivent se positionner pour jeter la balle (à environ 5 mètres des quilles).
4. Expliquer les règles du jeu.
5. Demander au plus jeune des enfants de lancer ses trois balles, les unes après les autres, quand vous le lui direz.
6. Compter le nombre de quilles tombées.
7. Recommencer avec les trois autres enfants (l'un après l'autre).
   Le gagnant est celui qui a marqué le plus de points !

Variante : on peut mettre des points bonus si toutes les quilles sont tombées avec la première balle.

JE RETIENS

1) Définir le terme motricité.

2) Citer deux compétences motrices.

➜ ***Vous trouverez tous les éléments de réponses à ces questions p. 196***

FICHE 40 Le portage d'un enfant

Le portage est une nécessité pour le jeune enfant : il a besoin d'être contenu dans les bras de l'adulte ce qui lui apporte sécurité physique et affective. C'est un moment privilégié qui permet la reconnaissance mutuelle enfant/adulte, mais aussi la découverte du monde extérieur en sécurité ou encore le plaisir de se faire bercer.

1 Les critères à prendre en compte

Le choix du type de portage va différer en fonction :
– du porteur : ses envies, ses capacités physiques... ;
– de l'enfant : son âge, ses capacités physiques, ses besoins ;
– du contexte professionnel : matériel à disposition, présence ou pas d'autres enfants...
Quel que soit le portage, les critères de sécurité, confort, ergonomie et organisation à respecter sont toujours les mêmes.

➲ **Sécurité :** s'assurer que les bras de l'adulte sont bien positionnés, vérifier le matériel (conforme aux règles de sécurité et en bon état), répondre à la sécurité affective en rassurant et en communiquant.

➲ **Confort :** vérifier la posture de l'enfant et prendre en compte le confort de l'adulte pour le choix de portage et du matériel. Selon l'âge de l'enfant, le solliciter pour limiter les efforts du porteur.

➲ **Ergonomie :** surveiller la position du bébé. Son dos doit être arrondi et ses jambes repliées. Le corps de l'adulte est maintenu droit sans pour autant avoir de courbure excessive.

➲ **Organisation :** se demander où prendre l'enfant et où le poser (économie de pas et de fatigue), dégager l'environnement (éviter de chuter), préparer le matériel pour limiter les activités avec le bébé dans les bras.

2 Les différents portages

Types de portage	Descriptifs	Procédures d'utilisation
Le portage berceau  *De 0 à 3 mois*	**Position allongée** L'enfant repose sur l'avant-bras, tête calée dans le creux du bras. Si l'autre bras n'est pas disponible, la main du bras porteur maintient la cuisse. Attention à ne pas coincer le bras de l'enfant contre soi.	À utiliser chez l'enfant qui ne maintient pas sa tête, qui a besoin d'être bercé ou rassuré et de moins de 6 kg. Possibilité d'utiliser ce portage, porteur assis, pour un enfant plus grand lors d'un moment privilégié (la prise de biberon par exemple).

Types de portage	Descriptifs	Procédures d'utilisation
Le contre-soi ventral  *De 0 à 3 mois*	**Position verticale** Une main tient la tête et la nuque, tandis que l'autre soutient les fesses. Le visage de l'enfant doit être dégagé.	Utile en cas de régurgitations, ou d'éructations.
La position ventrale  *De 0 à 3 mois*	**Position allongée** L'enfant repose sur un avant-bras, la main maintient l'entrejambes. La tête repose dans le pli du coude et le visage est dégagé vers l'extérieur.	Pour calmer les maux de ventre et pour bercer.
La position dos à soi  *De 3 à 10 mois*	**Position verticale** Le dos de l'enfant est contre l'abdomen du porteur. Une main passe à l'horizontale sous les deux bras, l'autre main soutient les fesses de l'enfant.	Portage intéressant en position statique. Il apporte une bonne mobilité de l'enfant et un éveil des sens. On perd cependant le contact visuel avec le porteur ce qui peut engendrer stress et insécurité. Et, lors de la marche, l'enfant est confronté au vide.
La position à cheval face à soi  *Au-delà de 10 mois*	**Position verticale assise** Jambes de l'enfant autour des hanches du porteur, thorax contre thorax, visage dégagé, bras accrochés à l'adulte. Les bras de l'adulte sont en soutien fessier ou dorsal et fessier.	Convient à un enfant qui sait se tenir assis (maintien de l'axe tête/cou/tronc) Permet le portage d'un enfant grand ou lourd sans se blesser. Favorise le contact, la proximité.
Le portage sur la hanche  *Au-delà de 10 mois*	**Position verticale assise** Les jambes de l'enfant sont de part et d'autre d'une hanche du porteur, un bras de l'adulte en maintien dorsal. Une main peut être libérée.	Ce portage est non ergonomique (déhanchement). Il faut penser à changer de côté régulièrement. Il offre cependant une position intermédiaire entre le face-à-face et la vue vers l'extérieur, et apporte une meilleure mobilité à l'enfant.

Recommandations COVID : le port du masque de l'adulte est indispensable lors du portage (il permet de répondre au besoin de proximité affective de l'enfant tout en respectant les gestes barrières).

JE RETIENS

Préciser et justifier la technique de portage la plus adaptée à cette situation.

Situation : *Vous prenez en charge Sofian, 2 mois et demi. Il pleure car il semble avoir des maux de ventre.* → ***Vous trouverez tous les éléments de réponses à ces questions p. 196***

FICHE 41

L'habillage et le déshabillage

Vidéo d'une technique professionnelle
L'habillage et le déshabillage
www.lienmini.fr/21006-13

Pour habiller et déshabiller un enfant, il faut tenir compte de ses possibilités posturales afin d'éviter de le blesser. Le professionnel doit avoir une attitude sécurisante et bienveillante. Il doit verbaliser chacun de ses gestes et solliciter l'enfant pour l'aider à progresser, à développer son autonomie.

1 La procédure pour déshabiller un enfant

Le matériel

- Une serviette de toilette pour le matelas de change.
- La panière personnelle de l'enfant.
- Une lavette avec du détergent-désinfectant.

La préparation

Se mettre en tenue et se laver les mains.

Le soin 1 : enlever un pyjama

1. Défaire les pressions ou les boutons (mettre l'enfant sur le ventre s'il ne tient pas assis).
2. Retirer le haut du vêtement avec la technique des trois doigts.
3. Retirer le bas en le faisant glisser.

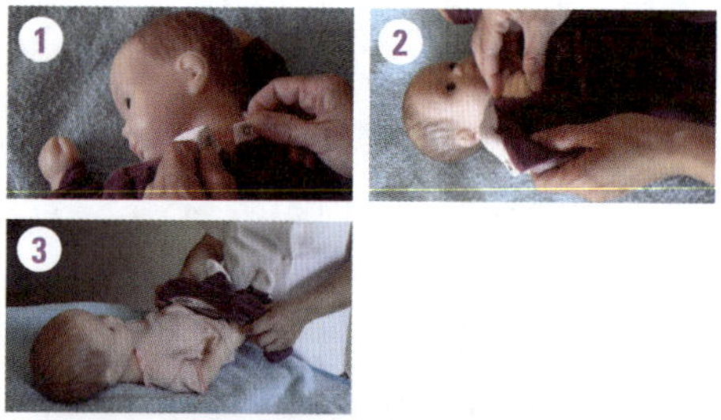

Le soin 2 : enlever un body

1. Ouvrir les pressions.
2. Monter le body vers le haut.
3. Dégager un bras puis l'autre avec la technique des trois doigts (de l'endroit vers l'envers ou l'intérieur).
4. Dégager la tête en écartant l'encolure.
5. Soulever la tête de l'enfant pour retirer le body.

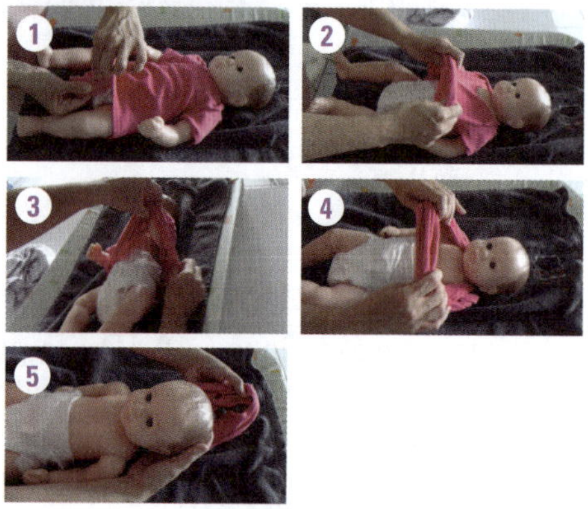

L'après-soin

- Réinstaller l'enfant.
- Ranger le matériel et réaliser le bionettoyage (plan de travail et tapis de change).
- Se laver les mains et faire les transmissions.

2 La procédure pour habiller un enfant

Le matériel

– Une serviette de toilette pour le matelas de change et des vêtements propres.
– Une lavette avec du détergent-désinfectant.

La préparation

Se mettre en tenue et se laver les mains.

Le soin 1 : mettre un body

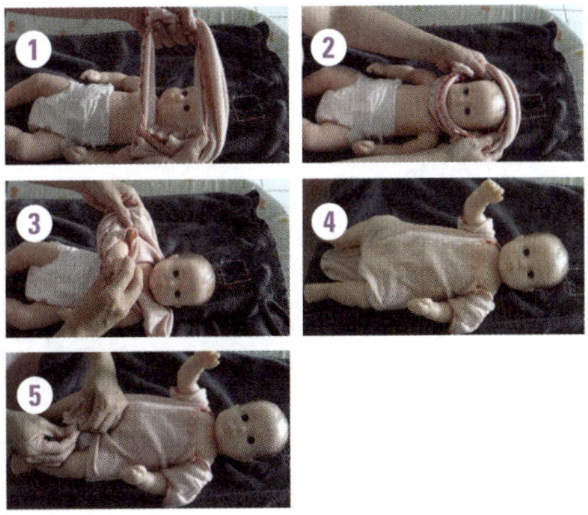

1. Préparer l’ouverture de l’encolure.
2. Passer l’encolure de l’avant vers l’arrière et lever la tête de l’enfant d’une main en passant le body à l’arrière de la tête.
3. Enfiler les manches avec la technique des trois doigts.
4. Descendre le body sur le thorax de l’enfant.
5. Fermer les pressions entre ses doigts.

Le soin 2 : mettre un pyjama

1. Commencer par les pieds avec la technique des trois doigts.
2. Remonter le pyjama sur l’abdomen en soulevant légèrement le siège.
3. Enfiler les manches avec la technique des trois doigts.
4. Fermer les pressions en tournant l’enfant, s’il ne tient pas assis, ou en l’asseyant s’il a acquis la position assise.

L’après-habillage

– Réinstaller l’enfant dans un endroit sécurisé, ranger le matériel et réaliser le bionettoyage.
– Se laver les mains et faire les transmissions.

Recommandations COVID : le port du masque de l'adulte est indispensable lors de l'habillage déshabillage de l'enfant. Les vêtements de l'enfant seront déposés dans un panier individuel

JE RETIENS

Classer dans le bon ordre les étapes pour mettre un body.

1. Passer l’encolure de l’avant vers l’arrière. **2.** Enfiler les manches (technique des trois doigts).
3. Préparer l’ouverture de l’encolure. **4.** Descendre le body et fermer les pressions.

➜ ***Vous trouverez tous les éléments de réponses à ces questions p. 196***

FICHE 42

La préparation et l'entretien de l'espace de soins de l'enfant

L'hygiène des espaces est l'une des préoccupations importantes du professionnel. Elle est essentielle et permet de préserver la bonne santé des enfants accueillis.

La bonne préparation de l'espace de soins permet d'être disponible pour l'enfant, d'assurer les soins sans stress. De même, le respect de quelques règles simples d'hygiène et un matériel adapté permettront de limiter la propagation des micro-organismes pathogènes présents.

1 La préparation des espaces de soin

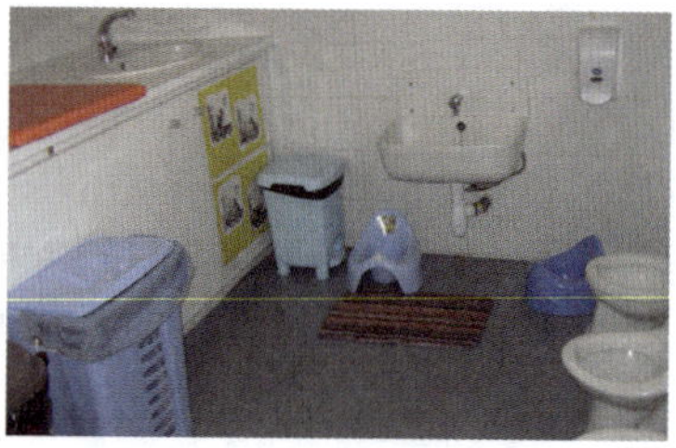

Plus que l'espace de soins, il y a des espaces de soins : le lieu dans lequel l'enfant est changé voire soigné et les toilettes. La réalisation du soin doit toujours répondre aux règles d'hygiène, de sécurité, de confort et de respect de l'enfant bénéficiaire du soin.

L'aire de change

L'aire de change doit se trouver dans un espace clos sans communication directe avec la cuisine, le change étant l'activité la plus susceptible de contaminer l'environnement. La surface où les enfants sont changés doit être imperméable, facile à nettoyer et à désinfecter, près d'un lavabo.

Pour assurer le change dans de bonnes conditions, la préparation de l'espace est essentielle. Le professionnel doit en début de journée s'assurer de :
- La disponibilité en quantité suffisante des différents produits nécessaire aux soins de change (couches, savon doux, lait, lingettes, gant, serviettes propres...), d'éventuels soins d'urgence (thermomètre, pansements, désinfectant, ...) mais aussi de vêtements de rechange du ou des enfants accueillis.
- La disponibilité et du nettoyage préalable du matelas de change ainsi que son support.
- La présence d'une poubelle avec couvercle que l'on peut ouvrir sans les mains ; bien sûr, le sac poubelle est déjà installé.
- Pour les sanitaires, s'assurer de la disponibilité de réducteurs en nombre suffisant et de papier toilette.

Le confort de l'espace nécessite une température comprise entre 20 et 22°C. En effet, même si un change est rapide et que le risque de refroidissement est limité, cette température est nécessaire pour le confort de l'enfant.

À savoir

Nettoyer les souillures et désinfecter la table à langer ainsi que le matériel touché par l'adulte ou l'enfant et ce, après chaque échange.

Manipuler les vêtements souillés par les enfants avec des gants, ils ne seront pas lavés ou rincés dans l'établissement, mais mis dans un sac hermétique fermé et rendu aux parents.

1

2 L'entretien des espaces de soins

Le jeune enfant est un sujet à risque vulnérable aux contaminations. De plus, les micro-organismes peuvent pénétrer facilement la barrière cutanée (plus fine que chez l'adulte) ce qui incite à se montrer prudent avec les lieux et objets entrant en contact avec l'enfant, ainsi qu'avec les personnes le touchant qui doivent pratiquer une bonne hygiène corporelle.

À savoir

Stocker les produits d'entretien dans de bonnes conditions :

- Ranger les produits hors de portée des enfants.
- Ne jamais transvaser le produit dans un autre récipient.
- Porter des gants en bon état pour éviter brûlures, allergies…
- Ne pas mélanger ni utiliser plusieurs produits à la fois (risques de réactions chimiques dangereuses, mélanges pas plus efficaces)
- Utiliser la bonne dose (trop de produit peut encrasser la surface nettoyée.

L'entretien du réducteur ou du pot

Pour l'entretien du pot et du réducteur, assurer un lavage et une désinfection après chaque usage avec une lavette imprégnée de détergent désinfectant.

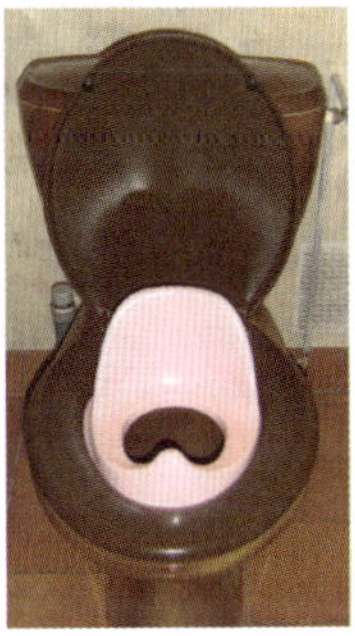

JE RETIENS

Citer les quatre principes et règles de réalisation des soins.

→ ***Vous trouverez tous les éléments de réponses à ces questions p. 196***

FICHE 43 L'installation du jeune enfant sur le matelas de change

Vidéo d'une technique professionnelle
L'installation du jeune enfant sur le matelas de change
www.lienmini.fr/21006-14

Le matelas de change ou matelas à langer convient aux enfants dès la naissance. Il permet d'effectuer les soins d'hygiène et de confort de l'enfant en l'installant confortablement en hauteur pour respecter l'autonomie du professionnel.

Il est essentiellement utilisé lors du change de la couche de l'enfant mais aussi lors de l'habillage ou encore lors des soins d'une plaie ….

Dès son plus jeune âge, l'enfant sera en position allongée, puis vers 8/9 mois, il pourra être installé en position assise en fonction du soin à réaliser.

1 L'installation de l'enfant sur le matelas

Poser le jeune enfant sur le matelas

1. Le professionnel porte l'enfant hanché, le bras en ceinture et la main en cuillère pubienne. Le professionnel fait une fente avant, du côté opposé du porté de l'enfant. Le professionnel dit à l'enfant qu'il va le déposer.

2. Le professionnel place sa main libre en cuillère à la nuque et pivote l'enfant dos à la table.

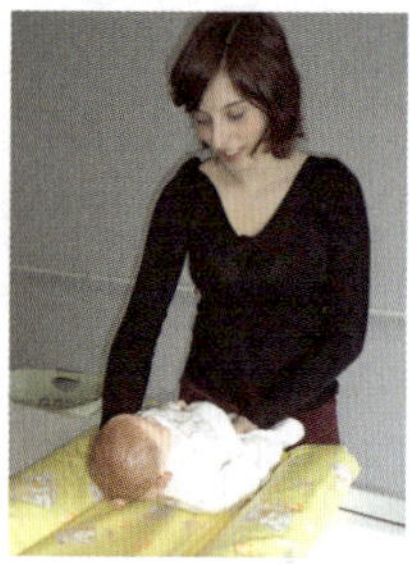

3. Le professionnel dépose l'enfant sur le matelas en commençant par les fesses puis la tête de l'enfant.

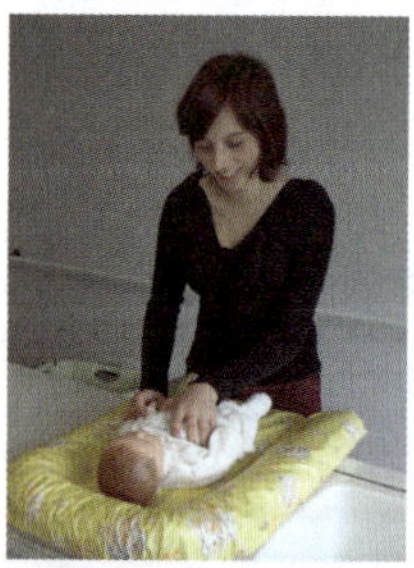

4. Le professionnel dégage ses mains et maintient l'enfant sur le matelas.

Le lever : prendre le jeune enfant et le porter

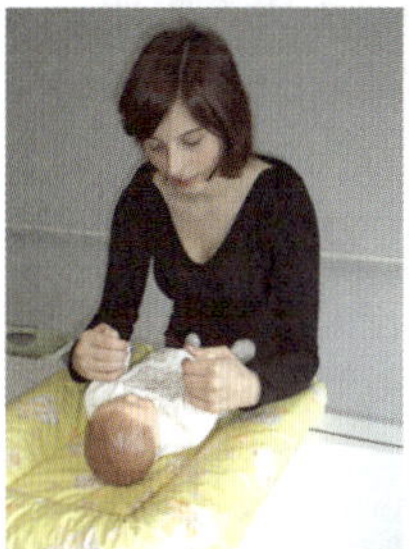 1. Le professionnel informe l'enfant qu'il va le prendre.	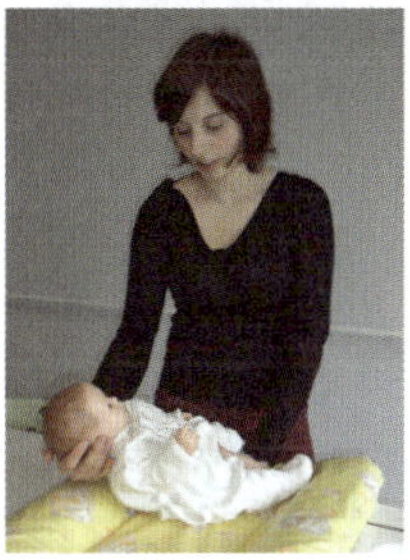 2. Le professionnel place une main en cuillère pubienne en maintenant les fesses et l'autre main en soupesant la nuque, avant bras posé sur la table. Les pieds sont décalés en fente avant côté de la main qui tient la tête.	 3. Le professionnel fait pivoter l'enfant et « l'assoit ».
 4. Le professionnel plaque l'enfant contre lui.	 5. Le professionnel fait une fente arrière pour s'éloigner de la table.	 6. Le professionnel porte l'enfant hanché avec un bras en ceinture.

Poser le grand enfant sur le matelas

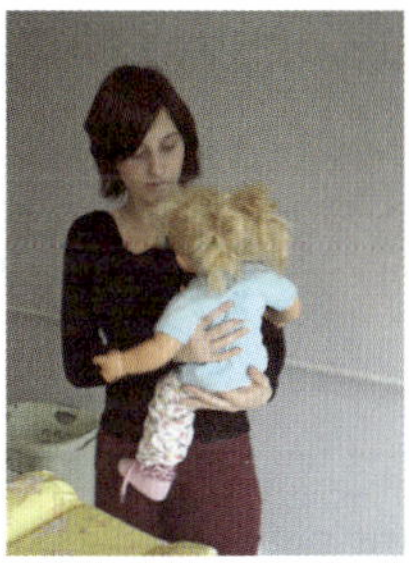 1. Le professionnel avance sa jambe du côté opposé au porté de l'enfant contre la table.	 2. Le professionnel met ses deux mains en béquille sous les aisselles pour dégager l'enfant de son corps et le mettre debout sur le matelas.

 3. Le professionnel accompagne l'enfant pour s'asseoir.	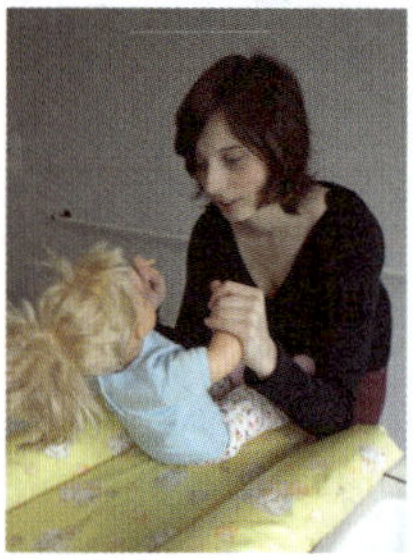 4. Le professionnel prend les mains de l'enfant, ses coudes sont appuyés sur la table.	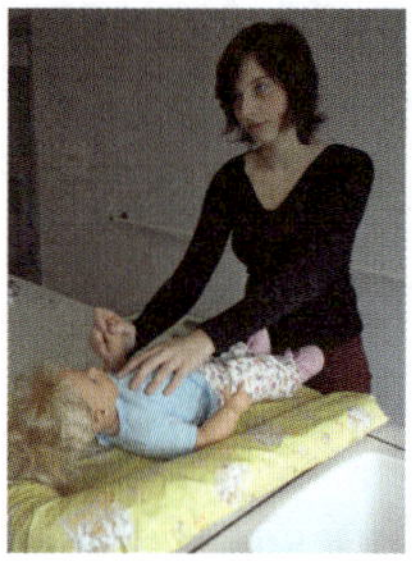 5. Le professionnel aide l'enfant à s'allonger sur la table.

Lever et déposer un grand enfant sur le matelas

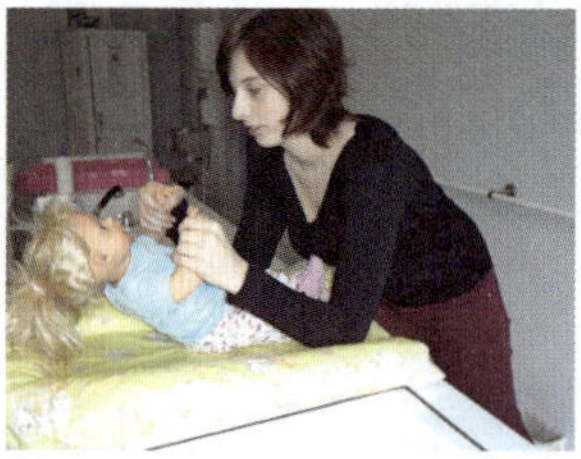 1. Le professionnel lui présente ses mains. Ses pieds sont en fente avant.		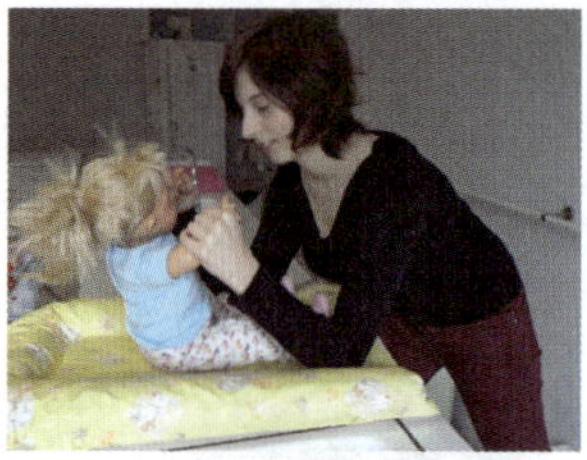 2. Le professionnel sollicite l'enfant pour qu'il se mette assis en tirant sur ses bras.
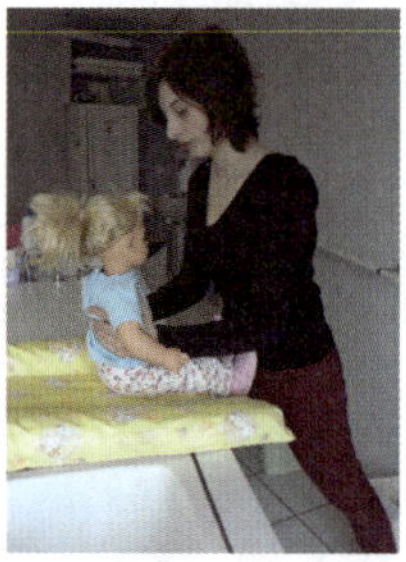 3. Le professionnel place ses mains en béquille sous les aisselles de l'enfant.	 4. Le professionnel le soulève et le dégage de la table en faisant une fente arrière avec ses pieds.	 5. Le professionnel le plaque contre lui et le porte hanché avec barre fessière.

Plus tard (vers 18/24 mois environ), l'enfant peut utiliser un marchepied pour monter seul sur le matelas de change ou encore un module escalier coulissant. Même s'il a une capacité à le faire seul, l'enfant sera accompagné par l'adulte dans son action pour éviter une chute.

2 Les régles d'hygiène, de confort, de sécurité mais aussi de communication

Plusieurs critères sont à respecter lors de ces différentes actions liées à l'installation, la levée, la dépose sur le matelas de change de l'enfant.

Hygiène : Le tapis de change doit être désinfecté avant ou après chaque soin (matière PVC). Utiliser une serviette personnelle à chaque enfant.

Sécurité : Ne jamais laisser un enfant seul sans surveillance, toujours le tenir.

Confort : Positionner une serviette entre le matelas et l'enfant car le contact est froid en hiver et chaud en été.

Communication : Verbaliser chaque geste, parler à l'enfant.

À savoir

La plupart des structures multi-accueil sont équipées de plan de change avec un module escalier coulissant.

AZ

Barre fessière	Béquille	Cuillère
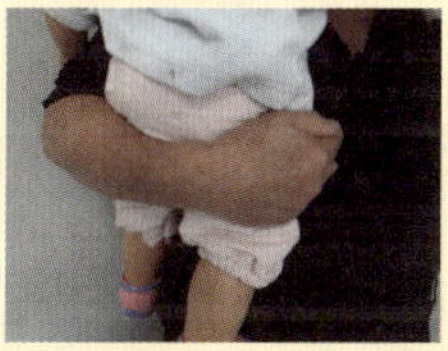	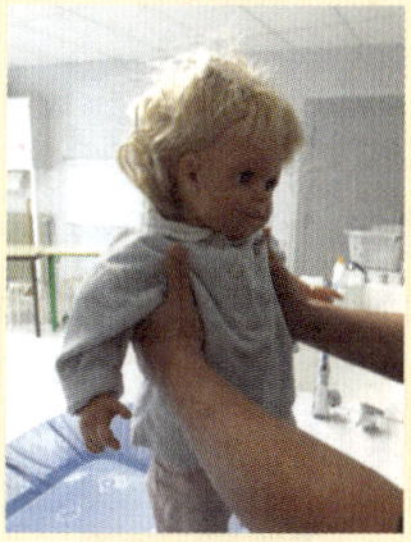	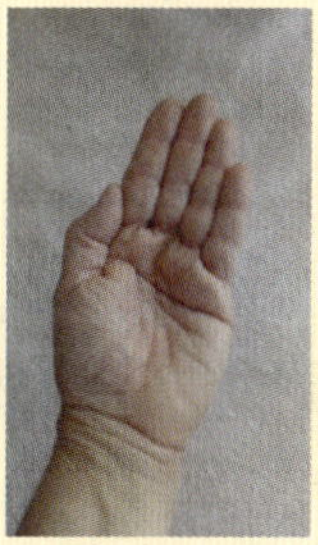

JE RETIENS

Relier le mot à la posture qui correspond.

- Cuillère •
- Barre fessière •
- Béquille •

- • Dépose ou levée du jeune enfant du matelas
- • Dépose ou levée et prise du grand enfant du matelas

→ *Vous trouverez tous les éléments de réponses à ces questions p. 197*

FICHE 44

La toilette du visage et des mains

Vidéo d'une technique professionnelle
La toilette du visage et des mains
www.lienmini.fr/21006-15

La toilette du visage et des mains du grand enfant sont des soins réalisés de nombreuses fois dans la journée (après le repas, avant le repas, après une activité, une sortie...). Cela permet d'éviter la transmission de micro organismes par des mains sales portées à la bouche.

Les matériels et les produits

- Un gant de toilette.
- Du savon.
- Une serviette.
- Un marchepied (ou un escalier).
- Du papier à usage unique.
- Une poubelle.

La préparation

Enfiler une tenue adaptée et se laver des mains. Puis, préparer les produits et installer le plan de travail (positionnement du marchepied ou de l'escalier).

Exemples de positionnement d'un escalier et de marchepieds

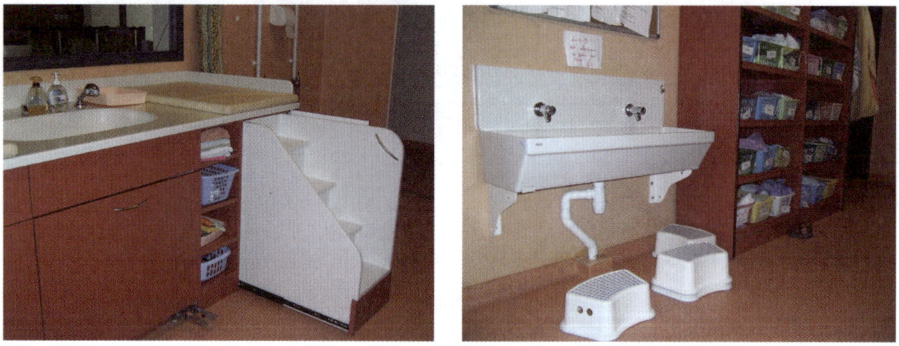

L'exécution

- Verbaliser le soin (« Emma, viens te laver le visage et les mains, je vais t'aider »).
- Installer l'enfant au lavabo et utiliser le marchepied, si besoin, pour qu'il soit à la hauteur du point d'eau (veiller à la sécurité de l'installation et prévenir les chutes en restant proche de l'enfant).
- Aider l'enfant sans faire à sa place dans le but de respecter et favoriser son autonomie. Ne pas hésiter à le valoriser et à l'encourager.

Pour le lavage des mains, l'enfant va :

1. Remonter ses manches si besoin.
2. Ouvrir le robinet d'eau et choisir une température à sa convenance (37 °C maximum).
3. Mouiller ses mains et prendre une dose de savon (vérifier qu'il ne gaspille ni l'un, ni l'autre).
4. Frotter ses mains (veiller à ce qu'il fasse les différentes parties des mains : dos, paumes, espaces interdigitaux, pulpe, ongles, poignets).
5. Rincer ses mains en frottant. Il ne doit plus y avoir de savon.
6. Lui essuyer les mains en tamponnant.

Pour la toilette du visage, l'enfant va :

1. Enlever les souillures salissantes avec un papier à usage unique.
2. Mouiller le gant à l'eau tiède (vérifier que l'eau ne soit pas trop chaude).
3. Laver ses yeux de l'intérieur vers l'extérieur (penser à lui faire changer le coin du gant pour le deuxième œil).
4. Rincer le gant puis savonner le gant.
5. Laver le reste de son visage dans l'ordre suivant : front → tempes → joues → menton → nez → bouche.
6. Rincer dans le même ordre.
7. L'essuyer en tamponnant pour éviter de blesser sa peau.

L'après-soin

– À cet âge, faire participer l'enfant au rangement des gants et de la serviette. Cela favorise son autonomie.
– Installer l'enfant en sécurité et réaliser le bionettoyage du lavabo.
– Ne pas oublier ensuite la transmission du soin.

Recommandations COVID : faire pratiquer le lavage des mains à l'eau et au savon (pas de SHA ou GHA) lorsque cela est judicieux (avant et après le repas, les toilettes...). Veiller à ce que les serviettes (papier ou tissu) soient à usage unique et les poubelles (à couvercle) régulièrement vidées et désinfectées.

JE RETIENS

Le soin de la toilette du visage et des mains doit répondre à plusieurs critères. Les retrouver en décodant les mots suivants à partir de l'exemple fourni.

👍	☼	✋	❄	☜	☼	☜	💧
C	R	I	T	E	R	E	S

☟	✡	☝	✋	☜	☠	☜

☜	👍	🏳	☠	🏳	💣	✋	☜

💧	☜	👍	✞	☼	✋	❄	☜

👍	🏳	☠	☞	🏳	☼	❄

→ ***Vous trouverez tous les éléments de réponses à ces questions p. 197***

FICHE 45

Le change du nourrisson

Vidéo d'une technique professionnelle
Le change du nourrisson
www.lienmini.fr/21006-16

Le change consiste à remplacer une couche sale par une couche propre après un nettoyage préalable du siège à l'eau et au savon. Il assure l'hygiène du nourrisson ainsi que son confort et évite les problèmes de peau, notamment l'érythème fessier. Il permet aussi une relation privilégiée de communication verbale et non verbale entre l'enfant et le professionnel.

Les matériels et les produits

Un matelas à langer / une serviette de toilette / deux gants / du savon liquide adapté / du papier toilette ou des lingettes (pour enlever le plus gros des selles) / une couche propre / des vêtements de rechange si nécessaire / une poubelle / un panier à linge sale / une lavette imbibée de détergent-désinfectant pour le bionettoyage.

La préparation

Commencer par se mettre en tenue et se laver les mains.
Puis, vérifier la température de la pièce (20 °C à 22 °C) et organiser le matériel et les produits sur le poste de travail.

L'exécution

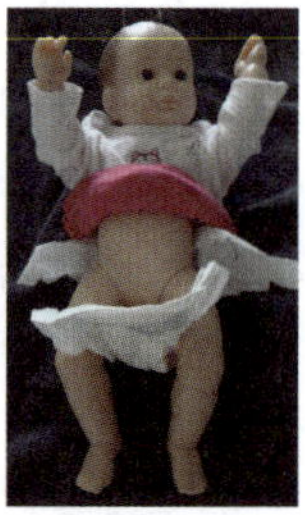

1. Aller chercher l'enfant et lui expliquer ce qu'on va lui faire.
2. Déshabiller le bas (pantalon, collants, chaussettes, chaussures, pressions du body…).
3. Rouler les vêtements sur son torse de manière à ce qu'ils ne soient pas mouillés par le gant.
4. Ouvrir la couche, vérifier son contenu et l'état du siège.
5. Réagir selon les deux cas de figures suivants :

• **Présence de selles** :

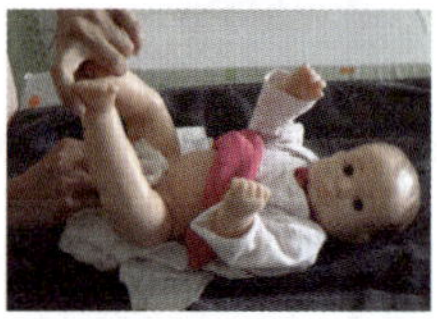

– Essuyer le plus gros des selles avec la couche (du moins sale au plus sale, de l'avant vers l'arrière) et rouler celle-ci sous les fesses du nourrisson.
– Passer une lingette ou du papier toilette pour éliminer le plus gros des selles. Mettre la lingette dans la couche.
– Évacuer la couche à la poubelle en ayant pris soin de la fermer.

• **Absence de selles** : évacuer immédiatement la couche à la poubelle en ayant pris soin de la fermer.

6. Mouiller le gant (l'eau doit être à 37 °C), l'essorer, le savonner et nettoyer dans l'ordre suivant : bas de l'abdomen → plis inguinaux → partie externe des organes génitaux (en allant du pubis vers l'anus) → fesses.
7. Rincer avec le deuxième gant, dans le même ordre.

8. Sécher en tapotant et insister au niveau des plis.
9. Mettre la couche propre bien centrée, adhésifs sur l'abdomen. Vérifier l'adhérence de l'élastique sur les cuisses. La couche doit tenir sans être trop serrée.

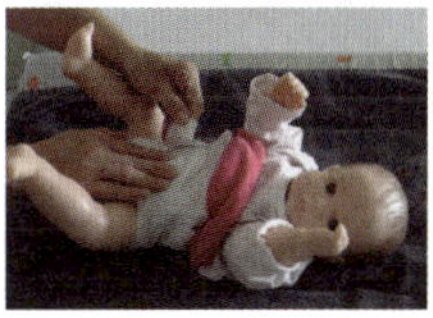

10. Enlever ou replier le bas de la serviette située sous le siège du nourrisson pour être sur un endroit sec.
11. Rhabiller l'enfant.
12. L'installer en sécurité et sous surveillance.

Le rangement

– Mettre au sale le linge souillé puis se laver les mains. Effectuer le bionettoyage du plan de travail et se laver les mains. Faire les transmissions.

À savoir

L'érythème fessier est une dermite inflammatoire du siège du nourrisson.
Ses causes sont multiples : selles acides, poussées dentaires, allergie à la lessive ou aux couches, frottements... **Devant un érythème, il faut :**
– supprimer la macération par des changes fréquents ;
– réduire les irritants en utilisant un savon hypoallergénique ;
– bien savonner et rincer le siège de l'enfant ;
– bien sécher en tamponnant le siège et en insistant au niveau des plis.
Laisser les fesses sécher à l'air avant de remettre la couche. Le médecin peut prescrire une pâte à l'eau à l'oxyde de zinc à appliquer après le change. Elle forme un film qui protège la peau des frottements de la couche et de son contact avec les selles et les urines.

Recommandations COVID :
Désinfecter le plan de change entre chaque enfant, le lavabo, la robinetterie au moins 2 fois par jour.
Préparer le matériel nécessaire pour la journée : linge, couches, serviettes, gants.
Se laver les mains et laver les mains de l'enfant avant et après chaque change.
Déposer les vêtements de l'enfant dans un panier individuel.
Placer immédiatement les couches et autres déchets dans une poubelle dédiée, équipée d'un couvercle à ouverture sans les mains
Placer les linges utilisés lors de chaque change (serviette de change, gant de toilette etc.) dans un bac de linge sale équipé d'un couvercle

JE RETIENS

Remettre dans l'ordre les étapes du change en les numérotant.

Savonner et nettoyer la partie externe des organes génitaux.	Essuyer le plus gros des selles avec la couche.	Mettre la couche propre bien centrée, adhésifs sur l'abdomen.	Savonner et nettoyer le bas de l'abdomen.

➜ *Vous trouverez tous les éléments de réponses à ces questions p. 197*

FICHE 46 L'apprentissage de la propreté

L'acquisition de la propreté débute vers l'âge de 2 ans mais ne sera acquise que vers 3 ans le jour et la nuit. Son évolution est très variable d'un enfant à l'autre. Il est important de laisser à l'enfant le temps nécessaire et ainsi de respecter son rythme.

1 Les conditions nécessaires pour l'acquisition de la propreté

Maturité physiologique

L'enfant doit pouvoir contrôler ses sphincters (= maturation système nerveux).
Repère : capacité de monter et descendre un escalier.

+

Maturité intellectuelle

L'enfant doit pouvoir comprendre ce qu'on lui demande et le lien entre le pot et son besoin.

+

Maturité relationnelle et affective

L'enfant doit avoir le désir de grandir, d'être autonome.

2 Le processus d'apprentissage de la propreté

Quand commencer ?

- Quand la couche reste longtemps sèche.
- Quand l'enfant s'intéresse au pot ou aux WC.
- Quand il se montre gêné par ses couches sales.
- Quand il devient facile de le laisser sans couche (en été en particulier).
  À éviter avant 18 mois car les conditions ne sont pas remplies.

Comment faire ?

- Proposer sans imposer.
- Valoriser l'enfant qui va sur le pot (même s'il ne fait pas).
- Favoriser l'autonomie (vêtements pratiques qu'il enlève et met seul...)
- Favoriser l'imitation des plus grands qui sont déjà propres.
- Avoir des propos adaptés et positifs.

Lors de l'apprentissage de la propreté, il est important d'accepter les « accidents » qui peuvent être fréquents. Il faut encourager l'enfant sans le gronder, le punir ou le dévaloriser.

QUESTION À UN PRO

Vers quel âge un enfant est-il propre la nuit ?
Il faut savoir qu'un enfant maîtrise ses selles vers 24 mois, avant les urines et qu'il est propre le jour (vers 2 ans) avant de l'être la nuit (vers 3/4 ans).

3 L'énurésie et l'encoprésie : des troubles du contrôle des sphincters

L'énurésie est un trouble du contrôle de la miction (élimination urinaire) qui est involontaire, non contrôlée chez un enfant de plus de cinq ans. Ce n'est pas une incontinence.

Ce comportement est plus fréquent chez les garçons que chez les filles.

L'interrogatoire pourra mettre en évidence l'évènement déclencheur (déménagement, naissance, divorce des parents...) qu'il faudra savoir prendre en compte afin de rassurer l'enfant avec bienveillance. Sans cause évidente, il faudra orienter l'enfant vers un médecin.

L'encoprésie est quant à elle une défécation involontaire ou délibérée chez un enfant de plus de 6 ans. Ce symptôme peut être compris comme un refus momentané de grandir (désir de retrouver son statut de bébé), un moyen d'attirer l'attention de l'entourage, l'expression d'une difficulté (séparation des parents, forcing d'un parent concernant l'apprentissage de la propreté...)...

JE RETIENS

1) Andréa commence à aller au pot depuis 1 semaine. Ce matin, elle arrive en couche et en salopette. Vous pensez que :
- ❑ Sa tenue vestimentaire est adaptée (elle ne fait que commencer à aller au pot).
- ❑ Vous allez demander à ses parents s'ils peuvent plutôt lui mettre un pantalon à élastique (plus vite enlevé).
- ❑ Vous suggérez aux parents de lui mettre plutôt une couche culotte.
- ❑ Vous prenez l'initiative d'enlever la salopette et la couche, ses parents comprendront...

2) Andréa en est à sa deuxième fuite de la journée.
- ❑ Vous lui dites qu'elle n'est qu'un bébé, et que puisqu'il en est ainsi, vous allez lui remettre la couche.
- ❑ Vous la rassurez en lui disant que ce n'est pas grave et que vous êtes sûr(e) qu'elle va y arriver.
- ❑ Vous la prévenez que la prochaine fois elle ira au coin pour réfléchir.

➜ ***Vous trouverez tous les éléments de réponses à ces questions p. 197***

FICHE 47

L'installallation de l'enfant au quotidien

1 Les principes d'installation

L'installation d'un enfant doit répondre à plusieurs critères.

➲ **Sécurité :** veiller à ce que l'enfant soit toujours en sécurité (harnais attaché, barrière relevée...) et sous la surveillance du professionnel.

➲ **Confort :** positionner l'enfant pour qu'il soit correctement installé (bien calé dans son réducteur de siège, au fond du transat...)

➲ **Hygiène :** choisir des matières permettant un entretien facile.

➲ **Ergonomie :** veiller à ce que la posture soit adaptée.

➲ **Pratique :** privilégier un matériel facilement maniable, repliable, pas trop lourd, pas trop encombrant, etc.

2 L'installation dans un transat

Âge : de la naissance à 5-6 mois.
Matériel : choisir un modèle déhoussable lavable en machine.
Objectifs : permettre d'installer le bébé assis, semi-assis ou allongé, lui permettant ainsi d'avoir une autre vision de l'environnement, de prendre le repas, de digérer, de jouer. Ne pas y laisser le bébé plus d'1 h 30 min.
Recommandations : toujours s'assurer que les sangles sont bien ajustées à l'enfant. Ne jamais poser le transat en hauteur ou sur un meuble.

1

3 L'installation dans un lit

Âge : de la naissance à 3 ans.
Matériel : stable et sécurisé, le lit à barreaux est le modèle recommandé pour les enfants jusqu'à 3 ans.
Objectifs : permettre à l'enfant de se reposer et dormir.
Recommandations : remonter les barrières une fois l'enfant mis au lit.

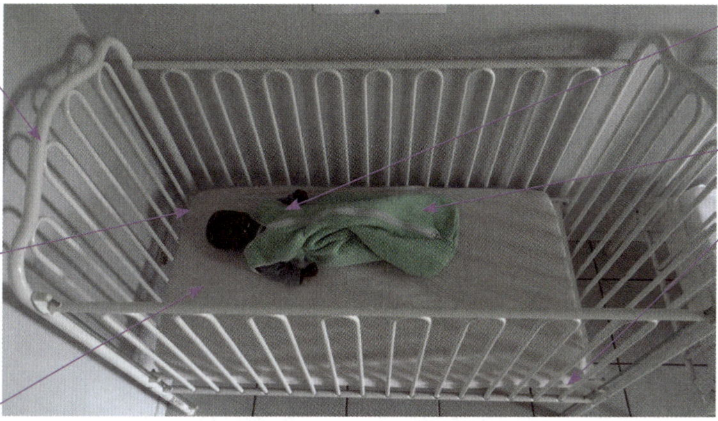

Questions à un pro

Nathalie, assistante maternelle, s'interroge : J'ai entendu parler de la mort subite du nourisson. Qu'est-ce que c'est ?

Réponse : Le syndrome de mort subite du nourrisson désigne la mort inattendue du bébé, sans cause apparente. Il se produit avant 1 an, le plus souvent entre 2 et 4 mois et touche environ 400 enfants chaque année en France.

Nathalie : Y a-t-il des mesures particulières à prendre pour l'éviter ?

Réponse : Quelques mesures de précaution permettent de diminuer les nombres de cas (sans toutefois les supprimer complètement) :

– coucher l'enfant sur le dos : le visage reste dégagé et l'enfant respire à l'air libre ;
– utiliser un matelas ferme aux dimensions du lit ;
– choisir un lit rigide et à barreaux, sans oreiller, couverture ou couette. Sinon l'enfant risque de glisser sous la couette, d'enfouir son nez dans l'oreiller ou encore de se coincer entre le matelas et la paroi du lit ;
– éviter de trop couvrir l'enfant et de surchauffer sa chambre (la température doit être comprise entre 18 °C et 20 °C) ;
– ne pas fumer près du bébé.

4 L'installation dans une chaise haute

Âge : à partir de 8 mois (ou quand l'enfant tient assis seul) et jusqu'à 2 ans.
Matériel : pliable ou fixe, en bois, en métal ou en matière plastique, à roulettes ou pas, la chaise haute peut avoir de nombreuses options.
Objectifs : permettre à l'enfant de prendre part au repas de la famille. Il est à la même hauteur que les autres convives.
Recommandations : attacher l'enfant afin d'éviter les chutes. Le laisser toujours sous la surveillance d'un adulte qui sera particulièrement vigilant à ce que les autres enfants ne prennent pas appui sur la chaise haute.

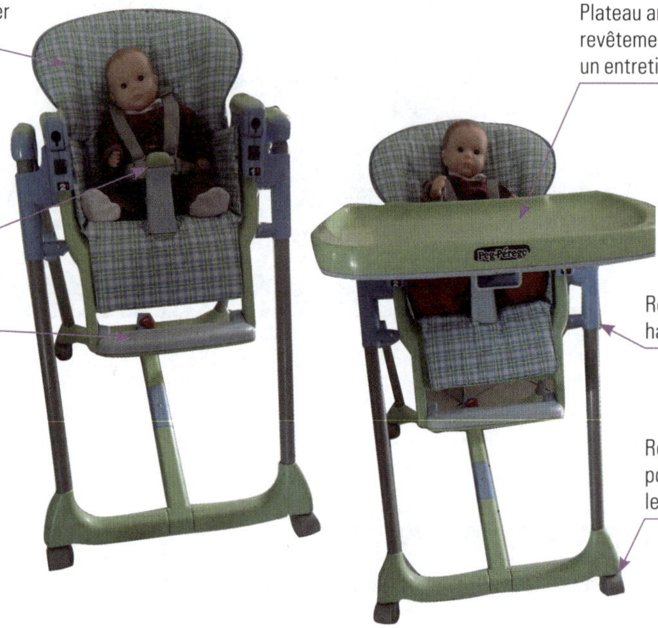

5 L'installation dans une poussette

Âge : selon la taille et le poids de l'enfant, les modèles de poussettes peuvent être utilisées de 6-7 mois jusqu'à 3-4 ans. Les poussettes modulables peuvent s'utiliser dès la naissance.
Matériel : poussette double ou poussette simple, elle est indispensable pour les promenades. Un critère d'achat important sera le poids de la poussette.
Objectifs : permettre à l'enfant d'être déplacé pour une promenade par exemple, tout en s'adaptant à son développement moteur (allongé ou assis), face à la route ou face à l'adulte.
Recommandations : l'enfant ne doit pas être laissé sans surveillance et être bien sanglé.

Autres éléments possibles sur une poussette : panier au niveau du chassis, capote contre la pluie et le soleil, ombrelle, habillage anti-pluie.

JE RETIENS

1) Proposer cinq mesures à prendre pour éviter la mort subite du nourrisson en complétant les bulles ci-contre.

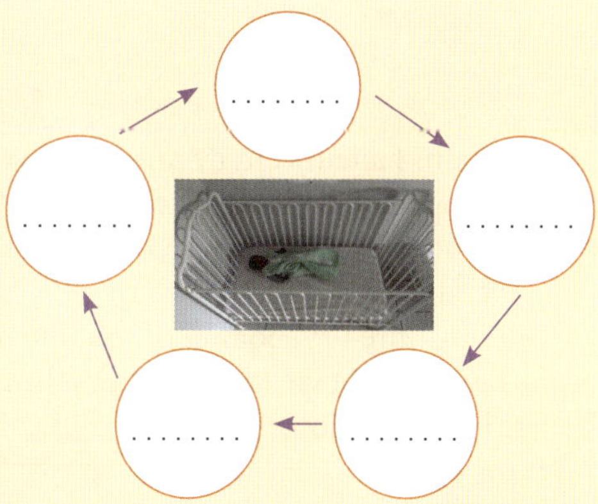

2) Indiquer deux mesures de sécurité à respecter lors de l'installation de l'enfant dans le transat.

→ ***Vous trouverez tous les éléments de réponses à ces questions p. 197***

FICHE 48

Les facteurs de développement et les rythmes de l'enfant

Différents facteurs peuvent freiner ou stimuler le développement de l'enfant. Certains sont propres à l'individu (facteurs endogènes), d'autres relèvent de causes externes (facteurs exogènes). Ainsi, les rythmes de vie de l'enfant influent fortement sur son développement.

1 Les facteurs de développement

Chaque enfant a un potentiel de départ qui lui est propre mais certains facteurs vont influencer d'une manière positive ou négative son développement somatique, sensoriel, moteur, affectif, intellectuel et social.

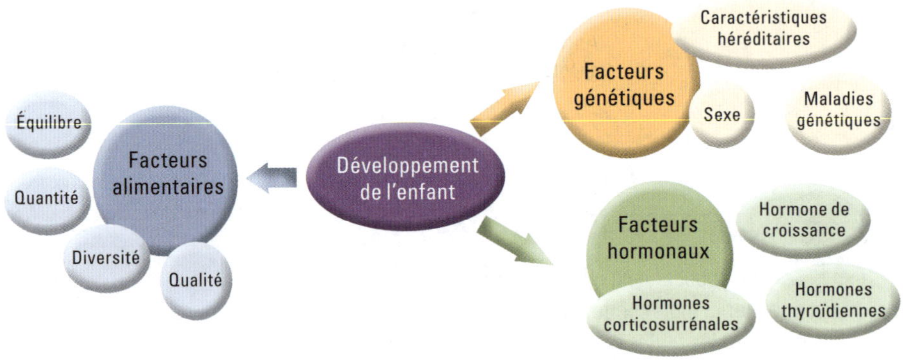

Certains facteurs environnementaux ont également un impact important sur le développement de l'enfant comme :
- les conditions socio-économiques de la famille (logement, environnement, revenus…) ;
- l'équilibre psychoaffectif (qualité des échanges, stimulation…) ;
- l'hygiène de vie (respect du rythme de l'enfant, en particulier du sommeil et de l'alimentation).

2 Le rythme du sommeil

Le rythme circadien connaît des variations en fonction de l'individu et de son âge. Bien que l'on retrouve les mêmes stades de sommeil tout au long de la vie, leur organisation évolue.

Les mécanismes du sommeil

Le sommeil participe au bien-être et à l'équilibre physique et psychique de l'enfant. Il faut savoir que les variations d'un individu à l'autre sont nombreuses (durée, qualité du sommeil…). Cependant, le découpage du cycle du sommeil est le même pour tous avec une **phase d'endormissement**, une **phase de sommeil lent** (divisée en quatre) et une **phase de sommeil paradoxal**.

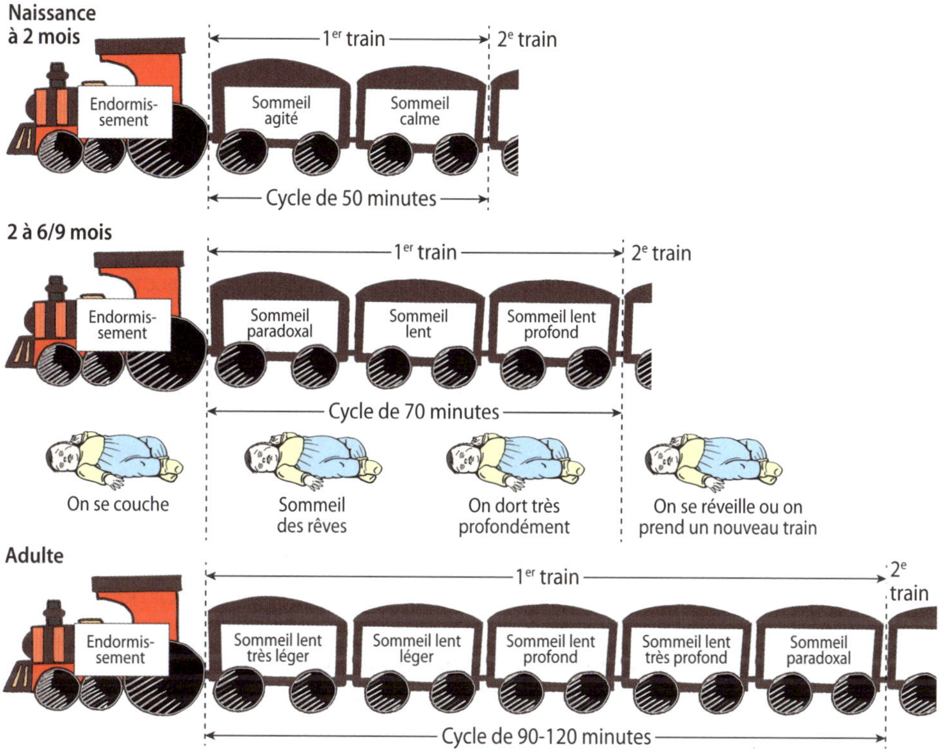

AZ **Cycle de sommeil** : cycle qui dure environ 90 minutes. Il commence par le sommeil léger et se termine par le sommeil profond. Une nuit comprend 6 cycles.
Rythme circadien : appelé aussi « horloge biologique », il est calqué sur une horloge interne qui régule le rythme veille/sommeil.

Les rôles du sommeil

Le sommeil est déterminant pour :
- **la croissance** (sécrétion d'une hormone de croissance, la somathormone, pendant le sommeil lent) ;
- **la récupération physique** (au cours du sommeil lent) ;
- **la maturation cérébrale** (au cours du sommeil paradoxal) ;
- **le mécanisme d'apprentissage et de mémorisation** (au cours du sommeil paradoxal).

Le temps de sommeil

Le temps de sommeil de l'enfant varie en fonction de l'âge. Les valeurs ci-dessous indiquent une moyenne générale.

Âge	Nouveau-né	1 mois	6 mois	12 mois	18-24 mois	2-3 ans
Sommeil par 24 heures	18 à 20 heures par jour	16 à 18 heures par jour	14 à 15 heures par jour	13 à 14 heures par jour	12 à 13 heures par jour	12 à 13 heures par jour
Sommeil diurne	Pas d'alternance jour/nuit	7 à 9 heures	3 siestes	2 siestes	1 sieste	1 sieste

Les conditions favorables au sommeil

Afin d'encourager le sommeil de l'enfant, la personne en charge de la sieste, ou du coucher, doit être très attentive à certains signes et respecter plusieurs conditions. Il faut :

- **repérer les signes de fatigue** qui annoncent la phase d'endormissement : l'enfant baille, se frotte les yeux, cherche une position confortable. Si ces signes n'ont pas été reconnus, il faudra attendre le cycle suivant pour que l'enfant s'endorme ;
- **créer un climat calme et sécurisant** : préparer le moment du repos par la lecture d'une histoire, l'écoute d'une chanson calme... ;
- **respecter les rituels d'endormissement** : lumière tamisée, chanson, doudou, sucette... et proposer une régularité dans les heures de coucher pour les plus grands ;
- **surveiller la sieste** : afin de repérer toute anomalie ;
- **veiller à la qualité du réveil** : éviter de réveiller l'enfant et préférer un réveil spontané ;
- **aménager l'environnement et l'espace** : créer un coin repos, utiliser le même lit...

À savoir

La température idéale d'une chambre est d'environ 18 °C.

Question à un pro

Sabine, ATSEM en école maternelle, demande : De plus en plus d'enfants se couchent tard le soir et arrivent fatigués le matin. Quelles peuvent être les conséquences d'une insuffisance du sommeil ?

Réponse : Un léger trouble du sommeil peut avoir des répercussions sur les apprentissages et le comportement (enfant grognon, difficultés pour se concentrer...) et un manque de sommeil plus important augmente le risque d'obésité. Enfin, on peut observer des troubles de la croissance liés à un manque de sommeil répétitif et important.

Les troubles du sommeil

Les troubles du sommeil sont courants chez l'enfant (25 à 30 % des moins de 6 ans sont concernés) et peuvent perturber son développement. Les troubles les plus fréquents font partie des parasomnies qui se définissent comme des comportements anormaux pendant le sommeil.

Types de parasomnie	Apparitions et signes	Conduite à tenir vis-à-vis de l'enfant
Terreurs nocturnes *Concernent 40 % des enfants de moins de 6 ans.*	– Surviennent lors de la phase de sommeil profond. – L'enfant est agité, effrayé ; il peut crier et sembler inconsolable. – L'enfant se rendort d'un coup et n'a aucun souvenir de l'épisode au réveil.	– Ne pas essayer de le réveiller. – S'assurer qu'il est en sécurité. – Ne pas s'étendre sur le sujet dans la journée.
Cauchemar	– Survient pendant le sommeil paradoxal. – Ce sont des rêves qui provoquent la peur. – L'enfant est complètement réveillé et s'en souvient le lendemain.	– Le rassurer, parler avec lui de ce qui l'inquiète. – Accepter ses peurs. – Laisser une veilleuse allumée dans sa chambre, si besoin. – L'encourager à prendre son objet transitionnel.
Somnambulisme *Concerne 14 % des enfants de 4 à 12 ans.*	– Survient pendant le sommeil profond. – L'enfant est partiellement réveillé mais non conscient de ses actes.	– Le mettre en sécurité (escaliers fermés avec une barrière, pas de lits superposés…). – Ne pas le réveiller mais le guider en douceur vers son lit.

D'autres troubles du sommeil peuvent s'observer comme le fait de parler en dormant, les mouvements répétitifs lors de l'endormissement (balancements…), les grincements ou serrements de dents, une énurésie…

3 Le rythme alimentaire

La vie du jeune enfant est rythmée par le sommeil mais aussi par les repas. Ses besoins vont évoluer au fil des années passant de 6 à 8 tétées chez le nourrisson à 4 repas chez l'enfant plus grand. L'adulte sera amené à s'adapter au rythme de chacun. ▸ FICHES 50 ET 52

JE RETIENS

1) Classer les différentes phases chronologiquement, de 1 à 6.

Sommeil paradoxal	Sommeil lent très léger	Sommeil lent très profond	Endormissement	Sommeil lent profond	Sommeil lent léger
Phase n° …	Phase n° …	Phase n°…	Phase n° …	Phase n° …	Phase n° …

2) Relier les différents rôles du sommeil aux phases auxquelles ils interviennent.

Sécrétion de l'hormone de croissance •
Récupération physique •
Maturation cérébrale •
Apprentissage, mémorisation •

• Sommeil lent
• Sommeil paradoxal

→ ***Vous trouverez tous les éléments de réponses à ces questions p. 197***

FICHE 49 La préparation des biberons

Les biberons doivent être préparés avec une hygiène rigoureuse pour éviter toute contamination bactérienne. Il est donc important d'éviter tout apport de microbes par le matériel utilisé ou par manque d'hygiène dans les préparations.

1 Le nettoyage des biberons

Les risques infectieux liés à un nettoyage incorrect sont nombreux et peuvent faciliter la transmission de micro-organismes dont le développement peut provoquer des troubles digestifs plus ou moins graves.

Le nettoyage des biberons en verre ou en plastique doit s'effectuer dans un évier vide et propre. Les tétines sont à séparer des bagues pour le nettoyage.

Les biberons doivent être :

- lavés avec un liquide vaisselle ;
- rincés minutieusement ;
- séchés à l'air libre sans être essuyés avec un torchon ;
- déposés sur un plan de travail propre afin d'être assemblés ;
- entreposés dans un endroit propre et sec.

À savoir

On peut utiliser un petit écouvillon pour détacher les résidus de lait. Il doit être rincé après utilisation puis séché à l'air libre, brosses vers le haut.

Pour le lavage au lave-vaisselle des biberons (les tétines sont à nettoyer manuellement), il est important de prévoir un cycle complet de lavage et une température de 65 °C ce qui rend inutile toute stérilisation.

2 La reconstitution des biberons

Les aliments lactés pour nourrissons se présentent soit sous forme liquide soit en poudre qu'il faut diluer. La forme en poudre est aujourd'hui la plus courante.

La phase de reconstitution

Il est conseillé d'utiliser une eau de source portant la mention « convient à la préparation des biberons » ou une eau faiblement minéralisée (Évian ou Volvic).

L'utilisation de l'eau du robinet est possible, mais sa qualité étant variable d'une commune à l'autre, elle n'est pas conseillée.

Tous les laits sont reconstitués selon le principe suivant : une mesure de lait pour 30 ml d'eau. Donc pour obtenir un biberon de 100 ml de lait, il faut verser 90 ml d'eau et ajouter trois mesurettes de poudre de lait.
Les mesurettes sont spécifiques au contenant. Elles doivent être lavées, rincées séchées et rangées dans la boîte de lait après utilisation.

La nécessité de chauffer ou non le biberon

Le biberon peut être proposé à la température du corps de l'enfant soit 37 °C. Dans ce cas, il faut chauffer le biberon reconstitué dans un chauffe-biberon ou encore tiédir de l'eau dans une casserole puis reconstituer le lait.
Quel que soit le mode de chauffage, après avoir agité le contenu du biberon, il est prudent de tester la température sur l'intérieur du poignet, endroit où la peau est la plus sensible.

À savoir

L'usage du micro-ondes est déconseillé car la température est élevée en surface et le risque de brûlures de la bouche ou de la gorge est important. Si le micro-ondes est toutefois utilisé, il est important de mettre le biberon sans la tétine puis de l'agiter à distance de l'enfant pour éviter toute projection.

La préparation d'un biberon en déplacement ou en voyage

Sans glacière, et si le biberon n'est pas préparé au préalable, il faut transporter l'eau dans le biberon et la poudre de lait dans un récipient distinct. Mélanger ensuite les deux ingrédients, juste avant de proposer le biberon à l'enfant.

Attention

– Le lait en poudre ne peut être conservé que trois semaines maximum après ouverture. La date d'ouverture doit être inscrite sur la boîte.
– Le lait liquide doit être conservé au maximum 48 heures après ouverture, dans la zone froide du réfrigérateur à 4 °C.
– L'eau minérale ouverte ne se conserve que 24 heures au réfrigérateur.

JE RETIENS

1) Indiquer le nombre de mesures de lait nécessaires pour préparer le biberon (180 ml) de Morgan.

2) Conseiller la maman de Morgan quant au choix de l'eau de constitution du biberon.

→ ***Vous trouverez tous les éléments de réponses à ces questions p. 197***

FICHE 50

La prise du biberon

Donner le biberon au nourrisson est un rituel souvent répété dans la journée qui nécessite de respecter des règles d'hygiène, de sécurité et de confort.

Les matériels

- Un biberon.
- Un bavoir.
- Une chaise adaptée (ou un fauteuil).

La préparation

- Se mettre en tenue, cheveux attachés.

▶ FICHE 41

- Se laver les mains.
- Préparer la pièce où l'on va donner le biberon (vérifier la température et adapter l'éclairage).
- Préparer le matériel.

L'exécution

1. Aller chercher l'enfant et verbaliser l'action.
2. S'installer avec l'enfant (après avoir réalisé le change si nécessaire) : dos bien calé, jambes éventuellement relevées pour que le bébé ne soit pas trop couché, sa tête tenue dans le creux du coude.
3. Mettre le bavoir.
4. Vérifier que le lait en poudre est bien dilué. Agiter le biberon en le roulant entre ses mains si nécessaire.
5. Vérifier la température du biberon en versant une goutte au creux du poignet sans toucher la tétine.
6. Adapter le débit (I, II ou III) à l'âge de l'enfant et à la consistance de la préparation.
7. Incliner le biberon pour que la tétine soit toujours pleine de lait et que l'enfant évite d'avaler de l'air.
8. Faire des arrêts pour les éructations (rots) et pour respecter le rythme de l'enfant.
9. Attendre quelques instants, à la fin du biberon et redresser le bébé en position verticale contre le buste. L'aider à faire son rot en tapotant ou en massant légèrement son dos.
10. Essuyer la bouche de l'enfant avec le bavoir.

11. Enlever le bavoir.
12. Installer confortablement l'enfant. Éviter de le recoucher immédiatement dans un lit.
13. Communiquer avec l'enfant tout au long du soin.

La prise du biberon est un moment privilégié pour l'enfant et l'adulte

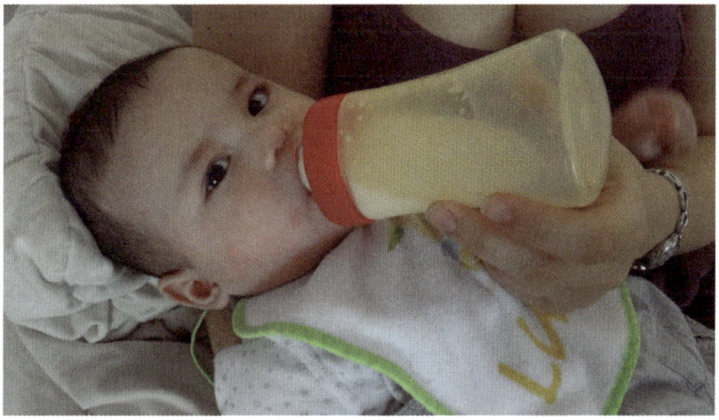

L'après-soin

- Mettre le bavoir au sale.
- Nettoyer le biberon et tous les éléments séparés en insistant sur la tétine et la bague.
- Rincer le matériel.
- Le laisser sécher.
- Se laver les mains.
- Faire les transmissions (heure, quantité prise, comportement de l'enfant...).

► FICHE 64

Recommandations COVID : le port du masque de l'adulte est nécessaire lors de la prise du biberon.

JE RETIENS

Vous accueillez une élève CAP AEPE qui vient pour la première fois en structure.

1) Indiquer deux conseils que vous lui donnez pour l'installation de l'enfant lors de la prise du biberon.

2) Indiquer un critère de sécurité auquel vous veillez avant de donner le biberon.

→ ***Vous trouverez tous les éléments de réponses à ces questions p. 197***

FICHE 51

La distribution et le service des repas

Le service des repas varie selon les modes et les formes de distribution des aliments. Cependant, chaque type de distribution souscrit à des règles d'hygiène strictes et ce, que l'on se situe au domicile familial ou dans un établissement collectif.

1 Les modes de distribution

Lorsque les aliments sont préparés sur place et servis aussitôt, on parle de distribution directe. Les préparations culinaires élaborées dans un lieu distinct de celui de la consommation et consommées le lendemain, plusieurs jours ou mois après leur fabrication, sont des distributions différées.

Les étapes des processus de distribution

Distribution directe	Distribution différée
Repas préparés le jour-même de la consommation. ↓ **Préparation en liaison* chaude** Les aliments cuisinés sont maintenus à une température de 63 °C et servis dans la journée. ↓ Conditionnement en vrac ou en portions.	Repas préparés à l'avance. ↓ **Préparation en liaison* froide** Les aliments cuisinés sont conditionnés, puis refroidis en moins de deux heures après leur fabrication (passent de 63 °C à 10 °C), dans des cellules de refroidissement. ↓ Conservés au froid (entre 0 °C et 2 °C). Ils seront remis à température chaude juste avant leur consommation.

* La liaison est l'intervalle de temps entre la préparation des plats et leur consommation.

Les points de règlement de la distribution des repas

La distribution doit être efficace, rapide et suivre les règles d'hygiène afin d'éviter le refroidissement ou une contamination microbienne mais aussi la baisse de la valeur organoleptique des aliments (propriétés de goût, saveur, texture).

Le personnel en charge de la distribution des repas doit :
- **avoir une tenue adéquate** : blouse, charlotte et gants à usage unique ;
- **assurer l'hygiène des manipulations techniques et utiliser les produits adaptés** :
  - en liaison chaude, préchauffer les récipients à une température de 63 °C et ne les ouvrir qu'au moment de la consommation ou sur le lieu de consommation ;
  - en liaison froide, utiliser du matériel normalisé permettant de faciliter la baisse de température dans les délais impartis, être rigoureux, rapide dans les différentes phases et jusqu'au stockage (les transvasements sont à éviter).

2 Le service des repas

Le service des repas peut être réalisé de façon traditionnelle à table ou en libre service, en fonction des lieux. Il se fait une fois que les enfants se sont lavés les mains et portent leurs bavoirs. C'est une étape importante qui permet la socialisation, l'apprentissage de l'hygiène, le developpement moteur et l'autonomie.

Le service traditionnel à table

En service à domicile, mais aussi en collectivités, le professionnel peut déposer les plats directement à table. Les enfants mangent en groupe sur du matériel adapté. En collectivités, les plats sont très souvent acheminés sur des chariots. Les enfants sont servis chacun leur tour en commençant par l'entrée, le plat principal, puis le dessert. Un temps d'attente peut être observé car le professionnel doit se lever plusieurs fois pour assurer le service tout en étant disponible pour les enfants. Il doit cependant être rapide et efficace pour que chaque plat conserve sa chaleur.

Le libre service

Le libre service est utilisé dans certaines structures collectives, pour les plus grands enfants, afin de développer l'autonomie et de respecter les rythmes.
Il recquiert cependant un certain investissement du personnel et de la structure car des aménagements de temps et d'espaces doivent être effectués. En effet, l'organisation du repas se fait par petits groupes accompagnés d'un référent adulte. Les enfants de chaque groupe se lèvent les uns après les autres pour aller récupérer une assiette et passer devant chaque plat proposé. Ils se servent eux-mêmes leur nourriture et prennent leurs couverts. Le professionnel est avec eux pour les guider, nommer chaque aliment... Quand chaque groupe est servi, les enfants du premier groupe peuvent aller se resservir et ainsi de suite.
Recommandations COVID : L'adulte porte un masque. Il veille à ce qu'il n'y ait aucun échange de nourriture ou de couverts entre les enfants. La vaisselle est lavée immédiatement après le repas.

JE RETIENS

1) En liaison chaude, les aliments sont maintenus à une température de :

❑ 51 °C ❑ 58°C ❑ 63°C

2) Citer les trois éléments de la tenue du personnel lors de la distribution des repas.

→ ***Vous trouverez tous les éléments de réponses à ces questions p. 197***

FICHE 52

Le temps du repas

Le temps du repas est un moment important de la journée de l'enfant. Il apaise sa faim, découvre de nouveaux goûts et nouvelles textures et prend du plaisir à manger. C'est aussi l'occasion de créer des liens avec les adultes et les enfants.

1 L'installation de l'enfant

Au début, l'enfant est installé seul avec un adulte. Lorsqu'il est plus autonome il peut partager le repas avec ses camarades sous la surveillance de l'adulte.

Pour les plus jeunes enfants deux solutions :
- la chaise haute ;
- les petites chaises et tables à la hauteur de l'enfant.

Petite table et chaises avec tabouret ergonomique pour le professionnel

	Chaise haute	Petite table et chaises
Avantages	– Ergonomique pour l'adulte (est à la bonne hauteur). – Permet à l'enfant d'être à table avec les adultes (repas familial...).	– Autonomie : l'enfant peut s'asseoir et se lever seul. – Les chaises peuvent s'adapter à l'âge et évoluer. – Les risques de chutes sont moins graves que de la chaise haute.
Inconvénients	– Pas toujours stable (les autres enfants peuvent la faire basculer en s'y accrochant). – Risques de chutes graves. – La durée assise est imposée (pas d'autonomie de l'enfant).	– Ergonomie : la position n'est pas toujours confortable pour l'adulte.

À savoir

Dans certaines structures, les enfants sont invités à tour de rôle à mettre la table et à desservir.

2 L'attitude du professionnel

Lors du repas, le professionnel doit être disponible. C'est pour cela qu'il est important d'être dans un endroit calme avec peu d'enfants.

Ce moment est l'occasion d'introduire des rituels (chanson, place attribuée, lavage des mains...) qui contribuent à la sécurité affective de l'enfant. Sans être trop rigides, des règles de vie sont progressivement posées : les moyens peuvent manger avec les doigts, les plus grands avec les couverts... Le professionnel va profiter du repas pour verbaliser et faire verbaliser l'enfant sur ses goûts et ses préférences. Il va l'accompagner sans le forcer, et acceptera de le laisser avoir son propre rythme, son propre appétit.

3 La technique pour donner le repas au jeune enfant

Le matériel

Couverts, assiette, verre, bavoir… Le matériel va évoluer en fonction de l'âge de l'enfant. Il existe toutes sortes de couverts : en plastique, inox ou silicone...

La préparation

Se mettre en tenue, cheveux attachés, et se laver les mains.

L'exécution

1. Aller chercher l'enfant et verbaliser l'action.
2. Lui proposer de se laver les mains (ou lui laver).
3. L'installer à table et lui mettre le bavoir.
4. Servir les plats.
5. Verbaliser et faire verbaliser les goûts, accompagner l'enfant sans s'imposer.

L'après-repas

– Retirer le bavoir et le placer dans un bac à linge sale.
– Proposer à l'enfant de se laver les mains et la bouche.
– Ranger les assiettes, couverts, verres, plateaux... En fonction de l'âge de l'enfant, il est possible de lui demander de participer.
– Laver la vaisselle.
– Nettoyer et désinfecter les tables, les chaises et le sol.
– Se laver les mains.
– Noter les transmissions : quantités prises, goûts et dégoûts, heure du repas...

Recommandations COVID : Port du masque pour l'adulte. Respecter la distance de deux mètres entre deux groupes d'enfants ou prévoir des repas échelonnés. Ne pas se mettre face à l'enfant, mais de côté.

JE RETIENS

Cocher la ou les attitudes adaptées de l'adulte lors du repas :

❑ Il demande aux enfants de se dépêcher : il y a plusieurs services et il faut faire vite.
❑ Il réprimande l'enfant qui ne finit pas sa purée. Il n'aura pas de dessert.
❑ Il reste disponible durant tout le repas. Il s'assoit avec les enfants et partage un moment convivial avec eux.

→ ***Vous trouverez tous les éléments de réponses à ces questions p. 197***

FICHE 53

La protection de l'enfant en danger

QCM d'auto-évaluation Fiches 53 à 62
www.lienmini.fr/21006-17

Presque 100 000 enfants en danger sont recensés chaque année en France. Chaque jour un à deux enfants décèdent des suites de maltraitance (dont les trois quart ont moins de 7 ans).
L'enfant n'est pas en capacité de comprendre ce qui se passe, c'est donc aux adultes, et en particulier aux professionnels de la petite enfance, d'être attentifs, observateurs et actifs à bon escient.

1 Définitions

Selon les définitions de l'ODAS (Observatoire national de l'action sociale décentralisée), il existe deux catégories d'enfants en danger : les **enfants en risque** et les **enfants maltraités**.
L'appellation **« enfants en danger »** correspond à l'ensemble des enfants en risque et maltraités pris en charge par l'ASE (aide sociale à l'enfance) ou par la justice.
Les **enfants en risque** sont les enfants qui connaissent des conditions d'existence risquant de mettre en danger leur santé, leur sécurité, leur moralité, leur éducation ou leur entretien, mais qui n'ont pas pour autant été maltraités.
Les **enfants maltraités** sont des enfants victimes de violences physiques, d'abus sexuels, d'actes de cruauté mentale, de négligences lourdes ayant des conséquences graves sur leur développement physique ou psychologique.

2 Les signes de maltraitance

Le professionnel devra être attentif pour repérer les différents signes qui doivent alerter et faire suspecter une maltraitance.
Attention, un signe isolé n'est pas nécessairement significatif de maltraitance.

Signes physiques	Signes psychiques et comportementaux
– Morsures, griffures. – Plaques d'alopécie (cheveux arrachés). – Brûlures avec des localisations inexpliquées. – Marques de coups : ecchymoses, plaies multiples d'âges différents… – Fractures multiples et répétées. – Habillement mal adapté. – Aspect négligé. – Retard important du développement somatique. – Visites fréquentes à l'infirmerie scolaire.	– Troubles du comportement : agressivité, agitation, repli sur soi, isolement… – Syndrome dépressif : isolement, tristesse, diminution des activités, anxiété, provocations, agressivité… – Troubles du sommeil (cauchemars fréquents). – Peur la nuit. – Peur des adultes. – Difficultés scolaires ou baisse brutale des résultats.

	– Fugue, refus de retour au domicile. – Refus de jouer. – Refus de se dévêtir. – Vocabulaire inadapté pour l'âge de l'enfant, retard de langage. – Enurésie, encoprésie. – Troubles du comportement alimentaire (boulimie, anorexie, obésité...).

En plus de ces signes, les professionnels peuvent avoir connaissance de facteurs de risques chez les parents (eux-mêmes maltraités, rejetés, grossesse non désirée, troubles de la personnalité, alcoolisme, toxicomanie…) qui leur permettront de déterminer s'ils sont ou non en face d'actes de maltraitance.

Attention

La maltraitance peut être présente dans toutes les catégories sociales.

3 Le signalement des maltraitances

Le signalement est une procédure qui permet d'informer les services sociaux et le procureur de la République qu'un enfant est en situation de danger.

Quelles sont les situations concernées ?	Les enfants en risque et les enfants maltraités.
Qui peut faire le signalement ?	Toute personne témoin ou soupçonnant une situation d'un enfant en danger ou en risque de l'être (enseignant, voisin...).
Comment faire un signalement ?	**Voie administrative** : au Président du Conseil départemental où réside l'enfant, par le biais de la cellule de traitement. **Voie judiciaire** : police, gendarmerie, procureur de la République (si extrême gravité ou urgence), juge des enfants.

Question à un pro

Nathalie, auxiliaire de puériculture en crèche, demande : Y a-t-il un service qui permet d'avoir des informations sur les enfants en danger ?

Réponse : Oui, en composant le numéro 119 (appel gratuit 24 h/24) « Allô enfance en danger ». Les écoutants ont pour mission d'accueillir les appels d'enfants en danger ou en risque de l'être pour aider leur dépistage, faciliter leur protection, transmettre les informations préoccupantes aux services départementaux compétents en la matière, signaler directement au Parquet lorsque l'information recueillie le justifie, et agir au titre de prévention des mauvais traitements.

4 La transmission des informations préoccupantes

Il est important de noter que la non-dénonciation de mauvais traitements est un délit puni par la loi de trois ans d'emprisonnement et 45 000 euros d'amende.

Dans le cas de maltraitance, le secret médical est levé.
La loi précise : « L'article 226-13 n'est pas applicable dans les cas où la loi impose et autorise la révélation du secret. En outre, il n'est pas applicable à celui qui informe les autorités judiciaires, médicales ou administratives de privations ou de sévices, y compris lorsqu'il s'agit d'atteintes sexuelles, dont il a eu connaissance et qui ont été infligées à un mineur ou une personne qui n'est pas en mesure de se protéger en raison de son âge ou de son incapacité physique ou psychique. »

5 La protection du mineur

Il existe en France un double système de protection des mineurs adapté aux différentes situations : **une protection administrative et judiciaire.**

La protection administrative (services de l'aide sociale à l'enfance)

Plusieurs orientations peuvent être envisagées pour la protection administrative de l'enfant. Celles-ci sont mises en place au sein de l'ASE (aide sociale à l'enfance), un service du Conseil départemental, placé sous la responsabilité du Président du Conseil départemental.

Si la gravité des faits le justifie, ou lorsque l'adhésion de la famille n'est pas possible (quand elle n'est pas partie prenante dans l'accompagnement proposé et pas d'accord pour être suivie), une mesure d'assistance éducative est demandée aux autorités judiciaires.

L'ASE remplit deux grandes missions :

– apporter un soutien aux familles à leur domicile (éducatif et/ou financier) ;
– accueillir et prendre en charge, y compris en urgence, les enfants qui lui sont confiés par leurs parents ou un juge.

La protection judiciaire (procureur de la République et juge des enfants)

La protection judiciaire de la jeunesse s'appuie sur des principes essentiels : éducabilité de tous, le respect des droits et des libertés de chacun. Tout enfant résidant sur le territoire français relève du dispositif français de protection de l'enfance. Celui-ci ne prend pas en compte la nationalité des enfants ni celle des parents.

À savoir

Le juge des enfants intervient lorsque des mineurs sont en danger ou vivent dans de mauvaises conditions sanitaires, psychologiques ou éducatives. Il peut les placer provisoirement dans un établissement spécialisé ou dans une famille d'accueil. Il est aussi habilité à juger les mineurs délinquants.

JE RETIENS

1) Caractériser les notions suivantes en les reliant aux définitions qui correspondent.

Enfant en danger •	• Enfant qui connaît des conditions d'existence risquant de mettre en danger sa santé, sa sécurité, sa moralité...
Enfant en risque •	• Enfant victime de violences physiques, d'abus sexuels, de cruauté mentale...
Enfant maltraité •	• Ensemble des enfants pris en charge par l'ASE.

2) Donner la signification du sigle ASE.

3) Citer l'institution dont dépendent les services de l'ASE.

→ ***Vous trouverez tous les éléments de réponses à ces questions p. 197***

FICHE 54 La prise de température et l'hyperthermie

Vidéo d'une technique professionnelle
La prise de température axillaire
www.lienmini.fr/21006-18

La prise de la température est assez fréquente chez le jeune enfant. Elle se justifie à chaque fois que son comportement n'est pas habituel (amorphe ou au contraire excité) joues rouges, yeux brillants...

1 Les différentes prises de température

La mesure de la température peut se faire à différents endroits du corps.

Sites	Avantages	Inconvénients
Température rectale 	– Température fiable et précise. – Prise de température rapide. – La température environnementale ne modifie pas significativement la température rectale.	– Risque de contamination avec les selles (utiliser une gaine de protection à usage unique). – Peut être traumatisant (muqueuse rectale fragile). – Ne respecte pas la pudeur de l'enfant.
Température axillaire (relevée au creux de l'aisselle)  *+ 0,5 °C à l'affichage du thermomètre*	– Respecte la pudeur de l'enfant. – N'est pas traumatisante. – Ne nécessite pas le déshabillage de l'enfant. Cette prise de température est recommandée chez le jeune enfant.	– La prise de température peut être longue (10 minutes pour le thermomètre au gallium et environ 2 minutes avec le digital). – La mesure peut être imprécise (si l'enfant bouge, transpire…).
Température auriculaire ou tympanique 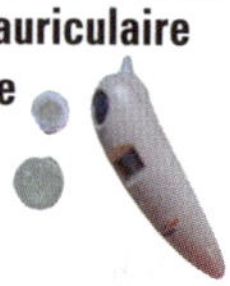	– Respecte la pudeur de l'enfant. – Prise de température rapide (1 seconde). – Méthode hygiénique.	– Difficultés de prise chez le jeune enfant (canal auditif étroit). – Contre-indiqué en cas d'écoulement auriculaire ou de bouchon de cérumen. – Maîtriser la méthode.
Température frontale à infrarouge 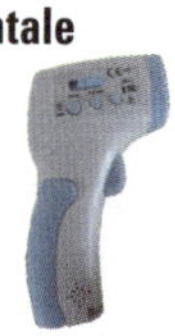	– Respecte la pudeur de l'enfant. – Prise de température rapide (1 seconde) et sans contact. – Méthode hygiénique et économique (pas de contact).	– Maîtriser la méthode. – Prise sur front sec (pas de sueur, pas de pommade) et dégagé (pas de cheveux).
Température temporale à infrarouge  *+ 0,4 °C à l'affichage du thermomètre*	– Mesure rapide, précise et fiable. – Méthode hygiénique. – Respecte la pudeur de l'enfant.	– Maîtriser la méthode. – Coût du thermomètre. – Prise sur la tempe et dans le prolongement du sourcil. – Nécessite d'être au calme 30 minutes avant la prise.

2 La prise de la température axillaire

Le matériel et les produits

Un thermomètre (au gallium ou électronique et à embout souple de préférence) du coton (ou une compresse non stérile) et de l'alcool à 70 °C. Si le thermomètre est au gallium, l'agiter pour qu'il se mette au minimum.

L'avant-soin

Se laver les mains et préparer le matériel. Puis désinfecter le thermomètre, si nécessaire, avec de l'alcool et du coton (ou une compresse).

L'exécution

1. Prévenir l'enfant et lui expliquer ce qu'on va lui faire.
2. Vérifier que l'aisselle est bien sèche (l'essuyer s'il y a de la sueur).
3. Positionner le thermomètre dans le creux axillaire, bien plaquer le bras contre le thorax.
4. Maintenir le thermomètre en position et attendre qu'il sonne, si c'est un thermomètre digital, ou 10 minutes s'il s'agit d'un thermomètre au gallium.

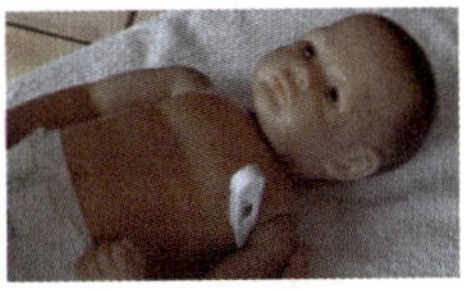

5. Lire la température sur le thermomètre.
6. Rajouter + 0,5 °C à la valeur lue (38 °C lus donnent 38,5 °C).

L'après-soin

Nettoyer le thermomètre à l'eau et au savon puis avec l'alcool (penser à secouer le thermomètre au gallium pour le remettre au minimum), puis ranger le matériel et se laver les mains. Faire les transmissions et prendre les mesures adaptées en fonction des résultats (déshabiller l'enfant, lui donner à boire, le rafraîchir avec un gant…). S'il y a présence de fièvre (température supérieure à 38 °C), prévenir les parents. Attention, un médicament antipyrétique ne peut être donné que sur prescription médicale.

Des températures supérieurs à 38,5°C peuvent être la cause de convulsions de 2 à 3 minutes avec perte de connaissance, pâleur, mouvements saccadés suivi par une phase où l'enfant est mou.

Recommandations COVID : Un enfant dont la température serait supérieure à 38 °C doit consulter un médecin avant d'être confié à l'assistant maternel ou le multi-accueil ou l'école.

JE RETIENS

Léo, 8 mois, est chaud. Vous décidez de prendre sa température axillaire, elle est de 38,7°.

1) Indiquer l'endroit de la prise.

2) Quelles mesures pouvez-vous prendre à votre niveau?

→ ***Vous trouverez tous les éléments de réponses à ces questions p. 198***

FICHE 55

Les maladies et les affections de l'enfant

QCM d'auto-évaluation Fiches 53 à 62
www.lienmini.fr/21006-17

L'enfance est une période au cours de laquelle les défenses immunitaires se mettent en place progressivement : le système immunitaire est encore immature. Ceci explique que les jeunes enfants soient très sensibles aux maladies infectieuses. D'autre part, l'enfant peut être atteint de maladies congénitales (maladies présentes à la naissance).

1 Les maladies infectieuses

Lorsqu'un agent infectieux (bactérie, virus, parasite…) pénètre dans l'organisme, il peut lui transmettre une maladie infectieuse. Pour prévenir la contagion de ces maladies, il est possible d'avoir recours à la vaccination ou à des mesures de protection. ▸ FICHE 27

Les phases d'une maladie infectieuse

Les phases d'une maladie infectieuse sont au nombre de quatre.

1. Pénétration de l'agent pathogène → **Incubation** : phase silencieuse pendant laquelle les symptômes ne sont pas encore apparents, mais l'enfant « couve » sa maladie et est particulièrement contagieux.
2. Premiers signes non spécifiques de la maladie → **Invasion** : apparition des premiers symptômes de la maladie le plus souvent non spécifiques (fièvre, asthénie…).
3. Signes spécifiques à la maladie → **Phase d'état** : apparition des symptômes caractéristiques de la maladie (en particulier « l'éruption » pour les maladies éruptives).
4.
   - **Convalescence** : retour complet à l'état de santé.
   - **Complications** : peuvent être responsables de séquelles et conduire au décès.
   - **Rechute** : reprise de la maladie avant guérison complète.
   - **Récidive** : nouvelle infection.

Les maladies infectieuses éruptives

Ce sont des maladies qui s'accompagnent d'éruptions cutanées (boutons).

Maladies	Signes et complications	Conduite à tenir et prévention
Roséole 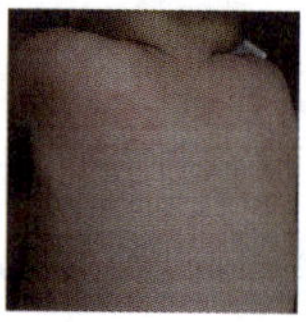 *Virus*	**Signes** : – Fièvre élevée (39 °C et plus) pendant 3 à 4 jours, puis chute de la fièvre. – Éruption cutanée : apparition de maculo-papules au niveau du tronc. **Complications** : très rarement, des méningites virales, une baisse du nombre des plaquettes, une atteinte du foie par le virus.	**Conduite à tenir :** lutter contre la fièvre. **Prévention** : aucune, il n'existe pas de vaccin.

Maladies	Signes et complications	Conduite à tenir et prévention
Rubéole 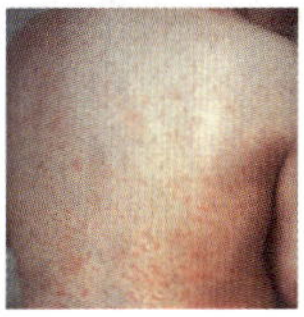 *Virus*	**Signes** : – Température modérée. – Rhume et ganglions au niveau du cou. – Éruption cutanée : maculo-papules (sauf paumes des mains et plantes des pieds). **Complications** : malformations embryonnaires et retard de croissance fœtale.	**Conduite à tenir :** – Lutter contre la fièvre. – Nettoyer le nez. – Informer les parents des autres enfants accueillis, en particulier les femmes enceintes (risques de malformations embryonnaires). **Prévention** : vaccination obligatoire.
Rougeole 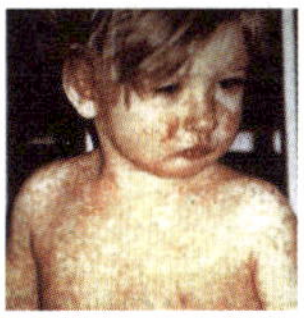 *Virus*	**Signes** : – Fièvre entre 39 °C et 40 °C. – Rhume. – Taches blanches à l'intérieur des joues. – Éruption cutanée : maculo-papules rouges avec intervalles de peau saine. **Complications** : convulsions hyperthermiques, encéphalite, complications broncho-pulmonaires et oculaires.	**Conduite à tenir :** – Lutter contre la fièvre. – Nettoyer le nez. – Favoriser le repos. **Prévention** : vaccination obligatoire.
Varicelle 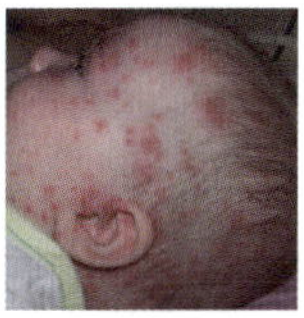 *Virus*	**Signes** : – Éruption cutanée en trois phases : macules rosées, vésicules claires, croûtes. – Prurit. – Température élevée avant éruption. **Complications** : surinfection par grattage et apparition de cicatrices indélébiles.	**Conduite à tenir :** – Informer les parents des autres enfants. – Lutter contre la fièvre. – Éviter les bains. – Aseptiser les vésicules ou les croûtes. – Donner le traitement prescrit pour le prurit. – Veiller à l'hygiène des mains. **Prévention** : vaccination (certains cas).
Scarlatine 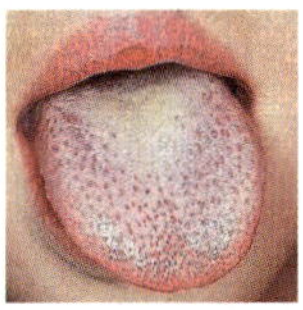 *Bactérie*	**Signes** : – Fièvre élevée à 40 °C. – Amygdales rouges et langue blanche. – Vomissements et céphalées. – Éruption cutanée : plaques rouges sans intervalle de peau saine. **Complications** : convulsions, atteintes rénales et atteintes articulaires.	**Conduite à tenir** : – Lutter contre la fièvre. – Donner le traitement antibiotique prescrit par le médecin. – Informer les parents des autres enfants. **Prévention** : aucune, il n'existe pas de vaccin.

Les maladies infectieuses non éruptives

Maladies	Signes	Conduite à tenir et prévention
Oreillons 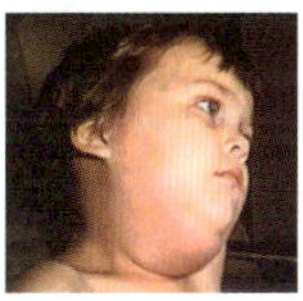 *Virus*	**Signes** : – Fièvre 38-39 °C. – Gonflement en avant de l'oreille (unilatéral puis bilatéral). – Douleurs lors de la salivation et de la mastication (difficultés pour s'alimenter). **Complications** : orchite et méningite.	**Conduite à tenir** : – Lutter contre la fièvre. – Alimenter sans forcer. **Prévention** : vaccination obligatoire.
Coqueluche 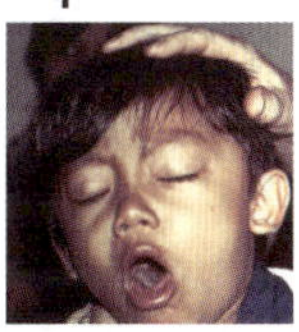 *Bactérie*	**Signes** : – Fièvre modérée. – Rhinopharyngite. – Toux sèche puis quinte de toux. – Risques de vomissements. **Complications** : convulsions, détresse respiratoire, fausse route, déshydratation et dénutrition.	**Conduite à tenir** : – Lutter contre la fièvre. – Nettoyer le nez. – Surveiller la toux. – Être présent auprès de l'enfant au moment des quintes (risque d'asphyxie). – Surveiller l'état général (poids). **Prévention** : vaccination obligatoire.

Céphalées : maux de tête.
Encéphalite : atteinte cérébrale entraînant des séquelles motrices et intellectuelles.
Macule : tache rouge non saillante au niveau de la peau.
Maculo-papule : association de macules et papules.
Orchite : atteinte testiculaire.
Papule : élévation de la peau de couleur rose/rouge.
Vésicule : soulèvement de l'épiderme contenant un liquide transparent.

2 Les maladies chroniques

Il existe différentes formes de maladies chroniques chez l'enfant : les maladies congénitales et les maladies allergiques.

Les maladies congénitales

Une maladie congénitale est une maladie présente à la naissance. Elle peut être d'origine génétique, héréditaire ou bien s'être développée au cours de la grossesse.

Causes	Définitions	Exemples de maladies
Causes héréditaires	Maladies transmises par les ascendants.	Diabète Daltonisme
Causes génétiques	Anomalie de la structure ou du fonctionnement d'un gène.	Hémophilie Mucoviscidose
	Anomalie portant sur le nombre de chromosomes.	Trisomie 21 Trisomie 13
Causes infectieuses	Germe transmis au cours de la grossesse, de la mère à l'enfant.	Rubéole (malformation fœtale). Toxoplasmose (lésions du système nerveux central du fœtus).
Causes toxiques	Transmise au cours de la grossesse, de la mère à l'enfant (alcool, drogue, médicaments).	Syndrome d'alcoolisation fœtale (malformations, retard de croissance, troubles du comportement).
Anomalie de positionnement fœtal	Entraîne une malformation fœtale.	Pied bot (déformation du pied). Torticolis congénital (bénin).

Les maladies allergiques

L'allergie est une maladie due à une réponse immunitaire anormale de l'organisme contre un élément étranger appelé « allergène ».
Les allergènes sont multiples : acariens, poils de chats, pollen, médicaments, aliments…
Les allergies se manifestent de plusieurs façons.

Il existe des cas de réactions anaphylactiques (urgences médicales graves) au cours desquelles la réaction allergique est subite et généralisée. Si elle n'est pas traitée rapidement, la tension artérielle chute, il peut y avoir perte de connaissance et même décès en quelques minutes.

JE RETIENS

1) Classer les différentes phases d'une maladie infectieuse dans l'ordre chronologique.

invasion – phase d'état – incubation – convalescence

2) Caractériser ces maladies infectieuses en cochant les bonnes réponses.

Rougeole	❑ Bactérie	❑ Virus	❑ Éruptive	❑ Non éruptive	❑ Fièvre	❑ Pas de fièvre
Coqueluche	❑ Bactérie	❑ Virus	❑ Éruptive	❑ Non éruptive	❑ Fièvre	❑ Pas de fièvre
Varicelle	❑ Bactérie	❑ Virus	❑ Éruptive	❑ Non éruptive	❑ Fièvre	❑ Pas de fièvre
Oreillons	❑ Bactérie	❑ Virus	❑ Éruptive	❑ Non éruptive	❑ Fièvre	❑ Pas de fièvre
Roséole	❑ Bactérie	❑ Virus	❑ Éruptive	❑ Non éruptive	❑ Fièvre	❑ Pas de fièvre

3) Relier les différentes maladies chroniques à leur définition.

Maladie génétique •	• Maladie due à une anomalie chromosomique.
Maladie chromosomique •	• Maladie transmise par les ascendants.
Maladie héréditaire •	• Maladie due à une anomalie ou au dysfonctionnement d'un gène.

4) Donner une définition du terme « allergène ».

→ ***Vous trouverez tous les éléments de réponses à ces questions p. 198***

FICHE 56

Les parasitoses

QCM d'auto-évaluation Fiches 53 à 62
www.lienmini.fr/21006-17

Les infections générées par des parasites se multiplient et sont très fréquentes en collectivités. Ne pas considérer les maladies provoquées par les parasites (parasitoses) chez les enfants comme un phénomène préoccupant est une erreur. Ces parasitoses sont dues à un parasite dans l'organisme ; elles sont contagieuses et nécessitent des règles d'hygiène strictes.

1 Les parasitoses intestinales

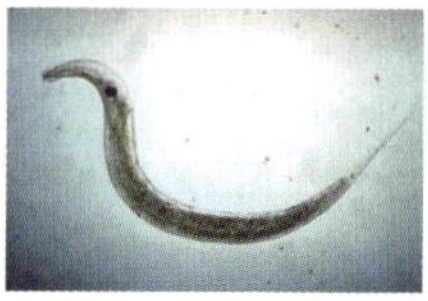

Fréquentes, les parasitoses intestinales sont des affections dues à la présence de vers parasites dans l'intestin. L'oxyurose est la plus connue chez l'enfant.

Modes de transmission	Signes cliniques	Complications	Conduites à tenir
Voie digestive : les oxyures se propagent à la suite du portage à la bouche des doigts souillés.	– Prurit (démangeaisons) anal, surtout la nuit. – Agitation – Vers dans les selles – Perte d'appétit – Diarrhées	– Surinfection des zones de grattage – Appendicite à oxyures	Préventive : – Bien se laver les mains en particulier après être allé à la selle, avant de manger. – Couper les ongles et les brosser si nécessaire. Curative : – Donner la prescription médicale (généralement en une prise à renouveler 3 semaines plus tard). – Changer la literie. – Dormir en pyjama.

En terme de prévention, il convient d'être vigilant avec la propreté des mains, de faire attention à bien nettoyer les aliments et de veiller à traiter et vermifuger régulièrement les animaux domestiques.

2 Les ectoparasitoses

Les ectoparasitoses sont dues à des parasites vivant à la surface de la peau. Il en existe deux principales chez l'enfant : la pédiculose (due au pou) et la gale.

La pédiculose

À savoir

Les poux sont munis de 3 paires de pattes terminées par de puissantes griffes. Ils évitent la lumière, se déplacent à l'aide de leurs griffes de cheveu en cheveu.

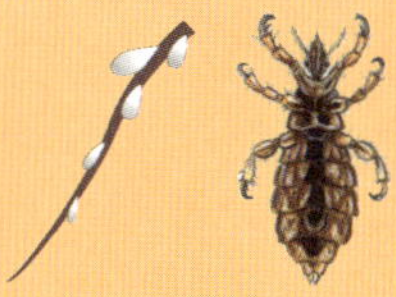

La femelle pond jusqu'à 300 œufs appelés lentes. Les lentes éclosent après 8 jours et deviennent adultes au bout de 10 jours. Les poux, larves et adultes, se nourrissent de sang (= hématophage) qu'ils prélèvent en piquant leur hôte 2 à 4 fois par jour.

Modes de transmission	Signes cliniques	Complications	Conduites à tenir
– Par contact direct (cheveu à cheveu). – Par contact indirect (brosse à cheveux, chapeau, bonnet, taie d'oreiller...)	– Prurit (démangeaisons) au niveau de la nuque et derrière les oreilles. – Présence de lentes sur le cheveu. – Présence de poux.	– Surinfection des zones de grattage. – Récidive probable si traitement incorrectement réalisé.	Préventive : – Ne pas échanger les bonnets, écharpes... – Attacher les cheveux longs. Curative : – Passer le peigne fin (suppression des lentes). – Administrer un shampoing ou une lotion ou une mousse anti-poux. – Traiter l'environnement (literie, ...)

Informer les parents qu'une épidémie de poux est présente dans la structure car ils doivent surveiller le cuir chevelu de leur enfant.

La gale

La gale est une affection contagieuse. Il y a infestation parasitaire par un acarien qui s'introduit sous la peau, pond ses œufs et se développe en formant de petits sillons sous la peau.

Modes de transmission	Signes cliniques	Complications	Conduites à tenir
– Par contact direct : contact prolongé peau à peau. – Par contact indirect : par la literie contaminée...	– Prurit (démangeaisons) surtout la nuit. – Lésions de grattage et vésicules. – Sillons rouges sous la peau (poignets, doigts puis coudes, fesses, pubis...).	– Surinfection des lésions de grattage. – Lésions de type eczéma.	Préventif : – Entretenir l'environnement. Curatif : – Traitement anti parasitaire oral ou local (de la personne et de la famille). – Traitement de l'environnement (linge, literie, vêtements...).

Quelle que soit la parasitose, il faudra informer les autres parents pour qu'ils surveillent leurs enfants.

La plupart du temps, le traitement est réalisé par les parents. En aucun cas le professionnel ne pourra prendre l'initiative de donner un médicament sans prescription médicale.

FICHE 57

Les situations d'urgence et les premiers secours

QCM d'auto-évaluation Fiches 53 à 62
www.lienmini.fr/21006-17

Quelles que soient les circonstances, il importe d'apprécier la situation d'urgence et de réaliser les gestes de premiers secours de manière appropriée.

1 Les principes de base

Face à une situation d'urgence, la conduite à tenir par le sauveteur est toujours la même. Elle se décline en quatre étapes :

Protéger →	Examiner →	Alerter →	Secourir
• Que s'est-il passé ? • Persiste-t-il un danger ? Si oui, supprimer le danger pour éviter le suraccident (par exemple éteindre la gazinière...) ou réaliser un dégagement d'urgence de la victime. • Attention à mettre les autres enfants en sécurité, les rassurer.	Permet de collecter des informations sur l'état de la victime : • Saigne-t-elle ? • S'étouffe-t-elle ? • Répond-elle ? • Respire-t-elle ?	• Appeler les secours. • Préciser votre identité et le numéro d'appel et répondre aux questions posées. • Attention, dans certaines situations, il sera judicieux d'alerter la hiérarchie (en structure ou à l'école maternelle par exemple) • Prévenir la famille	• Réaliser les gestes d'urgence en fonction de la situation.

À savoir

Auprès de qui donner l'alerte ?

– Le SAMU (15), lorsqu'il s'agit d'une urgence vitale.

– Les pompiers (18), s'il s'agit d'une situation de péril ou d'accident.

– Le médecin traitant ou le pédiatre pour recueillir un conseil médical (fièvre importante, coupure...) ou obtenir un RV de visite médical.

– La police (17) si l'on constate une infraction.

– Le centre anti-poison s'il existe des risques toxiques ou d'intoxication.

Dans les différents types d'accueil, une fiche est remplie par les parents avec les n° de téléphone des parents, des personnes mentionnées par les parents et celui du médecin traitant.

2 Les attitudes à adopter

À FAIRE	NE PAS FAIRE
– Évaluer l'atteinte et la gravité de la situation. – Rassurer l'enfant. – Téléphoner aux secours et aux parents. – Être clair, se contenter des faits, ne pas faire d'interprétation ni de diagnostic. – Faire les premiers gestes, surveiller en attendant les secours.	– Paniquer. – Appeler les parents si la situation peut attendre la transmission du soir. – Prendre l'initiative de donner des médicaments sans avis médical. – Donner à boire et à manger à la victime.

À savoir

Dès la rentrée scolaire ou en structure ou dès la signature du contrat avec l'AMA, les parents signent une autorisation de faire tous les gestes de secours en cas de problème y compris de faire appel à une équipe médicale en urgence (transfert à l'hôpital, opération chirurgicale, anesthésie…).

Selon l'urgence, les moyens de communication avec les familles restent identiques à ceux du quotidien :
– transmissions orales en fin de journée aux parents, si la situation n'est pas grave ;
– transmissions écrites sur un cahier des gestes effectués, de l'état de l'enfant et de son évolution au cours de la journée ;
– appel téléphonique aux parents si la situation est plus grave.

Certaines structures ont mis en place des protocoles d'urgence (souvent en collaboration avec le médecin référent) qui définissent la marche à suivre lors de situations d'urgence.

La formation du personnel aux gestes de premiers secours peut être intéressante, car elle permet d'être préparé à gérer des situations d'urgence, de mettre en œuvre les bons gestes, même si ces situations sont relativement rares.

JE RETIENS

1) Numéroter l'ordre chronologique dans lequel réagir face à une situation d'urgence.

Examiner	Protéger	Secourir	Alerter

2) Compléter les numéros de téléphone de :

La police :

Les pompiers :

Le SAMU :

→ ***Vous trouverez tous les éléments de réponses à ces questions p. 198***

FICHE 58

Le soin d'une plaie

QCM d'auto-évaluation Fiches 53 à 62
www.lienmini.fr/21006-17

La plaie est une lésion de la barrière cutanée qui sert de porte d'entrée aux micro-organismes pathogènes. L'organisme répond par une réaction inflammatoire locale : dilatation des vaisseaux sanguins, chaleur, douleur et gonflement.

1 Les différentes plaies

La plaie simple

Aussi appelée « égratignure », « éraflure » ou « écorchure », elle ne concerne en général que l'épiderme. Elle est peu étendue, superficielle (peu profonde), ne saigne pas ou très peu, et est généralement peu ou pas souillée par des corps étrangers (terre, graviers…).

La plaie grave

Elle concerne l'épiderme, le derme et parfois l'hypoderme.
Elle se caractérise par :
- sa localisation (visage, thorax, abdomen…) ;
- son aspect (saignements abondants, plaie étendue ou multiple, déchiquetée…) ;
- son origine (projectile, outil, morsure, objet tranchant…).

2 La conduite à tenir

➲ **Étape 1 :** protéger l'enfant blessé et les autres enfants en charge, s'il y en a.

➲ **Étape 2 :** examiner. Il faut d'abord se laver les mains, rassurer l'enfant, puis l'asseoir ou l'allonger. Ensuite, on peut examiner la plaie pour déterminer son étendue, sa profondeur, sa localisation et son aspect. Il faut aussi observer l'attitude de l'enfant.

➲ **Étape 3 :** secourir (faire le soin de la plaie).

3 Le soin d'une plaie simple

Les matériels et les produits

Compresses stériles, eau, savon liquide, pansement adhésif, gants jetables (si la plaie saigne ou si les mains du soigneur présentent une plaie ou une crevasse) et une poubelle. Sur prescription médicale, un antiseptique local peut être utilisé (préférer les unidoses et les sprays aux flacons).

Attention

Le coton n'est pas adapté pour ce soin : il s'effiloche et laisse des fibres dans la plaie.

L'avant-soin

Se laver les mains, ou les frictionner avec une SHA (solution hydro-alcoolique), puis préparer le matériel.

L'exécution

1. Rassurer l'enfant et expliquer que l'on va s'occuper de lui afin d'éviter tout affolement.
2. L'installer confortablement dans un lieu calme, pour éviter qu'il ne bouge.
3. Remonter le pantalon si besoin.
4. Ouvrir la compresse, sans mettre les doigts dessus (a), l'attraper par les quatre coins, en parachute (b), puis l'imbiber d'eau savonneuse.

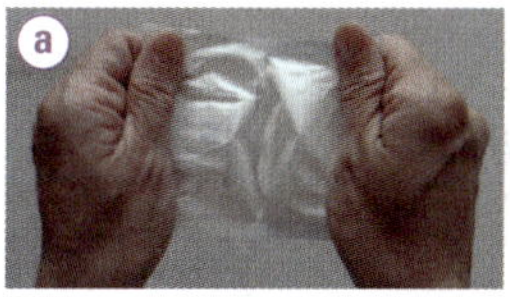

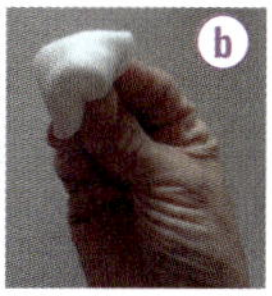

5. Réaliser le détourage puis nettoyer la plaie du centre vers la périphérie (ne pas repasser deux fois au même endroit avec la même partie de la compresse).
6. Enlever les corps étrangers, s'ils sont superficiels, avec une pince à épiler propre et désinfectée.
7. Rincer puis sécher par tamponnement avec une compresse, du centre vers la périphérie, tout en expliquant le soin à l'enfant.
8. En cas de prescription médicale, appliquer l'antiseptique sur la compresse puis procéder de la même façon que pour le nettoyage (ne pas rincer).
9. Appliquer un pansement adapté à la taille de la plaie.
10. Réinstaller l'enfant confortablement.

L'après-soin

Ranger le matériel et se laver les mains, puis faire les transmissions le soir aux parents en précisant l'heure, le lieu, les circonstances et les soins effectués.

Les jours suivants

Surveiller la plaie. Si elle devient rouge, douloureuse, chaude ou encore purulente, informer les parents afin qu'ils consultent leur médecin.

JE RETIENS

Remettre dans l'ordre les étapes du soin d'une plaie en les numérotant

Adapter un pansement à la taille de la plaie.	Nettoyer la plaie à l'eau et au savon en partant du centre vers la périphérie.	Se laver les mains	Rincer puis sécher en tamponnant avec la compresse.

→ *Vous trouverez tous les éléments de réponses à ces questions p. 198*

FICHE 59

La détresse respiratoire

Vidéo d'une technique professionnelle
La détresse respiratoire
www.lienmini.fr/21006-19

Il arrive que le jeune enfant s'étouffe après avoir avalé un petit objet. Le professionnel doit alors agir très rapidement afin que les fonctions vitales ne soient pas en danger.

1 La manœuvre de Mofenson

Le principe de la manœuvre

Cette manœuvre permet d'expulser un corps étranger coincé dans la gorge. On la pratique sur les nourrissons et les enfants de moins de 1 an. Le principe est d'effectuer 1 à 5 tapes dans le dos afin de provoquer une toux réflexe capable de débloquer le corps étranger.

Le déroulé du soin d'urgence

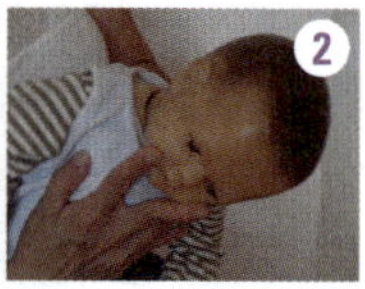

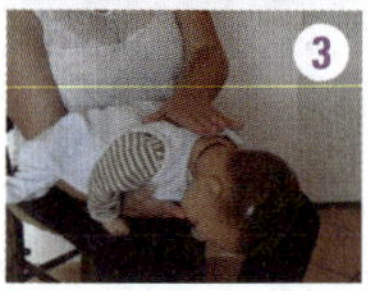

1. Coucher le nourrisson tête penchée en avant à califourchon sur son avant-bras.
2. Maintenir la tête avec les doigts de part et d'autre de la bouche sans appuyer sur la gorge.
3. Donner 1 à 5 tapes dans le dos, entre les omoplates, avec le talon de la main ouverte.

Deux cas de figure se présentent alors :

➲ Les tapes dans le dos ont été efficaces, l'enfant reprend sa respiration : **la manœuvre est terminée**.

➲ Les tapes dans le dos ont été inefficaces : **il faut appliquer 1 à 5 compressions thoraciques**. La compression de l'air contenu dans les poumons provoque un effet de « piston » capable de débloquer et d'expulser le corps étranger.

Suite de la manœuvre si les tapes ont été inefficaces.

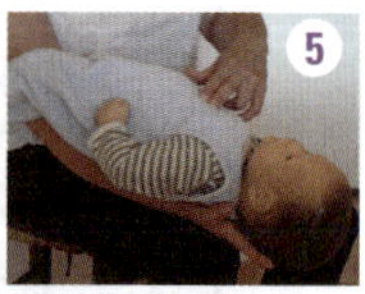

4. Placer un avant-bras contre le dos du nourrisson et une main sur sa tête.
5. Retourner le nourrisson sur le dos en le maintenant fermement. L'allonger tête basse sur l'avant-bras qui repose sur la cuisse.

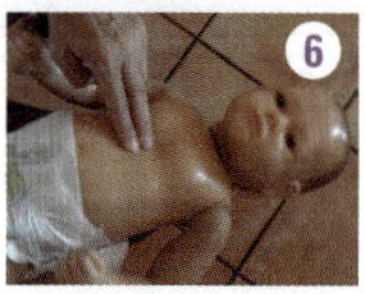

6. Effectuer 1 à 5 compressions profondes sur le devant du thorax, avec l'index et le majeur, au milieu de la poitrine, sur la moitié inférieure du sternum.

2 La manœuvre d'Heimlich

Le principe de la manœuvre

Cette manœuvre consiste à provoquer une augmentation brutale de la pression dans le thorax qui permet de repousser le corps étranger hors de la bouche. Le principe est d'effectuer 1 à 5 tapes vigoureuses dans le dos afin de provoquer une toux réflexe capable de débloquer le corps étranger et de l'expulser. On l'utilise sur les enfants de plus de 1 an.

Le déroulé du soin d'urgence

1. Laisser la victime dans la position où elle se trouve (assise ou debout).
2. Se placer sur le côté, légèrement en arrière de la victime, soutenir son thorax avec une main et la pencher vers l'avant, puis donner 1 à 5 tapes vigoureuses dans son dos, entre les deux omoplates, avec le talon de la main ouvert.

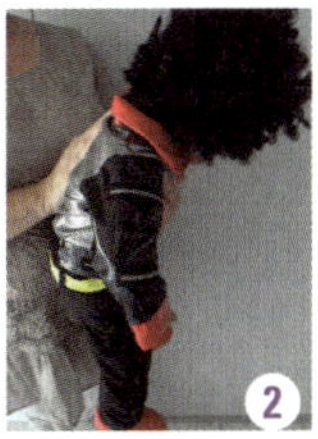

Suite de la manœuvre si les tapes ont été inefficaces.

3. Se placer derrière la victime, contre son dos.
4. Enlacer la victime en plaçant les bras sous les siens et la pencher bien en avant.
5. Placer le poing fermé juste au-dessus du nombril et au-dessous du sternum.
6. Mettre l'autre main sur la première, les avant-bras n'appuyant pas sur les côtes.
7. Tirer franchement en exerçant une pression vers l'arrière et vers le haut et effectuer 1 à 5 compressions.

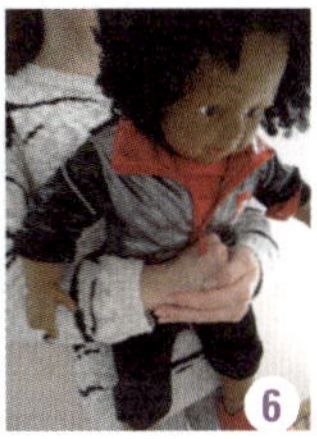

Réaliser à nouveau 1 à 5 tapes dans le dos puis 1 à 5 compressions abdominales, et ainsi de suite, autant de fois que nécessaire.

3 La conduite à tenir après une manœuvre

Après l'expulsion de corps étranger il faudra :
- installer l'enfant dans la position où il se sent le mieux ;
- surveiller son état : le rassurer, lui parler, l'observer ;
- demander un avis médical.

JE RETIENS

Lors de la manœuvre de Heimlich, quelle est la procédure que vous utilisez ?

- ❑ 5 tapes dans le dos, puis 5 compressions jusqu'à expulsion du corps étranger.
- ❑ 5 compressions puis 5 tapes dans le dos.
- ❑ 1 à 5 tapes dans le dos suivies de 1 à 5 compressions.
- ❑ 1 à 5 compressions suivies de 1 à 5 tapes dans le dos.

→ ***Vous trouverez tous les éléments de réponses à ces questions p. 198***

FICHE 60

La brûlure

Vidéo d'une technique professionnelle
La brûlure
www.lienmini.fr/21006-20

La prise en charge de la brûlure a un caractère urgent : plus on attend et plus la douleur persiste et tend à se propager. Une fois la brûlure soignée, il est important de se poser la question de la prévention et d'analyser la situation pour ne pas qu'elle se reproduise.

1 La conduite à tenir en présence d'une brûlure thermique

Le déroulé du soin d'urgence

1. Sans perdre de temps, refroidir la brûlure venant de se produire. L'arrosage immédiat diminue l'extension (superficie et profondeur), limite les conséquences et soulage la douleur.
2. Refroidir si possible en arrosant à l'eau du robinet tempérée (15 °C à 25 °C) pour absorber les calories et calmer la douleur. L'eau courante entraînera la chaleur en dehors du corps.
3. Laisser couler l'eau à faible pression en amont de la brûlure pendant 5 minutes pour ne pas provoquer de lésions supplémentaires de l'épiderme et éviter la douleur.
4. Communiquer avec l'enfant pour le rassurer. Faire passer le temps en lui parlant, en chantant par exemple.

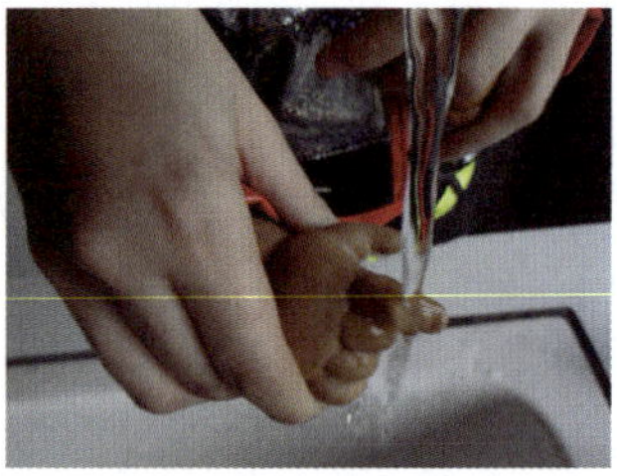

L'après-soin d'urgence

– Demander un avis du médecin si l'étendue, la surface ou l'emplacement de la brûlure le justifient.
– Transmettre les informations aux parents.

2 La conduite à tenir en présence d'une brûlure chimique

Le déroulé du soin d'urgence

1. Sans perdre de temps, profiter de la mobilité de la victime pour la mener à un point d'eau courante. Les premières secondes sous l'eau vont permettre d'éliminer en grande partie le produit.
2. Déshabiller immédiatement la victime (ne pas oublier les chaussures) car les vêtements imprégnés empêchent l'élimination du produit chimique.
3. Arroser la partie brûlée à l'eau courante tempérée (15 °C à 25 °C) et à faible pression afin de diluer et d'entraîner le produit. La faible pression permet de ne pas provoquer de lésions supplémentaires de l'épiderme et évite la douleur.
4. Parler à l'enfant pour le rassurer.

L'après-soin d'urgence

– Demander l'avis du médecin si l'étendue, la surface ou l'emplacement de la brûlure le justifient, de façon à adapter la prise en charge.
– Transmettre les informations aux parents en leur téléphonant et par écrit (préciser la localisation et les circonstances de la brûlure ainsi que les soins prodigués).

3 Les autres cas de brûlures

Les brûlures électriques

Ces brûlures sont principalement représentées par des points d'entrée et de sortie du courant marqués par une zone plus ou moins étendue de nécrose (arrêt du fonctionnement d'une cellule).
En cas de brûlure électrique, il faut protéger la victime (en débranchant l'appareil en cause si cela est possible et sans prendre de risque pour le secouriste), arroser le plus rapidement possible la zone brûlée visible à l'eau courante et demander un avis médical.

Les brûlures internes par ingestion ou inhalation

Les brûlures par ingestion sont dues le plus souvent à des produits caustiques tels que l'eau de Javel, l'eau oxygénée, le Décap'Four...
Dans ces cas-là il faut :
– placer la victime en position semi-assise pour faciliter la respiration ;
– ne jamais la faire vomir ou boire ;
– demander un avis médical (SAMU, centre anti-poison) ;
– garder l'emballage du produit chimique en cause et/ou le produit restant et essayer d'évaluer la quantité absorbée ;
– surveiller la victime et suivre les conseils donnés par les secours.

Les coups de soleil

Attention aux brûlures dues au soleil qui peuvent aller jusqu'au second degré.
Il est important de les prévenir. Pour cela il faut :
– couvrir l'enfant avec un tee-shirt en coton et un chapeau ;
– lui faire boire de l'eau pour bien l'hydrater ;
– éviter les heures les plus chaudes (entre 11 heures et 16 heures) ;
– lui mettre de la crème solaire toutes les deux heures ;
– lui faire porter des lunettes de soleil.

JE RETIENS

1) Préciser, en cas de brûlures superficielles, le temps et la température de l'eau que l'on doit couler sur la blessure.

→ ***Vous trouverez tous les éléments de réponses à ces questions p. 198***

FICHE 61

L’épistaxis

Vidéo d’une technique professionnelle
L’épistaxis
www.lienmini.fr/21006-21

L’épistaxis, ou saignement de nez, est relativement fréquent chez l’enfant et peut avoir de multiples origines. Il est banal dans la plupart des cas mais peut être inquiétant et à surveiller de près s’il survient après un coup sur la tête.

1 La conduite à tenir face à un saignement de nez

La prise en charge comprend quatre étapes.

➲ **Étape 1 :** protéger. Il faut pour cela mettre en sécurité l’enfant qui saigne du nez mais aussi les autres enfants, s’il y en a. Penser ensuite à le rassurer et le faire asseoir (s’il est en âge de maintenir cette position).

➲ **Étape 2 :** examiner. Il est nécessaire de constater de manière précise la gravité du saignement (abondance et origine).

➲ **Étape 3 :** alerter. Il est important de noter que si le saignement de nez ne s’arrête pas, s’il se reproduit ou a pour origine une chute ou un coup, un avis médical est à demander.

➲ **Étape 4 :** secourir. Face à une épistaxis, il faut tout d’abord faire moucher très doucement l’enfant (une seule fois) pour faire sortir les caillots qui pourraient empêcher de faire une compression correcte. Il convient ensuite de comprimer la narine qui saigne après s’être protégé (gants jetables). Pour cela :
- faire pencher en avant la tête de l’enfant pendant 10 minutes ou jusqu’à arrêt du saignement ;
- asseoir l’enfant pour éviter le malaise (perte de connaissance) ;
- vérifier l’arrêt du saignement ;
- nettoyer ensuite le sang sur le visage et les mains de l’enfant ;
- changer les vêtements salis ;
- signaler l’incident sur le cahier de l’enfant et informer les parents à leur arrivée ou les appeler si c’est grave.

L’enfant plus grand pourra lui-même compresser sa narine.

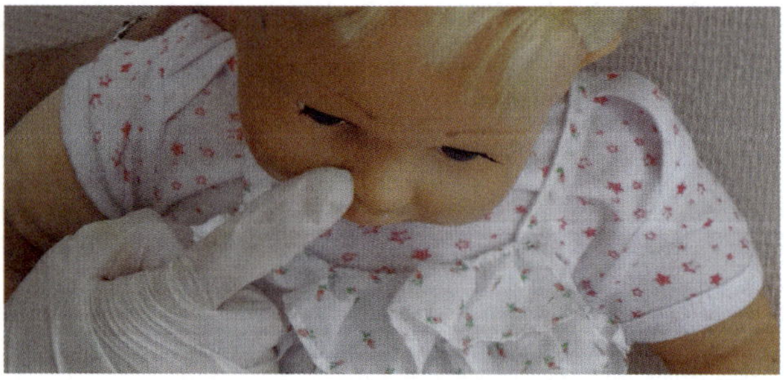

Attention

– Ne pas boucher les deux narines en même temps.
– Ne pas mettre de mèche (coton ou compresse) dans la narine.
– Ne pas faire pencher la tête en arrière.

Attention, des maladies telles que l'hépatite B et le SIDA peuvent être transmises par le sang en cas de plaie même minime sur les mains du secouriste. Il est donc important de porter des gants pour se protéger du contact avec le sang ou, à défaut, d'interposer un morceau de plastique.

2 La conduite à tenir face à une situation d'urgence

Dans les cas suivants, il faudra appeler les services médicaux d'urgence :
– l'écoulement de sang est important et se fait par les deux narines et l'arrière-gorge ;
– l'écoulement de sang est associé à d'autres symptômes : pâleur, malaise, sueurs, agitation, pouls rapide… ;
– l'écoulement de sang est consécutif à un traumatisme grave (chute, accident de la voie publique…).

À savoir

Pompiers : 18
SAMU : 15

JE RETIENS

Lors du goûter, Gabin se met à pleurer : il saigne du nez.

Vous lui faites pencher la tête :
❑ En avant.
❑ En arrière.

Vous réalisez une compression de la narine :
❑ Pendant 5 minutes.
❑ Pendant 10 minutes.
❑ Jusqu'à ce que les saignements s'arrêtent.

→ ***Vous trouverez tous les éléments de réponses à ces questions p. 198***

FICHE 62

Le Projet d'Accueil Individualisé (PAI)

QCM d'auto-évaluation Fiches 53 à 62
www.lienmini.fr/21006-17

Le projet d'accueil individualisé (PAI) est un document qui organise la vie quotidienne de l'enfant en établissement. Il précise ses besoins thérapeutiques (traitement, régime alimentaire, pathologies chroniques, allergies ...) pour permettre d'assurer sa sécurité et compenser les inconvénients liés à son état de santé.

1 Les enfants concernés par un PAI

Le PAI concerne les enfants atteints de troubles de la santé tels que :
- des pathologies chroniques (asthme, épilepsie...) ;
- des allergies (alimentaires, piqûres d'insectes...) ;
- des intolérances alimentaires.

2 Les signataires d'un PAI

- La famille sollicite le chef d'établissement pour mettre en place un PAI.
- Le médecin scolaire et/ou le médecin traitant rencontrent la famille et l'élève afin de cerner ses besoins spécifiques et déterminer les aménagements susceptibles d'être mis en place.
- Un document est élaboré avec les modalités de prise en charge particulières de cet enfant. En général, il comprend le protocole de soins, le régime alimentaire (si besoin), le protocole d'urgence.

À savoir

Dans le cas particulier des allergies alimentaires, les évictions seront notifiées. Si la réalisation des repas par la collectivité comporte trop de risques pour l'enfant, un panier repas préparé par la famille peut être apporté.

Mais trois points essentiels sont à observer :
- la famille assure la pleine et entière responsabilité des repas (composants, conditionnements,...)
- tous les éléments du repas doivent être identifiés pour éviter les erreurs.
- il conviendra de respecter la chaîne du froid de la fabrication du repas jusqu'à sa présentation à l'enfant.

3 Le contenu d'un PAI

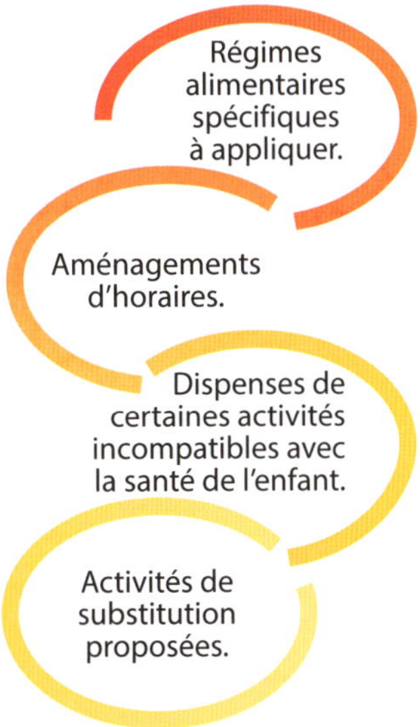

Remarque

Un PAI peut être établi pour une période allant de quelques jours à une année scolaire. Il peut être reconduit d'une année sur l'autre (et être réactualisé).

Question à un pro

Le PAI est-il réservé aux enfants scolarisés ?

Non, pas du tout. Qu'il s'agisse d'EAJE (établissement d'accueil pour jeunes enfants) ou d'accueil au domicile, un PAI d'un enfant atteint de maladie chronique peut être signé. Le PAI précisera la conduite à tenir, et lorsque cela est nécessaire, le médecin pourra montrer et expliquer comment administrer un médicament ou quelle attitude adopter.

Je retiens

1) Indiquer la signification du sigle PAI.

2) Le PAI permet certains aménagements. Parmi les aménagements suivants, cocher ceux qui relèvent du PAI.

❑ Pierre a un menu adapté, il est allergique aux arachides.
❑ Thomas doit quitter l'école plus tôt : il doit faire une radiographie suite à une fracture.
❑ Manon est diabétique. Le médecin a demandé de la laisser boire en classe et aller aux toilettes à la demande.

→ ***Vous trouverez tous les éléments de réponses à ces questions p. 198***

Je retiens

Corrigé

FICHE 1

1)

	Rôle de :			
	État	**Région**	**Département**	**Commune**
Rémunération des professeurs des écoles	x			
Rémunération des ATSEM				x
Agrément des assistants maternels			x	

2)

- Loi → Texte adopté par le Parlement et promulgué par le président de la République.
- Règlement → Comprend des textes tels que les décrets ou les arrêtés règlementaires.
- Charte → Texte ayant pour but de garantir des libertés, des droits, des devoirs.

FICHE 2

1) Faux – Faux – Vrai.

2) Le multi-accueil, la crèche collective, la halte-garderie, la crèche familiale, la micro-crèche, la crèche parentale et le jardin d'enfants.

3) L'assistant maternel ou la garde à domicile.

FICHE 3

1) *Tristan est trisomique*. Cause : congénitale
Type : handicap mental.
Jonathan est paraplégique. Cause : acquise
Type : handicap moteur.

2) MDPH : maison départementale des personnes handicapées.
CDAPH : commission des droits et de l'autonomie des personnes handicapées.
PAP : projet d'accompagnement personnalisé.

FICHE 4

D'accueil – éducatif – école

FICHE 5

1) Vagissements – vocalises – babillages – mot-phrase.

2) Marche à quatre pattes → 8 mois
Tourne sur le dos/ventre → 5 mois
Monte et descend les escaliers seul → 2 ans
Tient assis sans appui → 10 mois
Marche → 13 mois

3) a. vers 4-5 ans – b. à partir de 3 ans – c. vers 4 ans – d. de 2 à 3 ans.

FICHE 6

1) *Tom se réveille :* besoin de dormir et se reposer. / *L'auxiliaire de puériculture lui change sa couche :* besoin d'éliminer. / *Elle l'installe dans le transat :* besoin de se mouvoir et de maintenir une bonne posture. / *Il joue :* besoin d'apprendre et besoin de se récréer. / *Elle préparera le biberon :* besoin de boire et manger.

2) L'enfant est dépendant de l'adulte et en attente de son approbation.

3) Sophia est dans la période appelée « angoisse du 8e mois ». Elle commence à distinguer ses proches des inconnus, d'où sa difficulté à se séparer de sa mère. Il est important de la rassurer, de la prendre dans les bras, de lui verbaliser ce qu'il se passe, de ne jamais partir en douce sans lui dire au revoir, de jouer à cache-cache et de lui laisser son objet transitionnel.

FICHE 7

1) **Cas 1 :** Pierre est malentendant : organes des sens (fonction de relation).
Pierre est enrhumé : appareil respiratoire (fonction de nutrition).
Cas 2 : Sophie a une entorse : appareil locomoteur (fonction de relation).

2) Cellule – tissu – organe – appareil ou système.

FICHE 8

1) Les trois couches de la peau sont : l'épiderme, le derme et l'hypoderme.

2) Eczéma.

3) La parasitose due au pou s'appelle la pédiculose.

FICHE 9

1) La ceinture scapulaire est composée de la clavicule et de l'omoplate.
Le membre inférieur est composé du fémur, de la rotule (ou patella),du péroné (ou fibula), du tibia, des tarses, métatarses et phalanges.

2) Muscle – faisceau – fibre musculaire – myofibrille.

3) Faux, c'est une articulation mobile (ou synoviale).

FICHE 10

1) En longueur : le cartilage de conjugaison.
En largeur : le périoste.

2)

	Naissance	1 an	4 ans
Poids	3 250 g	10 kg	17 kg
Taille	50 cm	73 cm	1 m
Périmètre crânien	35 cm	46 cm	49 cm

3) Les trois déformations sont : la cyphose, la lordose et la scoliose.

FICHE 11

1) n° 4 vessie – n° 3 uretère – n° 5 urètre – n° 2 bassinet – n° 1 rein.

2) Les quatre étapes sont : filtration glomérulaire, réabsorption tubulaire, sécrétion tubulaire et excrétion de l'urine.

FICHE 12

1) Bouche – pharynx – œsophage – estomac – intestin grêle – côlon – rectum – anus.

2) La dentition temporaire comporte 20 dents.
La dentition définitive comporte 32 dents.

FICHE 13

1) L'enfant sait seulement téter et non mastiquer. Son immaturité du système digestif et rénale nécessite un apport d'eau important.

2) Faux. L'hiver, l'air est souvent sec et les habitations bien chauffées. Mieux vaut proposer de l'eau entre les biberons, sans forcer l'enfant.

FICHE 14

1) Oreille externe : pavillon de l'oreille, tympan.
Oreille moyenne : marteau, trompe d'Eustache.
Oreille interne : cochlée, nerf auditif.

2) Les trois membranes sont : la sclérotique, la choroïde et la rétine.
Les quatre milieux transparents sont : la cornée, l'humeur aqueuse, le cristallin et l'humeur vitrée.

3) le café (amer) - le cornichon (acide) - le fromage (salé) - la pêche (sucré)

FICHE 15

1) Il faut barrer : nerfs crâniens.

2) Propriétés : excitabilité, conductibilité.

3) Nerf moteur n° 3 - Nerf associatif n° 2 - Nerf sensitif n° 1

FICHE 16

a. Espacements adaptés (empêchant le passage du corps).

b. Utilisation de matériaux non toxiques et résistants.

c. Sol amortissant à l'arrivée.

d. Zone de sortie abaissée et arrondie.

FICHE 17

1) Le liniment.

2) Le savon doux peut s'utiliser pour une plaie.

FICHE 18

1) a. Explosif (j'explose) - b. Néfaste pour l'environnement (je pollue l'environnement)

FICHE 19

1) jeux autonomes (symboliques) – 2) Lecture – 3) Soins d'hygiène – 4 : Repos

FICHE 20

1) Yvon : famille monoparentale.
Patricia et Paul : famille traditionnelle.

1

Pierre et Solange : famille recomposée.

2) Union libre → Union entre deux personnes.
Mariage → Acte juridique passé devant un officier d'état civil.
Pacs → Contrat enregistré par le greffier du tribunal.

FICHE 21

1) Les structures publiques de la petite enfance publiques.

FICHE 22

Situation 1 : il s'agit de la discrétion professionnelle
Situation 2 : il s'agit du secret professionnel (non respecté dans ce cas là)

FICHE 23

Responsabilité civile : 1 - Réparation d'un dommage causé à autrui – 2. Protection de l'individu – 3. Assurable
Responsabilité pénale : 1. Sanction à une infraction – 2. Protection de la société – Non assurable

FICHE 24

É	L	E	C	T	R	O	C	U	T	I	O	N
T			A				H			N		O
O			S				U			T		Y
U			Q				T			O		A
F			U				E			X		D
F			E							I		E
E										C		
M										A		
E										T		
N										I		
T										O		
										N		

FICHE 25

Une maladie professionnelle ouvre droit à des indemnités journalières.

FICHE 26

Garder la colonne vertébrale droite. - Avoir un matériel adapté.

FICHE 27

1) Il s'agit de la flore transitoire.

2) Flore cutanée, respiratoire, génitale, digestive.

3) Mode de contamination : contamination exogène (ne provient pas de la personne elle-même mais de l'environnement).
Mode de transmission : transmission indirecte (l'intermédiaire est la nourriture).
Voie de pénétration : voie digestive.

FICHE 28

Perles : plus de 3 ans - Pâte à modeler : 1 à 2 ans, 2 à 3 ans et plus de 3 ans – Découpage : 2 à 3 ans avec aide et plus de 3 ans - Peinture au rouleau : 1 à 2 ans, 2 à 3 ans et plus de 3 ans.

FICHE 29

1) L'adulte doit montrer à l'enfant comment utiliser les jouets et le reprendre si besoin. - Le jeu libre ne nécessite pas la présence de l'adulte qui peut en profiter pour ranger les placards de la structure par exemple.

2) Il permet de développer la confiance en soi, favoriser la créativité, stimuler l'autonomie, découvrir, apprendre....

FICHE 39

1) Ensemble des fonctions nerveuses et musculaires permettant les mouvements volontaires ou automatiques du corps.

2) Marcher, grimper, rouler, sauter…

FICHE 40

Le portage position ventrale. Cette position correspond à l'âge de l'enfant et permet souvent d'apaiser les maux de ventre.

FICHE 41

1) (2) – 2) (3) – 3) (1) et 4) (4).

FICHE 42

Hygiène, sécurité, confort et respect de l'enfant.

FICHE 43

Dépose et levée du jeune enfant du matelas : cuillère.

Dépose et levée du grand enfant du matelas : barre fessière et béquille.

FICHE 44

☟	✡	☝	✋	☜	☠	☜
H	Y	G	I	E	N	E

💧	☜	👍	✞	☼	✋	❄	☜
S	E	C	U	R	I	T	E

☜	👍	⚐	☠	⚐	💣	✋	☜
E	C	O	N	O	M	I	E

👍	⚐	☠	☞	⚐	☼	❄
C	O	N	F	O	R	T

FICHE 45

3 – 1 – 4 – 2

FICHE 46

1) Vous allez demander à ses parents s'ils peuvent plutôt lui mettre en pantalon à élastique (plus vite enlevé). - Vous suggérez aux parents de lui mettre plutôt une couche culotte.

2) Vous la rassurez en lui disant que ce n'est pas grave et que vous êtes sûr(e) qu'elle va y arriver.

FICHE 47

1) A.Coucher l'enfant sur le dos – B. Le mettre dans une turbulette – C. Pas de peluche, pas de couverture - D. Température de la pièce à 19°C. – E. Matelas aux dimensions du lit.

2) Toujours attacher l'enfant dans le transat. - Vérifier que les sangles soient bien ajustées- Ne jamais déposer le transat avec l'enfant sur une table.

FICHE 48

1)

Sommeil paradoxal	**Sommeil lent très léger**	**Sommeil lent très profond**
Phase n° 6	Phase n° 2	Phase n° 5

Endormis-sement	**Sommeil lent profond**	**Sommeil lent léger**
Phase n° 1	Phase n° 4	Phase n° 3

2) Sécrétion de l'hormone de croissance → Sommeil lent

Récupération physique → Sommeil lent

Maturation cérébrale → Sommeil paradoxal

Apprentissage, mémorisation → Sommeil paradoxal

FICHE 49

1) Pour 180 ml d'eau, il faut 6 mesures de lait (1 mesure pour 30 ml d'eau).

2) Il existe trois possibilités : utiliser de l'eau en bouteille portant la mention « convient à la préparation des biberons » ; utiliser une eau faiblement minéralisée (exemple : Évian ou Volvic) ; utiliser de l'eau du robinet si sa qualité le permet.

FICHE 50

1) Bien caler la tête du bébé dans le coude de l'adulte - Lui relever la tête pour ne pas qu'il soit couché.

2) Vérifier la température du biberon avant de le donner.

FICHE 51

1) 63°C – 2) Blouse ou surblouse ; charlotte ; gants à usage unique.

FICHE 52

Il reste disponible durant tout le repas. Il s'assoit avec les enfants et partage un moment convivial avec eux.

FICHE 53

1) Enfant en danger → Ensemble des enfants pris en charge par l'ASE.

Enfant en risque → Enfant qui connaît des conditions d'existence risquant de mettre en danger sa santé, sa sécurité, sa moralité...

Enfant maltraité → Enfant victime de violences physiques, d'abus sexuels, de cruauté mentale...

2) ASE : aide sociale à l'enfance.

3) L'ASE dépend du Conseil départemental.

FICHE 54

1) En axillaire, au niveau de l'aisselle. Attention, rajoutez 0,5 degré à la valeur lue.

2) Déshabiller l'enfant - Le faire boire - Le rafraîchir avec un gant d'eau ...

FICHE 55

1) Incubation – invasion – phase d'état – convalescence.

2)

Roséole	Virus	Éruptive	Fièvre
Oreillons	Virus	Non éruptive	Fièvre
Rougeole	Virus	Éruptive	Fièvre
Coqueluche	Bactérie	Non éruptive	Fièvre
Varicelle	Virus	Éruptive	Fièvre

3) Maladie génétique → Maladie due à une anomalie ou au dysfonctionnement d'un gène.
Maladie chromosomique → Maladie due à une anomalie chromosomique.
Maladie héréditaire → Maladie transmise par les ascendants.

4) Agent de nature protéïque appartenant à l'environnement provoquant une allergie.

FICHE 57

1) Protéger(1) – Examiner (2) – Alerter (3) – Secourir (4)

2) Police : 17
Pompier : 18
Samu : 15

FICHE 58

Se laver les mains – Nettoyer la plaie – Rincer puis sécher – Adapter un pansement à la plaie.

FICHE 59

1 à 5 tapes dans le dos suivies de 1 à 5 compressions.

FICHE 60

1) 10 minutes - 15 à 25 °C

FICHE 61

1) En avant

2) Pendant 10 minutes - Jusqu'à ce que les saignements s'arrêtent.

FICHE 62

1) Projet d'accueil individualisé.

2) Pierre a un menu adapté, il est allergique aux arachides. - Manon est diabétique. Le médecin a demandé de la laisser boire en classe et aller aux toilettes à la demande.

Épreuve 2

Exercer son activité en accueil collectif

FICHE 63 Les situations d'échanges avec l'enfant et la famille

QCM d'auto-évaluation Fiches 63 à 81
www.lienmini.fr/21006-22

L'assistant maternel comme le professionnel exerçant en crèche, après avoir rencontré une ou plusieurs fois la famille, va accueillir l'enfant au quotidien. Pour cela, bien souvent, une période d'adaptation est programmée, puis des échanges avec la famille s'effectueront quotidiennement.

1 La période d'adaptation

Cette période, hormis le fait d'accueillir l'enfant et son parent et de faire connaissance avec eux, connaît certaines spécificités dans le cadre de l'accueil à domicile.

En effet, l'assistant maternel pourra préciser comment il souhaite être appelé.

Ensuite, il devra délimiter et verbaliser les endroits ouverts à l'enfant et sa famille et les pièces privées (auxquelles ils n'auront pas accès).

À savoir

Le métier d'assistant maternel présente une difficulté majeure qui est de séparer sa vie professionnelle et sa vie privée, puisqu'il travaille à son domicile. Pour cela, chacun va mettre en place ses propre limites : certains rangent tous les jeux le soir pour retrouver leur « chez-soi », d'autres délimitent l'accès à certaines pièces seulement...

2 Les échanges au quotidien

Le matin et le soir, la famille et le professionnel échangeront sur les points importants de la journée et de la nuit. Le professionnel peut, dans certains cas, présenter la journée aux parents (« Ce matin nous irons au regroupement organisé par le RPE », « Cet après-midi nous irons nous promener au parc »...). Ainsi les parents (et l'enfant) peuvent se projeter sur la planification de la journée.

Quelques mises en garde cependant sont à noter :
- Il sera important que le professionnel sache poser un cadre afin que le parent ne déborde pas sur un temps d'accueil du matin ou du soir trop long.
- Il doit rester à sa juste place (il n'est ni psychologue, ni conseiller conjugal...).
- Le centre d'intérêt et d'échanges doit rester l'enfant. ► FICHES 82 ET 87

3 Les supports

Les supports de transmission peuvent être variés. Il peut y en avoir de plusieurs sortes car ils peuvent être complémentaires.

– **La grille d'observation** : elle permet de faire un point objectif sur les acquisitions de l'enfant au niveau psychomoteur, langage... C'est une trace écrite qui permet une relecture à distance et un moyen d'échange sur les progrès de l'enfant.

– **La feuille de rythme** : particulièrement intéressante pour le jeune enfant pendant la période d'adaptation. Elle permet de repérer le rythme habituel de l'enfant et l'assistant maternel peut s'organiser en fonction de ce rythme. Attention cependant, car l'erreur serait d'oublier que l'enfant en grandissant change de rythme et qu'il faudra s'y adapter.

– **Le cahier de bord** : c'est un cahier qui fait l'aller-retour entre le domicile de l'assistant maternel et celui de l'enfant. Il est rempli jour après jour avec les évènements importants. Il peut être enrichi de dessins, photos...

En résumé :

Transmissions écrites

Grille d'observation :
+ : repères objectifs, datés sur toute la période d'accueil
– : peu de détails du quotidien

Feuille de rythme :
+ : repérage global du rythme de l'enfant sur 24 heures qui est rapide à remplir
– : peu de détails sur le quotidien

Cahier de bord :
+ : éléments détaillés de la journée de l'enfant : éléments de sa vie, changements...
+ : permet de personnaliser les transmissions
– : nécessite plus de temps pour la rédaction

Les transmissions orales permettront de compléter les transmissions écrites. Elles ont l'intérêt d'être rapides et immédiates.

Recommandations COVID : Réserver un espace si possible à l'extérieur pour l'accueil du matin et du soir. Le port du masque est obligatoire pour les parents et les professionnels.

JE RETIENS

1) Citer deux lieux dans lesquels se déroule une période d'adaptation pour l'enfant avant qu'il ne soit accueilli durablement.

2) Identifier le document qui est validé après la période d'adaptation :

❑ Le cahier de bord ❑ Le projet d'accueil ❑ La grille d'observation

→ ***Vous trouverez tous les éléments de réponses à ces questions p. 248***

FICHE 64

Les transmissions

QCM d'auto-évaluation Fiches 63 à 81
www.lienmini.fr/21006-22

La transmission des faits journaliers vécus par l'enfant est autant nécessaire pour les parents (compte-rendu de ce qui s'est passé dans la journée) que pour le professionnel (éléments portant sur la nuit, le repas de la veille, les vacances...). Les transmissions peuvent être écrites ou orales et se faire le matin et le soir. C'est, dans tous les cas, un moment privilégié entre parents et professionnels et entre professionnels.

1 Les intérêts des transmissions

Les transmissions permettent de :
- comprendre rapidement la situation et les soins nécessaires à réaliser ;
- assurer des relations cohérentes et continues entre les différents membres d'une équipe ;
- respecter le rythme de l'enfant ;
- respecter ses habitudes (par exemple : dort avec la sucette et une peluche) ;
- informer des acquisitions motrices (marche seul) et des progrès (mange seul à la cuillère) ;
- faciliter le repérage de maladies (boutons détectés sur le corps), de handicaps (retard de langage) et de troubles de comportement (hyperactivité) ;
- faciliter la communication par des échanges oraux parent/professionnel ou professionnel/professionnel ;
- laisser une trace écrite ;
- optimiser le temps pour les professionnels.

2 Les transmissions : écrites ou orales ?

En fonction de la situation, du lieu d'exercice, les transmissions peuvent être écrites ou orales et présentent des intérêts différents.

	Transmissions écrites	Transmissions orales
Avantages	– Constituent une preuve juridique. – Sont durables (référence possible en cas de contestation, pour vérifier un soin...). – Engagent celui qui a transmis. – Constituent une référence pour l'équipe.	– Sont immédiates et rapides. – S'adaptent à la personne, au lieu, au moment. – Permettent le réajustement si nécessaire. – Permettent l'échange.
Inconvénients	– Entraînent la multiplication de documents. – Sont parfois des informations secondaires et sans intérêt. – Peuvent être fastidieuses à rédiger ou à lire.	– Peuvent être oubliées. – Peuvent être transformées, interprétées et non fidèles à la réalité. – Ne laissent pas de traces. – Ne sont pas contrôlables.

3 Les caractéristiques des transmissions écrites

Pour être complètes et pertinentes, les transmissions écrites doivent indiquer un certain nombre d'éléments :
- le nom, le prénom et la qualification de la personne qui effectue les transmissions ;
- la date et l'heure des transmissions ;
- la signature de la personne qui écrit les transmissions.

Les écrits doivent être :
- clairs, lisibles, bien orthographiés (éviter les abréviations et les codes qui ne sont pas compréhensibles de tous) ;
- concis (éviter les discours inutiles) ;
- précis (éviter d'écrire « a bien mangé » mais préférer « a mangé un yaourt entier avec un boudoir et bu 100 ml d'eau ») ;
- objectifs (ne pas juger, s'en tenir aux faits). Éviter par exemple d'écrire : « Thibault a pleuré toute la matinée et a fait un caprice au départ de sa maman. » Préférer : « Thibault a eu des difficultés à quitter sa maman ce matin. Il a pleuré jusqu'au goûter puis s'est calmé. »

Les supports écrits des transmissions sont multiples :
- grille d'observation : elle permet de noter de façon précise l'évolution d'un enfant et de garder une trace ;
- grille de développement psychomoteur : les professionnels notent les progrès de l'enfant ;
- cahier journalier.

Recommandations COVID : Privilégier au maximum les transmissions téléphoniques ou écrites avec les parents (mails, SMS…).

2

JE RETIENS

1) Indiquer les avantages des transmissions écrites et orales en cochant la réponse qui correspond.

	Transmissions écrites	Transmissions orales
Elles sont rapides et immédiates		
Elles constituent une preuve juridique		
Elles sont une référence pour l'équipe		
Elles permettent le réajustement immédiat si nécessaire		

2) Énoncer trois caractéristiques des transmissions écrites.

→ *Vous trouverez tous les éléments de réponses à ces questions p. 248*

FICHE 65 La communication appliquée au secteur professionnel

QCM d'auto-évaluation Fiches 63 à 81
www.lienmini.fr/21006-22

Au cours d'une journée en crèche ou en école maternelle, de nombreuses informations sont échangées. Les professionnels vont donc choisir le mode de communication et le support en fonction de l'objectif à atteindre.

1 Les composantes de la communication

Étymologiquement, le terme « communiquer » signifie « mettre en commun ». Par la communication des informations, des émotions et des sentiments vont être partagés.

Dans une situation de communication il y a :
- **l'émetteur** (qui ?) : c'est celui qui envoie le message ;
- **le récepteur** (à qui ?) : c'est celui qui reçoit le message ;
- **le canal** (comment ?) : c'est la voie de transmission de l'information (canal auditif ou visuel) ;
- **le message** (quoi ?) : c'est le contenu de l'information transmise ;
- **la rétroaction** (ou feedback) : c'est la réponse donnée par le récepteur au message de l'émetteur.

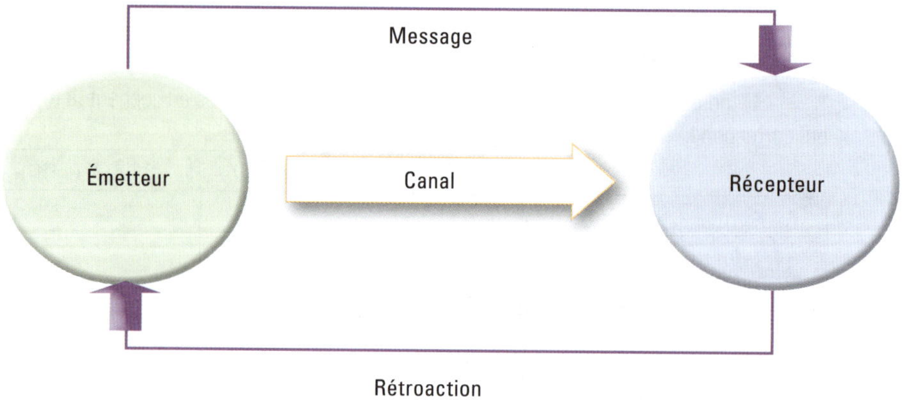

2 Les formes de communication

Il existe quatre formes de communication.

➲ **La communication verbale** : c'est un moyen pratique et rapide pour échanger des informations. Elle s'effectue à travers des mots.

➲ **La communication non verbale** : elle peut accompagner la communication verbale et ainsi donner une signification complémentaire. Elle peut aussi être un langage à elle seule au travers des attitudes corporelles et faciales notamment (sentiment de joie, de douleur, langage des signes...).

➲ **La communication écrite** : seuls les mots et la ponctuation donnent du sens au message.

➲ **La communication visuelle** : elle permet de transmettre une information par la « lecture » d'une image, d'un logo.

Formes de communication	Codes	Canaux	Exemples de situations
Communication verbale	Mots	Auditif	Entretien téléphonique, réunions, transmissions orales...
Communication non verbale	Gestes, posture, regard, attitude, toucher...	Visuel	
Communication écrite	Lettres, mots	Visuel	Lettre, transmissions écrites, note de service...
Communication visuelle	Images graphiques, logo	Visuel	Tableau, planning, photographies...

À savoir

On peut répertorier trois types de communication qui dépendent du nombre de récepteurs :
– la communication interpersonnelle : il y a un émetteur et un récepteur (exemple : le professeur s'adresse à un élève) ;
– la communication de groupe : un émetteur s'adresse à plusieurs récepteurs (exemple : la directrice de crèche anime une réunion d'équipe) ;
– la communication de masse : un émetteur s'adresse à un public nombreux, anonyme et hétérogène grâce à des supports tels que les mass média (exemple : le ministre de l'Éducation nationale informe les Français sur les nouveaux rythmes scolaires par l'intermédiaire des médias).

3 Les freins à la communication

Les freins sont des obstacles qui vont nuire au bon déroulement et à la qualité de la transmission d'informations. Ils peuvent être de plusieurs ordres :
– des difficultés d'ordre physique : pathologie touchant les organes de la phonation, bégaiement, malvoyant, malentendant... ;
– des difficultés liées au codage ou décodage de l'information : vocabulaire inadapté (exemple : utilisation de vocabulaire professionnel comme le vocabulaire médical), syntaxe trop riche ou trop pauvre... ;
– des parasites, des bruits : ambiance bruyante, musique forte, friture sur la ligne téléphonique... ;

– une langue différente, une écriture illisible... ;
– de l'anxiété, de la peur, de la douleur, de l'angoisse... ;
– une culture différente, des préjugés, un cadre de référence qui diffèrent selon le milieu social (exemple : le patient qui n'ose pas poser de questions au médecin) ;
– du matériel défectueux ;
– un manque de motivation ou d'intérêt de la part du récepteur.

4 Les facteurs favorisant la communication

Pour assurer une communication de qualité, il est nécessaire de respecter certaines règles :
– être dans un endroit calme ;
– veiller à avoir une diction correcte (articulation, prononciation, débit, intonation) ;
– utiliser un vocabulaire adapté et compréhensible par le récepteur ;
– s'assurer que le récepteur a bien compris le message (rétroaction) ;
– prendre en compte la motivation et l'attention du récepteur ;
– avoir du matériel de bonne qualité (imprimante, fax, téléphone) ;
– ne pas avoir de préjugés.

Parfois, trop de communication peut nuire à une bonne communication et à la qualité des messages transmis. Il est donc important de veiller à :

➢ CHOISIR L'ENDROIT

Éviter les parasites (bruits, ...).
Prévoir un espace suffisant, calme et confortable.

➢ CHOISIR LE BON CANAL ET UN BON CODE

Le code (langue, langage des signes, couleurs...) doit être compris par tous.

➢ REFORMULER

S'assurer de la bonne compréhension du message, questionner.

➢ AVOIR DES QUALITÉS RELATIONNELLES

Observer, être à l'écoute, regarder, être disponible et positif, respecter ...

JE RETIENS

1) Analyser la situation suivante puis compléter le schéma de la communication.

Nathalie, ATSEM, est à la cantine. Elle demande à Thomas (élève de petite section) s'il souhaite encore du poulet. Celui-ci lui répond par la négative.

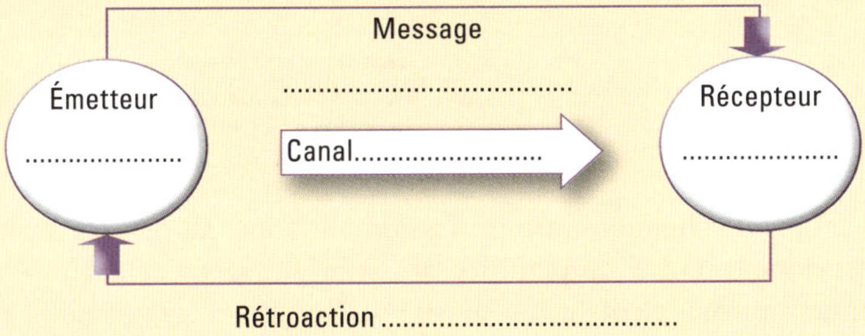

2) Relier chaque canal ou vecteur de communication à la question qui lui est associée.

L'émetteur •	• à qui ?
Le récepteur •	• comment ?
Le message •	• quoi ?
Via un canal auditif ou visuel. •	• qui ?

Situation : *Marine, auxiliaire de puériculture en crèche fait le point sur les faits importants de la journée avec sa responsable.*

3) Identifier le type de communication utilisé dans la situation :

a. Une communication de masse.

b. Une communication de groupe.

c. Une communication interpersonnelle.

→ ***Vous trouverez tous les éléments de réponses à ces questions p. 248***

FICHE 66

Le partage d'informations avec l'équipe et les autres professionnels

QCM d'auto-évaluation Fiches 63 à 81
www.lienmini.fr/21006-22

Les temps d'échanges entre professionnels sont importants à plusieurs titres. Il est donc essentiel de planifier des créneaux pour cela. Ces échanges comprennent principalement les réunions d'équipe et les réunions avec un intervenant extérieur. Par ailleurs, les temps de formation sont importants car ils permettent au professionnel de s'enrichir et donc d'enrichir l'équipe.

1 Les réunions d'équipe

Elles peuvent être organisées sous plusieurs formes : avec l'ensemble du personnel, avec une partie seulement (par exemple pour telle unité).

Elles peuvent avoir plusieurs objectifs : s'accorder sur un point d'organisation, échanger à propos d'un enfant ou d'une famille, préparer une réunion de parents, un évènement, ...

Ces réunions permettent :
- la cohérence du travail d'équipe : l'ensemble du personnel est amené à adhérer au projet d'établissement, à se l'approprier et pourquoi pas à le discuter ;
- la stabilité et la continuité dans l'accueil offert aux enfants et à leur famille : les transmissions des habitudes des enfants lors des accueils, les réflexions partagées autour des actions menées et les observations de chacun amènent des soins mieux suivis et plus cohérents ;
- l'adaptabilité des prestations proposées : les besoins des enfants et des familles évoluent et les pratiques doivent être requestionnées régulièrement pour y répondre au mieux (par exemple : Les horaires d'ouverture de la structure sont-ils toujours pertinents ? L'organisation des groupes d'âges d'enfants convient-il toujours ?...) ;
- d'organiser le travail et les activités proposées en cohérence interne (dans chaque unité), mais également en harmonisant les pratiques professionnelles à l'échelle de la structure.

Ces réunions ont un rythme variable selon les structures et peuvent être programmées une fois par semaine, une fois par mois, selon les besoins…

Généralement, un compte rendu est écrit de façon à laisser une trace des décisions prises. Il sera classé dans un classeur ou dossier accessible à l'équipe.

À savoir

Les qualités d'un compte rendu sont d'être complet, concis, clair, facile à lire (organisation par paragraphes, utilisation d'un vocabulaire approprié et compréhensible par tous...), juste et fidèle (utiliser les mots justes, pas de jugement, pas d'interprétations ni de critiques), daté.

2 Les réunions avec un intervenant extérieur

Certaines structures font le choix de faire intervenir un intervenant (souvent un psychologue) pour accompagner l'équipe des professionnels dans des difficultés qu'elle peut rencontrer (conflits, tensions...).

Il peut s'agir également d'analyses professionnelles sur les pratiques, sur la juste distance émotionnelle à adopter vis-à-vis des enfants et des familles…
Enfin, certaines structures font appel à ces intervenants pour mieux comprendre les difficultés rencontrées avec un enfant ou une famille.

À savoir

D'autres réunions peuvent être envisagées avec des objectifs différents :
- échanges multi-accueil/école maternelle : accueil des enfants du multi-accueil en école maternelle... ;
- informations de la PMI : nouveaux textes législatifs... ;
- échanges entre multi-accueils : mutualisation de matériel, échanges de pratiques...

3 La formation

Les stages de formation continue sont importants car ils viennent en soutien et en relais de la pratique professionnelle afin de permettre à chaque membre de l'équipe de questionner, renforcer ses compétences et connaissances de l'enfant. Ces temps permettent également des échanges entre professionnels et s'avèrent souvent très riches.

JE RETIENS

Indiquer le type de rencontres définies ci-dessous :
a. C'est un temps pour réactualiser ses connaissances et renforcer ses compétences.
b. Ces rencontres proposées à l'ensemble du personnel permettent d'organiser le travail et les activités de façon cohérente.
c. Grâce à un regard extérieur à l'équipe, ces réunions peuvent faire l'objet d'analyse de pratique(s), de résolution d'un conflit d'équipe par exemple.

→ ***Vous trouverez tous les éléments de réponses à ces questions p. 248***

FICHE 67

Le projet de l'établissement

QCM d'auto-évaluation Fiches 63 à 81
www.lienmini.fr/21006-22

Le projet d'établissement est l'aboutissement de réflexions concertées de l'équipe pluridisciplinaire de la structure d'accueil. Il a pour but de présenter aux familles (et aux partenaires) les grands axes éducatifs, les modalités de travail et de réflexion que l'équipe met en œuvre pour l'accueil des enfants.

1 Les étapes d'élaboration du projet

Les projets peuvent être à l'initiative de la hiérarchie ou d'une équipe. Dans ce dernier cas, elle en réfère à ses supérieurs avant de se lancer dans le projet.

Le déroulement classique d'un projet suit un enchaînement logique de phases et d'étapes, depuis l'identification du besoin jusqu'à sa mise en œuvre. Quel que soit le projet (projet d'établissement, d'animation, d'ouverture d'une structure...), le cheminement est toujours le même.

La mise en place du projet comporte quatre moments clés :
- Le **déclencheur** : c'est la naissance du projet qui peut avoir des origines variées (réforme des programmes, besoin particulier identifié...).
- L'**élaboration** : elle nécessite avant tout un temps d'observation et d'analyse en vue de poser les grandes orientations du projet.
- La **mise en œuvre** : des actions sont mises en place (et réajustées si nécessaires) pour atteindre les objectifs.
- L'**évaluation**.

L'élaboration du projet

Étape 1 : Analyse du besoin, diagnostic.	– Recueil d'informations qui permet de faire un état des lieux. Exemple : l'équipe décrit les faits dont les données serviront à analyser les points forts et faibles du fonctionnement de la structure. – S'interroger sur le contexte (économique, social...). – Repérer les besoins.
Étape 2 : Définition des objectifs et choix d'une stratégie.	– Déterminer l'orientation qui va être prise et ses objectifs. – Formuler des objectifs précis et quantifiables (par exemple : la première partie du projet sera rédigée pour le ... par ...). – Établir un budget.

La mise en œuvre

Étape 3 : Élaboration du plan d'actions en lien avec les objectifs.	– Fixer des priorités. – Structurer le projet (tâches, qui fait quoi, quand...). – Réajuster si nécessaire les objectifs à atteindre.

L'évaluation

Étape 4 : Bilan, évaluation du projet. Remédiation.	– Il s'agit de déterminer si les objectifs fixés sont atteints ou non. – Si les résultats ne sont pas atteints, il faudra comprendre pourquoi et éventuellement proposer de réajuster les points faibles ou non adaptés du projet.

2 Le projet d'établissement en structure d'accueil

Le projet d'établissement comprend :

Le projet éducatif : comprend les grandes finalités éducatives. Par exemple : respecter le rythme de l'enfant, garantir sa sécurité affective, assurer un espace sécurisant...

Le projet pédagogique : représente la partie opérationnelle du projet éducatif, c'est une référence pour la structure. Par exemple : mettre en place des référents, prévoir des périodes d'adaptation, prévoir des réunion d'équipe...

Le projet social : il inscrit la structure dans son environnement social et économique. Par exemple : participation à la vie sociale du quartier, de la ville...

Les prestations d'accueil proposées . Par exemple : jours et heures d'ouverture de la structure, de fermeture, nombre de semaines de fonctionnement par an ...

Les dispositions particulières lors d'accueil d'enfant présentant un handicap ou une maladie chronique . Par exemple : adaptabilité des locaux, personnel qualifié, partenariats...

La présentation des compétences professionnelles mobilisées : organigramme fonctionnel et hiérarchique, fiches de poste.

La définition de la **place des familles** et leur **participation à la vie de l'établissement**. Par exemple : modalités de participation au conseil de crèche, aux fêtes de la crèche, aux commissions d'admission...

Les **modalités des relations avec les organismes extérieurs**. Par exemple : PMI (suivi et contrôle), CAF. (accompagnement technique et financier), collectivités territoriales (accompagnement financier).

2

JE RETIENS

Classer dans l'ordre chronologique les étapes d'élaboration d'un projet.

Mise en œuvre | Déclencheur | Élaboration du projet | Évaluation

→ *Vous trouverez tous les éléments de réponses à ces questions p. 248*

FICHE 68

Les situations d'écoute et d'échange avec l'enfant

QCM d'auto-évaluation Fiches 63 à 81
www.lienmini.fr/21006-22

L'enfant a besoin qu'on lui explique ce qu'il va vivre pour anticiper les évènements et se sentir en sécurité. Il est nécessaire qu'il puisse comprendre et participer.

1 La communication avec l'enfant

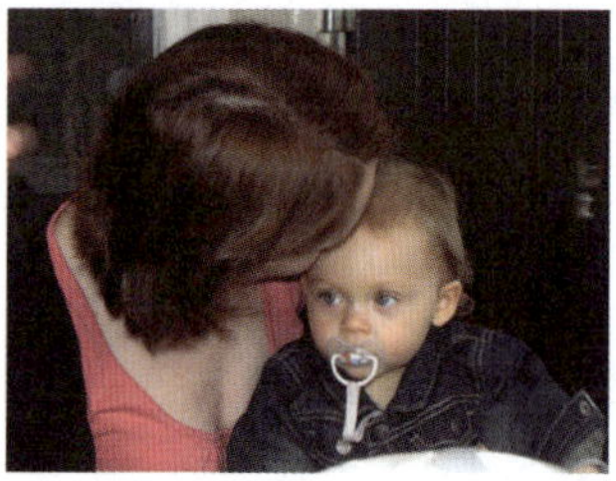

Le professionnel peut aider et accompagner le jeune enfant en verbalisant ce qu'il a l'intention de faire (soin, accompagnement au lit, présentation d'un plat…) avant toute action en utilisant le « je » (« Je vais te changer. », « Je vais t'installer pour manger. »...).

L'utilisation de mots simples mais non infantilisants, une communication verbale précise, compréhensible et exprimée avec respect sont importants pour établir cette relation privilégiée qui permet entre autres d'obtenir l'adhésion de l'enfant.

La parole du professionnel doit être douce mais audible et parfois ferme.

Pour que l'enfant puisse ressentir une continuité entre son domicile et celui du professionnel où il est accueilli, il est important de l'appeler par son prénom et d'éviter un surnom employé ou non par les parents. De même, des petits noms tels « mon poussin » ou « ma puce » sont à éviter car trop connotés affectivement et donc pas très professionnels.

Enfin, il est important que le professionnel choisisse le nom par lequel l'enfant le nommera. Il est préférable que ce dernier prenne son prénom plutôt que « tata » ou « tatie » plus approprié pour la famille proche de l'enfant.

À savoir

Communiquer avec l'enfant est différent de communiquer sur l'enfant. Certaines phrases, qui peuvent paraître anodines, peuvent être traumatisantes pour un jeune enfant : « Arrête de pleurer, tu nous casses les oreilles », « Ah, ce que tu sens mauvais, tu as encore fait caca ! », « Tu en as partout, tu es un vrai cochon »...

Enfin, il est essentiel d'impliquer l'enfant dans la conversation. Faire participer un enfant, c'est lui permettre d'être acteur de sa vie.

Même si l'enfant est trop jeune pour s'exprimer avec des mots, il communique. Il peut être important de verbaliser certaines de ses attitudes, de ses émotions (« je vois que tu es très en colère ! ») sans les juger. Poser des mots sur les ressentis de l'enfant, c'est l'aider à être reconnu, à comprendre ce qu'il se passe.

2 Les situations propices à l'écoute et aux échanges avec l'enfant

Les moments importants sont ceux pendant lesquels le professionnel et l'enfant ont une relation de proximité voire « d'intimité ». C'est lors des moments de change, de coucher et de réveil d'une sieste, de prise du biberon, de portage et bien sûr lors d'accompagnements liés à des situations de peur ou de de soins de santé que l'enfant attend un échange et une assurance que le professionnel peut lui procurer en verbalisant ce qu'il fait.

Durant ces moments et ces différentes actions, le professionnel doit :
- être disponible et se rendre disponible pour l'enfant (téléphone éteint...) ;
- créer une ambiance adaptée et calme (télévision éteinte, ...) ;
- respecter son rythme d'élocution et de compréhension ;
- être attentif et à l'écoute lorsqu'il veut parler ;
- encourager l'enfant sans se moquer ;
- éviter d'exercer un chantage affectif.

Lorsque l'enfant a fait une bêtise, il convient de condamner les actes et non l'enfant. Éviter de lui dire « Tu es méchant, tu es vilain ». Dans ce cas, il est préférable de lui expliquer que ce qu'il a fait n'est pas bien (« je ne suis pas d'accord que tu jettes du sable sur les autres »...), sans le blesser avec des propos qui touchent sa personne et peuvent affecter l'image qu'il a de lui-même.

Recommandations COVID : Le professionnel devra porter un masque au cours de la journée et respecter le plus souvent possible les distanciations physiques.

JE RETIENS

1) Citer trois situations propices pour le développement d'échanges privilégiés avec l'enfant.

2) Cocher les situations permettant de créer une ambiance propice aux échanges avec l'enfant.

❑ Autour du visionnage d'un film à la TV ❑ Lors de la lecture d'un livre
❑ Lorsque l'enfant dort ❑ Lorsqu'il a peur

→ *Vous trouverez tous les éléments de réponses à ces questions p. 248*

FICHE 69

L'acquisition du langage de l'enfant : stimuler et participer

QCM d'auto-évaluation Fiches 63 à 81
www.lienmini.fr/21006-22

L'acquisition du langage est une étape majeure de la vie des enfants. Tout enfant apprenant à parler doit se construire pendant la petite enfance par lui-même et pour lui-même, acquérir ses propres connaissances de la langue afin d'être à même de communiquer. Le professionnel, dès le plus jeune âge de l'enfant mais bien sûr ensuite à l'école maternelle, joue un rôle important dans l'accompagnement et la stimulation du langage de l'enfant.

1 Les phases d'acquisition du langage de l'enfant de 0 à 2 ans

Les habiletés de communication des enfants commencent à apparaître dès le début de leur vie.

Durant les 12 premiers mois, les bébés apprennent à communiquer et découvrent les sons de leur langue. Ils « s'entraînent » à les utiliser en babillant.

Vers 12 mois, ils commencent à utiliser des mots simples.

De 18 à 24 mois, on assiste souvent à une explosion du vocabulaire. C'est à partir de ce moment-là que les enfants commencent à construire de petites phrases.

Les étapes d'acquisition du langage

	De 0 à 6 mois	De 7 mois à 1 an	De 13 mois à 18 mois	De 19 mois à 2 ans
Stades et étapes d'acquisition du langage	Peu à peu, différenciation des pleurs (variation en intensité, hauteur). Dès 2 mois, vocalises et sons légers riches en voyelles « a,e… », gazouillements.	Dès 7 mois, babillages « reu, peu, beu… ». Vers 10 mois, monosyllabes « ma, pa, da… ». Vers 12 mois, premiers mots-phrases significatifs « encore ».	Période pendant laquelle l'enfant possède un langage global significatif. Il associe deux mots « papa pati » ou « maman vint ».	Période pendant laquelle on assiste à une explosion du langage. L'enfant utilise le verbe.

L'accompagnement et la stimulation du langage : comment procéder ?

Avant 1 an, la communication par la verbalisation des actions est un moyen efficace et utile pour accompagner l'enfant dans le développement de son langage. Il est rassuré, mais il comprend et mémorise en associant les actions à des mots.

Dès 1 an, les jeunes enfants aiment souvent regarder des livres, particulièrement ceux qui présentent des illustrations très colorées. Lorsqu'on leur lit une histoire, ils peuvent participer en montrant les images qui correspondent aux mots nommés ou en les nommant eux-mêmes.

Le professionnel peut répéter ce que dit l'enfant et lui montrer ou lui donner l'objet qu'il nomme : par exemple, en lui donnant un gâteau, dire « Oui, c'est un gâteau ! ». Cela lui indiquera que l'adulte comprend ce qu'il dit et qu'il accorde de l'importance à ce qu'il dit. Le professionnel peut également accompagner l'enfant en ajoutant un élément à un mot ou une phrase : par exemple, s'il dit « voiture », dire « Oui, la petite voiture ! », ou s'il dit « bonne pomme », dites « Oui, tu manges une bonne pomme ». En ajoutant des mots, on lui apprend à se servir de ceux-ci.

Enfin, il est important de prévoir des moments pour lire des histoires courtes composées de phrases rythmées, comme des comptines, ou regarder avec l'enfant des livres aux illustrations simples et colorées représentant des objets ou des personnages qui intéressent l'enfant. Cela l'aidera à apprendre les mots et les sons.

À partir de 18 mois, durant la phase d'explosion du langage (connaissance de 50 mots ou plus), il est important de commenter les mots de l'enfant : par exemple, s'il dit « chat », on peut répondre : « Oui, c'est un chat noir. » Cela le prépare à utiliser les mots qu'il connaît pour construire des phrases plus longues, même s'il ne sait pas encore les utiliser tout seul.

Cela lui permet aussi de se sentir écouté et intéressant. À ce stade, il est aussi utile d'attirer son attention sur le nom de choses qui se trouvent au domicile ou aux alentours : par exemple : « C'est un verre, une chaise, un arbre, un oiseau, un chien... ». Nommer ce qu'il montre ou regarde avec intérêt. Le féliciter lorsqu'il répète le mot en question, mais ne pas le forcer à le faire.

Les attitudes professionnelles

- Parler correctement à l'enfant (ex: verbaliser les actions pour associer le mot à l'action, utiliser un vocabulaire adapté à son âge).
- Lire des histoires, commenter des images.
- Être à l'écoute de l'enfant.
- Nommer ce que l'enfant montre ou regarde avec intérêt (« c'est une voiture »).
- Encourager l'enfant, le valoriser.
- Être précis dans le vocabulaire (ex : « tu fais rouler la balle sur le plancher » au lieu de « elle roule »).
- Ne pas parler « bébé ».
- Chanter, dire des comptines.

2 L'acquisition du langage au-delà de 2 ans

À partir de 2 ans, les enfants commencent à comprendre des notions plus abstraites. Par exemple, ils comprennent la différence entre « haut » et « bas » ou « grand » et « petit ».

Où en est l'enfant dans son acquisition du langage ?

À ce stade, l'enfant est capable de suivre des directives, comme : « Va chercher le ballon et lance-le moi. » De plus, il utilise fréquemment des phrases de 2 ou 3 mots pour s'exprimer, comme : « Papa prend cuillère », et pour poser des questions, comme : « Est où maman ? ». Les personnes qui sont proches de l'enfant comprennent leurs « phrases » la plupart du temps.

Vers 3 ans, l'enfant prononce généralement plusieurs sons correctement. Pendant cette période, l'enfant comprend mieux des histoires simples dans des livres. Il peut répondre aux questions du professionnel posées au fil de la lecture comme par exemple : « Où est caché la petite fille ? », « Qui est là ? », « Qu'est-ce qu'il fait, le papa ? », « Pourquoi il a peur ? ».

Comment l'accompagner et l'encourager ?

Lui parler l'aide à construire son vocabulaire, mais aussi à comprendre le rôle des choses qui l'entourent et à organiser le monde dans sa tête. Par exemple, lui montrer une brosse à dents et lui dire : « C'est une brosse à dents. Tu te laves les dents avec une brosse à dents. »

L'enfant aime voir et revoir des personnages ou des personnes connues sur des photos, images, posters… Regarder avec l'enfant des photos (de famille confiées par les parents, prises au domicile ou à la crèche…)

et utiliser des phrases simples pour décrire ce qui est montré, comme : « C'était la fête de Baptiste. » Cela l'aidera à mieux comprendre son univers et la place qu'il y occupe.

De plus, le livre reste un médiateur et un support incontournable. Regarder souvent des livres qui comportent de petites histoires et poser des questions à l'enfant sur ce qui est raconté. Lire avec lui et non à sa place. En école maternelle, les professeurs des écoles insistent sur les chansons, comptines, poèmes qu'ils apprennent aux enfants. Une façon d'enrichir son vocabulaire de manière ludique.

Enfin, de nombreux jeux de société amènent les enfants à développer leur langage (imiter les sons d'animaux, demander une carte à jouer...).

À savoir

Le zézaiement (ou zozotement) est un trouble de l'articulation qui consiste à prononcer « ze » à la place de « je » ou « ce ». Généralement il rentre dans l'ordre vers 4 ans. Dans le cas contraire, une rééducation orthophonique est à envisager.
Le bégaiement est un trouble du flux de la parole caractérisé par des répétitions de sons, des prolongations de sons ou des arrêts et blocages.

JE RETIENS

1) Repérer les âges auxquels vous pouvez proposer les situations suivantes pour développer leur langage.

	0 à 6 mois	6 mois à 12 mois	1 à 2 ans	plus de 2 ans
Lire un livre				
Apprendre une comptine				
Chanter				

2) Relier le mot à sa définition.

Bégaiement • • Répétition de sons, prolongation de sons ou blocage, arrêt.
Zézaiement • • Trouble de la parole. Prononce le « ze » à la place du « je » ou « se ».

→ ***Vous trouverez tous les éléments de réponses à ces questions p. 248***

FICHE 70

L'école maternelle

QCM d'auto-évaluation Fiches 63 à 81
www.lienmini.fr/21006-22

Dans le cadre de la nouvelle loi « pour une école de confiance », l'instruction obligatoire pour tous les enfants à partir de 3 ans (contre 6 ans jusqu'à maintenant) a été votée. Cette nouvelle mesure prendra effet à la rentrée de septembre 2019. C'est une façon de valoriser l'école maternelle tout en préservant l'égalité des chances pour tous. L'école publique est mixte et gratuite.

1 Les objectifs

L'école maternelle est là pour aider chaque élève à devenir autonome et à s'approprier des connaissances et des compétences. Depuis 2015, les apprentissages sont structurés en cinq domaines :
- mobiliser le langage dans toutes ses dimensions ;
- agir, s'exprimer et comprendre à travers les activités artistiques ;
- construire les premiers outils pour structurer sa pensée ;
- explorer le monde ;
- agir, s'exprimer, comprendre à travers l'activité physique.

2 L'organisation

L'école primaire comprend :
- l'école maternelle avec la petite section, la moyenne section et la grande section ;
- l'école élémentaire avec le CP, CE1, CE2, CM1 et CM2.

Les cycles d'enseignement, s'organisent ainsi (décret du 24 juillet 2013) :

➲ **Cycle 1** : cycle des apprentissages premiers (petite, moyenne et grande section).

➲ **Cycle 2** : cycle des apprentissages fondamentaux (CP, CE1 et CE2).

➲ **Cycle 3** : cycle de consolidation (CM1, CM2 et 6e au collège).

3 Le fonctionnement

Le conseil d'école

Le fonctionnement de l'école dépend du conseil d'école constitué :
- du directeur de l'école, qui le préside ;
- de l'ensemble des professeurs affectés à l'école ;
- du maire et du conseiller municipal chargé des affaires scolaires ;
- des représentants élus des parents d'élèves ;
- du délégué départemental de l'éducation chargé de visiter les écoles.

Ce conseil établit le règlement intérieur, participe à l'élaboration du projet d'école et donne son avis sur les questions intéressant la vie de l'école (intégration d'un enfant handicapé, restauration scolaire, activités périscolaires…).

Les conditions d'admission

Pour entrer à l'école maternelle il faut :
– que l'enfant ait 3 ans ou, dans la limite des places disponibles, 2 ans au jour de la rentrée, à condition qu'il soit physiquement et psychologiquement prêt ;
– aller à la mairie avec le livret de famille, un justificatif de domicile, un document attestant que l'enfant a subi les vaccinations obligatoires pour obtenir un certificat d'inscription ;
– se présenter à l'école afin de faire enregistrer l'inscription par le directeur.

4 Les professionnels

Statuts	Recrutements	Rôles
Directeur *Fonctionnaire de l'Éducation nationale*	Accès à ce poste après 3 années de service effectif en tant que professeur des écoles.	Veille au bon fonctionnement de l'école. Met en place le projet pédagogique de l'établissement et coordonne le travail des professeurs.
Professeur des écoles *Fonctionnaire de l'Éducation nationale*	Master 2 (Bac + 5) + CRPE (Concours de recrutement de professeur des écoles).	Aide l'enfant à être autonome, à s'exprimer au milieu des autres. Initie l'enfant aux lettres et aux chiffres au moyen de jeux. Permet le développement culturel, corporel et la socialisation de l'enfant.
ATSEM *(agent territorial spécialisé des écoles maternelles)*	Titulaire d'un CAP Accompagnant éducatif Petite enfance + concours d'ATSEM.	« Assistance du personnel enseignant pour la réception, l'animation, l'hygiène du très jeune enfant ainsi que la préparation et mise en état de propreté des locaux et du matériel servant directement aux enfants » (décret du 28 août 1992).

Dans certaines circonstances, des enseignants spécialisés ou des AVS (auxiliaires de vie scolaire) prennent en charge des enfants présentant des besoins éducatifs particuliers.

5 La place des parents

Les parents ont leur place au sein de l'école. Ils peuvent accompagner les enfants lors des sorties scolaires, participer aux rencontres parents/enseignants, représenter les parents d'élèves lors des conseils d'école…

JE RETIENS

1) Nommer les différents cycles d'enseignement à l'école en complétant les étiquettes.

Cycle 1	**Cycle 2**	**Cycle 3**
Cycle des	Cycle des	Cycle des ....
Classes :	Classes :	Classes : ....

2) Nommer les deux professionnels principaux que l'on retrouve en école maternelle.

➜ ***Vous trouverez tous les éléments de réponses à ces questions p. 248***

FICHE 71

La préparation, l'animation et la remise en état des locaux après un atelier pédagogique

QCM d'auto-évaluation Fiches 63 à 81
www.lienmini.fr/21006-22

L'activité ne se limite pas pour le professionnel aux temps d'animation avec l'enfant. Une bonne gestion de l'activité prévoit sa préparation, son déroulement (durée, lieu...), le rangement et le bilan de celle-ci.

1 La gestion d'une activité pédagogique de sa préparation jusqu'à la remise en état des locaux

ACTIVITÉ

PRÉPARATION	ACTIVITÉ PROPREMENT DITE / DÉROULEMENT DE L'ACTIVITÉ	RANGEMENT REMISE EN ÉTAT
– Définir l'activité, ses objectifs, les buts recherchés. – Vérifier si le matériel et les produits sont disponibles en stock en quantité suffisante ou les acheter. – Expérimenter en faisant une activité « test ». – Installer le lieu (nappe de protection...), aménager l'espace, le mobilier. – Préparer du matériel.	– Prévenir les enfants de l'activité. – Installer l'(les) enfant(s). – Énoncer les consignes ou les règles. – Adapter sa méthode d'animation au groupe et à l'âge des enfants. – Aider à la réalisation si besoin (Attention à ne pas faire à la place de l'enfant ou pour l'enfant). – Animer l'activité. – Diversifier l'activité (proposition de variantes...). – Inciter à la communication, et échanger. – Laisser une grande part à la créativité. – Surveiller les enfants. – Prévenir que l'activité va se terminer.	– Évacuer le « sale » (linge,...). – Évacuer les déchets. – Laver les mains (enfants, vous-même). – Bionettoyer les différentes surfaces (supports,tables, chaises, sols...). – Nettoyer et ranger le matériel. – En fonction de leur âge, les enfants peuvent prendre part au rangement et à la remise en état de la pièce.

2 L'évaluation de l'activité

Le bilan de fin d'activité est nécessaire à plusieurs égards, il permet de :
- réajuster l'activité si elle doit être reconduite ;
- évaluer les points forts et les points faibles ;
- noter l'intérêt, la motivation des enfants.

Plusieurs méthodes sont possibles :
- interroger oralement les enfants sur l'activité : intérêt, apprentissages, découvertes, travail à plusieurs,… (« Qu'est-ce que vous avez aimé dans cette activité ? », « Qu'est-ce que vous n'avez pas aimé ? »...) ;
- transmettre par écrit aux parents (attitudes des enfants, acquisitions, prolongements éventuels à la maison…) ;
- analyser l'activité en équipe et partager les observations.

3 Les attitudes d'aide à la réalisation d'une activité

Certains savoir-être sont nécessaires pour le bon déroulement d'une activité. Le professionnel devra donc développer des aptitudes à :

Observer	Écouter	Questionner	Conseiller
Orienter	rendre autonome	Laisser faire	Surveiller
Sécuriser	Communiquer	Verbaliser	
	Évaluer	Transmettre	

Ce que l'ATSEM peut faire	Ce que l'ATSEM ne peut pas faire
– Préparation matérielle. – Travaux de préparation de l'atelier (découpage, photocopies, collage…). – Participer à l'animation et à la surveillance de l'atelier en présence de l'enseignant à sa demande. – Remise en ordre et nettoyage des lieux après l'activité – Rangement et nettoyage du matériel éducatif.	– Se substituer à l'enseignant. – Surveiller ou prendre en charge les enfants seul(e)s. – Donner des consignes autres que celles du professeur des écoles.

JE RETIENS

Le professeur des écoles vous demande d'animer l'atelier peinture. Classer les différentes actions en reportant les numéros dans le tableau suivant.
1. Nettoyer les pinceaux, ranger le matériel.
2. Donner les consignes aux élèves.
3. Être à l'écoute, répondre aux sollicitations des élèves.
4. Installer les tables et les chaises. Les protéger d'une nappe.

Préparation	Déroulement	Rangement

→ ***Vous trouverez tous les éléments de réponses à ces questions p. 248***

FICHE 72

La gestion et l'animation d'un groupe d'enfants

QCM d'auto-évaluation Fiches 63 à 81
www.lienmini.fr/21006-22

L'éveil de l'enfant de 0 à 6 ans est crucial pour son développement. Les personnels éducatifs (animateurs, professeurs des écoles, assistantes maternelles, puéricultrices, ATSEM et assistants maternels…) doivent donc posséder des notions en psychologie de l'enfant, en techniques pédagogiques (notamment celles liées aux activités ludiques) et donc d'animation collective.

1 Les modes d'animation

Gérer un groupe d'enfants nécessite des qualités telles que la bienveillance, l'écoute, l'attention mais aussi la capacité à poser un cadre sécurisant pour les enfants. Cela demande également de maîtriser quelques techniques comme les modes d'animation.

Il existe trois types de dynamiques de groupe :
- une animation directive : position dominante de l'animateur qui est à l'initiative et dirige l'activité ;
- une animation coopérative : tout le monde est à égalité, l'animateur tient compte de l'avis de chacun ;
- une animation laxiste ou laisser faire : le groupe fait ce qu'il veut. Dans ce cas, l'animateur est excessivement tolérant.

2 Le rôle de l'animateur

Pour tenir son groupe d'enfants mais aussi pour le motiver, l'amener à l'objectif fixé par la ou les activités proposées, l'animateur doit s'assurer de l'application de principes simples :
- bien expliquer les consignes ;
- avoir un vocabulaire précis et adapté ;
- rappeler et faire appliquer les règles et si besoin gérer les conflits ;
- favoriser les échanges et le respect entre les enfants ;
- observer les réactions et attitudes de chacun ;
- veiller à la sécurité ;

– solliciter mais favoriser aussi l'autonomie ;
– valoriser et parfois rassurer.

À savoir

L'animateur doit gérer le groupe sans pour autant oublier l'individualité de chacun de ses membres. Les personnalités de chaque enfant doivent être respectées dans la mesure où elles ne gênent pas le groupe. Dans le cas contraire, le professionnel doit expliquer à l'enfant son attitude inadaptée.

3 Les objectifs de l'animation

Comme lors de l'encadrement individuel de l'enfant, la gestion du groupe doit favoriser l'atteinte d'objectifs importants pour l'éveil et le développement de l'enfant.

Les objectifs poursuivis concernent :
– l'autonomie de l'enfant : le travail en groupe, même si les enfants partagent et font ensemble, doit également favoriser l'autonomie individuelle de chacun. C'est pourquoi, aucun enfant ne doit être laissé passif et à l'écart :
– l'expression : le partage avec les autres enfants, les inter-relations permanentes entre les enfants favorisent l'expression orale de chacun d'eux ;
– la socialisation : l'animateur par son animation et le type d'activité doit veiller à l'encouragement de la socialisation de chaque enfant ;
– l'imaginaire : comme lors de la participation à des activités individuelles, l'enfant est sollicité, il doit créer avec les autres, échanger, faire part de son avis, de son univers et développer son imaginaire.

JE RETIENS

Indiquer pour chaque situation le style d'animation qui correspond.

	Animation coopérative	Animation autoritaire	Animation laxiste
a. Patrick établit le programme des activités. Il part de leurs propositions, tout en suggérant des éléments que les enfants ne peuvent trouver eux-mêmes.			
b. Pascale trouve les enfants raisonnables et estime qu'elle peut leur faire confiance. Elle n'intervient pas dans le programme et les laisse en « temps libre ».			
c. Laurence estime que ce ne sont que des enfants et qu'ils n'ont que peu d'expérience. Elle préfère organiser elle-même les activités qu'elle juge être profitables pour les enfants.			
d. Benoît intervient après une dispute entre deux enfants. Il leur demande d'arrêter de se bagarrer et prend un temps avec eux pour que chacun s'exprime sur ce qui s'est passé.			

→ ***Vous trouverez tous les éléments de réponses à ces questions p. 248***

FICHE 73

Le rythme et les règles de vie à l'école

QCM d'auto-évaluation Fiches 63 à 81
www.lienmini.fr/21006-22

L'organisation du temps scolaire répond à des objectifs pédagogiques de façon à permettre aux enfants de mieux apprendre à l'école. En école maternelle, le respect du rythme de l'enfant est primordial. Les professionnels doivent répondre aux besoins physiologiques de l'enfant et respecter au mieux le rythme de chacun.

1 Le rythme scolaire en école maternelle

L'école maternelle permet la socialisation de l'enfant dans un groupe et favorise le vivre ensemble en respectant les règles d'une collectivité. Le rythme scolaire s'inscrit comme l'une des règles fondamentales.

Le rythme hebdomadaire

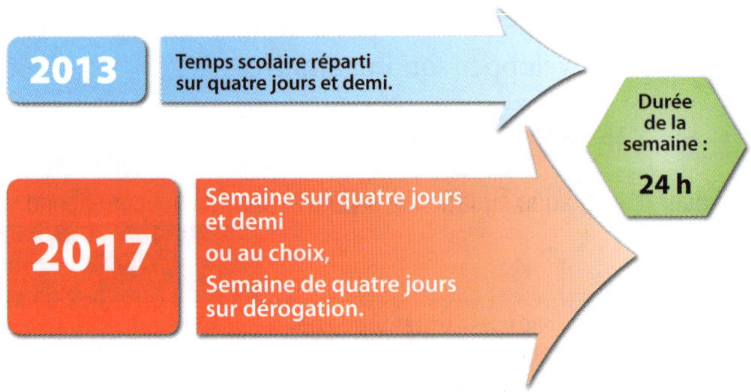

L'introduction de cette nouvelle dérogation donne davantage de souplesse aux acteurs locaux afin de répondre le mieux possible aux singularités de chaque contexte local. Le décret visant à permettre cette nouvelle organisation a été publié le 29 juin 2017 au Bulletin officiel.

Le rythme quotidien

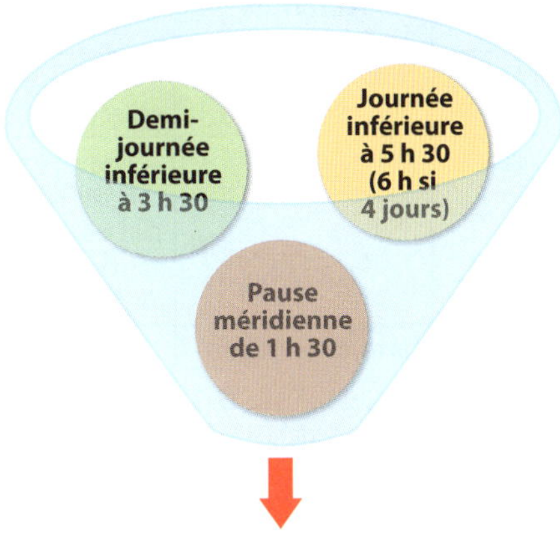

Une journée en école maternelle (à titre indicatif)

À savoir

Les horaires d'entrée et de sortie des écoles sont fixés par le directeur académique des services de l'Éducation nationale (Dasen) au niveau du département. Cependant, le maire peut modifier ces horaires si les circonstances s'imposent (horaires des bus...).

Exemple d'organisation d'une journée

Horaires (variables)	Personnels	Activités	Habitudes
7 h 30	– ATSEM ou ALAE (animateur)	Accueil des enfants (hors temps scolaire).	– Moment de séparation des parents. – Arrivées échelonnées des enfants. – Transmission des informations. – Installation de l'enfant (déshabillage, rangement des doudous pour la sieste…). – Réinvestissement de l'espace (activités autonomes et individuelles).
9 h	– Professeur des écoles – ATSEM	Les rituels	– La date du jour. – La météo du jour. – L'appel des enfants (présences et absences).
9 h 15		Les ateliers / les activités	– En fonction des domaines d'apprentissages.
9 h 45		Rassemblement	– Rangement de la classe et des supports de l'activité précédente. – Passage aux toilettes.
10 h		La collation	– La collation est préparée par la structure ou laissée au soin des parents.
10 h 15		La récréation	– Moment de détente, de défoulement, de socialisation, d'échanges.
10 h 45		Les ateliers /les activités	– En fonction des domaines d'apprentissages.

Horaires (variables)	Personnels	Activités	Habitudes
11 h 20	– ATSEM ou ALAE	La sortie et le déjeuner	– Au domicile ou en service de restauration collective.
13 h 30	– Professeur des écoles – ATSEM	La sieste	– Jusqu'à 4 ans, un enfant a besoin d'un temps de sommeil dès la fin du déjeuner : une sieste d'une durée d'une heure trente minutes à deux heures correspond à un cycle de sommeil et permet à l'enfant de se sentir reposé.
15 h		Un réveil échelonné	– Passage aux toilettes. – Goûter.
15 h 30		Les ateliers/les activités	– En fonction des domaines d'apprentissage.
16 h		Sortie de l'école	– Retour des parents. – Transmissions.
16 h à 18 h 30	– ATSEM ou ALAE	L'accueil en périscolaire	– Ateliers (pratiques sportives, théâtre...). – Départs échelonnés.

L'année scolaire comporte environ 36 semaines de début septembre à début juillet. Durant cette période, les temps de vacances sont (à titre indicatif) :

Septembre	Octobre	Novembre	Décembre	Janvier	Février	Mars	Avril	Mai	Juin	Juillet	Août
	Vacances Toussaint 2 semaines		Vacances Noël 2 semaines		Vacances d'hiver 2 semaines		Vacances printemps 2 semaines			Vacances d'été 7 semaines	

2 Les règles de vie en école maternelle

Les règles de vie permettent à l'enfant de se socialiser, d'apprendre à vivre en collectivité. Certains supports (dessin, charte...) affiché par le professeur des écoles ou confectionnés par les enfants sont affichés dans la classe pour rappeler les règles de vie à respecter pour un « bon vivre ensemble » et/ou pour confier des tâches à chaque enfant.

Ce que l'enfant doit faire	Rôle de l'adulte
Parler doucement	Il est primordial que l'adulte fasse respecter ses règles à tous. Un rappel à l'ordre est souvent nécessaire pour que l'enfant remarque son attitude et la rectifie. L'adulte doit être un « modèle » pour l'enfant et ne doit pas faire ce qu'il interdit. Le professionnel doit être vigilant, il doit être observateur, patient, à l'écoute et bon négociateur lors de discordes. Enfin, il doit envisager l'attitude de l'équipe à adopter si un enfant déroge aux règles de vie.
Ranger ses affaires	
Écouter le camarade qui parle	
Demander la parole	
Attendre d'avoir la permission avant de prendre la parole	
Être poli, utiliser les mots « magiques »	
Faire le travail demandé	
Poser des questions si on ne comprend pas	
Effectuer ses responsabilités de classe (arroser les plantes, effacer le tableau)	
Respecter les autres	
S'excuser si on a mal agi	
Prendre soin du matériel	
Jeter les papiers à la poubelle	
Ne pas courir à l'intérieur	

JE RETIENS

À partir de la charte suivante d'une classe de petite section, retrouver les règles de vie.

Dans la classe, je n'ai pas le droit

de..............................

de..............................

de..............................

de..............................

de..............................

de..............................

→ *Vous trouverez tous les éléments de réponses à ces questions p. 248*

FICHE 74 Les règles de sécurité en école maternelle

QCM d'auto-évaluation Fiches 63 à 81
www.lienmini.fr/21006-22

L'institution scolaire assume la responsabilité des élèves qui lui sont confiés : il lui appartient donc de veiller à ce qu'ils ne soient pas exposés à subir des dommages et qu'ils n'en causent pas à autrui.

1 La responsabilité de la surveillance et de la sécurité des enfants ?

La responsabilité des enfants et de leurs actes s'étend à l'intérieur des locaux scolaires ainsi qu'à l'extérieur dès lors que des enseignements s'y déroulent. Les enseignants, l'ATSEM ainsi que toute personne participant à la mission éducative de l'école sont donc responsables.

La surveillance couvre l'ensemble des activités prises en charge par l'école, qu'elles soient obligatoires ou facultatives, et toute la durée au cours de laquelle l'élève est confié à l'institution scolaire. Le directeur d'école organise l'accueil et la surveillance des élèves.

À savoir

Avant la prise en charge par les enseignants, les enfants sont sous la seule responsabilité des parents. Les parents sont responsables du choix de la personne désignée pour reprendre un enfant à la sortie des classes.

2 La sécurité des locaux

La sécurité des locaux concerne aussi bien l'éclairage, le bruit, la température, la ventilation, la dimension des pièces… que la sécurité du mobilier (porte anti-pince- doigts et angles arrondis…). Voici quelques exemples :

– le matériel dangereux doit être hors de portée des enfants (armoire fermée à clé, local, ...) ;
– les sorties et issues de secours doivent être en nombre suffisant et signalées ;
– un système d'alarme pour avertir d'un danger est obligatoire ;
– présence obligatoire d'une ligne téléphonique pour appeler les secours ;
– présence d'extincteurs aux normes et en cours de validité ;
– mise aux normes des accès et locaux pour l'accueil des personnes en situation de handicap…

À savoir

• Les exercices d'évacuation sont obligatoires. Ils ont lieu au moins une fois par trimestre, le premier devant se dérouler dans le mois qui suit la rentrée scolaire. Ils sont consignés dans le registre de sécurité et ont pour objet l'entraînement des élèves et des adultes sur la conduite à tenir en cas d'incendie. Ils servent à reconnaître le signal sonore d'alarme, à prendre connaissance des consignes de sécurité, à reconnaître les circuits d'évacuation et le point de rassemblement, à mettre en évidence les anomalies de fonctionnement.

• Le Plan particulier de mise en sûreté (PPMS) doit permettre la mise en œuvre des mesures de sauvegarde des élèves et des personnels en attendant l'arrivée des secours ou le retour à une situation normale.

• Le Plan Vigipirate implique l'interdiction de stationner devant les établissements scolaires. L'accueil des enfants doit être assuré par un personnel de l'école. L'école est fermée à clé : les accès à l'école ne sont autorisés que dans le respect des consignes arrêtées par la commission de sécurité.

3 La cour de récréation

La cour de récréation est un lieu propice aux accidents car les enfants, plus libres de leurs mouvements, se défoulent sans se soucier forcément des dangers. Dans le cadre de jeux aménagés (toboggan, balançoire…) la commune est responsable.

La surveillance incombe aux enseignants. L'accueil et le départ dans et en dehors de la cour de récréation doivent être organisés pour éviter les intrusions ou les fuites intentionnelles ou non.

4 Les sorties scolaires

Les sorties scolaires relèvent d'une réglementation spécifique (cf. la circulaire n° 99-136 du 21 septembre 1999 relative à l'organisation des sorties scolaires dans les écoles maternelles et élémentaires publiques).

À savoir

Le droit à l'image est une mesure de sécurité obligatoire en école maternelle. C'est pour cela que les photos des enfants ne peuvent être publiées que si les parents ont signé l'autorisation de droit à l'image.

FICHE 75

Les temps périscolaires, extrascolaires et les travaux collectifs de l'école

QCM d'auto-évaluation Fiches 63 à 81
www.lienmini.fr/21006-22

Les temps d'animation, d'encadrement et de surveillance sont pluriels à l'école. Mais le professionnel est également sollicité durant les temps périscolaires et extrascolaires. Durant ou dès la fin de la journée scolaire ou les temps périscolaires, il doit également participer aux travaux collectifs de l'école.

1 Les caractéristiques du temps périscolaire

Le temps périscolaire recouvre cinq grands temps de la semaine scolaire des enfants :

1. Le temps du transport scolaire
2. La période d'accueil avant la classe
3. Le temps de la restauration à l'école
4. Après la classe, les études surveillées, l'accompagnement scolaire, les activités culturelles et sportives
5. Le mercredi après-midi

Lors de ces espaces temps, l'ATSEM peut être sollicitée.

À savoir

Le **temps extrascolaire recouvre** la soirée (après le retour de l'enfant à son domicile), mais aussi le mercredi ou le samedi lorsqu'il n'y a pas classe ou après la classe, en fin de semaine, les jours et pendant les vacances scolaires. C'est la collectivité territoriale qui organise le travail des ATSEM lorsqu'ils interviennent hors du temps scolaire. Ils sont sous la seule autorité de celle-ci.

2 L'organisation des activités sur le temps périscolaire ?

Ce mode d'accueil est organisé par la commune. Elle veille à ce que le nombre d'adultes présents soit suffisant pour assurer le bon déroulement des activités et garantir la sécurité des enfants qui y participent. La commune fait appel aux intervenants de son choix, bénévoles ou professionnels.

Temps périscolaire et extrascolaire : quels accueils ?

Accueil de loisirs associés à l'école
- Avant et après la classe, lors des pauses méridiennes.
- 1 animateur pour 10 enfants de moins de 6 ans.

ALAE pour les temps périscolaires

ALSH pour les temps extrascolaires

Accueil de loisirs sans hébergement
- Les mercredis et lors des vacances scolaires.
- 1 animateur pour 8 enfants de moins de 6 ans.

3 Les travaux collectifs de l'école

Les ATSEM sont souvent sollicitées pour les activités scolaires et périscolaires.

Liste des travaux collectifs pris en charge par l'ATSEM

– L'ATSEM veille à la propreté constante des jouets et du matériel mis à disposition des enfants. Le matériel pédagogique utilisé fait l'objet d'une grande attention : est-il adapté à l'âge de l'enfant ? Présente-il des dégradations,… ? Dans ces cas, l'ATSEM doit en référer au professeur des écoles pour l'alerter et prendre les décisions de sécurité et d'hygiène qui s'imposent.
– L'ATSEM veille à ne pas laisser à la portée des enfants des tabourets ou escabeaux susceptibles d'être escaladés, ainsi que des objets pouvant être ingérés.
– L'ATSEM veille à la fermeture constante des locaux interdits aux enfants : cuisine, bureaux, matériel pédagogique (crayons, ciseaux, cutters...), pharmacie...
– L'ATSEM doit repérer, isoler et ne pas utiliser en présence des enfants les produits toxiques ou dangereux (solvants, produits d'entretien…).
– L'ATSEM signale toute anomalie technique constatée dans les locaux scolaires et tout problème de sécurité ou de conformité affectant le matériel mis à disposition des enfants.
– Enfin, l'ATSEM participe à la préparation et la mise en état de propreté des locaux et du matériel servant directement aux enfants.

JE RETIENS

Cocher les travaux pour la collectivité qui sont du ressort de l'ATSEM.

❑ Entretien des espaces collectifs ❑ Peinture des murs de la classe
❑ Nettoyage des jeux et jouets ❑ Remise en état du matériel

→ ***Vous trouverez tous les éléments de réponses à ces questions p. 248***

FICHE 76

Le bionettoyage

QCM d'auto-évaluation Fiches 63 à 81
www.lienmini.fr/21006-22

Le bionettoyage est défini comme un procédé destiné à réduire la contamination biologique des surfaces. Il se pratique en général après un soin afin de laisser le matériel et le lieu propres pour l'enfant suivant. Il est réalisé autant dans les lieux d'accueil collectif qu'au domicile de l'assistante maternelle et nécessite l'application précise d'une procédure.

1 Les principes généraux

Le bionettoyage s'obtient par la combinaison de trois étapes :
- nettoyage avec un détergent ;
- rinçage ;
- désinfection avec un désinfectant.

Dans la pratique, l'utilisation d'un produit détergent-désinfectant permet de ne réaliser qu'un seul passage (on rincera seulement dans le cas de surfaces alimentaires).

Le bionettoyage est réalisé selon le protocole de la structure, en début ou en fin de technique de soins.

Une règle à retenir en hygiène : **aller du plus propre au plus sale et de haut en bas**. C'est pourquoi le bionettoyage du tapis de change s'effectuera ainsi :
plan de travail → tapis de change → robinetterie → extérieur de l'évier → intérieur de l'évier.

2 La réalisation d'un bionettoyage

Les matériels et les produits

- Une lavette.
- Un détergent-désinfectant.
- Une paire de gants jetables (ou de ménage).

La préparation

Commencer par se mettre en tenue et se laver les mains.
Puis, selon le contexte, revêtir une surblouse (pour protéger la tenue professionnelle), enfiler les gants et préparer le matériel.

L'exécution

1. Mouiller la lavette.
2. Vaporiser la lavette (ou le plan de travail) avec le détergent-désinfectant.

3. Commencer par le plan de travail : faire le détourage (a) puis la surface intérieure en zigzag (b).
4. Procéder de la même façon pour le bionettoyage du matelas de change.
5. Laver ensuite la robinetterie de haut en bas.
6. Puis, faire l'extérieur de l'évier.
7. Enfin, laver l'intérieur de l'évier.

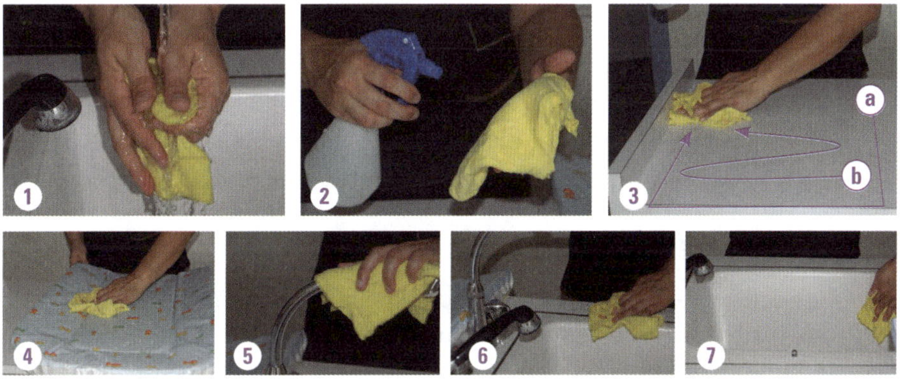

Le rangement

Commencer par évacuer la lavette dans le filet ou le récipient (la jeter s'il s'agit d'une lavette à usage unique), puis retirer les gants et les jeter (s'il s'agit de gants à usage unique). Enfin, se laver les mains.

À savoir

Certaines structures disposent de lavettes jetables pré-imprégnées qu'il faut mettre à la poubelle après la procédure. Par ailleurs, il peut y avoir des codes couleur pour les lavettes (rose pour les surfaces alimentaires, bleu pour la table à langer...). Il faut donc se renseigner en début de technique.

JE RETIENS

Dans cette « soupe de mots », retrouver le terme **bionettoyage**, les **trois étapes** du bionettoyage et **quatre termes** du matériel nécessaire pour le bionettoyage.

N	E	T	T	O	Y	A	G	E	Z	Z	X
X	U	Z	R	F	Q	Z	M	C	U	Q	G
R	I	N	Ç	A	G	E	I	H	D	B	S
D	E	S	I	N	F	E	C	T	A	N	T
I	H	I	K	I	L	A	V	E	T	T	E
D	F	R	J	L	K	L	Ç	Ç	F	F	O
O	L	M	D	E	T	E	R	G	E	N	T
R	B	H	R	P	V	N	G	A	N	T	S
P	F	Z	V	E	D	Q	Q	J	S	L	Q
D	E	S	I	N	F	E	C	T	I	O	N
O	J	V	Y	C	D	B	U	Z	Y	Y	Z
B	I	O	N	E	T	T	O	Y	A	G	E

→ ***Vous trouverez tous les éléments de réponses à ces questions p. 249***

FICHE 77

Les techniques de dépoussiérage des sols

QCM d'auto-évaluation Fiches 63 à 81
www.lienmini.fr/21006-22

L'entretien des locaux, qu'il s'agisse du sol ou du mobilier, se réalise aussi bien en collectivités qu'à domicile, afin de maintenir des conditions d'hygiène et de sécurité indispensables pour la santé des personnes. Le balayage humide en est la première étape.

1 Le balayage humide

L'objectif du balayage humide est de collecter la poussière et les déchets répandus sur le sol au moyen d'un balai équipé d'une gaze à usage unique antistatique et/ou pré-imprégnée ou sur des supports horizontaux (plans de travail ou meubles) ou verticaux (murs). C'est un procédé efficace qui permet d'éliminer 90 % des poussières sur tous supports lisses.

Les matériels et les produits

– Pour le dépoussiérage manuel du mobilier, utiliser des lingettes dépoussiérantes imprégnées d'agglutinants pour capter et garder les poussières et les particules volatiles.
– Pour le dépoussiérage des sols, utiliser un balai trapèze recouvert d'une lingette dépoussiérante jetable.

À savoir

Précautions d'emploi :
– aérer le local ou la pièce avant et après le dépoussiérage ;
– réaliser le travail en allant toujours du plus propre au plus sale ;
– utiliser la méthode de la godille ou du poussé pour le dépoussiérage des sols et selon les protocoles établis ;
– procéder au dépoussiérage hors de la présence des occupants de la pièce.

Le protocole

Le balayage humide doit s'effectuer quotidiennement sur des sols lisses (carrelages, revêtements plastiques, parquets).

1. Respecter les consignes d'hygiène et de sécurité (port d'une tenue professionnelle, lavage des mains avant et après balayage).
2. Choisir et préparer matériels et produits (lingettes pré-imprégnées, balai trapèze, sac poubelle, pelle et balayette, éventuellement chariot de ménage).

3. Équiper le balai trapèze d'une lingette.
4. Détourer la pièce en plaçant le côté du balai le long des plinthes.
5. Utiliser, selon la configuration de la pièce et son équipement, la méthode de la godille ou celle du poussé.
6. Ramasser la lingette et les salissures et ranger le matériel propre. Ainsi, il sera prêt à l'emploi pour un futur balayage.

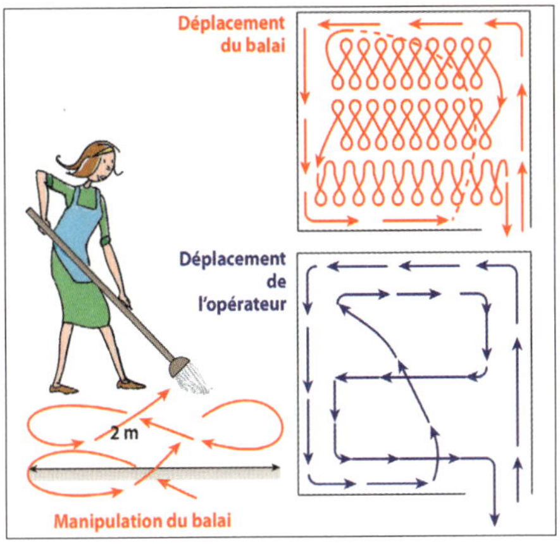

2 L'aspiration (ou dépoussiérage mécanique)

L'objectif de l'aspiration est de récupérer les particules déposées sur les sols et/ou les parois lorsque le balayage humide ne peut être utilisé.

Les matériels et les produits

– **Aspirateur avec ou sans sac**, à choisir en fonction de ses performances (débit d'air, puissance et niveau sonore). Il permet d'aspirer poussières et petits déchets et s'utilise sur la quasi-totalité des sols. La brosse redresse les fibres des revêtements textiles et retient les poussières. Le moteur crée une dépression qui aspire la saleté et l'entraîne à l'intérieur de l'appareil.
– **Aspirateur à brosse rotative**, particulièrement efficace sur les sols textiles, sa brosse permet une élimination optimale de la poussière par son action mécanique.

Le protocole

1. Commencer par l'entrée de la pièce.
2. Détourer.
3. Aspirer par bandes régulières en décrivant des mouvements de va-et-vient.
4. Faire chevaucher les passages.

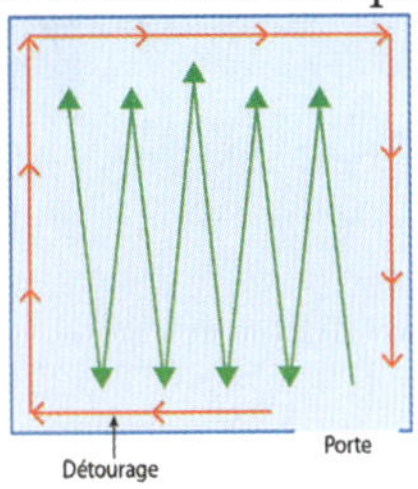

2

JE RETIENS

Cocher la ou les bonnes réponses :

1) Le balayage humide permet de :
❏ dépoussiérer et laver les sols en une seule opération
❏ éviter d'inhaler la poussière
❏ ne l'effectuer qu'une fois par semaine
❏ éviter l'encrassement des sols

2) Pour réaliser le balayage humide des sols, vous utilisez :
❏ une serpillère et un balai-brosse.
❏ un balai trapèze et des gazes imprégnées.

→ ***Vous trouverez tous les éléments de réponses à ces questions p. 249***

FICHE 78

Les techniques de lavage de la vaisselle

QCM d'auto-évaluation Fiches 63 à 81
www.lienmini.fr/21006-22

Après le repas, la vaisselle est lavée le plus souvent de façon mécanique (dans un lave-vaisselle). Néanmoins, le personnel peut également être amené à laver la vaisselle manuellement.

1 Le lavage mécanique

Les produits

- Détergent spécifique lave-vaisselle ;
- sel régénérant ;
- produit de rinçage.

Le déroulement

- Se mettre en tenue.
- Se laver les mains.
- Vérifier le niveau du produit de rinçage et du sel régénérant.

Débarrasser la vaisselle des restes alimentaires.

↓

Ranger les assiettes et les plats dans le panier inférieur.

↓

Mettre les couverts dans le panier spécifique.

↓

Ranger dans le panier supérieur les verres, bols, tasses.
Remplir le bac de distribution du produit de lavage et s'assurer que rien n'entrave la rotation du bras d'aspersion.

↓

Fermer le lave-vaisselle, sélectionner le programme puis appuyer sur la touche départ pour lancer le cycle de lavage.

En fin de cycle et après refroidissement, sortir la vaisselle en commençant par la partie inférieure et la ranger dans un placard.

À savoir

Le filtre est à nettoyer régulièrement tout comme le joint d'étanchéité.
Un contrôle de la propreté visuelle de la vaisselle est nécessaire après chaque lavage.

2 Le lavage manuel

Le matériel et les produits

– Évier à deux bacs + égouttoir ;
– lavette et tampon à récurer ;
– torchon propre et sec et une paire de gants ;
– produit vaisselle.

Le déroulement

– Se mettre en tenue ;
– se laver les mains et mettre les gants ;
– débarrasser la vaisselle des restes alimentaires ;
– classer la vaisselle par type d'objets et la disposer sur le plan de travail près du bac de lavage ;
– remplir les deux bacs d'eau chaude puis ajouter le détergent dans le bac de lavage ;
– tremper les éléments de la vaisselle dans le bac du lavage en respectant l'ordre du plus propre au plus sale et du plus petit au plus grand ;
– frotter avec la lavette (et si besoin utiliser le tampon à récurer) ;
– tremper la vaisselle dans le bac de rinçage ;
– sortir la vaisselle et la déposer sur l'égouttoir ;
– essuyer la vaisselle avec un torchon propre et sec et la ranger dans un placard ;
– vider les bacs et éliminer les déchets alimentaires présents dans l'évier ;
– laver, rincer et essuyer l'évier et le plan de travail ;
– rincer et égoutter la lavette (ou la mettre à laver) et le tampon à récurer ;
– ranger le matériel.

JE RETIENS

Pour chaque action de la vaisselle à la main, préciser le critère dont il est question.

	Sécurité	Ergonomie	Économie	Hygiène
a. Préparer son poste de travail : tenue, bac propre, matériel.				
b. Préparer la vaisselle : éliminer les déchets, organiser la vaisselle par degré de salissure.				
c. Laver en respectant le dosage de produit et en maintenant le dos droit.				
d. Rincer en vérifiant qu'il ne reste plus de savon.				

→ ***Vous trouverez tous les éléments de réponses à ces questions p. 249***

FICHE 79

L'entretien et le lavage du linge

QCM d'auto-évaluation Fiches 63 à 81
www.lienmini.fr/21006-22

L'entretien du linge doit répondre à des règles d'hygiène connues de toute l'équipe. Pour faciliter l'accessibilité et l'utilisation des machines par chaque professionnel, une notice (ou protocole) d'entretien et d'utilisation peut être affichée dans le local prévu à cet effet. L'opérateur devra s'assurer des conditions d'entretien du linge en se référant à l'étiquette de composition et d'entretien du tissu.

1 Le tri du linge

Le tri consiste à séparer les éléments ne pouvant être lavés ensemble (température de lavage différente, couleur qui dégorge ou linge souillé : serpillères à ne pas mélanger…). Il peut s'effectuer en amont de l'entretien. Par exemple, la présence d'une première panière pour y déposer les éléments de literie et d'une autre panière pour les lavettes lavables. Ce tri pourra également se faire lorsque le professionnel doit mettre la machine à laver le linge en fonctionnement.

Au préalable, il est nécessaire d'enlever les objets qui ne doivent pas être lavés : mouchoirs jetables, barrettes à cheveux… Il faut donc penser à bien vider les poches.

2 Les produits d'entretien du linge

➲ **Les détergents** servent à décoller les salissures et à les mettre en suspension dans l'eau. Ils sont présentés et commercialisés sous différentes formes :
- en poudre ;
- en liquide, en gel ;
- en pastilles ;
- en capsules.

➲ **Les produits adoucissants ou assouplissants** : ils peuvent être ajoutés dans le compartiment de la machine à laver prévu à cet effet. Cependant, ils sont souvent associés au détergent de base. Ils servent à assouplir (rendre moins rêche) et parfumer le linge

➲ **Les détachants** : ils enlèvent les tâches tenaces sur le linge. Il faut les adapter aux types de tâches.

➲ **Les anticalcaires** : ces produits d'entretien de la machine à laver évitent le dépôt de calcaire sur les résistances électriques.

À savoir

Les produits d'entretien dont certains sont extrêmement dangereux et toxiques doivent être hors de portée des enfants pour éviter leur ingestion. L'aspect de certaines capsules colorées peut attirer l'enfant et être confondu avec un bonbon. Il faut respecter les instructions de dosage des produits et vérifier leur date de péremption. Veiller à nettoyer régulièrement filtre et tambour de la machine.

3 La lecture du code d'entretien du linge

Lavage en machine Le chiffre indique la température maximale. Si une main est représentée, il faut un lavage à la main ou au maximum à 40°C.	**Traitement à l'eau de Javel** ou chlorage dilué à froid autorisé.	**Séchage** en tambour autorisé. Le nombre de point(s) représenté(s) indique la chaleur à ne pas dépasser : • température modérée 60°C ; •• pas de limite de température	**Repassage** à la température indiquée selon le nombre de points présents dans le pictogramme: • 110° C ; •• 150° C ; ••• 200 °C	**Nettoyage à sec** Une lettre indique quels solvants peuvent être utilisés **A** : Tous les solvants. **P** : Tous sauf le trychloréthylène. **F** : Pas de nettoyage à sec en laverie.
Dans le cas où le pictogramme est barré, l'action est interdite (chlorage, séchage en machine, repassage...) 				

4 La mise en fonctionnement de la machine à laver le linge

– Remplir le lave-linge sans trop le charger.
– Sélectionner le programme (vous référer à l'étiquette du linge).
– Sélectionner la température et la vitesse d'essorage.
– Sélectionner les options possibles (demi-charge d'eau, programme court, départ immédiat ou différé...).
– Mettre les produits adéquats en respectant les dosages et volumes.
– Actionner le bouton départ.

Une fois la machine terminée, procéder à la décharge du linge et à son séchage en machine ou sur un étendoir.

5 Les écogestes : ayez le bon réflexe !

Voici quelques conseils et écogestes simples à adopter pour préserver l'environnement et réaliser quelques économies.

Le tri

On peut trier son linge selon 3 critères : la nature du textile, le degré de saleté, les couleurs.
– **trier par couleur** (blanc/couleurs) évite aux couleurs foncées de déteindre sur le clair, surtout pour les vêtements neufs. Même si le linge de couleurs ne déteint pas « franchement », il teinte légèrement l'eau et peut transformer, au fil des lavages, votre t-shirt blanc en presque blanc…
– **trier par nature du textile** (symbole de lavage sur les étiquettes) préservera la qualité des tissus et vous évitera les faux pas. Et même si le vêtement supporte 90°C, un cycle de lavage à 30°C est souvent suffisant pour bien le laver !
– **trier par degré de saleté** permet de rassembler le linge très sale pour lui consacrer une lessive à 60°C. Ce cycle de lavage présente une consommation électrique du lave-linge 60 % supérieure à un cycle de lavage à 30°C : à réserver uniquement en cas de maladie ou d'allergie aux acariens.

Les produits utilisés

Les écogestes passent aussi par l'achat raisonné de produits d'entretien du linge :
– emballage en carton ;
– éco-recharges ;
– produits concentrés ;
– lessive en bidon.
Il est aussi nécessaire de respecter le dosage prescrit sur l'emballage.

Les cycles et options de lavage

Si certaines options et innovations de lave-linge n'ont que peu d'intérêt, les options suivantes permettent d'économiser eau et énergie :
– l'option « éco » diminue de 25 % la consommation électrique du lave-linge en lavant à une température moins élevée.
– l'option « demi-charge » diminue en moyenne de 20 % la consommation en eau du lave-linge. Mieux vaut tout de même faire un seul lavage à 90 % rempli, que deux demi-charges.
– l'option « pesée automatique » permet d'ajuster la consommation d'eau et d'énergie du lave-linge en fonction de la quantité de linge présente dans le tambour.

À savoir

Les produits d'entretien présentent des impacts environnementaux tout au long de leur cycle (fabrication, utilisation, fin de vie). L'objectif est de limiter au maximum cet impact. Le choix d'un produit est un compromis entre efficacité et toxicité pour l'Homme et l'environnement.

Recommandations COVID : Le linge sale (serviettes, gants…) sera placé dans un bac à linge sale équipé d'un couvercle. Les vêtements de l'enfant seront placés dans un panier individuel. Manipuler le linge sale avec des gants et sans le porter contre soi. Le linge sera lavé à 60 °C pendant 30 minutes

JE RETIENS

Vous devez laver un vêtement qui porte cette étiquette.

1) Identifier la signification de chacun des sigles de l'étiquette figurant ci-dessous :

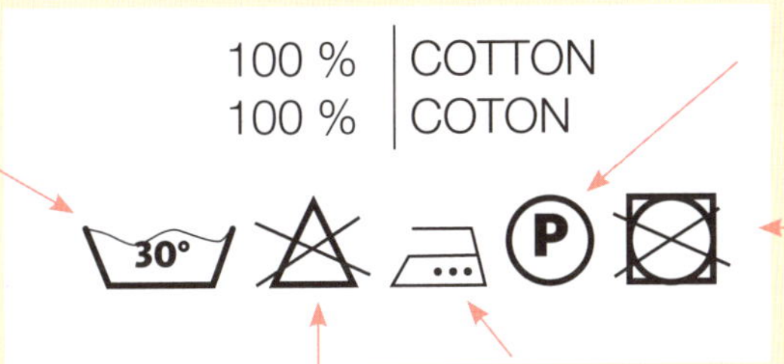

2) Proposer des conseils de lavage pour chaque situation suivante.

Situations	Conseils
a. La serviette d'Emile présente des taches de cerises après son lavage en machine.	
b. Les draps de lit sont propres mais rêches.	
c. Le pull d'Abdel a rétréci suite à son lavage.	

→ Vous trouverez tous les éléments de réponses à ces questions p. 249

FICHE 80 Les différentes structures d'accueil du jeune enfant

QCM d'auto-évaluation Fiches 63 à 81
www.lienmini.fr/21006-22

Le jeune enfant de moins de 6 ans peut être accueilli par les services d'accueil familial non permanent, au domicile d'assistants maternels ou en accueil collectif. Les SAJE (Structures d'Accueil des Jeunes Enfants) sont réglementées par le décret du 7 juin 2010.

1 Les objectifs de l'accueil en structure

L'article 2 du règlement des SAJE souligne que « Les établissements et les services d'accueil non permanent d'enfants veillent à la santé, à la sécurité, au bien-être et au développement des enfants qui leur sont confiés. Dans le respect de l'autorité parentale, ils contribuent à leur éducation. Ils concourent à l'intégration des enfants présentant un handicap ou atteints d'une maladie chronique qu'ils accueillent. Ils apportent leur aide aux parents pour favoriser la conciliation de leur vie professionnelle et de leur vie familiale. »

D'autres objectifs non moins importants concernent l'aide de l'enfant à travers des activités et la verbalisation à s'intégrer dans un groupe d'enfants de son âge.

Le rôle de l'encadrement est d'aider l'enfant, progressivement, à avoir une autonomie suffisante, pour vivre au mieux la vie en collectivité.

2 Les structures d'accueil

Il existe des structures d'accueil régulier, occasionnel et des structures multi-accueils qui sont des établissements ou services qui associent un accueil régulier et occasionnel, ou un accueil familial et collectif.

Accueil collectif	Multi-accueil (60 places maximum)	– Accueil régulier ou occasionnel en structure, d'enfants de moins de 6 ans. – Modes associatif, municipal ou privé de gestion.
	Crèche collective (60 places maximum)	– Accueil régulier en structure d'enfants de moins de 4 ans. – Gestion de type associatif, municipal et privé.
	Crèche parentale (25 places maximum)	– Accueil régulier d'enfants de moins de 4 ans. – Gestion parentale de la structure.
	Halte-garderie	– Accueil ponctuel d'enfants de moins de 6 ans. .Gestion associative, municipale, privée.
	Micro crèche (10 enfants maximum) La loi ASAP prévoit de porter à 12 la capacité d'accueil maximale des microcrèches.	– Accueil d'enfants de moins de 6 ans. – Modes associatif, municipal ou privée de gestion
	Jardin d'enfants (80 places maximum)	– Accueil d'enfants de 2 à 6 ans. – Structure intermédiaire entre la crèche et l'école maternelle. – Gestion de type associatif, municipal ou privé.
	Crèche familiale ou service d'accueil familial	– Accueil régulier d'enfants de moins de 4 ans au domicile d'un assistant maternel agréé d'1 à 4 enfants maximum. – Encadrement par une équipe de professionnels. – Temps de regroupement. – Gestion de type associatif, municipal ou privé.
Accueil individuel	Assistant maternel agréé (AMA)	– Accueil régulier d'enfants de moins de 6 ans au domicile d'un assistant maternel agréé pour 1 à 4 enfants maximum.
	Maison d'Assistants Maternels (MAM) La loi ASAP prévoit que six assistants maternels peuvent exercer dans une MAM, dont au maximum quatre simultanément. Le nombre d'enfants simultanément accueillis ne pourra être supérieur à vingt.	– Deux à quatre assistants maternel agréés travaillant de façon regroupée dans un même lieu, ayant à charge 1 à 4 enfants chacun en fonction de l'agrément obtenu.

2

3 Le personnel

Voici les principales professions exerçant auprès des plus jeunes enfants :

– AMA (Assistant Maternel Agréé). Il exerce à domicile ou dans une MAM.

– Animateur BAFA (Brevet d'Aptitudes aux Fonctions d'Animateur) ou BEATEP (Brevet d'État d'Animateur Technicien de l'Éducation Populaire et de la jeunesse). L'animation peut s'exercer en périscolaire, insertion sociale, action culturelle... Les lieux d'exercice sont variés : centres sociaux, maisons des jeunes et de la culture (MJC), villages de vacances, services municipaux (culture, jeunesse)…

– Auxiliaire de puériculture. Elle peut travailler dans de multiples structures de santé : structures d'accueil, PMI, hôpital…

– EJE (Éducateur de Jeunes Enfants). Les lieux d'exercice sont multiples : jardins d'enfant, halte-garderie, crèches collective, parentale, familiale…

– Puéricultrice. Elle peut exercer son métier en hôpital mais aussi en milieu extra hospitalier comme les lieux d'accueil et de vie des jeunes enfants jusqu'à l'adolescence (crèches collective et familiale, halte-garderie..) et en PMI.

FICHE 81

L'environnement de l'enfant en collectivité

QCM d'auto-évaluation Fiches 63 à 81
www.lienmini.fr/21006-22

1 L'organisation spatiale des locaux

L'organisation spatiale des locaux et des structures de la petite enfance comprend les espaces de repos, de repas, d'accueil, de jeux et/ou d'activités et les sanitaires.
D'autres locaux, non accessibles aux familles, peuvent être envisagés comme : un espace pour le personnel, une buanderie, une cuisine, une zone de stockage pour les produits d'entretien ou consommables, une réserve pour les produits alimentaires et un ou plusieurs bureaux.

Plan d'une crèche collective

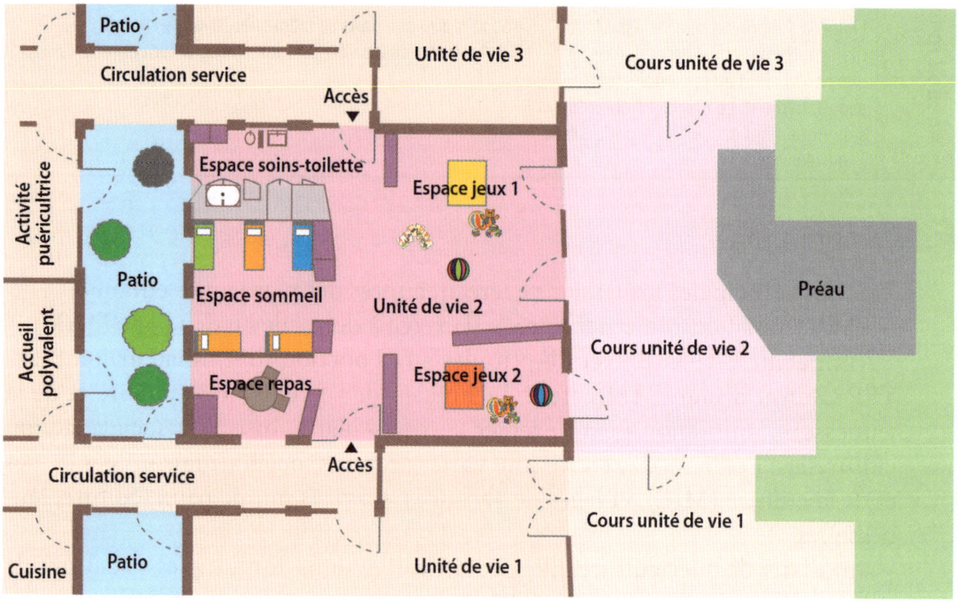

2 L'espace d'accueil

L'espace d'accueil sert à recevoir les parents avec leurs enfants, à déposer les affaires et les matériels nécessaires qui font le lien entre la structure et l'extérieur. Cet espace dispose de casiers pour entreposer les affaires des enfants et d'une table de change qui facilite l'habillage et le déshabillage. Il est souvent séparé de la salle de vie faisant sas entre ces deux univers. Parfois, il existe également un local à poussettes.

3 L'espace de vie ou d'activité(s)

Il est souvent divisé en trois parties : l'espace des bébés, l'espace des moyens et l'espace des grands.

L'espace de vie des bébés

Ce lieu de vie est un espace « cocooning » où les professionnels disposent de divers tapis multicolores, nids (une sorte de grosses bouées avec un fond douillet), petites structures motrices et aires de jeux gonflables.
Des mobiles suspendus, des portiques en bois ou des tapis d'éveil avec arceaux constituent des jeux indispensables pour le bon développement des tout-petits. Cet espace assure la base de sécurité affective des enfants âgés de 2 mois ½ à environ 10 mois.

L'espace de vie des moyens

Les enfants âgés de 12 à 24 mois sont actifs et désirent, de façon répétitive, vider, jeter, remplir, grimper... Ils ne se posent pas beaucoup et les interactions avec leurs camarades sont limitées. Ils ont besoin d'expérimenter leurs nouvelles compétences motrices. De grands tapis pour les jeux de construction, des caisses à disposition avec des récipients de différentes contenances et un coin calme sont les ingrédients qui permettent aux moyens de s'épanouir. Un coin motricité est indispensable, sans oublier quelques coins de jeux d'imitation (dînettes, poupées, bricolage...).

L'espace de vie des grands

Les grands de la crèche apprécient de jouer en petits groupes constitués de deux ou trois enfants. Ils commencent à se déplacer et à jouer en interaction. La pièce doit donc être aménagée en petits coins pour répondre aux besoins de leur développement.
Un coin cuisine, un endroit où s'occuper des poupées, un coin livres et une petite table d'activités sont les bases de l'accueil de ces enfants. Ils apprécient de participer à des ateliers de manipulation, de cuisine et de motricité fine. Pour pouvoir répondre aux besoins de cette tranche d'âge, l'aménagement de l'espace doit donc être épuré.

Remarque

Un espace de jeux et d'activités extérieur est parfois présent dans les structures. Il est conçu afin de développer la conscience de l'espace, en permettant aux enfants de se déplacer en haut et en bas (balançoire, tourniquet, ressort...), mais aussi de grimper au-dessus et en-dessous (portique, araignée, toboggan...). Son encadrement et sa surveillance doivent être rigoureux.

4 L'espace repos

Le lieu de repos, de 3 m² minimum par enfant, séparé de l'espace d'accueil et de jeux, s'organise en petits dortoirs. Chaque enfant accueilli doit pouvoir disposer d'un lit individuel.
Pour les plus grands, il est souhaitable de prévoir un dortoir plus vaste. Celui-ci, isolé du dortoir des bébés, peut également être utilisé en dehors des moments de repos pour des activités calmes. Les cloisons et les portes des dortoirs doivent permettre une isolation de bonne qualité phonique.

5 L'espace préparation des repas

L'aménagement de la « cuisine » est différent selon qu'il s'agit de préparer ou de réchauffer les repas (normes vérifiées auprès des services vétérinaires lors de la construction de l'établissement). S'il s'agit de repas réchauffés après livraison, les conditions d'hygiène sont moins rigoureuses que si les repas sont préparés sur place.
Un espace contigu à la cuisine peut être utilisé pour prendre les repas, mais aussi pour réaliser les activités sur table (peinture, pâte à modeler...). Une rampe d'eau accessible aux enfants est nécessaire. Cet espace, isolé de la salle de jeux,

leur permet de profiter calmement du temps de repas.

6 L'espace des sanitaires

La salle dite de « propreté » doit comprendre au minimum deux tables de change et être équipée d'un petit lavabo.

L'accès à la table se fait pour les plus grands enfants par un petit escalier adapté. Celui-ci est limité d'un côté par la table de change et de l'autre par une cloison afin d'éviter les risques de chutes.

Sous la table de change sont rangés dans un meuble les couches et les matériels de change. Un espace fermé doit être réservé pour la poubelle des couches. Une tablette en hauteur, au-dessus du lavabo et hors d'accès des enfants, permet de ranger les produits indispensables à la toilette.

L'espace doit aussi contenir un ou deux petits WC installés à l'écart et permettant de respecter l'intimité des enfants. Ceux-ci doivent pouvoir actionner seuls les chasses d'eau.

Un espace libre permet l'utilisation d'un pot, et un lavabo de petite profondeur donne aux plus jeunes enfants la possibilité de se laver les mains pour un apprentissage systématique de l'hygiène.

Recommandations COVID : Éviter que des enfants de groupes différents se croisent au cours de la journée.

JE RETIENS

1) Nommer les différents espaces à aménager dans une structure dédiée aux enfants.

2) Identifier chaque élément numéroté que comporte la photo ci-contre relative à l'espace de change des bébés.

→ ***Vous trouverez tous les éléments de réponses à ces questions p. 249***

Je retiens

Corrigés

FICHE 63

1) Au domicile de l'AMA – Crèche collective
2) Le projet d'accueil

FICHE 64

Les transmissions écrites constituent une preuve juridique et sont une référence pour l'équipe. Les transmissions orales sont rapides et immédiates et permettent, si nécessaire, un réajustement immédiat.

Elles doivent être datées et signées de la personne qui écrit les transmissions ; elles doivent aussi être précises et concises et enfin elles ne doivent pas porter de jugement.

FICHE 65

1) L'émetteur → Nathalie/ Le récepteur → Thomas / Le message → « Veux-tu encore du poulet ? » / Via un canal → auditif

Rétroaction : réponse négative de Thomas

2) L'émetteur → qui ?

Le récepteur → à qui?

Le message → quoi?

Via un canal auditif ou visuel => comment?

3) c.

FICHE 66

a. La formation – b. La réunion d'équipe – c. La réunion avec un intervenant extérieur

FICHE 67

1. Déclencheur – 2. Élaboration – 3. Mise en œuvre – 4. Évaluation

FICHE 68

Lors du change – Lors du repas – Lors du réveil de l'enfant.

Lorsqu'il a peur – Lors de la lecture d'un livre.

FICHE 69

1) Lire un livre : de la naissance à plus de 2 ans – Apprendre une comptine : à partir de 18 mois et jusqu'à plus de 2 ans – Chanter : de la naissance à plus de 2 ans.

2)

Bégaiement • → • Répétition de sons, prolongation de sons ou blocage, arrêt

Trouble de la parole.

Zézaiement • → • Prononce le « ze » à la place du « je » ou « se »

FICHE 70

1) Cycle 1 → Cycle des apprentissages premiers – Classes : petite, moyenne et grande sections.

Cycle 2 → Cycle des apprentissages fondamentaux – Classes : CP, CE1, CE2.

Cycle 3 → Cycle de consolidation – Classes : CM1, CM2, 6e.

2) Les professeurs des écoles et les ATSEM (agent territorial spécialisé des écoles maternelles).

FICHE 71

Préparation (4) – Déroulement (2 et 3) – Rangement (1).

FICHE 72

Animation coopérative : a et d – Animation autoritaire : c – Animation laxiste : b

FICHE 73

(de gauche à droite et de haut en bas) : Je n'ai pas le droit de crier, de parler en même temps que les autres, de dire des gros mots, de pousser, de me battre, de monter sur les tables ou les chaises.

FICHE 75

Entretien des espaces collectifs (couloirs, hall d'accueil...). - Nettoyage des jeux et jouets. - Remise en état du matériel.

FICHE 76

~~N~~	~~E~~	~~T~~	~~T~~	~~O~~	~~Y~~	~~A~~	~~G~~	~~E~~	Z	Z	X
X	U	Z	R	F	Q	Z	M	C	U	Q	G
~~R~~	~~I~~	~~N~~	~~Ç~~	~~A~~	~~G~~	~~E~~	I	H	D	B	S
~~D~~	~~E~~	~~S~~	~~I~~	~~N~~	~~F~~	~~E~~	~~C~~	~~T~~	~~A~~	~~N~~	~~T~~
I	H	I	K	I	~~L~~	~~A~~	~~V~~	~~E~~	~~T~~	~~T~~	~~E~~
D	F	R	J	L	K	L	Ç	Ç	F	F	O
O	L	M	~~D~~	~~E~~	~~T~~	~~E~~	~~R~~	~~G~~	~~E~~	~~N~~	~~T~~
R	B	H	R	P	V	N	~~G~~	~~A~~	~~N~~	~~T~~	~~S~~
P	F	Z	V	E	D	Q	Q	J	S	L	Q
~~D~~	~~E~~	~~S~~	~~I~~	~~N~~	~~F~~	~~E~~	~~C~~	~~T~~	~~I~~	~~O~~	~~N~~
O	J	V	Y	C	D	B	U	Z	Y	Y	Z
~~B~~	~~I~~	~~O~~	~~N~~	~~E~~	~~T~~	~~T~~	~~O~~	~~Y~~	~~A~~	~~G~~	~~E~~

FICHE 77

1) Éviter d'inhaler la poussière - Éviter l'encrassement des sols par un dépoussiérage correct.

2) Un balai trapèze et des gazes imprégnées.

FICHE 78

Sécurité (d) – Ergonomie (c) – Économie (c)- Hygiène (a et b)

FICHE 79

1)

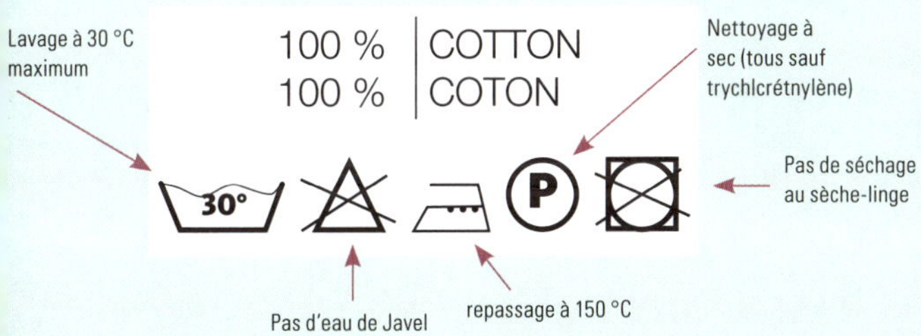

2) a. Utiliser un détachant avant le lavage. – b. utiliser un assouplissant – c. Vérifier la bonne température du programme de lavage.

FICHE 81

1) L'espace d'accueil, l'espace de jeux et d'activités, l'espace repas, l'espace repos et l'espace sanitaire.

2) 1 – Plan de travail avec zone de lange.

2 – Placard de rangement.

3 – Sol anti-dérapant.

4 – Poste de lange.

5 – Lavabo.

6 – Escalier d'accès au lange pour les jeunes enfants ayant une certaine mobilité.

Épreuve 3

Exercer son activité en accueil individuel

FICHE 82 L'adaptation à des situations imprévues

QCM d'auto-évaluation Fiches 82 à 104
www.lienmini.fr/21006-23

Les relations parents-professionnel sont quotidiennes. Souvent bonnes, il arrive qu'elles deviennent parfois plus délicates en raison d'imprévus qui sont de plus en plus fréquents liés, entre autres, aux exigences plus vives des parents.

1 La communication « difficile » entre le professionnel et la famille

L'accueil de l'enfant au domicile ou en structures collectives permet d'accompagner les parents « ensemble, avec, ou côte à côte », les enfants dans leurs premières années de vie. La bonne relation qui lie les professionnels aux parents est aussi primordiale qu'elle peut être insurmontable. Beaucoup de professionnels le reconnaissent : la partie la plus périlleuse de leur métier ne consiste pas à accueillir les enfants, mais à collaborer avec leurs parents !

La délicate relation parents-professionnel

Très souvent, ce n'est pas le professionnel que le parent rejette, mais peut-être l'idée d'être séparé de son enfant. Paradoxalement, il tend à espérer que son enfant s'attachera au professionnel mais pas trop ! De l'autre côté, le professionnel fait en sorte de respecter une juste distance professionnelle avec l'enfant qu'il accompagne au quotidien.

C'est pourquoi, lors des premiers entretiens avec les parents, il est important que le professionnel mette en avant les valeurs qu'il développe, sa façon de travailler et qu'il échange avec les parents sur ces points. Trop de différences de points de vue entre les parents et le professionnel rendront les échanges compliqués et tendus tout au long de l'année.

Des raisons à ces relations parfois « tendues »

De nombreuses raisons peuvent expliquer ces soucis de communication :
– Les familles ont changé. Elles sont recomposées, monoparentales, les femmes travaillent, les grands-parents sont éloignés. La structure familiale traditionnelle a éclaté. Le professionnel fait face à plusieurs interlocuteurs, à des situations tendues ou à des communications divergentes entre parents.
– La place de l'enfant a changé. Il est désiré, rêvé, idéalisé, parfois unique. La relation adulte-enfant s'en trouve modifiée et les parents ont tendance à privilégier les demandes de l'enfant et pas celles du professionnel.

– Les conditions d'exercice de la parentalité sont rendues plus difficiles par une société de consommation où l'enfant est l'objet de toutes les tentations (médias, publicité), par des vies difficiles (chômage, travail, séparation), qui réduisent la disponibilité des parents. Cette plus grande permissivité rend parfois difficile les interdits ou les règles données par le professionnel aux parents.

À savoir

En école maternelle, une mauvaise communication entre enseignants et parents peut avoir des conséquences redoutables pour les enfants (perturbations psychologiques, mauvais résultats, inquiétudes, …).

2 La situation impromptue face à un parent agressif

Quelle attitude adoptée face à un parent agressif ou venant chercher son enfant dans un état physique peu propice avec la prise en charge de l'enfant ? Difficile de savoir quoi faire lorsque l'on se retrouve seul(e) à gérer ce type de situation. Il est important de mettre l'enfant un peu à l'écart, de tenter de calmer en douceur le parent et le cas échéant d'appeler l'autre parent ou une personne autorisée. En structure collective, ces situations doivent être gérées de façon identique en s'appuyant sur la hiérarchie de la structure.

Si le parent n'est pas en état de s'occuper de l'enfant et que la sécurité de celui-ci est en danger, il est du devoir du professionnel de le protéger avant tout.

3 L'attitude à adopter face aux imprévus de santé

Le dossier de santé de l'enfant constitué par le professionnel de santé est annexé au contrat d'accueil. Tout évènement (médical, administratif ou familial) concernant l'enfant doit être signalé par les parents au professionnel (accueil individuel) ou au responsable de l'établissement en structure collective.

En cas de problème impromptu de santé (fièvre, allergie….), le professionnel ne peut en aucun cas prendre d'initiative d'administration de médicaments sans disposer d'une ordonnance du médecin de l'enfant. Il convient de prévenir les parents (si l'enfant est gardé par un AMA) ou les supérieurs (dans le cas d'une crèche familiale, d'une structure collective). En fonction de l'état de santé de l'enfant, il faut demander aux parents de venir chercher l'enfant.

JE RETIENS

Marion, 18 mois, a coincé un petit objet dans une narine.

Préciser l'attitude de l'AMA en cochant la bonne réponse :

❑ Contacter les parents et attendre leurs instructions.
❑ Emmener Marion chez un médecin.
☒ Appeler le 18 pour savoir quoi faire en attendant l'arrivée des parents.

→ *Vous trouverez tous les éléments de réponses à ces questions p. 310*

FICHE 83

La planification des activités et la gestion des stocks

QCM d'auto-évaluation Fiches 82 à 104
www.lienmini.fr/21006-23

Les activités, lorsque l'on a la responsabilité d'enfants, doivent s'organiser et s'anticiper. De même, toute planification d'activités, de repas, de sorties nécessite parfois l'utilisation de matériels voire de produits alimentaires : une anticipation des achats et une bonne gestion de stocks sont incontournables.

1 La planification et l'organisation des activités de l'enfant

Les activités étant nombreuses et variées, l'AMA se doit d'organiser en amont son travail et d'établir si possible un planning pour chaque besoin. Les tâches ménagères (nettoyage du domicile et des espaces de vie, repas…) peuvent être anticipées et réalisées en dehors des horaires d'accueil et donc avant l'arrivée de l'enfant au domicile.

Cette anticipation libère le professionnel et le rend plus disponible tout au long de la journée lui permettant ainsi d'être plus à l'écoute de l'enfant pour répondre à ses besoins, assurer une meilleure qualité de « service » et une meilleure participation à des activités d'éveil adaptées.

À savoir

Préparer les repas la veille permet de proposer des plats créatifs et moins conventionnels.

Autour de chaque activité, comme le repas par exemple, le professionnel doit :
- planifier le temps et l'espace en fonction de l'âge ;
- assurer des soins d'hygiène avant et après le repas ;
- préparer un biberon dans le cas de garde de très jeune(s) enfant(s) ;
- préparer les repas à l'assiette en tenant compte des âges (quantités, consistances, rectification de plats…).

Ce temps « gagné » permet d'animer le repas et favorise l'écoute et la réponse aux besoins de communication et d'autonomie de l'enfant.

Pour les activités d'éveil, la salle de jeux doit être préparée en amont. L'activité prévue peut ainsi être présentée aux parents et exposée le matin dès l'accueil de l'enfant. L'activité d'éveil pourra ainsi être mise en scène et sans doute n'en sera que plus créative et intéressante. L'AMA pourra aussi tenir un cahier d'activités dans lequel sont répertoriés un éventail large de jeux mais également un planning d'activités réalisées avec l'enfant avec des commentaires « ce qui a plu ou pas », « difficultés rencontrées »

Exemple de planification d'activités

Jour	Types d'activités
Lundi	Jeu de manipulation (pâte à modeler ou préparation d'un gâteau)
Mardi	Développement du langage (dialogues, livres, comptines)
Mercredi	Jeu de socialisation (jeu de groupe, sortie…)
Jeudi	Activités artistiques (peinture, dessin)
Vendredi	Jeux de construction

Astuce

Prévoir un plan « B » d'activité du jour, car en fonction de l'état de l'enfant, l'activité prévue au préalable ne pourra pas toujours être mise en place.

2 La gestion des stocks

La mise en place des nombreuses activités d'éveil et des repas nécessite une disponibilité permanente de jeux, supports, produits de soins et d'entretien mais aussi de produits alimentaires de base. De façon hebdomadaire, en s'appuyant sur la planification des activités, le professionnel devra en prévoir leur disponibilité.

Une bonne gestion des stocks est importante pour répondre à ces besoins mais elle suppose de déterminer quand s'approvisionner et quelles quantités acheter. Une fiche de stock présentant par catégorie les produits disponibles peut aider le professionnel à s'y retrouver et ne pas être pris au dépourvu.

À savoir

Quelques règles de stockage à respecter :

- Les matériels et produits sont stockés en respectant les consignes du fabriquant (endroit sec, à l'abri de la lumière...).
- Les armoires, placards ... de stockage sont nettoyés régulièrement. Les produits sont manipulés avec précaution (ne pas les entasser dans les placards, vérifier l'intégrité de l'emballage au moment du rangement...).
- Les produits et matériels sont rangés par catégorie (produits ménagers, matériel d'animation...).
- La mise en œuvre de la règle « FIFO » (first in, first out) : premier entré, premier sorti.
- Les dates de péremption sont régulièrement vérifiées.

Une bonne gestion du stock permet de suivre les entrées et sorties des marchandises, de connaître la quantité de marchandise à disposition, d'anticiper une rupture de stock, d'éviter des achats inutiles et donc de réaliser des économies.

FICHE 84

Le projet d'accueil

QCM d'auto-évaluation Fiches 82 à 104
www.lienmini.fr/21006-23

Lorsque les parents et l'assistant maternel se sont choisis, un certain nombre de démarches administratives sont obligatoires. Le projet d'accueil, aussi appelé contrat d'accueil, sert de base au dialogue avec les familles.

1 Le projet d'accueil

C'est un document écrit qui précise les modalités d'accueil de l'enfant au domicile de l'assistant maternel.

À quoi sert-il ?	– Il sert de base à un dialogue avec la famille. – Il permet de connaître les besoins de l'enfant et de respecter au mieux ses habitudes.
Qui le remplit ?	– Il peut être rempli avec les parents dès le début de la période d'adaptation. – Il sera enrichi en fonction des échanges et réactualisé régulièrement.
Quel support utiliser ?	– Le document peut être créé par l'assistant maternel mais de nombreux supports déjà existants sont mis à disposition par les Conseils départementaux.

2 Les points abordés dans le projet d'accueil

En général, dans le projet d'accueil, les besoins fondamentaux de l'enfant sont déclinés ainsi que tous les points pratiques qui sont importants pour l'assistant maternel, tels que l'accueil de l'enfant malade, la présence d'animaux ...

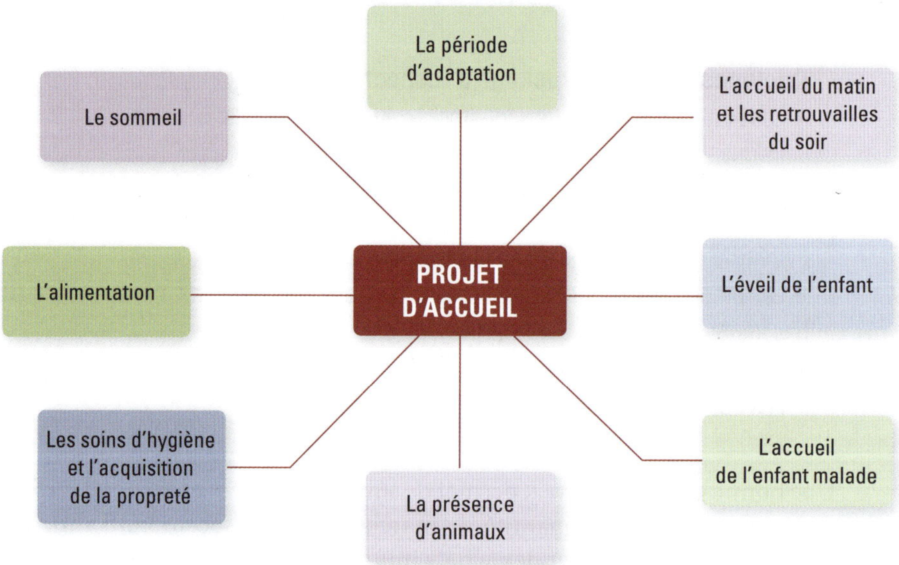

Le projet d'accueil va s'enrichir en fonction des échanges avec la famille. Il est donc très important, durant la phase d'adaptation d'observer l'enfant, d'écouter les parents et de poser l'ensemble des questions qui permettront de rendre ce document le plus complet et incontournable possible.

Il ne s'agit pas de formaliser un accord sur tout ! Des différences peuvent apparaître et être sources de richesses de part et d'autre. Tout au long de son développement, l'enfant évoluera dans des lieux différents et parfois nouveaux et s'adaptera à des règles de vie mais aussi à des adultes ayant leur personnalité propre (dans l'entourage familial, amical, lors des regroupements en crèche familiale...).

À savoir

Rédiger un document écrit personnalisé peut parfois semblé complexe. Le professionnel pourra se rapprocher de ses collègues. L'AMA, pour sa part, pourra solliciter le RAM (Relais Assistant Maternel) et les puéricultrices du service de protection maternelle et infantile (PMI).

JE RETIENS

Repérer les intrus parmi cette liste de points qui figurent normalement dans le projet d'accueil :

. La présence d'animaux domestiques de l'AMA.
. L'obligation de donner le doudou à l'enfant pour ses siestes.
. Les allergies alimentaires de l'enfant.
. Les horaires d'accueil du matin.
. L'interdiction de confier l'enfant à Mr XXXXX.
. Les rythmes du sommeil de l'enfant.

→ ***Vous trouverez tous les éléments de réponses à ces questions p. 310***

FICHE 85

La procédure d'agrément

QCM d'auto-évaluation Fiches 82 à 104
www.lienmini.fr/21006-23

Pour exercer la fonction d'assistant maternel, il est nécessaire d'obtenir un agrément qui est délivré par les services départementaux. L'agrément, tel que défini dans le référentiel national de 2012, ne peut s'accorder qu'aux personnes de nationalité française, aux citoyens de l'espace économique européen ou aux titulaires d'un titre de séjour l'autorisant à exercer une activité professionnelle.

1 Les démarches à effectuer pour l'obtention de l'agrément

Plusieurs démarches sont nécessaires pour obtenir un agrément.

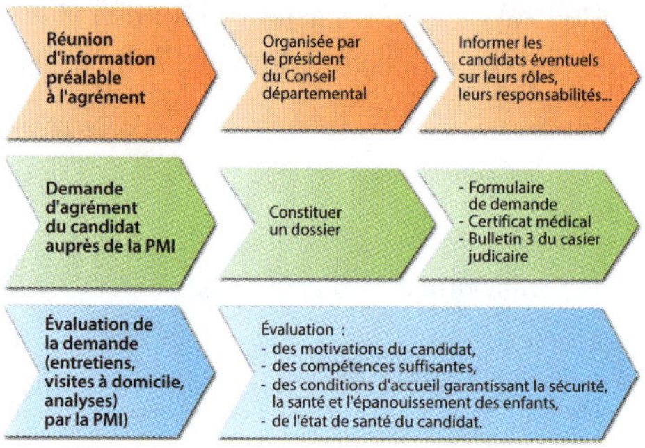

Le service de PMI a 3 mois pour instruire la demande. Depuis le décret du 23 octobre 2018, le candidat suit une formation de 120 heures (80 heures avant l'accueil du premier enfant et 60 heures dans les trois ans suivant le début de l'exercice). Cette formation est validée par un examen qui doit être réussi afin d'obtenir l'attestation d'agrément. L'agrément est obtenu pour 5 ans. Néanmoins, depuis ce décret, à l'issue de la première demande de renouvellement, celui-ci, sous certaines conditions, peut-être obtenu pour 10 ans.

2 Les obligations pour l'obtention de l'agrément

À savoir

Lors de ses visites, la PMI vérifiera que le lieu d'accueil est bien sécurisé et si ce n'est pas le cas, elle demandera certains aménagements afin d'y remédier. Le jeune enfant n'ayant pas la notion du danger, le logement de l'assistant maternel doit donc garantir sa sécurité.

Lors des différents entretiens et visites à domicile, conformément au décret du 15 mars 2012 (relatif aux critères d'agrément des assistants maternels), l'accent sera mis particulièrement sur :

– la prise en compte des besoins de l'enfant ;
– la sécurité de l'enfant : application des règles de couchage, conformité du lieu d'accueil, la sécurité des abords, la capacité à prévenir les accidents domestiques, la présence d'animaux... ;
– les règles d'hygiène : du lieu d'accueil, des jouets... ;
– la communication avec la famille, les partenaires...

À savoir

Dans l'agrément seront précisés :
– Le nombre et l'âge des mineurs autorisés à être accueillis simultanément (quatre maximum de 0 à 18 ans). Attention, les propres enfants de l'AMA de moins de 3 ans sont inclus.
– Les horaires d'accueil.

3 Les lieux d'exercice du métier d'assistant maternel

Les assistants maternels peuvent exercer leur métier dans des lieux divers :
– MAM (maison d'assistants maternels) : les AMA (jusqu'à 4) peuvent se regrouper dans les locaux et acceuillir jusqu'à 4 enfants chacun.. La loi ASAP prévoit que six assistants maternels peuvent exercer dans une MAM, dont au maximum quatre simultanément. Le nombre d'enfants simultanément accueillis ne pourra être supérieur à vingt.
– Service d'accueil familial ou crèche familiale : il emploie des assistants maternels agréés qui accueillent à leur domicile un à quatre enfants. La crèche familiale est placée sous la direction d'une puéricultrice, d'un médecin ou d'une éducatrice de jeunes enfants qui encadrent et accompagnent le personnel de la crèche.
– Micro-crèche : cette structure d'accueil peut accueillir collectivement au maximum dix enfants. Les assistants maternels participent à l'encadrement des enfants lorsqu'elles disposent de 2 ans d'expérience auprès des jeunes enfants. La loi ASAP prévoit de porter à 12 le nombre de places en microcrèche.

JE RETIENS

1) Indiquer qui délivre l'agrément de l'assistant maternel ?

2) Relier chaque lieu dans lequel peut exercer un assistant maternel à la description qui correspond.

MAM
Micro-crèche
Crèche familiale

Structure qui emploie des assistants maternels exerçant à leur domicile mais sous la responsabilité d'un directeur
Regroupement de quatre assistants maternels maximum en dehors de leur domicile
Structure d'accueil pouvant accueillir collectivement au maximum dix enfants.

→ ***Vous trouverez tous les éléments de réponses à ces questions p. 310***

FICHE 86 L'embauche et le contrat de travail de l'AMA

QCM d'auto-évaluation Fiches 82 à 104
www.lienmini.fr/21006-23

Lorsque les parents et l'assistant maternel se sont choisis, un certain nombre de démarches administratives sont obligatoires. D'autres, fortement conseillées, permettent une meilleure entente entre les deux partis.

1 Les obligations de l'employeur et du salarié

Lors de l'embauche d'un assistant maternel, un certain nombre d'obligations de l'employeur vis-à-vis du salarié et inversement sont à noter.

Obligations de l'employeur	Obligations du salarié
– S'assurer de la réalité de l'agrément. – Déclarer l'emploi à l'URSSAF et à la MSA (Mutualité sociale agricole) ou la CAF (Caisse d'allocations familiales). – Vérifier l'assurance responsabilité civile professionnelle du salarié. – Vérifier l'assurance automobile. – Établir un contrat de travail écrit. – Établir mensuellement et à date fixe, une déclaration à Pajemploi.	– Présenter une copie de l'agrément et informer l'employeur de toute modification. – Présenter la copie de l'attestation de suivi de formation. – Communiquer l'attestation personnelle d'assuré social. – Communiquer les attestations d'assurance responsabilité civile professionnelle (obligatoire pour les dommages subis ou causés par l'enfant) et automobile, annuellement. – Faire visiter à l'employeur les pièces auxquelles l'enfant aura accès. – Conclure un contrat de travail écrit. – Adresser aux services de la PMI, dans les 8 jours, la déclaration d'accueil de l'enfant.

2 Le contrat de travail

Il sera rédigé un contrat de travail par enfant accueilli. Ce document est un engagement réciproque du parent vis-à-vis de l'assistant maternel et inversement.

À savoir

La « convention collective nationale de travail des assistants maternels du particulier employeur » détermine les conditions d'emploi de l'assistant maternel agréé et de l'accueil de l'enfant. Elle fixe un cadre juridique et détermine les droits et les obligations de chacun.

À quoi sert un contrat de travail ?	– Il formalise les points sur lesquels les deux parties se sont mis d'accord. – Il favorise un climat serein entre les parents et l'assistant maternel. – Il anticipe un certain nombre de sujets pouvant devenir, par la suite, source de litige.
Qui le remplit et le signe ?	– Le contrat sera complété, daté, paraphé et signé par les deux parties.
Que comprend-il ?	– Les coordonnées de l'employeur et du salarié. – Les termes du contrat : période d'essai, durée et horaires d'accueil, rémunération, congés payés, indemnités d'entretien, frais de repas, absences...
D'autres autorisations sont-elles nécessaires ?	En annexe du contrat de travail, il est intéressant de joindre : – une autorisation d'hospitalisation ; – une autorisation d'administrer des médicaments, – une autorisation de véhiculer l'enfant ; – une autorisation de prendre l'enfant en photo ; – et toute autre autorisation nécessaire en fonction du contexte.

3 Le projet d'accueil

Ce document écrit précise les modalités d'accueil de l'enfant au domicile de l'assistant maternel. Il est une base de dialogue avec la famille qui se construit et s'enrichit lors de la période d'adaptation de l'enfant. Il permet de connaître et d'indiquer les habitudes et les besoins fondamentaux de l'enfant.

Le projet d'accueil peut être crée par l'AMA mais de nombreux supports existent ou sont mis à disposition par les conseils départementaux. ▸ FICHE 84

4 La responsabilité de l'assistant maternel

L'assistant maternel dans le cadre de sa profession, est soumis à des devoirs et obligations qui engagent sa responsabilité sur les plans pénal et civil. ▸ FICHE 23

À savoir

L'assistant maternel est tenu d'avoir une assurance professionnelle qui prend en charge les dommages subis et également causés par les enfants. Il demandera à son assureur une extension de la garantie de responsabilité civile ou souscrira un contrat spécifique. S'il est employé par une structure d'accueil familial, la couverture est automatique, via l'employeur.

JE RETIENS

Classer dans le tableau les obligations qui reviennent au salarié ou à l'employeur.

A. Présenter une copie de l'agrément
B .Vérifier l'assurance responsabilité civile de l'AMA.
C. Établir un contrat de travail.
D. Adresser à la PMI la déclaration d'accueil.

Obligations du salarié	Obligations de l'employeur
A, D	B, C

➜ *Vous trouverez tous les éléments de réponses à ces questions p. 310*

FICHE 87

Les interlocuteurs partenaires de l'AMA

QCM d'auto-évaluation Fiches 82 à 104
www.lienmini.fr/21006-23

L'assistant maternel bien que travaillant seul à son domicile, est amené à échanger avec différents partenaires. Ces rencontres permettent d'enrichir ses connaissances, d'être conseillé, de partager ses expériences mais aussi d'éviter l'isolement et de réfléchir à ses pratiques.

1 La protection maternelle et infantile (PMI)

Le service de PMI est placé sous la responsabilité du Président du Conseil départemental. Il est dirigé par un médecin et comprend une équipe pluridisciplinaire (médecin, sage-femme, puéricultrice, éducateur de jeunes enfants, psychologue, assistant des services sociaux...).

L'assistant maternel aura un lien avec la PMI pour :
– la demande et l'obtention de l'agrément, l'extension de l'agrément ;
– le contrôle suite à l'agrément et le renouvellement de celui-ci ;
– un soutien, un conseil (aide pour un parent, un enfant, un problème de santé...).

Question à un pro

Est-ce que la PMI a d'autres missions que celles exercées auprès des assistants maternels ?

Le service de PMI a pour mission de protéger la future mère, la mère et l'enfant de moins de 6 ans. Il intervient donc :
– auprès des femmes enceintes (pour les consultations pré et post natales et les informations sur les grossesses et accouchements) ;
– au niveau du planning familial (pour les entretiens pré-IVG, les informations sur les IST (infections sexuellement transmissibles), les contraceptifs, la régulation des naissances ;
– auprès des enfants de moins de 6 ans (lors des visites à domicile, des consultations médicales, des bilans de santé en école maternelle) essentiellement dans le but de dépistage des handicaps ;
– auprès des établissements et services d'accueil des enfants de moins de 6 ans et des assistants maternels pour la surveillance et le contrôle de ces modes de garde.

2 Le relais petite enfance (RPE)

Les RPE sont des lieux d'information, de rencontres et d'échanges au service des parents, des assistants maternels et des professionnels de la petite enfance. Ces relais sont animés par un professionnel de la petite enfance.

Les RPE s'adressent :
– aux parents et futurs parents qui peuvent y recevoir gratuitement des conseils et des informations sur l'ensemble des modes d'accueil ;
– aux assistants maternels pour un soutien et un accompagnement dans leurs pratiques professionnelles (rencontres et échanges entre paires, avec des professionnels de la petite enfance) ;
– aux assistants maternels et aux enfants dont ils ont la garde pour des temps éducatifs (ateliers de musique, parcours sportifs, sorties...). Ces temps ont pour objectifs l'éveil et la socialisation des jeunes enfants.
La loi ASAP prévoit d'ouvrir les RPE aux professionnels de la garde d'enfants à domicile.

3 Les ludothèques et médiathèques

Les ludothèques sont des lieux qui permettent l'expérimentation de jeux, mais également la socialisation des jeunes enfants. L'AMA peut venir librement sur place, participer à un jeu ou en emprunter. Les ludothécaires peuvent informer ou conseiller sur les jeux.

Les médiathèques sont des lieux dans lesquels on trouve des livres, des revues, des CD et des DVD. Des manifestations culturelles peuvent y être organisées telles que des conférences, expositions, lectures, contes.... L'AMA peut y passer un moment avec les enfants, emprunter des livres et autres supports souhaités. En cas d'impossibilité de se déplacer, certaines médiathèques proposent le portage des livres à domicile.

Enfin, des communautés de communes ou des villes mettent un service de petite enfance à disposition des professionnels de la petite enfance et des parents.

JE RETIENS

Nommer les partenaires auxquels vous feriez appel dans les situations suivantes :

1. Vous avez des difficultés avec la famille de Léa, vous souhaiteriez pouvoir en parler.

2. Vous voudriez ouvrir les enfants à de nouveaux jeux. Vous souhaiteriez les voir et les expérimenter avant de les acheter.

3. Vous proposez une solution aux parents d'Amélie qui aimeraient que leur enfant puisse rencontrer d'autres enfants avant son entrée en école maternelle.

→ ***Vous trouverez tous les éléments de réponses à ces questions p. 310***

FICHE 88

La tenue professionnelle

QCM d'auto-évaluation Fiches 82 à 104
www.lienmini.fr/21006-23

La mise en tenue a pour objectif d'éviter les contaminations professionnel/enfant et enfant/professionnel.

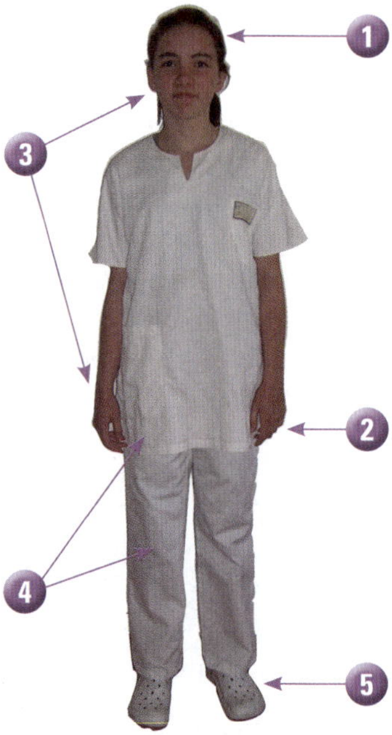

1 La qualité de la tenue

La tenue de travail va varier en fonction du lieu où le professionnel exerce.
En structure petite enfance, elle peut être composée d'une tunique (ou d'une blouse) et d'un pantalon ou de vêtements de ville. Il en est de même chez l'assistante maternelle.
Quelle que soit sa composition, la tenue doit respecter quelques critères.

	Critères de qualité	Justifications
1	Cheveux propres et attachés (sans mèches libres).	**Confort et sécurité :** des enfants et du professionnel (mèches devant le visage). **Hygiène :** éviter de toucher ou d'arranger les cheveux.
2	Ongles courts et sans vernis.	**Sécurité :** évite de blesser l'enfant et de s'accrocher. **Hygiène :** les ongles longs permettent de loger de nombreux micro-organismes, tandis que le vernis contient des micro-fissures qui favorisent la stagnation de germes pathogènes. **Confort :** pour permettre une aisance dans les gestes (les ongles longs ont du mal à saisir, à sentir le bout des doigts…).
3	Pas de bijoux (bague, boucles d'oreilles, bracelets, pendentifs…).	**Hygiène :** les bijoux sont des nids à micro-organismes. **Sécurité :** évite de blesser l'enfant en le griffant ou de se faire mal soi-même (arrachage d'une boucle d'oreille…). **Confort :** évite une quelconque gêne.
4	Blouse à manches courtes (ou tunique) et pantalon propres, repassés, clairs et en coton.	**Hygiène :** les couleurs claires permettent de visualiser rapidement les souillures. **Confort :** tenue adaptée aux mouvements. Coton fibre hygiénique (ne favorise pas la transpiration). **Esthétique :** masque une tenue de ville inadaptée (taille trop basse, décolleté…).
5	Chaussures confortables (pas de talons), blanches et silencieuses.	**Hygiène :** couleurs claires pour visualiser rapidement les salissures. **Confort :** ne font pas de bruit. **Sécurité :** évitent les chutes, les glissades et les entorses. **Ergonomie :** permettent une bonne stabilité.

2 La mise en tenue

1. Se laver les mains.
2. Retirer les effets personnels tels que foulards, vêtements à manches longues ou à cols.
3. Enfiler la tenue du plus propre au plus sale : il faut donc commencer par la blouse (ou tunique et pantalon) puis les chaussures.
4. Attacher et relever ses cheveux s'ils sont longs.
5. Retirer les bijoux, montre, bagues...

À savoir

La tenue professionnelle se met avant de pénétrer dans le service (généralement des vestiaires sont réservés au personnel). Il sera nécessaire de la changer autant de fois que nécessaire au cours de la journée. Dans le cas où le personnel travaille en tenue civile, il devra réserver les vêtements au lieu de travail et se changer en début et fin de service. Il en va de même pour les chaussures en particulier dans les crèches où les enfants sont souvent au sol.

3 Les accessoires supplémentaires

Le masque peut être utile dans certaines circonstances en particulier lorsque le personnel contaminé (rhume par exemple) se protège pour ne pas transmettre les micro-organismes aux jeunes enfants. Il doit être bien attaché et renouvelé régulièrement.
La charlotte est systématiquement utilisée en cuisine pour protéger l'alimentation de la chute de cheveux.

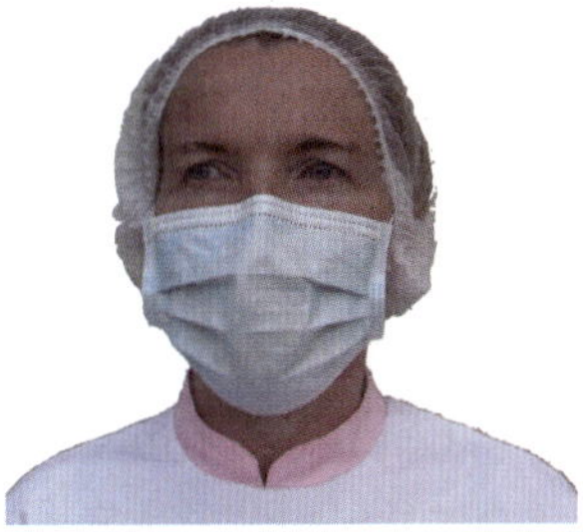

Recommandations COVID : Le masque est obligatoire pour les adultes. Par contre, il est proscrit pour les enfants de moins de 3 ans (risques d'étouffement).

3

JE RETIENS

Cocher vrai ou faux aux affirmations suivantes :

Au domicile, l'assistant maternel peut travailler en tenue civile à condition qu'il se change tous les jours.	☒ VRAI	❑ FAUX
Au domicile, l'AMA peut avoir du vernis aux ongles. Travailler sans vernis est une mesure qui n'est valable que pour les structures.	❑ VRAI	☒ FAUX
Les chaussures de l'AMA doivent être confortables et sans talon.	☒ VRAI	❑ FAUX
Le port du masque est utile dans certaines circonstances pour protéger l'enfant.	☒ VRAI	❑ FAUX

→ ***Vous trouverez tous les éléments de réponses à ces questions p. 310***

FICHE 89

L'hygiène des mains

Vidéo d'une technique professionnelle
Le lavage des mains
www.lienmini.fr/21006-24

L'hygiène des mains est primordiale pour éliminer les souillures visibles, réduire la flore transitoire, limiter la multiplication et le passage de micro-organismes du professionnel à l'enfant et vice versa, d'un enfant à un autre ou d'un enfant vers le matériel et vice versa.

1 Les différents types de lavages

	Lavage simple des mains	Lavage hygiénique ou antiseptique
Matériels et produits	– Savon doux. – Essuie-mains jetables (ou serviette fréquemment changée à domicile). – Poubelle.	– Savon antiseptique. – Essuie-mains à usage unique. – Poubelle.
Action	– Nettoie les salissures. – Diminue la flore transitoire par action mécanique.	– Élimine les salissures. – Élimine la flore transitoire et réduit la flore résidente.
Temps de friction	– 60 secondes.	– 60 secondes.
Quand ?	– Après un change. – Avant de donner un repas. – Entre chaque activité ou soin.	– Après un change avec diarrhée. – Après le nettoyage de vomis.

Le professionnel dispose soit :
- d'un poste de lavage des mains réglementaire (commande d'eau photoélectrique ou fémorale, distributeur de savon à commande au coude, distributeur d'essuie-mains, poubelle à pédale ou à cellule infrarouge…) ;
- d'un poste de lavage des mains traditionnel, comme à domicile.

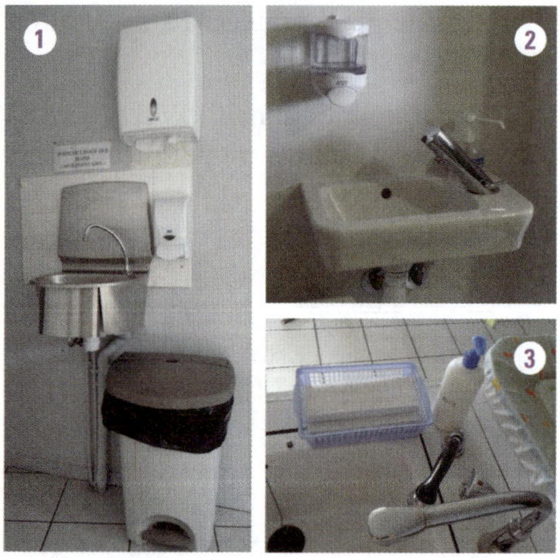

1. Poste à commande fémorale
2. Poste à commande photoélectrique
3. Poste traditionnel

2 La technique du lavage simple des mains

La préparation

Revêtir une tenue adaptée, vérifier ses ongles (courts, propres et sans vernis) et ôter bagues, bracelets et montre.

L'exécution

La procédure se déroule en 40 à 60 secondes.

1. Se mouiller les mains et les poignets en cassant les poignets.
2. Prendre une dose de savon.
3. Frotter les différentes parties des mains (paumes, dos, espaces interdigitaux, pourtour des ongles, pouce, pulpe des ongles).

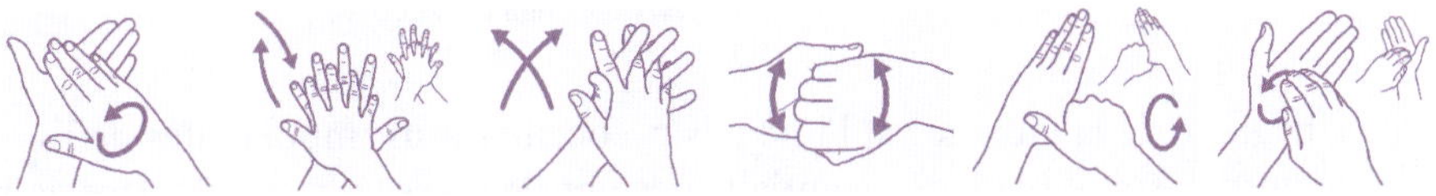

Dessins tirés de la campagne « Clean Your Hands » de l'OMS © OMS

4. Rincer poignets cassés.
5. Essuyer en tamponnant du bout des doigts vers le poignet (un essuie-mains pour chaque main).
6. Fermer le robinet avec le premier essuie-mains en l'absence d'un poste réglementaire de lavage des mains.
7. Jeter le papier dans la poubelle sans la toucher (éviter aussi le contact à mains nues avec les cheveux et la tenue).

3 Les solutions hydroalcooliques (SHA)

Ce sont des solutions, ou gels, hydroalcooliques à séchage rapide conçus spécifiquement pour la désinfection des mains. Elles s'appliquent en friction sans rinçage sur des mains sèches, visiblement propres et non poudrées.

Avantages	Inconvénients
– Utilisation rapide, sans contrainte d'équipement. – Action immédiate et large spectre d'activité (les SHA sont recommandées lors d'épidémies en particulier virales). – Meilleure tolérance que le lavage des mains répété. – Efficacité supérieure au lavage simple. – Ne nécessite pas de point d'eau.	– Coût. Limité dans le nombre d'utilisation car après 4 ou 5 applications apparition d'un effet collant par cumul de couches de produit. – Contre-indications sur les mains visuellement souillées, humides, poudrées, talquées, lésées ou s'il y a allergie ou intolérance à la SHA.

Recommandations COVID : Le lavage des mains fait partie des gestes barrières pour les adultes et les enfants. Les SHA ne doivent pas être utilisées pour les enfants (les tenir hors de leur portée).

JE RETIENS

1) Nommer les matériels et produits nécessaires pour le lavage des mains.

→ ***Vous trouverez tous les éléments de réponses à ces questions p. 310***

FICHE 90

Les techniques d'entretien de la cuisine et des appareils électroménagers

QCM d'auto-évaluation Fiches 82 à 104
www.lienmini.fr/21006-23

L'hygiène de la cuisine est l'une des préoccupations importantes de l'assistant maternel. Cette hygiène essentielle permet de préserver, entre autres, la bonne santé des enfants accueillis. Au-delà de la cuisine, les appareils électroménagers qui s'y trouvent, et qui sont des lieux de contaminations potentiels, nécessitent un entretien permanent en raison de leur utilisation quotidienne.

1 L'entretien de la cuisine

Le but du nettoyage est d'éliminer les salissures qui facilitent le développement des micro-organismes. Par exemple, il faut nettoyer correctement les planches à découper après utilisation. De même, il est recommandé de laver la vaisselle dans les deux heures qui suivent son utilisation.

Pour la propreté de la cuisine, trois principes de base sont à respecter :
- les conditions d'emploi (temps de pause, dosage) des produits d'entretien utilisés ;
- l'entreposage des produits d'entretien (toujours hors de la portée des enfants) ;
- le non mélange des produits entre eux.

À savoir

- Les torchons humides sont un milieu favorable au développement bactérien.
- Les éponges sont des nids à microbes. Privilégier la microfibre qui lave en général les surfaces sans liquide vaisselle. Changer régulièrement l'essuie-mains et les torchons à vaisselle.

Recommandations COVID : Le linge (torchons, serviettes de table…) est à changer tous les jours et à laver 30 minutes à 60 °C.

2 Le choix et l'utilisation des ustensiles adéquats

L'hygiène passe aussi par le choix des matériaux et ustensiles utilisés dans la cuisine.

– Les poêles en téflon doivent être impeccables : en cas de rayures, des particules cancérigènes migrent dans les aliments.
– Les ustensiles en « aluminium » sont à éviter par précaution, tout comme la confection de papillotes en contact avec des denrées acides (vinaigre, citron…). En effet, l'aluminium s'accumule, entre autres, dans les tissus et les os.
– Le silicone de mauvaise qualité peut comporter des constituants présentant des risques pour la santé. Les moules supportant des températures de l'ordre de 260-280° sont à privilégier.

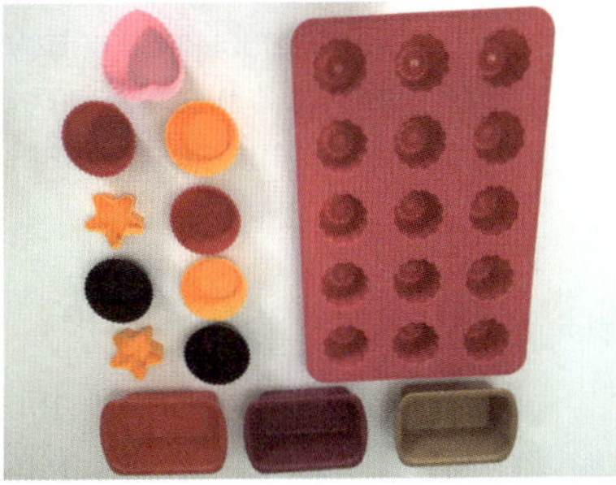

Pour ce qui concerne les renvois d'évier et l'entretien de l'électroménager, le vinaigre blanc est un produit très efficace. Ce produit courant, tout comme le bicarbonate de soude ou le savon noir, permet d'obtenir une propreté des surfaces tout en respectant la santé des enfants.

3 L'entretien régulier du réfrigérateur

Un réfrigérateur non ou mal nettoyé est un lieu exposé à des bactéries multiples par des fruits et légumes trop mûrs, des emballages en carton manipulés maintes fois, des coulures diverses d'aliments ou sauces et enfin des plats en attente d'être consommés et stockés sans protection (couvercle, film plastique alimentaire, papier aluminium...).

Même si le réfrigérateur n'est pas totalement vide, son entretien régulier en le dégivrant et en le désinfectant est une obligation.

À savoir

L'intérieur du réfrigérateur doit être lavé au moins deux fois par mois. Avant de le nettoyer, le débrancher, puis le vider et retirer clayettes, bacs et casiers.

Les produits de nettoyage du réfrigérateur ?

Les cristaux de soude, tout comme le vinaigre blanc, sont des produits efficaces pour effectuer ce nettoyage. Dans un saladier, verser de l'eau tiède additionnée de cristaux de soude. Protéger les mains par des gants de ménage, nettoyer le réfrigérateur du haut jusqu'en bas avec une lavette mouillée de cette solution. Rincer à l'eau claire à l'aide d'un chiffon microfibre. Nettoyer le sol en dessous du réfrigérateur. Rebrancher l'appareil.

Remarque

Ne pas oublier de nettoyer le joint de caoutchouc. Passer sur le joint une éponge imbibée d'eau et de quelques gouttes de vinaigre blanc. Rincer et sécher puis désinfecter l'intérieur du réfrigérateur.

4 Le four à micro-ondes

L'entretien du four à micro-ondes

L'entretien de cet appareil d'une utilisation aisée et fréquente doit être régulière.

• Préparation : Se laver les mains. Mettre les gants de ménage

• S'organiser :
- matériel : 2 lavettes et 1 bassine, une tasse ;
- produits : DDA (Détergent Désinfectant Alimentaire) + eau chaude + citron ;
- placer une tasse contenant de l'eau et un quart de jus de citron dans le micro-ondes pendant 3 min. environ ;
- enlever les éléments amovibles du micro-ondes (plateau tournant, axe des roulettes) ;
- nettoyer le plateau du micro-ondes dans l'évier avec du produit vaisselle ;
- préparer une bassine ou un bac de l'évier avec de l'eau chaude uniquement ;
- nettoyer la porte côté extérieur avec une lavette pré-imprégnée de produit DDA ;
- rincer avec de l'eau claire ;
- nettoyer les parois intérieures du four à micro-ondes avec une lavette humidifiée mais sans produit ;

À savoir

Commencer par les parois hautes puis les côtés et enfin terminer par le bas.

L'appareil doit être hors tension (débranché) lors de l'entretien.

Ne jamais utiliser de produits abrasifs ou d'éponges qui pourraient rayer et détériorer le four.

Veiller à ne pas laisser entrer de l'eau dans l'axe du moteur central (plateau tournant). La lavette doit être bien essorée.

Veiller à éviter toute filtration d'eau à travers les orifices de ventilation.

– replacer les éléments amovibles ;
– procéder au contrôle visuel (absence de salissures visibles, de traces).

Question à un pro

Le micro-ondes est-il dangereux pour les enfants ?

Le risque le plus dangereux est la brûlure. Mais à moins que le micro-ondes ne soit endommagé, il ne peut pas émettre des quantités dangereuses d'ondes. Réchauffer un biberon ou un petit pot au micro-ondes pendant quelques secondes tuent les microbes et les germes pathogènes mais pour éviter les brûlures, veiller à tester le degré de chaleur avant d'alimenter l'enfant.

Le micro-ondes est rapide mais de nombreux appareils comme le chauffe biberon ou encore les préparateurs de biberons permettent de réchauffer rapidement sans risquer la brûlure !

JE RETIENS

1) Citer deux principes de base concernant l'utilisation et le stockage des produits d'entretien.

2) Nommer deux mesures de précautions à prendre pour le stockage de denrées dans le réfrigérateur.

→ ***Vous trouverez tous les éléments de réponses à ces questions p. 310***

3

FICHE 91

Les techniques de décontamination des locaux et des équipements

QCM d'auto-évaluation Fiches 82 à 104
www.lienmini.fr/21006-23

Le cadre de vie des jeunes enfants doit être entretenu régulièrement afin de limiter la transmission et la propagation de micro-organismes.

1 L'entretien des principaux équipements

Le protocole général

1. Aérer la pièce de vie.
2. Sortir les déchets.
3. Travailler toujours du plus propre au plus sale.
4. Libérer autant que possible la pièce de tout obstacle ou objet encombrant.
5. Préparer matériels et produits adéquats. Porter des gants jetables.
6. Réaliser le nettoyage selon le protocole adapté.
7. Jeter les gants et se laver les mains.
8. Finir l'entretien par le nettoyage du sol.

Le bionettoyage d'un lit à barreaux

➲ **Matériels et produits :** trois lavettes microfibres, un seau contenant de l'eau claire, un drap propre, des gants et un produit détergent-désinfectant en spray.

➲ **Protocole :**

1. Pulvériser le produit détergent-désinfectant sur le matelas plastifié. Laisser agir.
2. Nettoyer, à l'aide d'une lavette pliée en quatre, le pourtour puis l'intérieur en effectuant des « S ».
3. Réaliser les mêmes opérations sur l'envers du matelas. Laisser agir le produit et placer le matelas sur une table ou une chaise.
4. Nettoyer la tête de lit et les montants de haut en bas avec une deuxième lavette. Terminer par les pieds. Laisser agir le produit.
5. Tremper la troisième lavette dans le seau d'eau claire.
6. Rincer dans le même ordre les différents éléments du lit à barreaux.
7. Rincer le matelas plastifié et le remettre à l'intérieur du lit.
8. Remettre des draps propres.

Le bionettoyage d'une chaise haute

➲ **Matériels et produits :** deux lavettes microfibres, un seau contenant de l'eau claire, des gants et un produit détergent-désinfectant en spray.

➲ **Protocole :**

1. Pulvériser le produit de haut en bas et nettoyer : le dos et l'intérieur de l'assise, le haut et le bas du plateau, les montants, le repose-pieds, les piètements.
2. Rincer en suivant le même ordre à l'aide de la deuxième lavette.

Le bionettoyage d'une table à langer

➲ **Matériels et produits :** deux lavettes microfibres, un seau contenant de l'eau claire, des gants et du produit détergent-désinfectant en spray.

➲ **Protocole :**

1. Pulvériser le produit du plus propre au plus sale et nettoyer : le plan de travail supportant, le dessus et le dessous du coussin à langer, les zones de rangements, le système de repose de la table à langer.
2. Rincer en suivant le même ordre à l'aide de la deuxième lavette.

2 L'entretien des zones à risque

Les espaces sanitaires doivent être nettoyés quotidiennement en collectivités. Au domicile, les pots doivent être nettoyés et désinfectés après chaque usage.

Le protocole général

1. Porter des gants et une tenue adaptée.
2. Évacuer tous les déchets.
3. Préparer le matériel nécessaire ainsi que les produits.
4. Lire les modes d'emploi des produits s'ils sont utilisés pour la première fois.
5. Réaliser le nettoyage des espaces sanitaires.
6. Laver et ranger produits et matériels. Retirer les gants et se laver les mains.

Le bionettoyage de sanitaires

➲ **Matériels et produits :** un chariot de ménage, une balayette, des lavettes rouges (réservées au lavage des sanitaires), du détartrant, une brosse pour toilettes, un seau d'eau claire et un seau avec eau et détergent-désinfectant.

➲ **Protocole :**

1. Tirer la chasse d'eau, mettre du détartrant dans la cuvette et laisser agir.
2. Procéder au bionettoyage des lavabos.
3. Tirer la chasse, nettoyer la cuvette (extérieur et intérieur).
4. Ajouter un produit désinfectant dans la cuvette si nécessaire.

Recommandations COVID : Il est important d'aérer les locaux régulièrement (10 à 15 minutes au moins deux fois par jour dans la mesure du possible).

JE RETIENS

Citer deux règles importantes en matière d'hygiène.

→ ***Vous trouverez tous les éléments de réponses à ces questions p. 310***

FICHE 92

Les risques toxicologiques

QCM d'auto-évaluation Fiches 82 à 104
www.lienmini.fr/21006-23

Les sources intérieures de polluants sont multiples : les appareils à combustion (monoxyde de carbone, dioxyde d'azote), la présence et les activités humaines (tabagisme, produits ménagers, bricolage, acariens, etc.), les plantes, les constituants du bâtiment, ainsi que les équipements et le mobilier (plomb, composés organiques volatils, etc.).

1 Les sources chimiques dangereuses

L'exposition aux produits chimiques, au monoxyde de carbone et au plomb sont souvent présents dans les domiciles et sont autant de sources de risques toxicologiques. Les produits d'usage domestiques (produits d'entretien, de jardinage…) contiennent des CMR3 (cancérogènes mutagènes et/ou reprotoxiques) mais sont autorisés à la vente. Néanmoins, au-delà d'un seuil réglementaire, le fabricant a obligation de signaler leur présence en apposant sur l'étiquette un pictogramme de danger associé à une phrase faisant mention du risque.

CR Matières corrosives

À savoir

Pour la sécurité des enfants, ces produits ne sont pas à utiliser en leur présence. Il est important d'interdire aux enfants l'accès au local de stockage de ces substances ou de mettre des sécurités aux portes d'accès à ces produits. Enfin, il est indispensable d'évacuer tout ce qui n'est pas étiqueté, mal étiqueté ou stocké dans des contenants mal appropriés.

2 Le tabac

Chez le jeune enfant soumis au tabagisme passif, les risques pour la santé sont nombreux. En effet, les enfants exposés à la fumée de cigarette courent un plus grand risque de souffrir d'asthme, d'allergies (irritation des yeux, du nez, de la gorge…), d'otites et d'eczéma (un problème de peau). Ils risquent aussi la mort subite du nourrisson. Ils peuvent également être victimes de troubles et infections de l'appareil respiratoire (bronchites, pneumonie). De même, les enfants peuvent faire l'objet de rhinopharyngites et d'otites fréquentes.

À savoir

Il est important d'éviter de fumer au domicile lorsque l'on a la charge des enfants. Prendre le réflexe de sortir dans le jardin ou sur le balcon.

3 Les plantes toxiques

Certaines plantes d'intérieur sont toxiques. Les enfants, n'ayant pas conscience du danger qu'elles représentent, peuvent les porter à leur bouche ou toucher à leur sève. Si c'est le cas, la première chose à faire serait de les éliminer ou, à tout le moins, de les mettre hors de leur portée, spécialement celles avec des fruits attrayants. Par exemple, certaines plantes d'intérieur courantes comme le lis ou encore le ficus présentent un risque. Une ingestion des feuilles et/ou le contact avec la sève peuvent provoquer une irritation du canal gastro-intestinal, ou une réaction allergique.

Si l'enfant touche ou mange une plante toxique, il faut appeler immédiatement le Centre antipoison de la ville. Il est important d'avoir toujours ce numéro près du téléphone pour pouvoir réagir rapidement en cas d'intoxication.

À savoir

Pour ne pas avoir à chercher le nom de la plante lors d'un appel au Centre antipoison, coller une étiquette sur le pot de toutes les plantes et y inscrire leur nom. En plus d'être un aide-mémoire pour l'AMA, ce truc aidera grandement une gardienne qui ne connaît pas les plantes.

4 Les perturbateurs endocriniens

Infertilités féminine et masculine, puberté précoce, cancer… ne sont que quelques exemples de pathologies mises en cause lors d'exposition aux perturbateurs endocriniens (PE). Ce sont des substances étrangères à l'organisme qui interfèrent avec le système hormonal en créant des déséquilibres. On les trouve dans des produits de consommation courante (produits et emballages alimentaires, vêtements, cosmétiques, articles de puériculture, jouets) sous différentes formes (bisphénol, phtalates, parabènes, filtres chimiques UV...).

Il est donc important lors des achats de rechercher les labels (confiance textile, Natur et Progrès, NF Env....), d'éviter les produits en PVC, et de préférer le verre, l'acier inoxydable, la porcelaine plutôt que le plastique et d'aérer 10 minutes deux fois par jour.

JE RETIENS

Relier chaque signe au risque auquel il correspond.

Fumée de cigarette	Irritation gastro-intestinale, allergie
Perturbateurs endocriniens	Asthme, allergie, otite, eczéma, mort subite du nourrisson
Plantes toxique ingérées	Infertilité, cancer, puberté précoce

→ ***Vous trouverez tous les éléments de réponses à ces questions p. 310***

FICHE 93

Le nettoyage des jouets

QCM d'auto-évaluation Fiches 82 à 104
www.lienmini.fr/21006-23

Les jouets sont des vecteurs de maladies dont les germes se transmettent le plus souvent de façon indirecte (souillures déposées sur la surface de l'objet). Il est donc important de procéder à un entretien régulier de ceux-ci. Pour cela, deux procédés sont possibles.

1 Le bionettoyage par immersion

Les matériels et les produits

- Une solution de détergent-désinfectant alimentaire (possibilité de mettre les jouets sans risque à la bouche).
- Deux bassines.
- Une lavette.
- Une brosse.
- Du papier à usage unique.
- De l'eau.
- Une paire de gants à usage unique.

La préparation

Se mettre en tenue et se laver les mains. Puis, effectuer le bionettoyage du plan de travail. Enfin, installer le matériel et les produits nécessaires.

Le protocole

1. Préparer une bassine avec la solution de détergent-désinfectant et une autre avec de l'eau tiède de préférence.
2. Trier les jouets : éliminer ceux qui sont cassés et séparer ceux ne pouvant être immergés (jouets en tissu, jouets mécaniques, peluches).
3. Mettre les gants.
4. Plonger les jouets dans la solution de détergent-désinfectant.
5. Frotter avec la lavette et la brosse si besoin.
6. Laisser tremper les jouets le temps indiqué sur l'étiquette du produit pour une efficacité maximale.
7. Disposer les jouets dans la bassine d'eau claire afin de les rincer.
8. Placer les jouets sur du papier à usage unique afin de les laisser égoutter et sécher.
9. Placer les jouets dans un bac de rangement et à l'abri de la poussière.
10. Entretenir et ranger le matériel ainsi que le poste de travail.
11. Se laver les mains.

2 Le bionettoyage par essuyage

Les matériels et les produits

– Une solution de détergent-désinfectant alimentaire dans un vaporisateur.
– Une bassine d'eau.
– Deux lavettes.
– Du papier à usage unique.
– Une paire de gants à usage unique.

La préparation

Se mettre en tenue et se laver les mains. Puis, effectuer le bionettoyage du plan de travail. Enfin, installer le matériel et les produits nécessaires.

Le protocole

1. Préparer une bassine remplie d'eau tiède.
2. Trier les jouets.
3. Pulvériser la solution de détergent-désinfectant sur la lavette.
4. Frotter les jouets avec la lavette.
5. Laisser agir le temps indiqué sur l'étiquette du produit pour une efficacité maximale.
6. Tremper et essorer la deuxième lavette dans la bassine d'eau claire afin de rincer les jouets en les essuyant.
7. Placer les jouets sur du papier à usage unique à laisser égoutter et sécher.
8. Placer les jouets dans un bac de rangement et à l'abri de la poussière.
9. Entretenir et ranger le matériel ainsi que le poste de travail.
10. Se laver les mains.

Remarque

Le bionettoyage par vaporisation (spray ou pulvérisateur) peut également s'effectuer à l'aide de lingettes ou de lavettes pré-imprégnées de détergent-désinfectant.

Les jouets en tissu ou les peluches sont lavés à la machine à laver le linge. La température est choisie en fonction des étiquettes de chaque élément.

Recommandations COVID : Dans la mesure du possible, prévoir un roulement des jouets pour les nettoyer au fur et à mesure. Retirer les jouets trop difficiles à nettoyer.

JE RETIENS

1) Lister le matériel nécessaire pour nettoyer les jouets par immersion.

2) Pour chacun des jouets suivants, choisir la technique de nettoyage.
- Jeux de Légo
- Peluche

→ ***Vous trouverez tous les éléments de réponses à ces questions p. 310***

3

FICHE 94 Les besoins nutritionnels de l'enfant

QCM d'auto-évaluation Fiches 82 à 104
www.lienmini.fr/21006-23

L'apport nutritionnel doit couvrir les besoins de vie, c'est-à-dire de **maintenance** et de **croissance**, de l'enfant, ainsi que les besoins liés à son **activité physique**. C'est l'alimentation qui va lui fournir les nutriments dont il a besoin : protides, lipides, glucides, minéraux et vitamines.

1 La croissance et l'activité physique

De la naissance à 3 ans

Cette période se caractérise par :
- une croissance rapide ;
- l'immaturité d'un certain nombre de fonctions vitales (digestives et rénales).

Les réserves de l'organisme sont faibles. Les éléments nécessaires à l'accroissement de la masse corporelle doivent être fréquemment fournis par l'alimentation. Celle-ci doit également tenir compte du développement neuromusculaire et psychomoteur de l'enfant.

De 3 à 6 ans

La vitesse de croissance ralentit progressivement mais, surtout, l'activité physique varie d'un enfant à l'autre. C'est le moment de l'ouverture à la vie sociale et de la confrontation des goûts en famille comme en collectivité.

2 L'énergie

L'énergie est apportée par les protides, les lipides et les glucides de l'alimentation. Elle est mesurée en kilocalories (kcal) ou en kiloJoules (kJ). **1kcal = 4,18kJ.**
La dépense énergétique dépend :
- **du besoin énergétique au repos** (aussi appelé « besoin énergétique de base ») ;
- **de la croissance** ;
- **de la thermorégulation** (surtout chez le nourrisson) ;
- **de l'activité physique**.

De la naissance à 3 ans

Le besoin énergétique est lié, dans les premiers mois de vie, aux besoins d'**anabolisme** très marqués. Dans les mois qui suivent, la vitesse de croissance diminue alors que les périodes d'éveil et de dépenses physiques augmentent.

De 3 à 6 ans

Pendant cette période, le besoin énergétique dépend de l'activité physique.

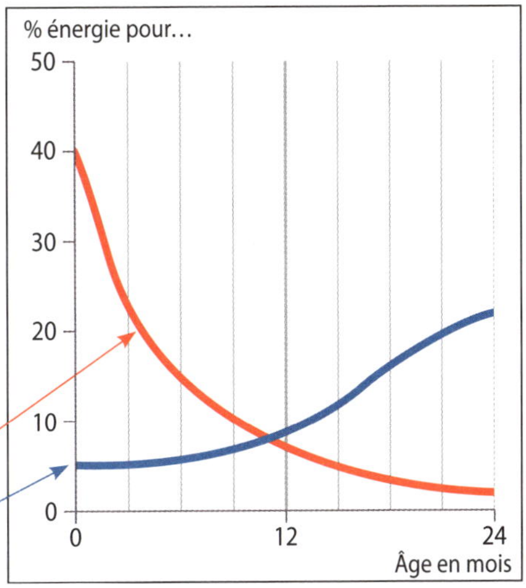

À savoir

Le besoin énergétique est très variable d'un enfant à l'autre. L'apport énergétique est satisfaisant quand la croissance est harmonieuse en poids et en taille. Celle-ci est mesurée par l'**indice de masse corporelle (IMC) = poids (kg)/taille² (m)**. Les courbes de corpulence sont présentées dans les carnets de santé.

Courbes de corpulence de 0 à 18 ans

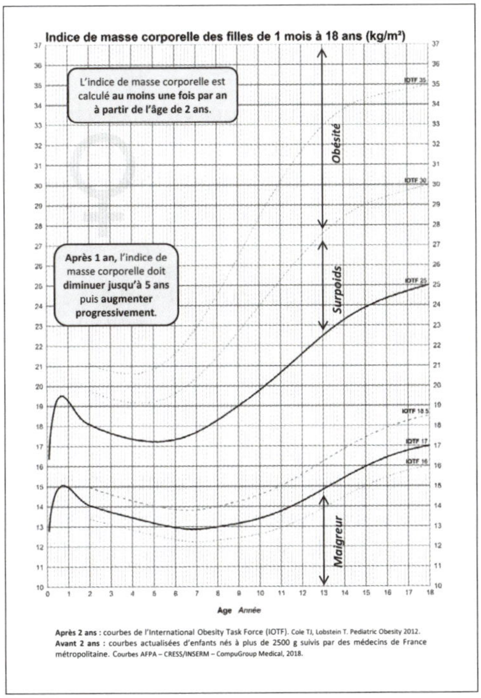

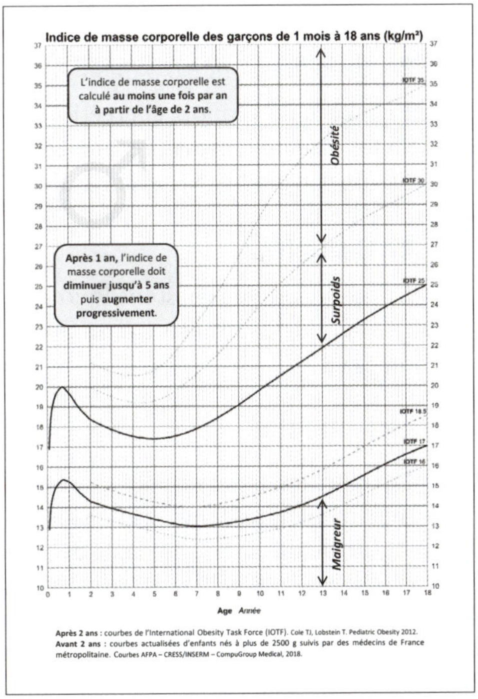

3 L'eau

Le nourrisson est fortement dépendant des apports d'eau. En effet, les pertes par évaporation sont plus importantes à cause de sa fréquence respiratoire élevée et d'une surface corporelle proportionnellement plus grande que celle de l'adulte. De plus, son immaturité rénale requiert de l'eau pour éliminer les déchets dans l'urine.
Les besoins hydriques sont liés :
- à la quantité de protides et de minéraux consommés ;
- aux éléments extérieurs (température, hygrométrie) ;
- à une augmentation des pertes en cas de diarrhée, vomissements ou fièvre.

4 Les protides (ou protéines)

Principaux éléments de constitution du corps, ils sont formés d'acides aminés. On les retrouve comme éléments bâtisseurs mais aussi comme éléments transporteurs ou médiateurs dans le sang par exemple.
La définition du besoin protéique est la somme du besoin protidique pour l'entretien du renouvellement cellulaire et du besoin pour la croissance.

5 Les lipides

Les lipides sont essentiellement constitués d'acides gras et de glycérol mais on y trouve aussi du cholestérol. Ils permettent le stockage d'énergie, font partie des membranes cellulaires et sont l'élément constitutif de certaines vitamines.

De la naissance à 3 ans

La moitié de l'apport énergétique fourni par le lait maternel vient des lipides. Cette proportion est préconisée dans les premiers mois vie pour couvrir les besoins en **acide gras essentiel**, en acide linoléique et en acide α linolénique.

De 3 à 6 ans

La proportion des besoins lipidiques ne fournit plus que 30 à 40 % des besoins énergétiques. On favorise un apport lipidique riche en acides gras de la série oméga 3.

6 Les glucides

Les glucides, aussi appelés sucres, hydrates de carbone ou oses, sont le principal nutriment après 9 mois, et ce jusqu'à 1 an. On les divise en :
- **glucides simples**, qui sont de petites molécules, la plupart ayant un goût sucré (sucre ou saccharose, fructose, lactose) ;
- **glucides complexes** qui sont de grosses molécules comme l'amidon, constituant principal des céréales et féculents.

La part des glucides vers 1 an représente environ 50 % de l'apport énergétique total.

Valeur énergétique des principaux nutriments

Nutriments	Énergie
1 g de protides	4 kcal ou ± 17 kJ
1 g de lipides	9 kcal ou ± 38 kJ
1 g de glucides	4 kcal ou ± 17 kJ

7 Le calcium

C'est le principal minéral de constitution des os et des dents. Un apport suffisant en calcium est d'autant plus important que la croissance du squelette est rapide, ce qui se produit dans la première année de vie.

8 Le fer

C'est le minéral le plus important dans la constitution de l'**hémoglobine**. Il est stocké au niveau du foie. Durant les 4 à 6 premiers mois de sa vie, le nourrisson vit sur les réserves hépatiques de fer constituées pendant la grossesse. Ensuite, il est indispensable de lui assurer un apport par l'alimentation.

AZ

Acides gras essentiels : composants des lipides, ou graisses, qui ne sont pas synthétisés par l'organisme et, de ce fait, doivent être apportés par l'alimentation.

Anabolisme : synthèse qui permet la croissance ou le renouvellement cellulaire.

Hémoglobine : pigment respiratoire des globules rouges qui assure les échanges gazeux avec le milieu extérieur.

9 La vitamine D

Un apport de vitamine D est indispensable au nourrisson pour éviter les risques de rachitisme. Cet apport est partiellement couvert par les laits pour nourrissons mais une supplémentation médicamenteuse reste nécessaire. Il est recommandé de donner pendant les mois d'automne et d'hiver de la vitamine D jusqu'à 5 ans.

3

JE RETIENS

1) Cocher la bonne réponse et justifier par une phrase.

Léa n'a pas pris de vitamine D depuis 1 mois. Vous rassurez sa mère :
« Tout va bien, il y en a suffisamment dans le lait 2e âge. » ❑ Vrai ❑ Faux

2) Indiquer les trois constituants alimentaires qui apportent de l'énergie à l'organisme.

→ ***Vous trouverez tous les éléments de réponses à ces questions p. 310***

FICHE 95

L'alimentation de l'enfant de 0 à 6 ans

QCM d'auto-évaluation Fiches 82 à 104
www.lienmini.fr/21006-23

1 L'alimentation lactée

Jusqu'à 4 à 6 mois, l'alimentation du nourrisson est exclusivement lactée.

Le lait maternel

Le lait maternel est la meilleure alimentation pour le nourrisson. Ses avantages sont nombreux :
- adaptation de la composition aux besoins de l'enfant au cours du temps et même au cours de la tétée ;
- bonne composition chimique, car les nutriments dont la surcharge est préjudiciable pour l'organisme (protides, fer, calcium, fer) sont présents en faibles quantités mais leur utilisation digestive et métabolique est optimale ;
- protection contre les risques infectieux et viraux (infections gastro-intestinales, otites, infections urinaires…) ;
- diminution des risques d'allergie (dermatite atopique, asthme, allergies alimentaires…).

À savoir

Il n'y a que de rares contre-indications à l'allaitement : usage de drogues par la mère ou infection maternelle par le virus du sida.

Les préparations pour nourrissons (ou laits 1er âge)

Les préparations pour nourrissons (PPN, terme réglementaire pour désigner le lait 1er âge) sont majoritairement à base de lait de vache, parfois de lait de chèvre. On trouve aussi des préparations à base de protéines végétales (soja ou riz). Le terme « lait » est cependant réservé aux préparations pour nourrissons à base de protéines animales.

Pour se rapprocher du lait maternel, sans l'égaler, ces préparations contiennent :
- des protéines dont la proportion en caséines et protéines solubles est variable ;
- des glucides : du lactose qui est le sucre naturel du lait et parfois des maltodextrines (glucides facilement digérés) ;
- des lipides, essentiellement sous forme de lipides d'origine végétale ;
- des minéraux dont la proportion est adaptée à l'immaturité rénale ;

– des vitamines dont la teneur est calquée sur celle du lait maternel (la vitamine D doit être donnée en plus de l'alimentation, selon prescription médicale).

Les PPN sont élaborées pour couvrir les besoins du nourrisson (excepté celui en vitamine D) jusqu'au moment de la diversification alimentaire.

Les différents laits spéciaux

Ce sont des laits qui répondent aussi aux normes de la réglementation européenne. En dehors des laits bio, qui sont choisis pour convenance personnelle, ils ont des propriétés spécifiques. Mieux vaut les donner après avis médical. Parmi tous les laits spéciaux existants on peut citer :

➲ **Les laits anti-régurgitation (AR ou « confort ») :** ils sont indiqués en cas de reflux gastrique ou en cas de problèmes de déglutition. Ils épaississent dans l'estomac ou dans le biberon quand ils sont chauffés.

➲ **Les laits pauvres en lactose :** ils sont donnés aux enfants qui ne tolèrent pas bien ce sucre naturel du lait et en cas de diarrhée prolongée.

➲ **Les laits acidifiés :** certains sont enrichis en bifidobactéries vivantes qui limiteraient les risques de diarrhée et faciliteraient la digestion.

➲ **Les PPN hypoallergéniques (ou laits HA) :** elles sont données à titre préventif aux enfants à risque d'allergie.

➲ **Les PPN à protéines hydrolysées :** elles sont prescrites en cas d'allergie aux protéines de lait de vache ou après un épisode de diarrhée grave.

➲ **Les PPN à base de protéines de soja ou de riz :** elles ne contiennent pas de lactose et sont parfois données en cas de ballonnement ou de diarrhée.

On évite les PPN à base de soja avant 6 mois.

➲ **Les laits contenant des probiotiques et des prébiotiques :** ils sont donnés pour équilibrer la flore bactérienne lors de coliques.

Les préparations de suite (ou laits de suite, ou laits 2e âge)

Les préparations de suite (PDS) sont élaborées pour couvrir les besoins du nourrisson en même temps que l'alimentation solide augmente progressivement dans son régime. On les donne à partir de 4-6 mois et jusqu'à 1 an.
Elles sont également soumises à la réglementation européenne. Majoritairement à base de lait de vache, parfois de lait de chèvre, on trouve aussi des préparations de suite à base de protéines végétales (soja ou riz).
Par rapport aux laits 1er âge, les laits 2e âge ont une teneur en protéines et en glucides légèrement plus élevée et une teneur en lipides plus faible.
Les principales raisons de donner une PDS à un enfant sont :
– sa teneur en fer qui assure un apport indispensable au moment où les réserves hépatiques constituées pendant la grossesse sont épuisées ;
– sa teneur en protéines qui est environ la moitié de celle du lait de vache, ce qui limite les risques d'excès protidique ;
– sa teneur en acides gras essentiels et en vitamine E.

QUESTION À UN PRO

Rachel, assistante maternelle, demande : À l'heure du goûter, Jules, 9 mois, refuse son biberon. Est-ce que je peux lui donner un yaourt à la place ?

Réponse : Il est préférable de garder au moins deux biberons (500 ml de lait de suite) jusqu'à 1 an. Les produits laitiers normaux ne peuvent que partiellement les remplacer car ils ne contiennent ni fer ni acides gras essentiels. Lorsqu'un enfant refuse un biberon de lait de suite, on peut lui proposer un laitage à base de lait de suite de type fromage blanc ou yaourt « pour enfant en bas âge ».

2 L'alimentation diversifiée

La diversification alimentaire est l'introduction dans l'alimentation d'un autre aliment que le lait. Elle débute au plus tôt à 4 mois et au plus tard à 6 mois. À chacun son rythme !

Comment savoir si un enfant est prêt à manger d'autres aliments ?

- Il tient sa tête droite.
- Il porte des jouets en bouche.
- Il apprend à creuser sa langue et accepte de mieux en mieux la cuillère.
- Il s'intéresse aux aliments que mangent les adultes.

Comment commencer la diversification alimentaire ?

Il est possible de commencer la diversification alimentaire en laissant l'enfant manger à la main des aliments « fondants ».

Entre le 5e et le 6e mois	L'enfant prend 4 à 5 biberons ou tétées (voire 6 à 7 tétées) par jour. Le lait est l'aliment de base.
Autour du 6e mois	Progressivement, une partie du biberon est remplacée par quelques cuillères de légumes ou de fruits mixés. On peut aussi commencer par quelques cuillères de céréales infantiles dans un des biberons.
Vers la fin du 7e mois	Au bout de 1 à 2 semaines, la structure des repas de la journée se compose de 3 à 4 biberons et d'un repas diversifié. Lors de ce repas, introduire une cuillère à café de viande ou de poisson mélangée aux légumes.
De 8 à 12 mois	On remplace un autre biberon par des aliments variés. À l'un des repas, on propose un dessert lacté. La journée est structurée en 2 repas variés et 2 biberons.
De 12 mois à 3 ans	Les quantités d'aliments augmentent, la texture devient grumeleuse puis en petits morceaux. On peut donner du lait de croissance (ou lait pour enfant en bas âge) dont la composition est proche du lait de suite.

Remarque

Il est conseillé d'ajouter une cuillère à café d'huile de colza, de noix ou de tournesol (ou une noix de beurre) pour 100 g de purée de pomme de terre ou de pot de légumes afin de compenser l'apport lipidique du lait qui diminue dans l'alimentation quotidienne.

Aliments variés : prendre de bonnes habitudes

	1er mois	2e mois	3e mois	4e mois	5e mois	6e mois	7e mois	8e mois	9e mois	10e mois	11e mois	12e mois	2e année	3e année
Lait	Lait maternel exclusif ou Lait 1er âge exclusif			ou Lait 1er âge ou 2e âge			Lait maternel ou Lait 2e âge ≥ 500 ml par jour						Lait 2e âge ou de croissance	
Produits laitiers						Yaourt ou fromages blancs nature								
Fruits					Tous : très mûrs ou cuits et mixés ; en petits morceaux vers 8 mois, Crus écrasés* à partir du 11e mois								En morceaux, à croquer*	
Légumes					Tous : purée lisse (petits morceaux à partir du 8e mois)								En morceaux, à croquer*	
Pommes de terre					Purée, lisse Petits morceaux à partir du 8e mois								En morceaux, à croquer*	
Légumes secs													15-18 mois : en purée	
Farines infantiles (céréales)					Avec gluten									
Produits céréaliers								Pain, pâtes fines, semoule, riz*						
Viandes, poissons					Tous** : mixés 10 g par jour (2 cc)				Hachés : 20 g par jour (4 cc)				30 g par jour (6 cc)	
Œufs							¼ (dur)		1/3 (dur)				1/2	
Matières grasses ajoutées							Huile (olive, colza…) ou beurre (1 cc d'huile ou 1 noisette de beurre au repas) pour 100 g de légumes							
Boissons	Eau pure : à proposer en cas de fièvre ou de forte chaleur						Eau pure							
Sel													Peu pendant la cuisson ; ne pas ressaler à table	
Produits sucrés* **							Sans urgence ; à limiter							

* À adapter en fonction des capacités de mastication et de la tolérance digestive de l'enfant.
** Limiter les charcuteries, sauf le jambon blanc.
*** Biscuits, bonbons, crèmes, desserts lactés, chocolat, boissons sucrées y compris jus, confiture, miel…

JE RETIENS

1) Indiquer si les affirmations sont vraies ou fausses et justifier par une phrase.

Il n'est pas utile de proposer de l'eau en dehors des repas systématiquement, surtout après la diversification alimentaire.

❑ Vrai ❑ Faux

Si un enfant refuse de manger un aliment, il ne faut pas insister et lui proposer une autre fois.

❑ Vrai ❑ Faux

2) Jusqu'à quel âge est-il nécessaire de conserver 500 ml de lait 2e âge ?

❑ 9 mois ❑ 1 an ❑ 2 ans

→ ***Vous trouverez tous les éléments de réponses à ces questions p. 310***

FICHE 96

Les sources nutritionnelles : groupes et constituants alimentaires

QCM d'auto-évaluation Fiches 82 à 104
www.lienmini.fr/21006-23

Dans un avis et un rapport de décembre 2016, l'Anses (Agence nationale de sécurité sanitaire de l'alimentation, de l'environnement et du travail) a proposé une catégorisation des aliments en groupes et sous-groupes destinés à réactualiser les sept groupes alimentaires tels qu'établis par le PNNS (programme national nutrition santé) en 2001.

1 Les groupes d'aliments

Les groupes d'aliments constituent une famille présentant une homogénéité de composition nutritionnelle. Les aliments ont été catégorisés en 32 sous-groupes répartis eux-mêmes en 10 groupes d'aliments. **Au sein d'un même groupe, les aliments sont considérés comme équivalents.**

Pour les classer, on tient compte de leur composition en :
- **macronutriments**, qui apportent l'énergie et les matériaux de construction du corps ;
- **micronutriments**, sans valeur énergétique mais vitaux pour l'organisme.

	Constitution	Rôle
Macronutriments		
Protides	Peptides, acides aminés.	Édification de tous les tissus du corps.
Lipides	Acides gras (saturés et insaturés)	– Élément énergétique et de stockage. – Constitution de membrane cellulaire.
Glucides	– Simples (oses). – Complexes (amidon).	Élément énergétique et de stockage.
Micronutriments		
Vitamines	– Hydrosolubles : B1, B2, B5, B6, B12, acide folique et PP (on les appelle du groupe B) et C. – Liposolubles : A, D, E, K.	Participent à de nombreuses réactions métaboliques indispensables.
Minéraux	Ils sont très nombreux : calcium, phosphore, sodium, potassium, magnésium, fer…	– Participent à de nombreuses réactions métaboliques indispensables. – Calcium et phosphore constituants du squelette et des dents.
Oligoéléments	En petite quantité : cuivre, zinc, cobalt, sélénium, iode…	Participent à de nombreuses réactions métaboliques indispensables.

Eau

L'eau est indispensable pour l'organisme. À consommer à volonté, elle permet l'hydratation du corps.

Légumes et fruits

Ce groupe comporte cinq sous-groupes :
- les légumes (chou-fleur, artichaut, épinards, salade, carottes, betteraves, fenouil, oignons, tomates, haricots verts, courgettes, ...) ;
- les oléagineux (noix, amandes, ...) ;
- les fruits frais (pommes, poires, oranges, ...)
- les fruits secs (abricots secs, pruneaux, ...)
- les fruits transformés (compote, fruits aux sirop, ...).

À savoir

Une distinction a été réalisée entre les fruits secs et les fruits frais du fait de leurs teneurs différentes en sucres. Les boissons sucrées (jus de fruits, nectars) font partie désormais des produits sucrés. Les oléagineux (parfois appelés fruits à coque) ont été orientés vers un sous-groupe spécifique compte tenu de leur composition nutritionnelle (densité énergique élevée et teneur élevée en acides gras polyinsaturés).

Remarque

Les recommandations de santé qui incitent à manger cinq fruits et légumes par jour concernent les enfants dont l'alimentation est complètement diversifiée à partir de 10 à 12 mois.

Féculents

Ce groupe est constitué de six sous-groupes :
- pain et produits de panification complets (pain et biscottes complets) ;
- pain et produits de panification raffinés (pain et biscottes blancs) ;
- produits à base d'amidon, transformés salé/gras (frites, biscuits apéritifs) ;
- autres féculents complets (riz complet, blé complet, ...) ;
- autres féculents raffinés (riz, pâtes, pommes de terre, ...).

À savoir

Il a été nécessaire de séparer les pains et les produits de panification des autres féculents car leurs modalités de consommation diffèrent des autres aliments du groupe et que ces produits contiennent davantage de sodium que les autres féculents. Les féculents complets constituent un sous-groupe à part entière car leurs teneurs en fibres et plus importante. Les légumineuses ont été extraites du groupe « féculent » dans un groupe à part du fait de leur richesse en protéines et en fibres par rapport aux autres aliments de ce groupe.

Légumineuses

Ce groupe est constitué des lentilles, pois chiche, fèves, pois cassés, ...

Lait et produits laitiers

Ce groupe contient les laits d'animaux, subdivisés en cinq sous-groupes :
- les desserts sucrés lactés (crème dessert, crème lactée, ...) ;
- les fromages (camembert, chèvre, ...) ;
- le lait (lait entier, lait demi-écrémé, lait écrémé, ...) ;
- les produits laitiers frais nature (yaourt, fromage blanc, ...) ;
- les produits laitiers frais sucrés (yaourts sucrés, aromatisés, aux fruits, ...).

À savoir

Le lait et le fromage ont été identifiés comme deux sous-groupes, du fait de leurs modes de consommation différents et de leur composition nutritionnelle différente en lipides et en sel. Les sous-groupes « produits laitiers frais sucrés » et « desserts sucrés lactés » se différencient par leur teneur en sucre. Le beurre est classé dans les matières grasses ajoutées.

➲ **Équivalences calciques :** 150 ml de lait (1 verre moyen) = 1 yaourt nature = 80 g de fromage blanc = 50 g de fromage de type camembert = 20 g de fromage de type emmental.

Viandes et charcuteries, produits de la pêche, œufs (VPO)

Ce groupe comprend six sous-groupes :
- la charcuterie (saucisson, jambon, pâté, ...) ;
- les œufs ;
- le poisson gras (saumon, maquereau, sardine, hareng, ...) ;
- les autres poissons, mollusques et crustacés (cabillaud, bar, moules, crevettes, ...) ;
- la viande hors volaille (bœuf, veau, porc, mouton, agneau, abats, ...) ;
- la volaille (poulet, canard, ...).

À savoir

Viandes de boucherie, volailles, charcuteries se distinguent par leurs compositions nutritionnelles. Les poissons gras et les autres poissons, mollusques et crustacés se distinguent par leurs teneurs en acides gras.

➲ **Équivalences protidiques :** 50 g de viande = 50 g de poisson = 1 œuf.

Matières grasses ajoutées

Les matières grasses ajoutées sont réparties en quatre sous-groupes :
- le beurre et le beurre allégé ;
- les huiles végétales riches en oméga 3 (huile de colza, de noix, ...) ;
- les huiles végétales pauvres en oméga 3 et margarines (huile de tournesol, huile d'olive, margarine, ...) ;
- les sauces, crèmes fraîches et condiments (mayonnaise, ketchup, ...).

À savoir

Les matières grasses ajoutées sont classées en fonction de leur teneur et du type d'acides gras qu'ils contiennent.

Produits sucrés et gras

Ce groupe d'aliments est varié, son principal composant est le sucre ou saccharose. Il comprend :
- le sucre blanc, de canne ou de betterave ;
- les produits dont le sucre est un composant important (bonbons) ;
- le miel (75 % de glucides) qui contient du fructose, du glucose et du saccharose, ainsi que des traces de vitamines et de minéraux ;
- les biscuits, confiture, viennoiseries, pâtisseries, céréales du petit déjeuner... ;
- les sodas, jus de fruits, ...

À savoir

Les aliments de ce groupe excèdent 45g/100g de sucre et ou 18g/100g de lipides.

Sel

Le sel se trouve naturellement dans beaucoup d'aliments bruts. Il faudra en limiter la consommation.

2 Les modifications des constituants de l'alimentation

Le trempage et la cuisson à l'eau entraînent une dilution des minéraux. Pour limiter cette perte, il faut privilégier la cuisson des légumes à la vapeur ou dans peu d'eau.

La durée et la température de stockage, ainsi que le temps de cuisson, augmentent les risques d'oxydation de certaines vitamines qui perdent alors leur intérêt nutritionnel. Pour éviter cela, il est nécessaire d'observer les dates limites de consommation (DLC) ou les dates de durabilité minimum (DDM), de respecter les temps de cuisson en particulier des fruits et des légumes, de consommer au moins un fruit cru et/ou un légume cru par jour pour bénéficier de la vitamine C intacte et d'éplucher, râper ou presser un fruit juste avant de le consommer pour préserver la vitamine C.

Enfin, une cuisson longue et à haute température (friture) ou une conservation au-delà de la DDM, peut oxyder et donner un goût de rance à certaines huiles. Pour éviter cela, il est nécessaire de respecter les dates limites de consommation (DLC), de choisir pour les cuissons des huiles d'arachide ou d'olive, peu insaturées et de garder au réfrigérateur les huiles les plus fragiles (colza et noix) et les consommer crues.

JE RETIENS

1) Cocher la bonne réponse et justifier par une phrase.

On peut remplacer une compote par un petit-suisse fruité car ce sont deux aliments sucrés.

❑ Vrai ❑ Faux

➜ Vous trouverez tous les éléments de réponses à ces questions p. 310

FICHE 97

Les produits alimentaires

QCM d'auto-évaluation Fiches 82 à 104
www.lienmini.fr/21006-23

1 La commercialisation des produits alimentaires

Les formes de commercialisation

Les produits alimentaires transformés par l'industrie subissent des procédés de fabrication et de conservation : la congélation, la surgélation, l'ensachage sous atmosphère contrôlée, la réfrigération combinée à l'atmosphère contrôlée, la cuisson sous vide, l'ultrafiltration, l'ionisation… L'indice de ces procédés sur les qualités nutritionnelles et organoleptiques des aliments est variable. Par exemple, la congélation respecte l'intégralité des nutriments, et les produits conditionnés ou cuits en atmosphère sous vide (ou contrôlée) ont une qualité alimentaire supérieure ou égale à celle des aliments simplement conservés au réfrigérateur.
Il existe six gammes de produits alimentaires classées selon leur mode d'emballage et de conservation (la nature du produit en lui-même n'entre pas en compte dans le classement).

Gammes de produits	Spécificités	Conditions de stockage	Exemple
❶ Les produits frais	Ce sont les produits à l'état naturel qui n'ont pas subi de traitement de conservation.	À conserver à température ambiante ou dans le bac à légumes du réfrigérateur, entre 4 °C et 6 °C.	
❷ Les aliments en conserves	Ce sont les produits entre 4 °C et 6 °C stérilisés ou appertisés (conserves).	Peuvent être conservés à température ambiante plusieurs mois.	
❸ Les produits congelés ou surgelés	Ce sont des produits dont la température a été abaissée jusqu'à – 50 °C pour ensuite être maintenue à – 18 °C.	Peuvent être conservés à – 18 °C plusieurs mois.	
❹ Les produits végétaux « prêts à l'emploi »	Ce sont tous les légumes frais, crus ayant fait l'objet d'un épluchage, d'un lavage et d'un conditionnement.	À conserver dans la partie haute du réfrigérateur, entre 0 °C et 4 °C.	
❺ Les produits variés cuits	Cette gamme rassemble tous les produits cuisinés ou frais sous vide.	À conserver dans la partie haute du réfrigérateur, entre 0 °C et 4 °C. Attention à bien respecter la DLC du produit.	
❻ Les produits déshydratés	Ce sont des produits qui ont subi une dessiccation.	Peuvent être conservés à température ambiante pendant plusieurs mois.	

À savoir

Il ne faut jamais recongeler un produit décongelé.

Les étiquetages

Tous les produits alimentaires préemballés destinés à la vente au détail doivent comporter un étiquetage écrit en langue française. Les indications doivent être inscrites de manière apparente afin d'être lisibles et visibles. Il existe des mentions obligatoires qui doivent figurer sur l'emballage, quelle que soit l'origine du produit, et des mentions facultatives qui dépendent du fabricant.

D'une façon générale, l'étiquette d'un aliment comporte diverses informations :
- la composition des aliments en ingrédients ;
- le bon usage du produit (quantité nette, date limite de consommation...) ;
- le contenu en nutriments et en énergie (étiquetage nutritionnel)...

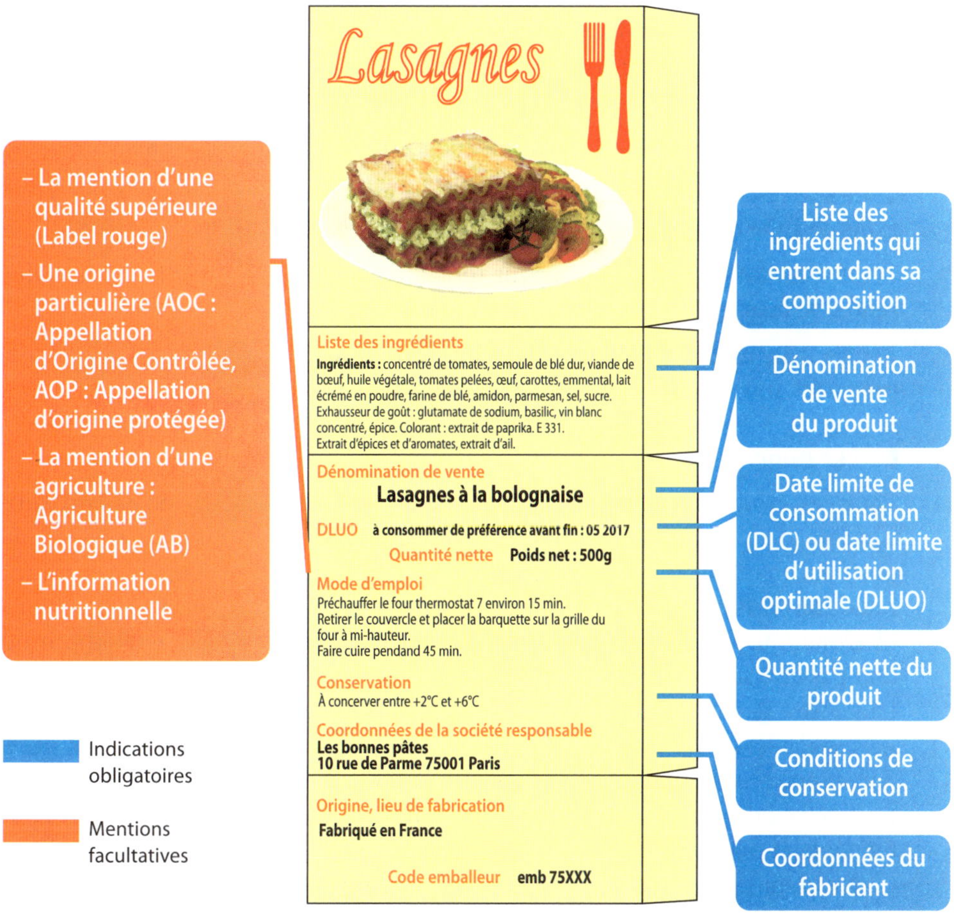

Question à un pro

Armelle, assistante maternelle à domicile, se demande : Les produits surgelés, ou réfrigérés, doivent-ils être conservés d'une manière particulière ?

Réponse : Effectivement, afin de maintenir les qualités nutritionnelles, sanitaires et organoleptiques des produits alimentaires surgelés ou réfrigérés, il convient de respecter la chaîne du froid. Cela consiste à assurer le maintien à température basse (positive ou négative) de ces aliments, afin de limiter la prolifération des micro-organismes. En effet, une augmentation, même minime, de la température accélère leur croissance. Une fois arrivés à destination (domicile ou collectivités) les produits doivent être rangés à la place qui convient dans le réfrigérateur ou le congélateur. Celle-ci est indiquée sur l'emballage par le fabricant.

2 La réglementation des aliments destinés aux jeunes enfants

On trouve dans le commerce des aliments spécifiques destinés aux enfants jusqu'à 3 ans. Ces produits adaptés font l'objet d'une réglementation spécifique. Ils sont généralement utilisés lors du sevrage et lors de la transition vers une alimentation « normale ».

On distingue trois catégories d'aliments destinés aux jeunes enfants.

➲ **Les laits :** qui regroupent les préparations pour nourrissons, les préparations de suite et les préparations pour jeunes enfants.

➲ **Les céréales :** qui regroupent toutes les céréales pour bébés sous différentes formes (pâtes à faire bouillir, biscuits…).

➲ **Les aliments préparés :** qui comportent tous les petits pots et assiettes préparés, ainsi que les compotes et les boisssons pour bébés.

Les principes de fabrication

Pour ces produits spécifiques, la réglementation est adaptée avec des niveaux d'exigence accrus. Ainsi, ces aliments doivent répondre à des critères de composition quantitatifs précis en énergie, protides, glucides, vitamines et minéraux. Certains nutriments ne doivent pas dépasser une quantité donnée ou sont interdits (ou au contraire obligatoires). Par exemple, la teneur en sodium ne doit pas être supérieure à 200 mg par 100 g de produit.
La texture de ces aliments est aussi soumise à réglementation, pour respecter les capacités de mastication et de déglutition en fonction des différents âges. Ainsi, pour les petits pots destinés aux enfants d'environ 6 mois, il faut une texture veloutée, pour les 8 mois du mouliné, pour les 10 mois des morceaux fondants et pour les 12 mois des petits morceaux.
Concernant la fabrication de ces produits, l'emploi de conservateurs, de colorants, d'édulcorants et d'arômes artificiels est interdit pour garantir une qualité adaptée au système immunitaire immature des jeunes enfants.

De même, la teneur en pesticide des aliments qui entrent dans la composition de ces produits doit être proche de 0 et très faible en nitrates.

Un étiquetage spécifique

Certaines mentions obligatoires viennent s'ajouter à celles déjà présentes sur les aliments non spécifiques. Par exemple, pour les laits, le fabricant devra indiquer précisément l'âge des enfants auquel le lait est destiné, ainsi que la mention « Ne peut remplacer le lait maternel », la quantité moyenne de chaque élément minéral et chaque vitamine…
Le principe est, là encore, de protéger les enfants en bas âge en garantissant un étiquetage approprié à leurs besoins et leurs fragilités.

Les allégations

Les allégations sont les représentations et messages non obligatoires indiqués sur les étiquettes d'un produit énonçant ou suggérant que celui-ci possède des propriétés particulières. Elles doivent toujours être scrupuleusement justifiées, complètes, véridiques et ne pas induire le consommateur en erreur. Le Règlement européen sur les allégations nutritionnelles et de santé (Règlement CE n°1924/2006 du 20 décembre 2006, JOUE du 18 janvier 2007) est également applicable depuis le 1er juillet 2007 aux compléments alimentaires.

En ce qui concerne les allégations nutritionnelles et de santé, celles-ci doivent toujours être replacées dans le contexte général de l'alimentation et ne pas encourager la consommation excessive d'un complément alimentaire au détriment des autres aliments. Les allégations nutritionnelles peuvent être «quantitatives» (exemple : « riche en », « source de »), ou « comparatives » (exemple : « à teneur réduite en »). Par ailleurs, les allégations de santé mentionnant le développement et la santé de l'enfant, l'amaigrissement, le contrôle du poids, la réduction de risque d'une maladie, la valeur énergétique du régime alimentaire, la réduction de sensation de faim ou encore les fonctions psychologiques et comportementales sont également définies dans le règlement.

3

JE RETIENS

1) Relier le mode de conservation adapté à chaque produit proposé.

Une compote pour bébés •	• Un placard à l'abri du soleil et de l'humidité.
Des fraises •	• Le réfrigérateur, dans un espace dédié.
Un sachet de pâtes •	• Le congélateur.
Un pot de glace •	

2) Citer trois mentions qui doivent obligatoirement figurer sur les emballages de produits alimentaires.

→ ***Vous trouverez tous les éléments de réponses à ces questions p. 311***

FICHE 98 La préparation des fruits et légumes

QCM d'auto-évaluation Fiches 82 à 104
www.lienmini.fr/21006-23

Les techniques de préparation de repas regroupent l'épluchage, le lavage, le découpage et le taillage des légumes et des fruits. Ces techniques doivent respecter une organisation et une hygiène parfaites.

1 L'épluchage

Avant de procéder à l'épluchage, fruits et légumes doivent être rincés à l'eau fraîche, sans savon. Cette étape est un préalable qui peut être réalisé de façon manuelle ou mécanique.

Le matériel

On utilise un couteau et un économe pour l'épluchage manuel. Pour l'épluchage mécanique on se sert d'un robot ou d'un appareil à éplucher électrique. Dans les deux cas, il est conseillé de prévoir un récipient pour mettre les épluchures et un autre pour réserver les fruits et légumes avant la phase de lavage.

Les processus d'épluchage

L'épluchage manuel et la « marche en avant »

Pour l'épluchage manuel, il convient de respecter le processus de la « marche en avant ». Il s'agit d'une organisation rationnelle qui consiste à ce qu'il n'y ait aucune possibilité de retour ni de croisement entre le secteur des produits propres et celui des produits souillés. Ce processus se déroule en plusieurs phases :

1. Mettre les légumes ou fruits à éplucher dans un récipient.
2. Procéder à l'épluchage.
3. Mettre les épluchures et autres déchets dans un deuxième récipient.
4. Mettre les légumes ou fruits épluchés dans un troisième récipient avant de les transférer en zone de lavage.

À savoir

Règles à respecter pour cuisiner proprement :
- Nettoyer régulièrement son plan de travail et son matériel.
- Tenir éloignés les produits propres des produits sales.
- Nettoyer régulièrement son réfrigérateur.
- Ne jamais travailler au-dessus de la poubelle.
- Ne pas accumuler la vaisselle sale dans l'évier.

➲ L'épluchage mécanique

1. Après avoir mis l'appareil sous tension, placer les fruits ou légumes dans la cuve et bien refermer le couvercle pour éviter les projections.
2. Faire fonctionner l'appareil le temps nécessaire, en fonction des quantités et des produits à éplucher.
3. Placer les produits épluchés dans un récipient propre.
4. Mettre l'appareil hors tension, éliminer les épluchures à la main, puis nettoyer l'appareil sous l'eau.

2 Le lavage

Le lavage des fruits et légumes s'effectue à la main ou à l'aide d'appareils spécifiques : la laveuse et l'essoreuse.

➲ Le lavage manuel : les légumes épluchés sont mis dans un bac ou un saladier en inox puis placés sous un jet d'eau.

➲ Le lavage mécanique : les denrées épluchées sont disposées dans une laveuse à légumes composée d'une cuve et de paniers dans lesquels elles sont aspergés d'eau. À l'issue du lavage, les denrées sont placées dans une essoreuse à légumes. Certains appareils ont la double fonction « laveuse-essoreuse ».

3 Le découpage (ou taillage)

Le découpage peut être réalisé à la main, avec un couteau ou une mandoline, ou mécaniquement, avec un coupe-légumes.

➲ Le découpage manuel : il est important de réaliser l'opération sur un plan de travail propre sur lequel on place une planche en polyéthylène adaptée pour la découpe. Le couteau permet d'effectuer différents types de découpes : en tranches, en bâtonnets, en julienne… La mandoline est dédiée à la découpe en rondelles. Il faut toutefois faire très attention à ses doigts lors de son utilisation !

➲ Le découpage mécanique : le coupe-légumes permet plusieurs types de taillages (en lamelles, en tranches, en bâtonnets, en dés...). Pour donner des formes particulières à certains légumes ou fruits (navets, pommes, carottes…) cet appareil permet de réaliser ces opérations sans grandes difficultés.

JE RETIENS

Remettre dans l'ordre les étapes de préparation des fruits et légumes.

Tailler les légumes – Rincer les légumes – Éplucher les légumes – Rincer les légumes à l'eau froide

➜ *Vous trouverez tous les éléments de réponses à ces questions p. 311*

FICHE 99

La fabrication de pâtes

QCM d'auto-évaluation Fiches 82 à 104
www.lienmini.fr/21006-23

Pâte brisée, pâte sablée, pâte feuilletée, pâte à crêpes… Connaître ces nombreuses recettes de pâtes permet de décliner mille et un plats qui raviront les enfants.

1 La pâte brisée

Cette pâte sert de base aux préparations salées comme sucrées. Un grand classique incontournable pour réaliser des quiches, des tourtes, des tartes...

Les ingrédients et matériels

Préparation : 15 minutes. **Temps de cuisson** : 30 minutes.

Ingrédients	Matériels
– 300 g de farine – 150 g de beurre – Une pincée de sel – Un jaune d'œuf – De l'eau (8 cl) ou du lait tiède	– Un couteau – Un rouleau à pâtisserie – Un verre doseur gradué – Un saladier – Un moule (ou un plat à tarte)

Le processus de fabrication

1. Mélanger la farine et le sel dans un saladier.
2. Ajouter le beurre puis l'incorporer à la farine en pétrissant rapidement et légèrement du bout des doigts. On doit obtenir une sorte de semoule grossière en 2 ou 3 minutes.
3. Incorporer rapidement le lait (ou l'eau). Il en faut très peu pour permettre à la pâte de se lier et de faire une boule souple et non collante.
4. Plier la pâte en quatre, la recouvrir d'un film de farine et la laisser reposer 20 à 30 minutes.
5. Étaler la pâte sur un plan de travail fariné avec un rouleau. Foncer le moule et faire adhérer la pâte en la pressant légèrement sur le moule.
6. Découper la pâte sur les bords du moule avec un couteau.
7. La pâte peut accueillir la garniture après avoir été piquée à la fourchette.
8. La faire cuire au four (thermostat 7 ou 210 °C) pendant 20 minutes environ.

2 La pâte levée

Cette pâte au goût peu prononcé est idéale pour les préparations salées ou sucrées et en particulier les brioches, babas, savarins…

Les ingrédients et matériels

Préparation : 15 minutes. **Temps de cuisson** : variable selon le plat cuisiné.

Ingrédients	Matériels
– 250 g de farine tamisée – 15 g de levure de boulanger – Trois cuillères à soupe d'eau tiède ou de lait – Une cuillère à soupe de sucre en poudre – Deux œufs et une pincée de sel – 40 g de beurre	– Une tasse – Un saladier – Une fourchette (ou un fouet) – Un moule à tarte

Le processus de fabrication

1. Dans une tasse, faire un levain en y intégrant l'eau tiède, le sucre et la levure. Laisser lever.
2. Pendant ce temps, dans un saladier, verser la farine, y mettre le sel.
3. Y mettre ensuite le levain, puis l'œuf. Mélanger le tout avec la fourchette.
4. Ajouter le beurre ramolli mais non fondu.
5. Mélanger de nouveau et, si la pâte est trop molle, ajouter un peu de farine.
6. Couvrir d'un torchon humide et laisser lever 30 minutes.
7. Quand la pâte a doublé de volume, l'écraser dans le moule beurré et fariné.
8. Garnir la pâte comme désiré. La faire cuire au four (thermostat 5 ou 150 °C).

3 La pâte à crêpes

Les crêpes sont faciles à faire et les enfants peuvent participer à leur préparation.

Les ingrédients et matériels

Préparation : 15 minutes. **Temps de cuisson** : 3 minutes par crêpe.

Ingrédients	Matériels
– 250 g de farine – ½ litre de lait – Trois œufs et une cuillère à soupe d'huile – Une pincée de sel – Une à deux cuillères à soupe d'eau	– Un saladier – Une cuillère – Une passoire – Une louche – Une poêle et une spatule

Le processus de fabrication

1. Mettre la farine dans le saladier. Faire un puits et y casser les œufs entiers.
2. Ajouter l'huile, le sel et un peu de lait. Travailler énergiquement la pâte avec une cuillère en bois pour la rendre légère.
3. Mouiller progressivement avec le lait pour que la pâte devienne homogène.
4. Ajouter 1 à 2 cuillères à soupe d'eau. Puis, passer la pâte dans une passoire.
5. Laisser reposer la pâte 1 heure, recouverte d'une serviette.
6. Verser une louche de pâte dans la poêle, surveiller attentivement la cuisson et retourner la crêpe dès qu'elle se décolle avec la spatule.

JE RETIENS

Citer un exemple d'utilisation de la pâte brisée et de la pâte levée.

→ ***Vous trouverez tous les éléments de réponses à ces questions p. 311***

FICHE 100

Les différents types de cuisson

QCM d'auto-évaluation Fiches 82 à 104
www.lienmini.fr/21006-23

La cuisson permet de transformer un aliment sous l'effet de la chaleur. Goût, aspect, volume, toxicité et quantités nutritives peuvent ainsi être modifiés pour le rendre plus digeste et lui apporter une garantie sanitaire.

1 La cuisson à l'eau

Les deux types de cuisson à l'eau

➲ **À l'eau froide :** ce procédé qui augmente la perte d'aliments nutritifs est principalement utilisé pour cuire les pommes de terre, les légumes secs et les poissons. Les temps d'ébulition varient en fonction des aliments. Il est utile de démarrer la cuisson par un feu vif qui sera ensuite modéré.

➲ **À l'eau bouillante :** utilisé pour cuire les légumes et les féculents, ce procédé permet de saisir les aliments par la chaleur et de limiter la perte de vitamines. Les aliments sont mis dans l'eau bouillante qui peut être assaisonnée avec des herbes, des épices ou des bouillons.

Le matériel

En milieu familial, on utilise une casserole, un auto-cuiseur ou une marmite en fonte. En collectivités, on utilise un cuiseur-vapeur électrique, un steamer, une marmite encastrée dans le fourneau ou un rondeau.

2 La cuisson à la vapeur

Le principe de cuisson

Les aliments sont disposés dans un panier vapeur puis cuits doucement par l'action de la vapeur environnante (ils ne trempent pas dans l'eau). Cette cuisson permet de conserver un maximum de nutriments et de vitamines. C'est une cuisson qui convient aux légumes, aux poissons et aux viandes blanches.

Le matériel

➲ **Le cuiseur-vapeur :** en plastique ou en inox, il est constitué de plusieurs paniers empilables dans lesquels sont disposés les aliments. Les cuiseurs-vapeur électriques sont souvent dotés d'un minuteur intégré.

➲ **La cocotte-minute :** verser un fond d'eau dans la cocotte après avoir retiré le panier. Placer les aliments dans le panier, puis le remettre dans la cocotte une fois que l'eau est bouillante. Couvrir et laisser cuire.

3 La friture

Le principe de cuisson

Les aliments sont plongés dans un bain de matière grasse porté à très haute température. Au fur et à mesure de la cuisson, l'eau contenue dans les aliments est remplacée par les matières grasses de la friture. Les aliments deviennent plus gras et les vitamines sensibles à la chaleur sont en partie détruites. Puis, on enrobe les aliments humides dans de la chapelure, ou de la pâte à beignets, qui va absorber les matières grasses.

Le matériel

Il est possible d'utiliser une bassine à frire munie d'un panier ou une friteuse électrique souvent équipée d'un thermostat.

4 La cuisson à la poêle ou à la sauteuse

Le principe de cuisson

La cuisson à la poêle convient particulièrement à la viande en portions individuelles. L'aliment cuit dans une petite quantité de matière grasse. La viande rouge est saisie à feu vif alors que la viande blanche demande une cuisson prolongée à feu modéré. Les poissons, préalablement farinés, sont cuits dans de l'huile ou du beurre. En sauteuse, on peut cuire toutes les viandes et les légumes.

Le matériel

L'emploi d'une poêle à revêtement antiadhésif permet de réduire la quantité de matière grasse. La viande n'est retournée qu'une seule fois, à mi-cuisson.
En sauteuse, l'aliment est doré à feu vif puis « sauté » (et non retourné avec une spatule) dans une matière grasse, à découvert. On utilise du beurre seul.

5 La cuisson au four et au four à micro-ondes

Le principe de cuisson

La cuisson au four fait coaguler l'aliment sous l'effet de la chaleur. Il faut toujours préchauffer le four à la température adéquate avant de disposer le plat de cuisson à la bonne hauteur en ayant pris soin de mettre des gants isolants.
Le four à micro-ondes, lui, permet de réchauffer mais aussi de cuire un aliment.

Le matériel et le processus de cuisson

On utilise un four électrique où à gaz ou bien un four à micro-ondes.
Il faut avant tout respecter le temps de cuisson et éviter d'ouvrir la porte du four.

JE RETIENS

Indiquer le type de cuisson qui permet de saisir les aliments par la chaleur et limite leur perte vitaminique ?

→ ***Vous trouverez tous les éléments de réponses à ces questions p. 311***

FICHE 101 La préparation des repas

QCM d'auto-évaluation Fiches 82 à 104
www.lienmini.fr/21006-23

La préparation d'un repas pour un ou plusieurs enfants est une étape préalable et primordiale pour garantir une bonne alimentation. Des procédures d'hygiène sont à respecter qu'il s'agisse des repas « maison » ou de la consommation de petits pots ou d'aliments non transformés à cuisiner.

1 Le mode de préparation des repas

La diversification alimentaire peut se faire avec des petits pots (légumes ou fruits) mais aussi par la préparation de légumes, de viande et de fruits ce qui suppose encore plus de veiller à certaines règles d'hygiène et de cuisson.

Les types de cuisson

La cuisson permet de transformer un aliment sous l'effet de la chaleur. Goût, aspect, volume, toxicité, qualités nutritives peuvent ainsi être modifiés pour le rendre plus digeste et permettre une meilleure garantie sanitaire. Sur le plan de l'équilibre alimentaire, certains modes de cuisson présentent plus d'intérêt que d'autres.

De multiples cuissons sont possibles en fonction des aliments à cuisiner et des modes de préparation des plats cuisinés. Par exemple, la cuisson à l'eau froide permet de cuire lentement les viandes et les poissons ainsi que les légumes, en particulier lorsque l'on veut réutiliser le bouillon. En revanche, lorsque les aliments sont plongés dans l'eau bouillante, ils sont saisis et perdent moins d'arômes et de nutriments.

A contrario, la cuisine à la vapeur douce (proche de 100°) cuit uniformément les aliments sans les dessécher. Ce mode de cuisson améliore la digestibilité des pois, des haricots secs et des choux.

La cuisson à l'étouffé permet de cuire à petit feu des aliments dans un récipient fermé avec très peu de liquide, les aliments gardent leur arôme, leurs nutriments et leurs vitamines.

Enfin, pour certaines préparations les fritures et grillades sont nécessaires. Ceci étant, ces cuissons courtes à feu vif, coagulent les protéines et caramélisent les glucides. Les sucs, vitamines et minéraux contenus dans l'aliment sont bien préservés. Pour limiter l'oxydation des acides gras insaturés, on utilise l'huile d'arachide pour les fritures. ▸ FICHE 100

À savoir

La cuisson au four micro-ondes se fait en quelque sorte de l'intérieur. Ce procédé préserve les vitamines et les minéraux. Il permet de réchauffer (des petits pots par exemple) et de décongeler rapidement.

Les préparations de fruits et légumes

Les techniques de préparation des repas regroupent l'épluchage le lavage, le découpage et le taillage de légumes et de fruits. Au cours de ces étapes, une bonne organisation et une hygiène parfaite sont indispensables.

Éplucher	Laver	Découper
. Processus de la marche en avant	. Lavage manuel dans un bac en inox ou saladier sous un jet d'eau	. Manuel (au couteau ou à la mandoline) pour une découpe en tranches, rondelles, en bâtonnets ou en julienne.

À savoir

Organisation rationnelle consistant à ce qu'il n'y ait aucune possibilité de retour ou de croisement entre le secteur des produits propres et celui des produits souillés. Pour ce faire :

- Mettre les légumes ou fruits à éplucher dans un récipient.
- Éplucher.
- Mettre les épluchures et autres déchets dans un 2ème récipient.
- Placer les légumes et fruits épluchés dans un 3ème récipient avant de les mettre en zone de lavage.

2 La préparation des petits-pots

Pour réchauffer la préparation du petit-pot, il est possible de le faire :

– Au bain marie : placer le petit-pot dans une casserole d'eau chaude après avoir enlevé le couvercle.

– Au four à micro-ondes : verser la préparation dans un récipient pouvant aller dans le micro-ondes et réchauffer 10 secondes au maximum.

Dans les deux cas, verser dans un bol ou une assiette. Remuer la préparation pour obtenir une température homogène et ne pas oublier d'ajouter une cuillère à café d'huile de colza ou de noix pour 100 g de purée.

Conseils

Les petits pots de légumes sont pas ou peu salés, il est toutefois inutile, voire néfaste, d'ajouter du sel. Les petits pots de fruits sont peu ou pas sucrés. Il est inutile d'ajouter du sucre.

FICHE 102

Les mixés

QCM d'auto-évaluation Fiches 82 à 104
www.lienmini.fr/21006-23

Les mixés constituent très souvent la première étape de la diversification alimentaire du jeune enfant. Que ce soit pour des purées de légumes ou des compotes, il est important de proposer des fruits et légumes de saison frais ou surgelés.

1 Les jus de fruits

Riches en vitamine C, en sucres, en potassium et apport énergétique, les jus de fruits préparés ou achetés sont souvent appréciés par les enfants. Ils ne sont pas indispensables. On en limite la consommation afin de favoriser la consommation de l'eau.

2 La purée de légumes

Tous les légumes conviennent au jeune enfant à condition de les lui présenter l'un après l'autre. Pour commencer, mieux vaut proposer des légumes tendres : carottes, feuilles de laitue, courgettes, potiron. Pour un bon apport énergétique, le poids de féculents doit être au minimum le même que celui des légumes.
En début de diversification, la purée est finement mixée puis on laisse peu à peu des morceaux bien cuits qui peuvent éventuellement être pris à la main si ce mode de diversification est choisi (DME : diversification menée par l'enfant).

Les ingrédients et matériels

Préparation : 15 minutes. **Temps de cuisson :** entre 20 et 30 minutes.

Ingrédients	Matériels
– 90 g de pomme de terre (deux pommes de terre) – 70 g de poireau (un poireau) – 50 g de carotte (deux petites carottes) ou une tranche de butter nut – Une pincée de sel – 2 cuillères à café d'huile de colza ou de noix	– Un autocuiseur ou un fait-tout – Un mixer ou un robot – Un économe

Le processus de fabrication

1. Rincer soigneusement les légumes frais à l'eau avant de les utiliser.
2. Peler les carottes et les pommes de terre avec un économe, les couper en morceaux et couper le poireau en tronçons de 3 cm.
3. Mettre les légumes dans un fait-tout et les recouvrir d'eau. Laisser cuire 20 à 30 minutes (la lame d'un couteau doit pouvoir traverser les légumes).
4. Incorporer progressivement les morceaux de légumes dans le robot et ajouter peu à peu l'eau de cuisson pour obtenir la consistance appropriée. Mixer.
5. Ajouter une cuillère d'huile et une pincée de sel.

3 Les compotes

Il est important de choisir des fruits frais de saison mûrs ou surgelés.

Les ingrédients et matériels pour une compote de pommes

Préparation : 5 minutes. **Temps de cuisson :** 10 minutes.

Ingrédients	Matériels
– Une ou deux pommes – Une cuillère à café de sucre, si nécessaire – Zeste de citron – De la cannelle	– Un couteau – Un économe – Une casserole – Un mixer

Le processus de fabrication

1. Laver les pommes et les éplucher finement.
2. Enlever les tiges et épépiner les pommes puis les couper en petits morceaux.
3. Jeter les morceaux dans une casserole contenant un fond d'eau. Ajouter le zeste de citron et la cannelle. Couvrir la casserole.
4. Faire cuire à feu doux et remuer de temps en temps.
5. Sucrer si nécessaire en fin de cuisson et passer au mixer jusqu'à obtention de la consistance désirée.

JE RETIENS

1) Il faut laver les fruits avant de cuire la compote. ☒ Vrai ❏ Faux

2) Il faut rincer les légumes avant de les éplucher ☒ Vrai ❏ Faux

➜ ***Vous trouverez tous les éléments de réponses à ces questions p. 311***

3

FICHE 103

Les contaminations alimentaires

QCM d'auto-évaluation Fiches 82 à 104
www.lienmini.fr/21006-23

Les enfants sont sensibles aux contaminations alimentaires, qu'elles soient chimiques (métaux lourds, PCB...), bactériennes ou parasitaires.

1 Les toxi-infections alimentaires

Les toxi-infections alimentaires collectives, aussi appelées TIAC dans les crèches, se caractérisent souvent par des troubles digestifs (diarrhées ou vomissements) et touchent au moins deux personnes ayant consommé l'aliment en cause. Elles surviennent quelques heures à quelques jours après l'ingestion du produit suspect.

Les principales bactéries responsables des TIAC sont les salmonelles, les staphylocoques dorés et le *Clostridium perfringens*. On retrouve cependant d'autres germes dont certains peuvent être mortels, comme le *Clostridium botulinum*, responsable du botulisme.

Agents pathogènes	Causes fréquentes	Aliments à risques	Mesures préventives
Salmonelles	Mains mal lavées.	Viandes de boucherie, volailles, œufs (contamination par contact avec la coquille) et lait.	Cuisson à cœur de l'aliment.
Staphy-locoques	Mains mal lavées, plaies infectées ou transmission par l'air (rhume).	Pâtisseries, crème pâtissière, mayonnaise, crèmes glacées, charcuterie, viande hachée et crevettes.	Cuisson à cœur de l'aliment.
Clostridium perfringens	Se développe en l'absence d'air.	Viande en bouillon, sauces, aliments cuits la veille et stockés à température ambiante.	Refroidir et réchauffer rapidement les aliments.
Listeria	Mains mal lavées.	Aliments crus, viandes peu cuites et produits laitiers au lait cru.	Respect des règles d'hygiène. Cuisson à cœur de l'aliment.
Clostridium botulinum	Conserves familiales insuffisamment stérilisées.	Miel (interdit avant 1 an) et tous les aliments en conserves familiales	Stérilisation à plus de 121 °C pendant un temps long.

2 Les parasitoses alimentaires

Les parasitoses alimentaires sont dues à des parasites vivants ingérés en même temps que l'aliment.

Les parasites les plus fréquents sont les vers (le ténia, l'anisakis, la douve du foie...) et les protozoaires qui sont des animaux unicellulaires microscopiques (amibe, toxoplasme...). Les parasites prolifèrent au dépend de l'hôte.

	Transmission par consommation de viande ou de poisson contaminés				Transmission directe par le cuisinier ou par un milieu contaminé (eau, végétaux)			
Parasite	Ténia	Trichine	Anisakis	Toxoplasme	Oxyures	Ascaris	Amibe	Douve du foie
Aliments responsables	Bœuf, porc ou poisson	Porc, cheval, sanglier	Poisson	Viande, produits peu cuits	Aliments crus	Crudités, eaux	Crudités, eaux	Cresson sauvage
Mesures préventives	– Contrôle visuel de la viande et du poisson. – Cuisson à cœur supérieure ou égale à 63 °C. – Congélation prolongée (–20 °C) plusieurs jours.			– Hygiène du préparateur. – Lavage des mains. – Lavages des aliments. – Recherche de porteurs sains. – Cuisson suffisante des aliments.				Consommer du cresson venant d'une cressonnière contrôlée.

3 Les risques toxicologiques dûs aux aliments

Certaines de ces recommandations ont été extraites des recommandations « petite enfance » du groupe d'étude des marchés de restauration collective et nutrition (GEM-RCN) ou bien des recommandations de l'ANSES (agence nationale de sécurité sanitaire, de l'alimentation, de l'environnement et du travail). Le tableau ci-dessous en est un résumé.

Types d'aliments	Cause de la prévention	À proscrire	À limiter ou à déconseiller
Poissons prédateurs sauvages (lotte, thon...)	Risque de contamination chimique.		X
Poissons particulièrement bio-accumulateurs (espadon, requin...)		X	
Aliments à base de soja (tofu, yaourts et desserts au soja)	Nutritionnellement inadapté.	X	
Autres jus végétaux improprement appelés « lait » (amande, châtaigne, noisette...)		X (en substitution des préparations lactées infantiles)	
Laits d'autres animaux non soumis à la réglementation des PPN et PDS (brebis, chèvre, ânesse, jument...)		X (en substitution des préparations lactées infantiles)	
Aliments contenant des arômes et/ou colorants artificiels	Sans intérêt nutritionnel.		X
Aliments contenant des édulcorants		X	
Miel de consommation	Risque de contamination microbiologique.	X (jusqu'à 12 mois)	
Aliments servis crus ou fumés (poissons, crustacés, viandes, œufs et fromages au lait cru, charcuteries, graines germées crues)		X	

4 La prévention des toxi-infections alimentaires

Le personnel en charge de la manipulation des aliments

Pour limiter les risques de contamination, la personne en charge des repas veille à bien se laver les mains et à porter une tenue professionnelle propre. Afin que ses cheveux ne tombent pas dans les préparations, elle les attache ou les couvre avant toute manipulation des aliments.

Le stockage des denrées

➲ **Dans le placard de la cuisine :** mettre sur le devant les produits à consommer le plus rapidement en se référant aux dates inscrites sur l'emballage.

➲ **Dans le réfrigérateur :** il convient de placer les aliments dans les compartiments qui leurs sont dédiés. La notice du réfrigérateur indique où les placer selon leur nature.

- **Dans la partie entre 4 °C et 6 °C :** préparations maison, légumes et fruits cuits, viandes et poissons cuits, yaourts et fromages faits à cœur.
- **Dans la partie la plus froide, entre 0 °C et 4 °C :** viandes, charcuteries, poissons, produits en cours de décongélation, produits frais entamés, fromages frais et au lait cru, jus de fruits frais, salades et plats cuisinés.
- **Dans le bac à légumes :** légumes et fruits frais lavés.
- **Dans la porte :** œufs, beurre, lait et jus de fruits entamés.

Attention

– La date de durabilité minimale (DDM) est exprimée par la mention « à consommer de préférence avant le » pour les produits d'épicerie, les surgelés et les boissons. Lorsque cette date est dépassée, le produit n'est pas dangereux, il peut être consommé sans risque mais il a perdu une partie de ses qualités nutritionnelles et organoleptiques.

– Lorsque la date limite de consommation (DLC), exprimée sur les produits réfrigérés par la mention « à consommer jusqu'au », est dépassée, le produit est impropre à la consommation.

Ne pas oublier d'ôter le suremballage carton ou plastique des aliments achetés avant de les stocker, et vérifier que l'emballage de l'aliment n'est pas abîmé, ce qui pourrait nuire à sa conservation.

La conservation des restes

– Ne pas laisser les restes à température ambiante. Si le plat est encore chaud, mieux vaut le laisser refroidir 2 heures maximum avant de le mettre au réfrigérateur, sinon il risquerait d'en réchauffer l'intérieur et d'entraver la chaîne du froid.
– Placer les restes dans un récipient hermétique si possible en verre ou en faïence ou disposer du film plastique ou du papier d'aluminium sur le plat afin de les faire refroidir et de les ranger.
– Ne pas oublier de consommer rapidement tous les restes.
– Noter qu'il faut éviter que les produits acides entrent en contact avec le papier d'aluminium et les produits gras avec le film plastique.

La préparation des aliments

Tout d'abord, le plan de travail est nettoyé avec un détergent-désinfectant alimentaire. Attention, il est néfaste de surdoser le produit et important de ne pas oublier de rincer.
Ensuite, le matériel utile à la préparation est sorti prêt à l'emploi. Puis, les aliments sont épluchés et/ou préparés selon le principe de « marche en avant ». Enfin, les temps de cuisson sont respectés pour une cuisson complète ou à cœur de l'aliment.

JE RETIENS

1) Indiquer si l'affirmation est vraie ou fausse et justifier par une phrase.

Le maquereau est un poisson gras, il ne doit pas être donné aux enfants avant 3 ans.

❑ Vrai ❑ Faux

2) Relier les aliments aux micro-organismes qui peuvent les infecter et provoquer une TIAC.

	• Staphylocoques
La viande de boucherie saignante •	• Listeria
Les produits laitiers au lait cru •	• *Clostridium perfringens*
	• Salmonelles

3) Citer trois parasites qui pourraient contaminer le filet de porc que vous venez d'acheter.

➜ ***Vous trouverez tous les éléments de réponses à ces questions p. 311***

FICHE 104 Les allergies, les intolérances et les régimes alimentaires de l'enfant

QCM d'auto-évaluation Fiches 82 à 104
www.lienmini.fr/21006-23

1 Les allergies et les intolérances alimentaires

Les allergies et les intolérances alimentaires obligent à une vigilance quotidienne. Dans les deux cas, il s'agit de réactions d'hypersensibilité dont les symptômes sont provoqués par une substance tolérée par les sujets normaux.

L'allergie alimentaire

Elle se manifeste par l'apparition de signes cutanés, respiratoires ou digestifs. Seul un médecin peut poser un diagnostic d'allergie à la suite de tests cutanés ou de dosage d'anticorps.

L'allergie la plus connue est celle aux protéines de lait de vache Elle touche 2 à 3 % des enfants avant l'âge de 2 ans. Dans ce cas-là, toutes les formes de lait sont exclues de l'alimentation (produits laitiers, PPN...).

D'autres allergies alimentaires existent. Les plus fréquentes sont celles à l'œuf, l'arachide, le poisson, la noix de cajou, le sésame, le kiwi… Pour ces allergies, le traitement consiste à l'exclusion stricte de l'aliment mis en cause.

Les éléments de prévention de l'allergie alimentaire sont l'allaitement maternel, durant au moins 3 mois, et la diversification alimentaire débutée entre la fin du 4e mois et du 6e mois. Celle-ci doit se faire avec une introduction progressive des aliments afin de pouvoir détecter une éventuelle allergie. Il est inutile d'introduire tardivement le poisson ou l'œuf, mieux vaut suivre le calendrier normal avec une attention particulière aux réactions de l'enfant.

L'introduction d'aliments à fort pouvoir allergisant (kiwi, céleri, fruits à coques, crustacés…) est repoussée après 1 an.

L'intolérance alimentaire

Les deux principales intolérances alimentaires sont l'intolérance au gluten et l'intolérance au lactose. Les signes sont essentiellement digestifs de type douleurs abdominales et diarrhées, parfois des vomissements.

➲ **L'intolérance au gluten (ou maladie cœliaque) :** elle se révèle dès l'introduction du gluten (protéine contenue dans certaines céréales comme le blé, le seigle, l'orge, l'avoine) dans l'alimentation. Le seul traitement est l'exclusion totale des céréales concernées. L'éviction du blé entraîne donc la suppression de la farine, c'est-à-dire du pain, des biscuits, mais aussi des pâtes, de la semoule… L'introduction du gluten entre 4 et 7 mois limite les risques d'intolérance.

➲ **L'intolérance au lactose :** elle apparaît progressivement après le sevrage. La consommation d'un lait et de produits laitiers pauvres en lactose (yaourts, petits-suisses et fromages) est la plupart du temps bien tolérée.

La pratique à adopter

Il faut avant tout suivre les recommandations médicales données aux parents, proposer un repas adapté et éviter les échanges d'aliments entre les enfants.
Avant la diversification, il est simple d'exclure l'aliment incriminé. On peut préparer le repas selon les instructions des parents ou bien leur demander de fournir un repas qui « convient à l'alimentation de leur enfant ».
En collectivité, un projet d'accueil individualisé (PAI), établi entre le médecin prescripteur, les parents et le responsable de la collectivité, précise les exclusions, les conséquences et les gestes d'urgence à pratiquer si nécessaire.

À savoir

La réglementation rend obligatoire l'étiquetage de 14 allergènes, quelle que soit leur quantité. Pour connaître la composition des aliments, bien lire les étiquettes.

2 Le régime de l'enfant diabétique

Le diabète de l'enfant, ou diabète de type 1, est une maladie rare (19 enfants touchés sur 100 000). Il se caractérise par la destruction des cellules du pancréas qui secrètent l'insuline. Il est donc nécessaire d'injecter de l'insuline pour réguler la glycémie. Pour les enfants diabétiques :
- la répartition des prises alimentaires dans la journée dépend du traitement ;
- l'alimentation est équilibrée et normale ;
- on veille à la consommation de fruits et légumes aux repas principaux ;
- le goût de l'enfant est éduqué vers des saveurs peu sucrées.

Le personnel de petite enfance doit se conformer au PAI ou à la prescription médicale transmise par les parents formés au traitement.

Attention

– Le diabète de type 1 ne nécessite pas de réduction énergétique comme le diabète de type 2 chez l'adulte.
– Il n'y a pas lieu d'établir un régime hypo-énergétique avant l'âge de 6 ans sans prescription médicale.

JE RETIENS

1) Indiquer si l'affirmation est vraie ou fausse et justifier par une phrase.
Le gluten ne doit pas être introduit dans l'alimentation avant 1 an. ❑ Vrai ❑ Faux

2) Citer les produits laitiers qui peuvent être consommés en cas d'intolérance au lactose.

→ ***Vous trouverez tous les éléments de réponses à ces questions p. 311***

Je retiens

Corrigés

FICHE 82

1) Appeler le 17 pour les prévenir et savoir que faire en attendant leur arrivée.

FICHE 84

Obligation de donner le doudou pour ses siestes – Interdiction de confier l'enfant à Mr XXX.

FICHE 85

Le président du Conseil départemental.

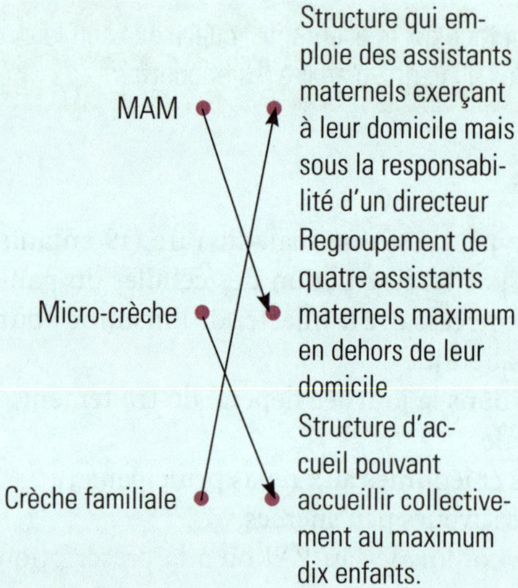

FICHE 86

Obligations du salarié : A et D. - Obligations de l'employeur : B et C.

FICHE 87

1) La PMI et le RAM.

2) La ludothèque

3) Des animations organisées par les médiathèques ou le RAM.

FICHE 88

Vrai – Faux – Vrai - Vrai

FICHE 89

1) Savon doux, essuie-mains (ou serviette), poubelle.

FICHE 90

1) Respecter le dosage des produits d'entretien et entreposer les produits hors de la portée des enfants.

2) Protéger les aliments en attente d'être consommés – Nettoyer les coulures existantes dans le réfrigérateur pour éviter de développement de bactéries et la contamination d'autres aliments (fruits, légumes…).

FICHE 91

Il faut toujours nettoyer du plus PROPRE vers le plus SALE et du HAUT vers le BAS.

FICHE 92

. Fumée de cigarette → asthme, allergie, otite, eczéma, mort subite du nourrisson.

. Perturbateurs endocriniens → infertilité, puberté précoce, cancer

. Plantes toxiques ingérées → Irritation gastro-intestinale, allergie

FICHE 93

1) Solution de détergent désinfectant alimentaire, deux bassines, une lavette, une brosse, du papier à usage unique, de l'eau, une paire de gants à usage unique.

2) Jeux de Légo : nettoyage par immersion - Peluche : nettoyage dans la machine à laver le linge

FICHE 94

1) Faux

2) Protides, lipides et glucides.

FICHE 95

1) Faux - 2) Vrai – 3) 1 an

FICHE 96

1) Faux. Ce qui est important n'est pas la valeur « sucre » mais l'apport calcique ou calorique.

FICHE 97

1) Compote → réfrigérateur – fraises → réfrigérateur – sachet de pâtes → un placard à l'abri du soleil et de l'humidité – pot de glace → congélateur

2) L'âge – La date limite de consommation – La quantité nette du produit.

FICHE 98

Rincer les légumes à l'eau froide - Éplucher les légumes - Rincer les légumes - Tailler les légumes.

FICHE 99

Pâte brisée → quiche – Pâte levée → brioche

FICHE 100

La cuisson vapeur

FICHE 102

1) Vrai - 2) Vrai

FICHE 103

1) Faux. Le maquereau est recommandé (adapter la quantité à l'âge) car il est riche en acides gras intéressants.

2) La viande de boucherie saignante → staphylocoques, listeria, *Clostridium perfringens*, salmonelles.

Les produits laitiers crus → listeria.

3) Ténia, trichine, toxoplasme, oxyure.

FICHE 104

1) Faux. Il existe une « fenêtre » d'introduction souhaitable entre 4 et 7 mois.

2) Tous les fromages, les petits suisses ou les yaourts sont bien tolérés.

Entraînements et méthode

A Exercices d'application du cours

SITUATION 1

Vous travaillez à la crèche « Les minidoux », c'est l'été. L'éducatrice de jeunes enfants référente vous demande de prendre en charge un groupe de quatre enfants de 2 à 3 ans pour organiser des jeux d'eau.

1) Comment vous organisez-vous (lieu, matériel, durée) ?

2) Quels sont les objectifs (intérêts socio-éducatifs) de cette activité ?

3) Comment allez-vous organiser sa mise en œuvre ? Citer les différentes étapes.

SITUATION 2

Vous êtes employé(e) dans un ALAE (accueil de loisirs associé à l'école). À l'occasion de la fête des mères, votre responsable vous a demandé de prendre en charge le groupe des 3 ans autour d'une activité pâte à sel.

1) Comment vous organisez-vous (lieu, matériel, nombre d'enfants, durée) ?

2) Quels sont les objectifs (intérêts socio-éducatifs) de cette activité ?

3) Comment allez-vous organiser sa mise en œuvre ? Citez les différentes étapes.

4) Quelle peut être l'attitude du (ou de la) professionnel(le) ?

SITUATION 3

Vous êtes assistante maternelle à domicile. Vous prenez en charge Juliette, 2 ans ½, et Sophie, 6 mois. C'est le matin et vous organisez une activité peinture pour Juliette. Sophie, elle, fait une sieste. Pendant l'activité, Juliette se met de la peinture sur les mains et le visage.

1) Comment procédez-vous pour lui nettoyer les mains et le visage ? Justifier votre réponse en tenant compte du contexte et de l'âge de l'enfant.

Alors que le lavage des mains et du visage de Juliette est en cours, vous entendez Sophie pleurer dans sa chambre.

2) Que faites-vous ?

Pourquoi ?

Une fois avec Sophie, vous vous rendez compte que sa couche est souillée. Il faut la changer.

3) Lister les matériels et produits dont vous avez besoin pour réaliser le soin.

Pendant le change, vous remarquez que Sophie a des rougeurs au niveau du siège.

4) À quoi correspondent ces rougeurs ? Que faites-vous pour les limiter ?

5) Lorsque les parents viennent chercher Sophie, le soir, que faites-vous ?

SITUATION 4

Vous êtes employé(e) au domicile d'une famille. Vous avez en charge la garde de deux enfants, Gabriel, 5 mois, et sa sœur Laurie, 18 mois.
Ce matin, quand vous arrivez au domicile de la famille à 8 h 30, la maman est en train de préparer un bain pour Gabriel. Vous êtes en charge de le lui donner.

1) Comment procédez-vous pour lui donner le bain ? Justifiez en tenant compte du contexte, de l'âge de l'enfant et de l'autre enfant en présence.

Le bain est à présent fini. Vous devez habiller Gabriel.

2) Quelle technique utilisez-vous ? Justifier.

Plus tard dans la journée, l'heure du repas arrive. Vous devez donner un biberon à Gabriel et donner le repas à Laurie.

3) Comment procédez-vous ? Justifier.

SITUATION 5

Vous êtes employé(e) en crèche collective, en charge des moyens et grands, avec l'aide d'une éducatrice de jeunes enfants. Lors du goûter, vous vous occupez d'une table de cinq enfants. Aujourd'hui, on mange des biscuits avec un jus d'orange. Au bout de quelques minutes, une petite fille de 2 ans ½, Marie, commence à montrer des signes d'étouffement.

1) Que faites-vous ? Justifier.

2) Quelle méthode de désobstruction utilisez-vous ? Justifier.

3) Comment procédez-vous ?

Malgré votre première intervention, Marie continue à montrer des signes d'étouffement.

4) Que faites-vous ?

5) Lorsque les parents viennent chercher Marie, le soir, que faites-vous ?

6) Quelles sont les bonnes questions à vous poser suite à cet étouffement ?

SITUATION 6

Vous gardez à domicile Lucas, 8 mois. Au réveil de la sieste il est tout rouge, humide, avec les yeux brillants.

1) Que faites-vous dans un premier temps ?

Le thermomètre affiche 38,5 °C.

2) Que faites-vous dans un deuxième temps ?

La journée se poursuit mais la fièvre de Lucas est toujours présente. Il vous reste justement des antipyrétiques adaptés à son âge.

3) Que faites-vous ? Justifier.

4) Quelles transmissions ferez-vous aux parents ?

SITUATION 7

Vous êtes assistant(e) maternel(le) à domicile. Vous gardez deux enfants Mathilde, 2 ans ½, et Baptiste, 11 mois. Pour la collation du goûter, vous devez préparer une compote de fruits. Dans votre cuisine, vous avez à disposition une pomme, deux poires, une mangue et un kiwi.

1) Lister les ingrédients et matériels que vous utiliserez pour réaliser une compote multi-fruits pour les deux enfants.

Vous décidez de préparer la compote pendant la sieste des enfants. Votre compote est prête à 14 h. Comme les enfants ne se réveillent que vers 15 h 30, vous décidez de mettre votre compote au réfrigérateur. Ils se réveillent effectivement à l'heure dite.

2) Répondre aux questions suivantes.

a. Une fois la compote réalisée, vous vous demandez si l'ajout d'un troisième fruit n'aurait pas donné plus de consistance et de goût à cette compote. Pensez-vous que cela aurait été le cas ?

❑ Oui ☒ Non

Pourquoi ?

b. Vous vous demandez si vous n'auriez pas dû laisser la compote dans la cuisine et non dans le réfrigérateur : avez-vous eu raison ?

❑ Oui ☒ Non

Pourquoi ?

c. Vous sortez la compote du réfrigérateur. Pensez-vous qu'il est préférable de la servir immédiatement aux enfants ?

☒ Oui ❑ Non

Pourquoi ?

SITUATION 8

Vous êtes assistant(e) maternel(le) et vous accueillez deux enfants Camille, 3 ans, et Gabrielle, 18 mois. Vous devez préparer une purée maison pommes de terre et courgettes pour accompagner un steak haché et un yaourt pour Camille ; et du steak haché et un petit-suisse pour Gabrielle.

1) Lister les ingrédients et matériels nécessaires pour réaliser votre purée maison.

2) Que suggérez-vous pour le goûter des deux enfants ?

Pour Camille. Justifier :

Pour Gabrielle. Justifier :

Corrigés

SITUATION 1

1) Les jeux d'eau peuvent s'organiser de deux façons : les enfants jouent autour de bassines d'eau ou de tables à jeux d'eau (dedans ou dehors) ou alors, ils jouent dans des piscines à eau. Ici, nous envisageons le premier cas. Vous devez donc prévoir des récipients de toutes tailles et formes (gobelets, passoires, entonnoirs, moulins...), une bassine d'eau ou une table à jeux d'eau, des tabliers de protection pour les enfants (ou les laisser en couche selon la température), une bâche pour protéger le sol si besoin. L'activité dure 30 à 40 minutes, en fonction de l'intérêt des enfants. Il faut toujours être attentif au fait qu'ils n'aient pas froid.

2) Cette activité permet de découvrir des notions mathématiques, de développer la motricité fine, le langage et les fonctions intellectuelles (causes/effets) mais aussi de découvrir l'eau et ses propriétés.

3) – Préparer le matériel et l'eau et vérifier la température de la pièce.
– Aller chercher les enfants et leur faire mettre le tablier de protection ou leur proposer de se mettre en couche ou en maillot.
– Expliquer l'activité et donner des consignes claires (en particulier concernant la sécurité).
– Laisser aux enfants le temps de découvrir l'activité, de faire leurs expériences.
– Annoncer la fin de l'atelier, ranger le matériel avec les enfants et le laisser sécher.
– Aider les enfants à se sécher et se rhabiller.
– Verbaliser tout au long de l'activité, échanger avec les enfants sur leurs ressentis.
– Effectuer les transmissions.

SITUATION 2

1) On peut partir sur la réalisation d'un cœur en pendentif pour la fête des mères. L'activité doit se dérouler dans une salle adaptée avec tables et petites chaises. La prise en charge de seulement trois à quatre enfants vous permettra d'être attentif à chacun lors de l'atelier. Pour réaliser le cœur vous devez préparer de la farine, du sel fin, de l'eau, un verre doseur, un saladier, un rouleau à pâtisserie et un emporte-pièce en cœur par enfant, des colorants, des paillettes, des graines, un ruban (50 cm), des tabliers et une nappe de protection. L'atelier durera 20 à 25 minutes.

2) Cette activité permet de développer la psychomotricité fine, d'enrichir le vocabulaire, de se réaliser et de créer un cœur pour la fête des mères.

3) – Préparer la salle et le matériel, aller chercher les enfants et leur faire mettre les tabliers.
– Faire la pâte à sel avec les enfants : 1 mesure de sel, 2 de farine, ¾ de mesure d'eau.
– Malaxer les ingrédients pour obtenir une boule, puis la partager entre les enfants.
– Faire choisir une couleur à chaque enfant et lui faire mélanger sa pâte avec le colorant.
– Étaler la pâte avec le rouleau à pâtisserie et faire la forme du cœur avec l'emporte-pièce.
– Insérer paillettes et graines sur le cœur et prévoir un trou en haut pour fixer le ruban.
– Ranger le matériel et se laver les mains.
– Faire cuire le cœur à 100 °C, 30 à 40 minutes (arrêter le four quand le cœur brunit).
– Enfiler le ruban dans le trou une fois le cœur refroidi, puis faire les transmissions.

4) Pendant l'activité, le professionnel accompagne l'enfant sans faire à sa place. Il l'encourage, valorise sa création sans la juger ou attendre qu'il recopie un modèle et verbalise ce qu'il fait.

SITUATION 3

1) Vous vous mettez en tenue, préparez le matériel et les produits puis verbalisez le soin et expliquez à Juliette qu'elle va se laver les mains et le visage. En effet, à son âge, elle peut le faire elle-même, sous votre surveillance. Vous l'installez et la surveillez pendant le soin.
Pour le lavage des mains, veillez à ce qu'elle enlève les souillures avec un papier à usage unique, à ce que l'eau soit à la bonne température, à ce qu'elle utilise une seule dose de savon et frotte bien ses mains, puis les rince et les essuie. Pour le visage, faites-lui mouiller le gant à l'eau tiède, le savonner, puis se laver dans l'ordre front, tempes, joues, menton, nez et bouche. Vérifiez qu'elle se rince en respectant cet ordre et s'essuye en tamponnant.

2) Vous attendez que le soin de Juliette soit fini avant d'aller voir Sophie pour la lever.
Vous devez rester avec Juliette par mesure de sécurité et car la continuité du soin est importante (sauf cas de force majeure ou l'autre enfant est en danger). Les pleurs de Sophie ne justifient pas que vous laissiez Juliette sans surveillance.

3) *Pour le change :* un matelas à langer, une serviette de toilette, deux gants, du savon liquide adapté à l'âge de Sophie, des lingettes, une couche propre, des vêtements de rechange si nécessaire, une poubelle et une panière à linge sale si nécessaire.
Pour le bionettoyage : des lavettes imbibées de détergent-désinfectant.

4) Ces rougeurs sont sûrement le début d'un érythème fessier. Pour le faire disparaître, vous effectuerez des changes fréquents, vous nettoierez et rincerez bien le siège, puis vous le sècherez en tapotant et en insistant au niveau des plis. Vous essaierez de laisser le siège à l'air le plus souvent possible. Il faudra aussi vous demander si l'érythème n'est pas dû à une réaction allergique ou lié à une poussée dentaire ou à des selles acides.

5) Vous informez les parents afin qu'ils puissent en parler avec leur médecin qui pourra prescrire une pâte de zinc si nécessaire. Vous leur expliquerez les soins à effectuer afin d'assurer le suivi nécessaire pour que l'érythème disparaisse.

SITUATION 4

1) Commencez par vous mettre en tenue et vous laver les mains. Installez ensuite Laurie en sécurité, à portée de vue. Puis, préparez matériel, produits et vêtements propres pour la sortie du bain. Enfin, vérifiez que la température de la pièce et les fenêtres (fermées).
Le bain respectera les critères de sécurité (ne jamais lâcher l'enfant sur la table à langer ou dans l'eau), de confort (gestes efficaces et soin pas trop long pour que l'enfant n'ait pas froid), d'hygiène (bien laver, rincer et sécher l'enfant), d'ergonomie et de communication.

2) Vous utilisez la technique des trois doigts. Étant donné le jeune âge de Gabriel cette technique va permettre de l'habiller en respectant son confort et en évitant de lui faire mal.

3) Vous vous occupez de donner le biberon de Gabriel dans un premier temps : c'est l'enfant le plus jeune, il aura plus de mal à patienter. Pour cela vous vous lavez les mains puis préparez le matériel. Vous prévenez Gabriel et prenez le temps de vous installer confortablement en surveillant Laurie qui joue dans la même pièce. Vous donnez le biberon en l'inclinant pour que Gabriel n'avale pas d'air. Lors de la prise du biberon, vous respectez son rythme en faisant quelques pauses et en communiquant avec lui. Une fois cela fait, vous placez Gabriel dans un transat pour le laisser digérer. Vous préparez le repas de Laurie en l'invitant à participer à dresser la table. Vous êtes présent(e) tout au long de son repas pour l'aider à manger, lui couper certains aliments, la faire verbaliser. Puis, vous transmettez par écrit sur le cahier prévu à cet effet pour chaque enfant.

SITUATION 5

1) Vous appelez votre collègue pour qu'elle prenne en charge les autres enfants (les éloigner et les mettre en sécurité) et vous occupez de Marie (l'étouffement est une urgence).

2) Vous agissez très rapidement en pratiquant la manœuvre d'Heimlich car c'est une enfant de plus de 1 an.

3) Vous vous placez sur le côté, légèrement en arrière de la fillette (en la laissant dans la position dans laquelle elle se trouve). Vous soutenez son thorax avec une main en la penchant légèrement en avant et vous lui donnez 1 à 5 tapes vigoureuses avec l'autre main, entre les deux homoplates avec le talon de la main bien ouvert.

4) Si la première manœuvre a été innefficace, vous continuez en vous mettant bien derrière la fillette, contre son dos, en plaçant vos deux bras sous les siens et en la penchant bien en avant. Puis, vous placez un poing fermé sous son sternum et au-dessus de son nombril et mettez votre autre main sur le poing. Une fois en position, tirez franchement vers l'arrière et vers le haut pour exercer une pression. Vous effectuez 1 à 5 compressions.

Si l'étouffement continue, vous reprenez la manœuvre depuis le début en donnant à nouveau des tapes.

5) Vous leur transmettez les événements en les rassurant. Selon la gravité de l'étouffement, ils auront pu être avertis par téléphone par la directrice (à laquelle vous aurez signalé l'étouffement) suite à l'intervention.

6) Suite à un incident comme celui-ci, il est important de se poser quelques questions : cet étouffement est-il dû à de l'inattention de ma part ? Comment prévenir ce risque afin qu'il ne se reproduise pas ? Le biscuit était-il adapté à l'âge de l'enfant ?

SITUATION 6

1) Vous sortez Lucas du lit, lui retirez la turbulette, le rassurez et prenez sa température. Privilégiez une prise axillaire. Pour que la prise de température soit juste, vérifiez que l'aisselle est sèche et laissez le thermomètre 10 minutes ou jusqu'à ce qu'il sonne s'il est électronique. Lire la température en pensant à rajouter 0,5 °C au chiffre indiqué.

2) Le thermomètre affiche 38,5 °C. Si la température a été prise en axillaire Lucas a 39 °C (38,5 °C + 0,5 °C). Il a donc de la fièvre, il faut agir en conséquence :

– le déshabiller (le laisser en body par exemple) ;
– le rafraîchir (gant d'eau froide sur le visage) ;
– l'hydrater (lui faire boire de l'eau) ;
– l'installer à portée de vue dans un endroit calme et frais.

3) Vous ne donnez surtout pas le médicament car vous n'avez aucune ordonnance. Vous pouvez appeler les parents pour leur faire part de la situation et, selon l'évolution, leur demandez de venir récupérer leur enfant.

4) Les transmissions aux parents seront faites après la prise de la température par téléphone. Vous leur direz quelle est la température de l'enfant, son comportement, vos actions. Si la fièvre persiste malgré tout, vous les rappellerez pour les informer, leur demanderez de venir récupérer leur enfant et de consulter un médecin.

Les transmissions écrites qui permettent de laisser une trace écrite, se feront parallèlement aux transmissions orales (noter la date, l'heure, la température, les actions mises en place).

Entraînements et méthode

SITUATION 7

1) Pour réaliser cette compote multi-fruits, il est important de vérifier tout d'abord que les fruits disponibles sont bien frais et mûrs.

Ingrédients	Matériels
– Deux pommes – Une mangue – Une cuillère à café de sucre si nécessaire – Du zeste de citron non traité – De la cannelle	– Un couteau – Un économe – Une casserole – Un mixer

2) a. Non. Une compote pommes/mangue est riche et goûteuse. De plus, ce sont des fruits qui se complètent bien et dont les goûts restent doux.
Le kiwi n'est pas approprié pour les enfants de moins d'un an. En effet, le kiwi devient assez âcre quand il est mixé (ce sont les petites graines qui donnent ce goût). Par ailleurs, un mélange poire/mangue aurait été trop aqueux.

b. Oui. Il était effectivement préférable de placer cette compote au réfrigérateur dans un contenant hermétique.

c. Non. Il aurait été opportun de sortir la compote du réfrigérateur dès le réveil des enfants afin qu'elle puisse revenir progressivement à une température ambiante au moment de la collation.

SITUATION 8

1)

Ingrédients	Matériels
– 200 g de pomme de terre (quatre pommes de terre moyennes) – 180 g de courgette (une courgette moyenne ou deux petites courgettes) – Une pincée de sel – Deux cuillères à café d'huile d'olive	– Un autocuiseur ou un fait-tout – Un mixer ou un robot – Un économe

2) Pour Camille, un fruit frais et une tartine de pain avec 20/25 g de fromage ou une petite brioche seraient les bienvenus. Les produits laitiers (dont le fromage) sont riches en protides, calcium, matières grasses et vitamines du groupe B ainsi que A et D dans la partie grasse du lait.
Pour Gabrielle, plus jeune, en plus de son biberon, un fruit accompagné d'un biscuit ou une compote et un biscuit seraient souhaitables. Les fruits frais contiennent des vitamines B et C, ils sont riches en fibres et en glucides simples.
Pour les deux cas, l'important est de diversifier l'alimentation des enfants entre ce qu'ils ont mangé le midi et ce que l'on propose l'après-midi. C'est aussi une occasion d'ouvrir à différents goûts (compotes, fromage…).

B Conseils et méthodologie pour réussir les épreuves

EP1 : Accompagner le développement du jeune enfant

Épreuve orale : 25 minutes
Coefficient : 6

1. L'élaboration des fiches

Avant cette épreuve, le candidat doit préparer deux fiches.

	Fiche relative à la réalisation d'un soin quotidien	**Fiche relative à l'accompagnement de l'enfant dans ses découvertes et ses apprentissages**
Quel type de soin présenter ?	D'après le référentiel **RC3. Réaliser des soins du quotidien :** – Dispenser des soins liés à l'hygiène corporelle et au confort de l'enfant. – Dispenser des soins liés à l'alimentation. – Dispenser des soins liés à l'élimination. – Dispenser des soins liés au sommeil.	D'après le référentiel **RC2. Mettre en œuvre des activités d'éveil en tenant compte de la singularité de l'enfant** Les activités créatives et d'éveil culturel, telles que par exemple : éveil musical, conte, lecture, expression corporelle, artistique, jeux...
Exemples de sujets	– Change – Apprentissage de la propreté – Lavage des mains du jeune enfant – Hygiène buco dentaire – Prise du biberon – Lavage du nez (DRP) – Mise en place d'un PAI –	– Peinture à la main. – Parcours psycho moteur – Pâte à sel – – Découverte des sens – Jeux d'eau – ....
Quelle structure présenter ?	L'EP1 prend appui sur une PFMP d'au moins 4 semaines auprès **d'enfants de 0 à 3 ans**. Les lieux peuvent être : en EAJE (multi accueil, halte-garderie, micro crèche, un jardin d'enfants...), auprès d'un assistant maternel agréé, en MAM, ou auprès d'un service d'aide offrant des prestations de service d'enfants de moins de 3 ans. **ATTENTION, l'école maternelle n'est pas un lieu adéquat pour cette épreuve.**	
Quel support réaliser ?	Vous aurez dans votre académie une trame de la fiche à présenter ainsi que les contraintes à respecter : – recto ou recto/verso en fonction des académies. – date pour renvoyer les fiches... Ces points peuvent varier d'une académie à l'autre.	

Les fiches comprennent :
– La présentation succincte du contexte (structure, nombre d'enfants...)
– Le déroulement de la pratique (utiliser des tirets et des verbes d'action).
– Un bilan de votre activité.

Ce que vous devez faire :
– Respecter les consignes académiques :
- Nombre de pages.

- Bandeau de la page de présentation.
- Police, taille de police.

– Personnaliser la fiche et ne pas vous contenter d'une fiche type.
– Choisir un sujet précis (par exemple plutôt que de traiter le change, traiter le change de l'enfant X porteur de couches lavables).
– Indiquer les objectifs de votre action.
– Savoir expliquer le vocabulaire utilisé, justifier les étapes.
– Préparer votre oral et vous entraîner pour respecter le temps imparti.
– Anticiper les questions du jury en lien avec le choix du sujet en vous renseignant sur le thème.
– Présenter les deux fiches complètes (même si vous avez réalisé le soin et l'activité sur un même enfant dans une même structure).

Ce que vous ne devez pas faire :
– Présenter une fiche technique type (elle doit être adaptée à l'enfant choisi).
– Recopier une fiche technique d'un livre.
– Présenter une activité à partir d'une vidéo vue sur Internet et faite par une autre personne.
– Lire la fiche mot pour mot lors de l'oral.
– Ne pas savoir justifier vos choix (matériel, moment de la journée...)

2. L'oral

Cette épreuve s'organise en deux parties d'une durée totale de 25 minutes :
– tout d'abord un exposé du candidat qui prend appui sur ses deux fiches ;
– puis un entretien avec le jury.

Les jurys sont constitués de deux membres :
– un professeur de la spécialité et un professionnel ;
– ou deux professeurs de la spécialité.

EP3 : Exercer son activité en accueil individuel

Épreuve orale : 25 minutes
Coefficient : 4

1. Préparation de l'oral (1h30)

Il vous sera remis un dossier pouvant comprendre :
– un planning d'accueil,
– un contrat de travail d'assistant maternel ou garde à domicile,
– un plan du logement où les enfants sont accueillis,
– des recettes,
– un descriptif des habitudes et consignes des parents,
– un agrément d'assistant maternel avec le nombre d'enfants pouvant être accueillis et leur âge.
– ....

Vous devrez donc analyser ces documents et préparer à l'écrit un projet d'accueil.
Pour cela, n'hésitez pas à souligner, surligner ce qui vous paraît important dans les documents que vous avez en main.
Avant de vous présenter à cette épreuve, vous devez savoir ce qu'est un projet d'accueil ainsi que

les points qui doivent y être présentés (voir fiche sur le projet d'accueil). Il est important de bien tout lire car parfois un détail peut être important pour la prise en charge de l'enfant et sa famille.

Pour vous aider :

– Se mettre dans le contexte (taille de la maison/appartement, emplacement....)

– Bien relever l'âge de l'enfant (des enfants) et ses spécificités.

– Ne pas perdre de vue les besoins de l'enfant (des enfants) en fonction de son âge et le contexte.

– Essayer de visualiser la situation pour ne rien oublier.

– Faire un plan de travail cohérent (en lien avec le sujet) en écrivant les points principaux que vous développerez lors de votre oral.

> Conseils du formateur : des questions sur le sujet peuvent vous guider dans cette démarche.
> Les questions du jury porteront sur vos capacités à :
> – Organiser votre action.
> – Négocier le cadre de l'accueil.
> – Assurer les opérations d'entretien du logement et des espaces réservés à l'enfant.
> – Élaborer les repas.

Lors de l'oral, vous pouvez vous présenter au jury comme étant l'assistant maternel du sujet.

Vous allez présenter votre projet d'accueil (en répondant aux questions).

Dans un second temps, le jury vous demandera de préciser, d'argumenter et de justifier certains points.

Ne vous laissez pas déstabiliser, et essayez de gérer votre stress.

2. L'oral

Cette épreuve comprend :

– un temps de préparation qui dure 1h30. Le candidat prépare un projet d'accueil à partir d'un ensemble documentaire d'une dizaine de pages.

– un oral d'une durée totale de 25 minutes (exposé du candidat suivi d'un

– entretien avec le jury).

Les jurys sont constitués de deux membres :

– un professeur de la spécialité et un professionnel.

– ou deux professeurs de la spécialité.

> Conseils du formateur
> Les AMA et les employés à domicile ont la possibilité de présenter un projet d'accueil réel prenant appui sur leur contexte d'intervention professionnel du domicile
> Ils doivent faire le choix au moment de l'inscription au diplôme et déposer ensuite un dossier présentant son projet d'accueil à la date fixée par le recteur (5 pages maximum).

Les compétences attendues lors de cette épreuve sont :

– organiser son action et négocier le cadre de l'accueil ;

– assurer les opérations d'entretien du logement et des espaces réservés à l'enfant ;

– élaborer des repas.

C Annales corrigées, session 2020

Épreuve EP2

Sujet : Exercer son activité en accueil collectif

Épreuve écrite : 1h 30
Coefficient : 4

> Mise en situation professionnelle
> Vous intervenez depuis 3 ans en tant qu'agent territorial spécialisé en école maternelle (ATSEM) à l'école maternelle Robert Doisneau située à Saint-Denis dans le département de la Seine-Saint-Denis.
> L'école reçoit 268 enfants répartis dans 11 classes :
> – 3 classes de petite section (PS) de 25 enfants chacune ;
> – 1 classe de petite et moyenne section de 26 enfants ;
> – 3 classes de moyenne section de 25 enfants chacune ;
> – 4 classes de grande section de 23 enfants chacune.
> Cette année, vous travaillez les lundis et mardis, auprès de Madame Danièle, dans la classe de double niveau (petite et moyenne section) et les autres jours auprès de Monsieur Mohamed, dans la classe de grande section.
> Un jour par semaine, vous participez à la remise en état du restaurant scolaire.
> Les autres jours, vous assurez la garderie périscolaire du matin ou du soir selon votre emploi du temps ainsi que le nettoyage de la salle de classe et des sanitaires en fin de journée.
> Aujourd'hui, vous encadrez la sortie au parc forestier de Sevran.

SITUATION

Madame Danièle, organise une sortie au parc forestier de la Poudrerie à Sevran autour du thème de l'automne. Le déplacement se fait en bus. Les enfants ramasseront des feuilles de toutes les couleurs, des pommes de pin ainsi que des marrons pour réaliser un atelier créatif. La professeure des écoles vous demandera de conter des histoires au moment du temps calme. Vous préparez et participez à cette sortie.

1) Indiquer le nombre d'accompagnants à cette sortie scolaire et justifiez votre réponse. (Annexe 1)
2) Compléter le tableau en précisant votre rôle d 'ATSEM avant, pendant et après la sortie scolaire en forêt. (Annexe 2)

	Votre rôle en tant qu'ATSEM
Avant la sortie	– – – –
Dans le parc	– –
Au retour à l'école	– –

3) Citer deux précautions que vous prenez afin que le trajet en car soit sécurisé.

Au moment de monter dans le car, Théo et Fatima se disputent pour se mettre en premier dans le rang. Vous intervenez en leur expliquant que c'est au tour de Yanis et d'Emma de se ranger devant. Emma vous fait part de sa peur de monter dans le car, elle présente un léger bégaiement.

4) Indiquer quatre attitudes appropriées que vous adoptez avec Théo et Fatima

5) Précisez votre rôle auprès d'Emma :

– Pour monter dans le car (2 réponses attendues)

– Par rapport à son bégaiement. (2 réponses attendues)

À partir de l'Annexe 3

6) Présenter votre aménagement de l'espace adapté à l'activité lecture en forêt pour assurer le bon déroulement de celle-ci. (2 réponses attendues)

7) Citer quatre techniques de lecture que vous pouvez utiliser pour rendre votre lecture plus « vivante ».

8) Relever quatre intérêts de l'activité lecture que vous avez animée.

Le lendemain de la sortie, vous accueillez le papa de Yanis. Il est furieux car la veille, son fils est revenu avec son pantalon décousu et taché de boue et personne ne le lui a signalé. Vous lui expliquez calmement ce qui s'est passé.

9) Identifier la forme de communication que vous utilisez dans cette situation.

10) Proposer deux attitudes que vous adoptez face à cette situation de communication orale difficile.

11) Préciser deux autres moyens de communication que vous auriez pu utiliser avec les parents de Yanis, pour éviter cet échange difficile.

Entraînements et méthode

Aujourd'hui vous êtes en charge de la remise en état du restaurant scolaire.
Une note de service vous informe qu'une épidémie de gastro-entérite sévit actuellement au sein de l'école.

À partir de l'Annexe 4

12) Indiquer la technique de nettoyage que vous allez mettre en œuvre lors de la remise en état des tables et des chaises du restaurant scolaire. Justifier l'intérêt de cette technique.

Technique : ....
Justifications : ....

13) Indiquer en complétant le tableau ci-dessous les matériels et produits pouvant être utilisés pour effectuer la remise en état des tables et des chaises.

	Matériels	**Produit(s) utilisé(s)**
Remise en état des tables et des chaises	– –	–

14) Au regard de la situation, justifier les deux étapes du mode opératoire qu'il vous est recommandé de suivre.
– Se mettre en tenue professionnelle (deux réponses attendues).
– Aérer la pièce (deux réponses attendues).

15) Indiquer le lieu de stockage des produits d'entretien à la fin du nettoyage du réfectoire

16) Énoncer une règle de sécurité, d'économie et d'ergonomie à respecter lors de l'entretien des tables en complétant le tableau suivant :

Règle de sécurité	
Règle d'économie	
Règle d'ergonomie	

Vous terminez l'entretien du restaurant scolaire (en carrelage) par le lavage du sol.

17) Justifier par trois arguments, l'utilisation du balai rasant.

18) Une fois fini, vous entretenez et rangez le chariot de ménage. Citer quatre étapes de ce travail.

19) Justifier la nécessité d'entretenir régulièrement votre matériel. (2 réponses attendues).

Annexe 1

Annexe1 :

Taux minimum d'encadrement au cours de la vie collective selon les types de sorties scolaires

	Effectif	
	École maternelle, classe maternelle ou classe élémentaire avec section enfantine	**École élémentaire**
Sortie régulière	2 adultes au moins dont le maître de la classe, quel que soit l'effectif de la classe. Au-delà de 16 élèves, un adulte supplémentaire pour 8.	2 adultes au moins dont le maître de la classe, quel que soit l'effectif de la classe. Au-delà de 30 élèves, un adulte supplémentaire pour 15.
Sortie occasionnelle sans nuitée	2 adultes au moins dont le maître de la classe, quel que soit l'effectif de la classe. Au-delà de 16 élèves, un adulte supplémentaire pour 8.	2 adultes au moins dont le maître de la classe, quel que soit l'effectif de la classe. Au-delà de 30 élèves, un adulte supplémentaire pour 15.
Sortie avec nuitée(s)	2 adultes au moins dont le maître de la classe, quel que soit l'effectif de la classe. Au-delà de 16 élèves, un adulte supplémentaire pour 8.	2 adultes au moins dont le maître de la classe, quel que soit l'effectif de la classe. Au-delà de 20 élèves, un adulte supplémentaire pour 10.

Annexe 2

Annexe 2 : Projet Pédagogique – Sortie occasionnelle sans nuitée.

Nom de l'école : l'école maternelle Robert Doisneau		
Enseignant	Mme Danièle P	
Lieu et date	22/11/2019 Parc forestier de la Poudrerie à Sevran	
Activités prévues	• Découvertes des cinq sens : Sentir/ humer, écouter/entendre, goûter, voir/observer, toucher/sentir. • Observation : à partir de cartes représentant des formes naturelles, chercher un élément naturel correspondant, dans la nature. • Mémorisation : recherche d'éléments naturels montrés précédemment, plusieurs éléments montrés simultanément et à se remémorer. • Compréhension : quel est cet élément naturel (feuille, écorce, fleur, caillou, escargot, lichen, etc....), comment vit-il ? de quoi est-il fait ? ça se mange ? • Création : Avec ces éléments naturels collectés, composition d'un tableau/ construction.	
Objectifs pédagogiques	**SAVOIR :** • Sensibiliser les enfants au monde du vivant ; • L'arbre, qui est-il ? Quelles sont ses relations avec les autres êtres vivants ? Comment fonctionne-t-il ? **SAVOIR-FAIRE :** • Développement des cinq sens en relation avec le milieu forestier (jeux et ateliers). • Reconnaître des formes, des odeurs, des sons, des textures, des goûts, des couleurs • Observer/mémoriser/collecter • Ouvrir à la créativité, utiliser les matériaux naturels comme éléments pour créer. En reconnaître leur qualité : doux, souple, dur, lourd, léger, résistant.... **ÊTRE :** • Susciter un sentiment d'intérêt pour la nature ; quelle place ai-je dans cette forêt, à quoi sert-elle ? **SAVOIR-ÊTRE :** • Apprendre à respecter tout être vivant, qu'il soit animal, végétal ou minéral. • Apprentissage de gestes : ce que je peux faire, ce qui n'est pas souhaitable, pour être en harmonie avec ce qui m'entoure.	
Lien avec le programme	• Mobiliser le langage dans toutes ses dimensions • Explorer le monde	
Nombre d'élèves ne participant pas à la sortie	0	Dossier remis le 10/09/2019
Sortie autorisée	Oui Non	Motif du refus
Signature du Directeur, de la Directrice	Monsieur Séguin	

CIRCULAIRE N°2005-001 DU 5-1-2005 stipule que « La circulaire n° 99-136 du 21 septembre 1999 demeure applicable. »
Objectifs généraux d'une sortie scolaire (BO HS N°7 du 23 septembre 1999)
Les activités pratiquées à l'occasion d'une sortie scolaire viennent nécessairement en appui des programmes.
Elles s'intègrent au projet d'école et au projet pédagogique de la classe. Chaque sortie, quelle qu'en soit la durée, nourrit un projet d'apprentissages, souvent pluridisciplinaire, au travers d'un programme minutieusement préparé dans lequel le nombre des sujets d'étude ou des activités pratiquées doit être limité.

Annexe 3

Annexe 3 : L'activité lecture

- **LIEU**

  Lieu calme et confortable, un espace conteur et un espace public.

- **DURÉE**

  De 10 min pour les petits à 15-20 minutes pour les plus grands.

- **INTÉRÊT DE L'ACTIVITÉ**

  - *Développement sensoriel : observer des images.*
  - *Développement moteur : tourner les pages sans les abîmer.*
  - *Développement intellectuel : développer le langage, la compréhension, l'observation et l'imagination.*
  - Découvrir l'univers du livre, la curiosité, l'intérêt de la lecture (moment d'évasion ......).
  - *Développement social* : activité calme, activité culturelle.

- **ORGANISATION**

  - Introduire l'histoire par une phrase : « Toc-toc-toc, histoire es-tu là ? Chut, je dors. » « Toc-toc-toc, histoire es-tu là ? D'accord, je sors ».
  - L'animateur rappelle la règle : « au pays des histoires, le silence est d'or ».
  - L'animateur raconte l'histoire avec des gestes, des objets, montre les images ...
  - L'animateur clôture l'histoire en formulant une petite phrase d'adieu ou souffle sur la bougie.

- **SUPPORT**

  Le rapport du texte, de l'image et la nature du livre sont à considérer par rapport à l'âge de l'enfant.

  - *La manière de conter*
    Lire lentement ; les enfants ont besoin de temps.
    Les enfants sont sensibles aux intonations de la voix pour « situer » le personnage qui parle.
    La tonalité de la voix doit être douce pour faire entrer l'enfant dans une relation de confiance et d'émotions.
    C'est le matin et en milieu d'après-midi que les enfants sont les plus réceptifs et disponible a l'écoute.
  - *Le vocabulaire*
    Utiliser un vocabulaire riche et varié sur des sujets adaptés à leur âge.
    Éviter d'utiliser des pronoms : « il », « elle » car les enfants s'y perdent. Il vaut mieux répéter les noms des personnages.
  - *Les gestes*
    Si on utilise les gestes comme support, il est préférable de les faire avant ou après, mieux vaut éviter le pendant. Attention à faire des gestes simples.
  - *Les supports*
    Les objets comme les marionnettes, les dessins, les instruments, les photos, les images peuvent être des supports.
    L'utilisation de comptines, de chansons, de jeux de doigts, de mains est la bienvenue.

Annexe 4

<u>Annexe 4</u> : Extrait d'un protocole de nettoyage en école maternelle.

Les produits utilisés sont :

- Le détergent-désinfectant pour sol en dosette
- Le détergent-désinfectant à contact alimentaire en pulvérisateur

Attention aux dosages, au gaspillage et à la sécurité.

Équipements/matériels	Entretien après chaque utilisation	Entretien journalier	Entretien hebdomadaire
Table et chaise	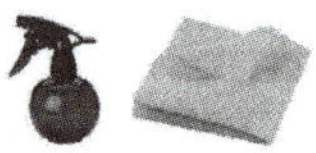		
Jouets en plastique immergeables			
Sol		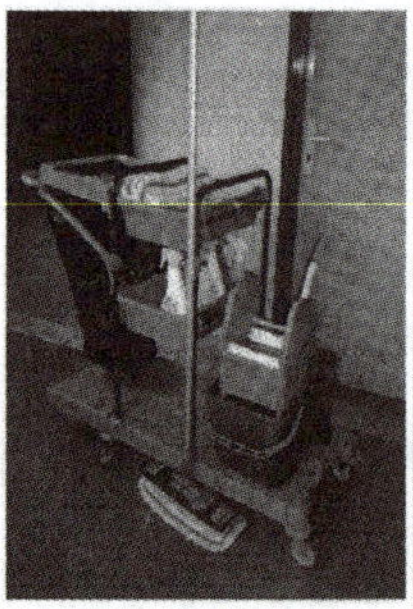	

Corrigés des annales

EP2

SITUATION

1)

– La classe de Mme Danièle compte 26 enfants.

– La réglementation prévoit 2 adultes au moins jusqu'à 16 enfants et 1 adulte supplémentaire pour 8.

– Il faudra donc 4 adultes pour cette sortie.

> Conseils du formateur
>
> Bien lire l'énoncé et se reporter aux annexes qui sont indiquées avant de répondre à la question. Elles donnent des indications nécessaires pour répondre à la question.

2)

	Votre rôle en tant qu'ATSEM
Avant la sortie	– Compter les enfants. – Accueillir, rassurer les enfants. – Proposer d'aller aux toilettes avant de partir. – Aider les enfants à s'habiller. – Et toute autre réponse cohérente.
Dans le parc	– Gérer le groupe d'enfants que lui a attribué l'enseignante. – Assister le professeur des écoles dans les activités prévues (avec une attention particulière concernant la sécurité physique et affective des enfants). – Et toute autre réponse cohérente.
Au retour de l'école	– Deux réponses parmi les suivantes : – Proposer aux enfants d'aller aux toilettes. – Aider les enfants à se laver les mains. – Récupérer les éléments récoltés par les enfants (brindilles, feuilles...) en vue des activités à venir. – Et toute autre réponse cohérente.

3)

– Vérifier que chaque enfant ait mis correctement sa ceinture de sécurité ou l'aider à la mettre.

– Rappeler les consignes : ne pas se détacher pendant le trajet, rester à sa place, attendre que le bus soit stationné pour se détacher...

– Et toute autre réponse cohérente.

4) .

Quatre réponses parmi les suivantes :

– Je rappelle calmement la règle du tour : « Aujourd'hui c'est le tour de Yanis et Emma, une prochaine fois ce sera le vôtre. »

– Je me mets à leur hauteur pour leur parler.

– Je leur propose de s'exprimer calmement : « Peux-tu me dire calmement les choses ? »

– Je reformule si besoin : « Si j'ai bien compris... »

– Je mets des mots ou les aide à mettre des mots sur leurs émotions : « Je vois que tu es très en colère... »

Ou toute autre réponse cohérente.

5)

– Pour monter dans le car (2 réponses attendues)

Deux réponses parmi les suivantes :

– Je reste à l'écoute de ses peurs.

– Je lui propose de lui tenir la main pour monter.

– Je réponds à ses questions, lui explique le déroulement du trajet.

Ou toute autre réponse cohérente.

– Par rapport à son bégaiement (2 réponses attendues)

Deux réponses parmi les suivantes :

– Je me mets à sa hauteur pour lui parler.

– Je lui parle calmement, ralentis mon débit et l'incite à faire de même.

– Je la laisse s'exprimer sans lui couper la parole.

– Je dédramatise.

Ou toute autre réponse cohérente.

6)

Deux réponses parmi les suivantes :

– Je choisis un endroit où il n'y a pas de passage (en dehors des chemins) et sécurisé.

– J'installe une couverture au sol pour délimiter l'espace des enfants.

– Je m'installe face à eux.

Ou toute autre réponse cohérente.

7)

Quatre réponses parmi les suivantes :

– Mettre en place des rituels pour commencer ou finir l'histoire (« Et cric et crac mon histoire est finie ! »).

– Varier le rythme, l'intonation de la voix en fonction des personnages.

– Faire participer les enfants (en les questionnant par exemple).

– Montrer les images du livre.

– Utiliser des accessoires (matériel, marionnettes, musique, etc.).

Ou toute autre réponse cohérente.

8)

Quatre intérêts parmi les suivants :

– Développer ses sens (audition, vue).
– Développer le langage (apprentissage de nouveaux mots).
– Développer l'imaginaire.
– Comprendre le monde dans lequel l'enfant évolue.
– Favoriser la concentration.
– Intégrer des valeurs, des messages.
– S'identifier à des personnages.

Ou toute autre réponse cohérente.

9)

Il s'agit de communication orale ou verbale.

10)

Deux attitudes parmi les suivantes :

– Je reste à l'écoute du papa de Yanis et reste professionnelle.
– Je lui signifie que j'entends sa colère et lui propose de chercher des solutions
– Je garde mon calme.

Ou toute autre réponse cohérente.

11)

– Il aurait été possible de rencontrer spécifiquement les parents de Yanis le soir même de la sortie et d'aborder la question immédiatement (communication orale).
– Un mot dans le cahier de liaison aurait pu être mis (communication écrite).

Ou toute autre réponse cohérente.

12)

Technique : le bionettoyage

Justifications : cette technique permet d'enlever les salissures (nettoyage) puis d'éliminer les microorganismes (désinfection).

13)

	Matériels	**Produit(s) utilisé(s)**
Remise en état des tables et des chaises	– Seau ou bassine ou pulvérisateur – Lavette	– Détergent désinfectant pour contact alimentaire

14)

– Se mettre en tenue professionnelle (deux réponses attendues)

Deux réponses parmi les suivantes :

– Pour se protéger en cas d'éclaboussures de produits, de salissures...
– Pour éviter la propagation des microorganismes.

Ou toute autre réponse cohérente.

– Aérer la pièce (deux réponses attendues)

Deux réponses parmi les suivantes :

– Pour purifier et assainir l'air.
– Pour limiter la pollution intérieure.
– Pour limiter la propagation de microorganismes.

Ou toute autre réponse cohérente.

15)

Afin d'éviter tout risque d'accident, les produits d'entretien doivent être stockés hors de la portée des enfants dans une armoire fermée à clé et dans un local qui leur est inaccessible.

16)

Règle de sécurité	*Une réponse parmi les suivantes :* – Se protéger (porter des gants). – Travailler en dehors de la présence des enfants. – Ne pas mélanger des produits entre eux. – Et toute autre réponse cohérente.
Règle d'économie	*Une réponse parmi les suivantes :* – Respecter le dosage des produits. – Et toute autre réponse cohérente.
Règle d'ergonomie	*Une réponse parmi les suivantes :* – Ne pas se courber. – Plier les genoux pour se baisser. – Ne pas vriller la colonne vertébrale. – Garder le dos droit.

17)

Le balai rasant permet :

– un lavage des sols plus hygiénique (facile à désinfecter, bon contact avec le sol) ;

– un lavage des sols plus ergonomique (matériel léger) ;

– un lavage des sols plus efficace (changement rapide des franges...).

18)

– Vider, nettoyer et rincer les seaux et vider la poubelle.

– Ranger les produits dans un endroit sécurisé.

– Nettoyer, désinfecter et essuyer le chariot.

– Vérifier les stocks et réapprovisionner si besoin.

19)

– Pour éviter la propagation des microorganismes et les contaminations (qu'il s'agisse du personnel, de l'environnement ou des enfants).

– Pour prolonger la durée de vie du matériel.

Et toute autre réponse cohérente.

Test d'auto-évaluation

Corrigé

1. Relais d'Assistants Maternels.
2. a.
3. a.
4. c.
5. b.
6. a.
7. c.
8. b.
9. a.
10. a.
11. b.
12. c.
13. a.
14. Faux.
15. b.
16. a.
17. c.
18. c.
19. a.
20. c.
21. a.
22. b.
23. a, b, c, d, e.
24. b.
25. c.
26. a.
27. a.
28. a.
29. c.
30. c.
31. a.
32. b.
33. b.
34. a.
35. b.
36. c.
37. a.
38. c.
39. a.
40. b.
41. a.
42. c.
43. c.
44. a.
45. b.
46. b.
47. c.
48. c.
49. c.
50. b.
51. a.
52. b.
53. b.
54. c.
55. c.
56. a.
57. b.
58. c.
59. a. Danger – b. CMR (Cancérigène, mutagène, toxique pour la reproduction) – c. Comburant
60. a.
61. c.
62. c.
63. b.
64. a.
65. c. Émetteur (le professionnel) → Récepteur (le ou les parent(s))
66. a.
67. a.
68. a.
69. a.
70. b.
71. b.
72. c.
73. c.
74. b.
75. a.
76. a. Pas de bijoux – b. Pas de chaussures à talons – c. Pas de vernis aux ongles
77. a.
78. c.
79. a.
80. c.
81. b.
82. a.

Définitions des actions de secours (plan d'intervention)

Examiner		Alerter les secours	 
Saignements abondants		Étouffement	
La victime ne répond pas		La victime ne répond pas et ne respire pas	
La victime ne répond pas et respire		La victime se plaint de malaise	
Brûlure		Douleurs empêchant les mouvements, plaie	
Arrêter le saignement		Désobstruer les voies aériennes	
Rétablir artificiellement une respiration et circulation sanguine efficace		Libérer les voies aériennes (PLS)	
Mettre au repos, écouter, questionner apprécier l'état de la victime		Éviter une aggravation de la brûlure	
Éviter une aggravation de la fracture supposée ou de la plaie		La victime répond	

Crédits photographiques

Couverture : © Oksana Kuzmina / Shutterstock

p. 31 : ph © Joni Hofmann / Fotolia-Adobe-Stock.
p. 42 : ph © IPG Gutenberg UK Ltd / iStock.
p. 49 : ph © Cindy Singleton / iStock.
p. 50 (1) : ph © Radist / iStock.
p. 50 (2) : ph © Evanherk - sous licence CC BY-SA 3.0 Wikimedia Commons.
p. 50 (3) : ph © James Heilman, MD – sous licence CC BY –SA 3.0 Wikimedia Commons.
p. 51 (1) : www.naitreetgrandir.com
p. 51 (2) : ph © Gilles San Martin – sous licence CC BY-SA 2.0 Wikimedia Commons.
p. 71 : ph © pezibear / Pixabay.
pp. 78, 79, 80, 89 (haut gauche, milieu et bas), 90 (haut droite et milieu), 91, 121, 123 (haut et bas gauche), 124, 127, 129, 130, 131, 133, 135, 136, 140, 141, 148, 150, 151, 154, 155, 156, 157, 168, 174, 175, 185, 186, 187, 188, 190, 233, 264, 265, 266 : ph © Virginie Pépin.
pp. 86, 89 (haut gauche), 90 (haut gauche), 143, 180, 181, 191, 213, 229, 242, 269, 275 : ph © Jean Gomez.
pp. 88, 123 (bas droite), 215, 255 : ph © Alexandra Neveu.
pp. 116, 117, 212, 216 : ph © Géraldine Lacour.
p 118 : ph © skynesher / iStock.
p. 125 : illustration de Léonard Leslie Brooke @archive.org
p. 137 : ph © belchonock / iStock.
pp. 142, 162, 167, 245, 246, 247 : ph © Alexia Vales – Communauté de communes du Frontonnais – Haute Garonne.
pp. 144, 145, 146, 147, 164, 165, 226 : ph © Virginie Pépin et Valérie Jacob.
p. 147 : ph © Coprid / Fotolia-Adobe-Stock.
p. 176 : ph © by Emiliano Burzagli. Domaine public via Wikimedia Commons.
p. 177 (1, 2, 5 et 6) : ph © CDC/NIP, Centers for Disease Control ans Prevention's Public Health Image Library (PHIL) – http://phil.cdc.gov/phil. Domaine public via Wikimedia Commons.
p. 177 (3) ph © ILJR. sous licence CC BY-SA 3.0 via Wikimedia Commons.
p. 177 (4) ph © Afag Azizova. Sous licence CC BY SA 3.0 via Wikimedia Commons.
p. 222 : ph © photographee.eu / Fotolia- Adobe-Stock.
p. 227 : illustration de Nathalie Dudek.
p. 238 : ph © JackF / Fotolia-Adobe-Stock.
pp. 269, 306 : ph © JackJelly / iStock.
p. 276 : ph © PublicDomainPictures / Pixabay.
pp. 290, 291 : www.carrefour.fr (sauf fruits : Pixabay).
pp. 294, 295 : ph © Justine Massel.
p. 300 : ph © Alexander / Fotolia-Adobe-Stock.
p. 301 : ph © kucherav / Fotolia-Adobe-Stock.
p. 302 : ph © Jeshoots / Pixabay.

Réalisation : Grafatom
Achevé d'imprimer en août 2021 par Wilco aux Pays-Bas
Dépôt légal: août 2021
N° éditeur MAGSI20200484